SÉRIE

2
LOUER
ACHETER
EMPRUNTER

AUTOMOBILE

Éric Brassard
et une équipe
de spécialistes

Finance
au volant

DES RÉPONSES CLAIRES. DES IDÉES NOUVELLES.

D1217215

ÉDITEUR
éricbrassard

BIEN GÉRER, BIEN VIVRE.

Données de catalogage avant publication (Canada)

Brassard, Éric, 1960-

   Finance au volant
   (Louer, acheter, emprunter; 2)
   Comprend des réf. bibliogr. et un index.
   ISBN 2-921500-33-7

1. Automobiles – Achat. 2. Automobiles – Location. 3. Automobiles – Coût.
4. Consommateurs – Protection. I. Titre. II. Collection.

TL162.B72 2003   629.222'029'6   C2003-940150-2

Conseiller en édition: Yvon Brochu, R-D création

Révision linguistique: Christine Deschênes

Mise en page: Communications Science-Impact

Page couverture:

     Conception: Sophie Lafortune, Klaxon
     Graphisme: Monique Dufour, Méchant Boris
     Photographies: Danielle Lortie

Recherche iconographique: Martine Latulippe, R-D création

Illustrations: David Lemelin, avec l'apport de Martin Forget

Correction des épreuves: Martine Latulippe, R-D création

Conception et gestion du site Web: Danielle Lajeunesse, R-D création

Relations publiques et publicité: Geneviève Breton, R-D création

ISBN: 2-921500-33-7
Dépôt légal – Bibliothèque nationale du Québec, 2003
Dépôt légal – Bibliothèque nationale du Canada, 2003
© ÉRIC BRASSARD ÉDITEUR

ÉRIC BRASSARD ÉDITEUR
490, RUE LEARMONTH
QUÉBEC (QC) CANADA G1S 1P6
Téléphone: (418) 682-5853
Télécopie: (418) 682-3534
Courriel: ericbrassard@ericbrassard.com
Internet: www.ericbrassard.com

DISTRIBUTION EN LIBRAIRIE AU CANADA
PROLOGUE
1650, RUE LIONEL-BERTRAND
BOISBRIAND (QC) CANADA J7H 1N7
Téléphone: (450) 434-0306 1 800 363-2864
Télécopie: (450) 434-2627 1 800 361-8088
Internet: www.prologue.ca

Remerciements

Un projet d'une telle ampleur ne peut voir le jour sans l'aide de nombreuses personnes. Au nom de tous les collaborateurs du livre, je veux souligner la contribution des personnes suivantes.

J'ai vraiment été touché par l'esprit de collaboration de tous les intervenants du monde de l'automobile à qui j'ai demandé de l'aide. Merci à **Kim Girard, Julie Martineau et Marcel Martel** du Groupement des assureurs (GAA), qui ont si gentiment commenté des sections des chapitres 29 et 30 et répondu à mes questions. Comme ils n'ont pas eu le dernier mot sur le contenu et les conclusions de ces chapitres, ils ne peuvent en aucun cas être tenus responsables des erreurs possibles. Merci à **Jean Cadoret, Frédéric Morin et Marc Nadeau**, de la Corporation des concessionnaires d'automobiles du Québec (CCAQ), tout aussi empressés à me fournir des réponses et des documents utiles. Merci à **Nancy White et Gaston Poirier**, du Groupe PPP, à **Mario Lortie**, de CIME, et à **Luc Samson**, des Protections V.A.G., qui m'ont généreusement expliqué les nuances de leurs produits. Merci à **Ann Firlotte**, Jean-Louis Renaud et Florence Gagnon, de l'Office de la protection du consommateur, pour leur collaboration. Merci à l'équipe de CAA-Québec, en particulier à celle des Services-conseils en consommation automobile pour leur collaboration et leur appui au projet. Pour les mêmes raisons, merci à l'équipe de l'APA et d'Option Consommateur. Merci à **Ronald Boris** d'avoir partagé son expérience du marché des voitures d'occasion, à **Claude Masse** d'avoir relu et commenté certains textes préliminaires, ainsi qu'à **Jules Lapierre**, expert en sinistres, et **Rénald Auclair**, courtier d'assurances, d'avoir répondu à mes questions. Merci enfin aux 90 internautes qui ont si gentiment prêté leur temps pour répondre à un questionnaire sur leurs habitudes de consommation en matière d'automobile.

Merci à **Pierre Ouellet**, ami d'enfance et passionné de voitures, qui a bien voulu poser pour la page couverture.

Je tiens à remercier chaleureusement tous les artisans qui ont contribué à la qualité de cet ouvrage. En premier lieu, **Yvon Brochu**, de R-D création, pour son exceptionnel travail de conseiller en édition et en communications. **Christine Deschênes** pour son excellent travail de révision linguistique. Puisqu'elle n'a pas toujours eu le dernier mot, l'éditeur assume la responsabilité des erreurs qui pourraient subsister. **Martine Latulippe** pour son travail minutieux de correction des épreuves finales. **Jean-Marc Gagnon, Lise Morin et Emmanuel Gagnon,** des Communications Science-Impact, qui ont rendu disponible leur immense expérience de la mise en page. **Sophie Lafortune**, de Klaxon, et **Monique Dufour**, de Méchant Boris, pour leur excellent travail de conception et de graphisme pour la page couverture. **Danielle Lortie** pour les photographies de la page couverture. **David Lemelin** et **Martin Forget** pour les belles illustrations et **Martine Latulippe** pour la recherche iconographique. **Danielle Lajeunesse**, de R-D création, pour la réalisation et la gestion du site Web.

Un merci spécial à **Diane Fournier**, ma fidèle adjointe qui, jour après jour, a participé à toutes les étapes du projet avec compétence et disponibilité. Bonne humeur et patience ont toujours été au rendez-vous. Un merci spécial aussi à mes proches amis et aux membres de ma famille qui, chacun à leur manière, ont témoigné leur appui. Leur encouragement et leur aide ont été très précieux.

Merci finalement à mes deux compagnes de tous les jours. D'abord **Hélène**, mon épouse, pour qui la vie avec un bourreau de travail n'est pas toujours drôle, mais qui sait me montrer son appui et son amour dans les moments importants. Et **Laurence**, notre petite fille de sept ans, la responsable officielle du « classement » dans mon bureau. Tout en savourant les oasis de détente que me procure sa présence, j'ai pu quand même faire progresser le travail. Enfin, un peu…

Éric Brassard

À mon frère

À mon frère Alain, décédé le 15 juin 2002 dans un accident de voiture. Pour toute ma famille, la perte d'un père, d'un époux, d'un fils, d'un frère et d'un oncle est inestimable et douloureuse.

Présentation de l'équipe

ÉRIC BRASSARD, CA, PL. FIN.

Comptable agréé de formation, Éric Brassard s'est toujours intéressé à la question des finances personnelles. Il est planificateur financier et a développé une clientèle variée composée de salariés, de professionnels, de travailleurs autonomes et de retraités. Il leur fournit des conseils sur tous les aspects de la planification financière personnelle.

Il a pratiqué sa profession de comptable quelques années dans un cabinet national d'experts-comptables avant d'enseigner à temps plein durant dix ans à l'Université Laval à partir de 1985. Sa spécialité : les cours destinés aux étudiants qui se préparent pour l'examen des comptables agréés du Canada, en particulier ceux qui favorisent l'intégration de tous les champs de l'expertise comptable à l'aide de cas pratiques. Il a aussi enseigné dans sept autres universités du Québec à titre de chargé de cours. Il a écrit au delà de 5 000 pages de texte sous forme de volumes et d'analyses de cas. La pédagogie est une de ses préoccupations, et ses textes sont reconnus pour être dotés d'explications claires.

Il donne des cours de formation pour les professionnels de la planification financière personnelle ainsi que des conférences pour le grand public et les entreprises. Il a géré des immeubles d'appartements durant cinq ans. Vous trouverez son curriculum vitæ complet sur le site www.ericbrassard.com.

Il est l'instigateur de ce livre et de cette série. Il a collaboré étroitement à tous les chapitres du livre en plus de coordonner tous les aspects du projet.

LES COLLABORATEURS DU LIVRE

Plus d'information disponible sur chacun d'eux dans le site www.ericbrassard.com.

JOAN BACKUS, CMA

Recherchiste, administratrice et plus récemment consultante à la gestion du changement organisationnel, Joan Backus a obtenu son baccalauréat en économie de l'Université de McMaster en Ontario et son titre de CMA du programme en administration de l'Université Laval. Elle termine actuellement une maîtrise en intervention en systèmes humains à l'Université Concordia, en plus de travailler pour plusieurs clients, tant dans l'entreprise privée que dans le secteur sans but lucratif.

Elle participe au projet depuis les tout premiers débuts. Elle a révisé et commenté tous les chapitres en plus de collaborer à la recherche pour certains d'entre eux. Elle collabore aussi aux autres livres de la série.

VALÉRIE BORDE

Titulaire d'un diplôme d'ingénieure en France et d'une maîtrise en communications, Valérie Borde est journaliste spécialisée en vulgarisation scientifique depuis onze ans. Elle écrit pour différents magazines québécois et français et œuvre comme consultante en vulgarisation et en rédaction professionnelle pour plusieurs organismes. Elle est également chargée de cours en rédaction professionnelle à l'Université Laval.

Elle a collaboré étroitement à la rédaction de tous les chapitres. Puisqu'elle n'a pas eu le dernier mot sur la mise au point finale des chapitres, l'éditeur prend à son compte toutes les erreurs pédagogiques que les textes pourraient contenir. Elle collabore aussi aux autres livres de la série.

CAA-Québec

Organisme sans but lucratif fondé en 1904, CAA-Québec regroupe aujourd'hui quelque 725 000 membres au Québec. Offrant à ceux-ci un vaste éventail de services reliés à l'automobile, au voyage, à l'habitation et aux services financiers, il met entre autres à leur disposition près d'une dizaine de spécialistes en consommation automobile. Ces derniers traitent annuellement quelque 100 000 demandes d'information et d'intervention sur une foule de dossiers reliés à la protection des intérêts de consommateurs automobilistes.

Des spécialistes de CAA-Québec ont collaboré étroitement aux chapitres 3, 16, 18, 19, 27, 32, 40 et 41 et ont relu et commenté les chapitres 1, 2, 4 à 15, 17, 20 à 26, 28, 30, 31, 33 et 37 à 39.

Luc Serra

Impliqué dans le secteur de l'automobile depuis quinze ans, Luc Serra est un professionnel de la vente automobile. Il a travaillé chez de nombreux concessionnaires de toutes marques, principalement au Québec mais aussi dans d'autres provinces du Canada. Il a occupé la plupart des postes rattachés au département des ventes, dont ceux de représentant, de directeur commercial et de directeur des ventes. Il donne aussi des cours de formation à ses collègues de la vente. Il agit également comme consultant. On peut le joindre par courriel à lucserra@sympatico.ca.

Il a collaboré étroitement aux chapitres 3, 10, 11, 13, 16, 18, 19, 21, 22, 27, 28 et 37 à 40 et a relu et commenté les chapitres 2, 6 à 9, 12, 14, 15, 17, 20, 23 à 26, 30 à 33 et 41.

Guy Chabot, FCA

Comptable agréé de formation, Guy Chabot est l'associé en fiscalité du bureau Mallette à Québec. Il œuvre principalement en matière de réorganisation corporative, recherche et développement et en planification fiscale et financière. Il a également agi à titre de chargé de cours à l'Université Laval pendant plus de quinze ans. Il a aussi rédigé de nombreux articles et prononcé plusieurs conférences lors de divers événements. Il a reçu le titre de *Fellow* de l'Ordre des comptables agréés du Québec en 1999.

Il a collaboré étroitement aux chapitres 34 à 36 et aux chapitres touchant les aspects fiscaux des autres livres de la série.

Sylvie Chagnon, CGA, D. Fisc.

Expert-comptable et fiscaliste de formation, Sylvie Chagnon est titulaire d'un baccalauréat en comptabilité, d'un diplôme d'études supérieures spécialisées en planification fiscale et est membre de l'ordre des CGA. Elle a publié plusieurs articles spécialisés en fiscalité. Travailleuse autonome depuis plus de 10 ans, elle œuvre plus particulièrement dans l'entreprise privée au sein des PME.

Elle a collaboré étroitement aux chapitres 34 à 36.

GEORGE INY

Président de l'APA depuis 1987 et impliqué dans le monde de la consommation et de l'automobile depuis 1984, George Iny est l'auteur principal du *Guide annuel de l'auto* de la revue *Protégez-Vous* et du *Complete Canadian Used Car Guide* publié par HarperCollins Publishers. Il possède un baccalauréat en droit civil de l'Université McGill et a participé à de nombreux comités touchant l'automobile et la consommation. Il dirige des enquêtes nationales sur la location, la vente et la réparation d'automobiles. Il est interviewé par de nombreux médias pour les questions touchant l'automobile.

Il a collaboré étroitement aux chapitres 3, 9, 13, 16, 18, 19, 22, 25 à 27, 31, 32, 38 et 40 et a relu et commenté les chapitres 6 à 8, 10 à 12, 17, 20, 21, 23, 24, 28, 33, 37 et 39.

MARC MIGNEAULT, AVOCAT

À l'emploi d'Option consommateurs et consultant auprès de l'Association pour la protection des automobilistes (APA), Marc Migneault conseille de nombreux consommateurs. Reconnu pour ses compétences en droit de la consommation et dans le domaine de l'automobile, il est souvent consulté et a donné de nombreuses conférences et entrevues. Il a aussi été qualifié d'expert dans le secteur de la vente et du financement d'automobiles devant la Cour du Québec. Il a été mécanicien et carrossier avant d'exercer la profession d'avocat.

Il a collaboré étroitement aux chapitres 9, 25, 26, 30 à 32, 40 et 41 et a relu et commenté le chapitre 39.

GÉRARD DUROCHER, CA

Comptable agréé de formation, Gérard Durocher est associé et responsable du groupe des taxes de vente et impôts locaux de KPMG à Montréal. Il s'intéresse principalement aux taxes à la consommation. Il participe à divers comités sur la fiscalité à l'Institut canadien des comptables agréés et à l'Ordre des comptables agréés du Québec. Il donne de nombreuses conférences et cours en taxes à la consommation, dont celui offert par l'Association de planification fiscale et financière du Québec.

Il a collaboré étroitement aux chapitres 14 et 15.

LORRAINE LÉVESQUE

À la suite d'une carrière de dix ans dans le monde informatique, Lorraine Lévesque oriente sa carrière vers ce qui la passionne: l'automobile. Elle œuvre maintenant dans ce secteur depuis quatre ans. Elle est courtière en automobiles et a fondé sa propre entreprise de recherche de véhicules, CherchAUTO (www.cherchauto.qc.ca). Elle offre un service de recherche et négociation de véhicules neufs et d'occasion à une clientèle diversifiée.

Elle a relu et commenté les chapitres 1 à 28, 30 à 33 et 37 à 41.

Patrice Corsilli, CMA, MBA

Après un baccalauréat en finance et en comptabilité de l'école des HEC, Patrice Corsilli est devenu membre de l'Ordre des CMA du Québec. Il a par la suite réalisé une maîtrise en administration des affaires (MBA), option finance, à l'Université Laval. Il occupe présentement un poste de directeur adjoint au financement pour Inno-centre, un incubateur d'entreprises en haute technologie (www.innocentre.com).

Il a travaillé sur le projet à demi-temps durant près de neuf mois. Il a collaboré étroitement à l'étude réalisée dans le cadre des chapitres 18 et 19. Il a travaillé aussi sur le livre 1 de la série.

Marc-André Lavigne, FPAA

Travaillant dans l'entreprise familiale qui opérait des cabinets d'experts en sinistres en Gaspésie, Marc-André Lavigne a débuté sa carrière dans le secteur de l'assurance en 1978, au moment où le gouvernement du Québec allait de l'avant avec sa réforme de l'assurance automobile. Cela eut certes un impact important sur son secteur d'activité, mais ne l'a pas empêché de progresser. Il est expert en sinistres et *Fellow* professionnel d'assurance agréé. Il est présentement gestionnaire chez un important assureur de réputation internationale.

Il a collaboré étroitement au chapitre 29 et a relu et commenté le chapitre 30.

LES COLLABORATEURS DES AUTRES LIVRES DE LA SÉRIE:

En plus de plusieurs des collaborateurs mentionnés précédemment, voici les personnes qui collaborent aux autres livres de la série. Des présentations détaillées de ces collaborateurs sont disponibles au site www.ericbrassard.com.

Guylaine Barakatt, Ph. D. (Livre 1)

Gilles Bernier, Ph. D. (Livre 1)

Danièle Boucher, CGA, DESS. Fisc., Pl. Fin.
   (Livre 1)

Jean Canonne, LL. L. (France), Jur. Drs. (Pays-Bas),
   Ph. D. (États-Unis) (Livre 1)

Louise Cossette, LL.B., D.D.N. (Livre 1)

Marc H. Choko (Livre 1)

Pierre Déry, CA, avocat (Livre 1)

Colette Esculier (Livre 1)

Claude Masson, M.A., Études de doctorat (Livre 1)

Suzanne Durette, B.A.A., LL. L., LL. B.
   (Livres 1 et 4)

Marie-Christine Rioux, MBA (Livre 1)

Clémence Gagnon (Livres 3 et 4)

Normand Pinard, A.A.C., A.C.I., expert en crédit
   (Livres 3 et 4)

Nathalie Aubert, Pl. Fin. (Livre 4)

Élise Cormier, Ph. D. (Livre 4)

Raymond Paquet, CIP, Pl. Fin. (Livre 4)

Normande Paradis, Pl. Fin. (Livre 4)

Annie Bellavance (Livre 5)

Yvon Ginchereau, psychologue (Livre 5)

Table des matières

Présentation du livre

POURQUOI CE LIVRE?

Ce livre est un outil offert à tous ceux qui veulent prendre des décisions plus éclairées en matière d'automobile. Ce sont en effet des décisions beaucoup trop importantes et beaucoup trop lourdes de conséquences pour être prises à la légère.

Nous avons constaté que les décisions liées à l'automobile sont souvent le produit d'analyses qui reposent sur des demi-vérités, ou sur rien du tout. Tant de mythes et de faussetés sont véhiculés par la sagesse populaire qu'il est difficile pour le consommateur de s'en tenir à des critères de décision objectifs et fondés. Nous tenterons de départager le vrai du faux, notre objectif étant de présenter les critères de décision pertinents et d'éviter les trucs miracles qui s'appliquent à tous. Chacun pourra adapter ces critères à sa situation personnelle.

Les notions traitées ne vous serviront pas seulement pour l'achat de votre prochain véhicule. Elles vous permettront de mieux comprendre notre univers financier et de prendre d'autres décisions à caractère financier. Lisez ce livre à votre rythme, en mettant l'accent sur vos propres décisions.

> Nous insistons tout au long du livre sur la distinction entre accessibilité et coût réel, les deux volets dont il faut tenir compte dans toute décision financière.

Nous insistons tout au long du livre sur la distinction entre accessibilité et coût réel, les deux volets dont il faut tenir compte dans toute décision financière. Le grand public est noyé d'information dont le seul but est de mettre en évidence les «faibles mensualités», sans jamais aborder les vrais facteurs qui influencent les coûts. Nous avons tenté d'aller à l'encontre de cette vague.

Le magasinage d'une voiture génère souvent deux sentiments contradictoires: l'excitation à l'idée de choisir un nouveau véhicule et de le conduire, et l'anxiété liée aux nombreuses démarches et décisions financières. Nous avons écrit ce livre pour démythifier le monde de l'automobile et pour vous permettre d'aborder le processus d'achat avec le moins de stress possible.

UNE SÉRIE DE LIVRES

Ce livre fait partie d'une série de cinq qui aborde différents aspects de l'achat et du financement de biens durables – maison, automobile, ordinateur, meubles, motocyclette, etc. –, de la gestion des dettes personnelles et de la relation avec l'argent. Plus de détails sur la série sont présentés à la page 364 et dans le site www.ericbrassard.com. L'esprit qui nous anime dans ce livre sera le même pour toute la série:

- Nous voulons donner aux lecteurs les outils nécessaires pour prendre des décisions éclairées en ce qui a trait à l'achat et au financement de biens importants.

- Nous voulons amener les lecteurs à reconnaître les incidences de telles transactions sur l'ensemble de leurs finances personnelles et à déterminer dans quelle mesure elles respectent leurs objectifs personnels à long terme. Bref, nous voulons les aider à prendre en main leurs finances personnelles.

- Nous attaquons de front les mythes et les théories financières douteuses qui peuvent influencer les décisions. Sur ce point, nous sommes intransigeants: que l'on soit pour ou contre un type d'achat ou de financement, que l'on soit vendeur ou acheteur, il faut se garder d'influencer les autres en invoquant des arguments artificiels ou non fondés.

- Nous faisons en sorte d'écrire des textes dans une langue **simple et accessible**. L'une de nos collaboratrices est d'ailleurs une spécialiste de la vulgarisation. La question des finances personnelles concerne tout le monde – trop en fait pour qu'on la réserve aux spécialistes! Ce souci d'être compris de tous ne nous a pas empêchés d'être toujours rigoureux, dans nos méthodes de travail aussi bien que dans nos propos.

> **La question des finances personnelles concerne tout le monde – trop en fait pour qu'on la réserve aux spécialistes!**

   « Bien gérer, bien vivre. » C'est la devise de l'éditeur et c'est aussi l'objectif que poursuivent les cinq livres de la série.

UN TRAVAIL D'ÉQUIPE

À titre d'auteur principal, une évidence m'est apparue au début du projet: pas question d'écrire seul une série qui aborde tant de sujets! Chacun d'eux est trop vaste et trop spécialisé pour qu'une seule personne puisse en faire un traitement exhaustif et juste. Je suis donc parti à la recherche de collaborateurs. J'ai eu la chance de rencontrer des gens passionnés, compétents et généreux de leur temps sans lesquels le projet n'aurait pu survivre. Bien sûr, le travail d'équipe demande plus de temps. Les textes ont dû être adaptés, modifiés et parfois réécrits, mais ce processus a abouti à des textes d'une grande richesse. L'apport de tous les collaborateurs est inestimable. J'en profite donc pour les remercier très chaleureusement.

WWW.ERICBRASSARD.COM :
UN SITE WEB COMPLICE

Le site www.ericbrassard.com est un complément au livre. Il contient une foule de ressources utiles à la prise de décision et au magasinage. Vous y trouverez :

- des compléments aux chapitres, qui approfondissent certains sujets pointus ou qui fournissent des données trop volumineuses pour figurer dans un livre ;

- une mise à jour régulière des textes, pour rendre compte de l'évolution du marché ou pour nuancer certains propos à la lumière des commentaires de nos lecteurs ;

- des calculettes conviviales, rigoureuses et inédites, qui faciliteront vos calculs et vous éviteront de manipuler des formules mathématiques. Vous constaterez que ces calculettes se distinguent clairement de celles que vous avez pu voir sur le Web ;

- des feuilles de route qui présentent, sous forme d'aide-mémoire, les aspects à considérer avant de prendre des décisions (magasinage, assurances, garanties, etc.) et qui complètent certains chapitres du livre ;

- une description détaillée des sites Web et des publications dédiés à l'automobile.

Pour avoir accès à ces outils, cliquez sur le lien « Finance au volant » de la page d'accueil. Vous verrez alors la rangée de livres présentée ci-contre, dont chacun vous dirigera vers l'outil recherché. Le site permet aussi de poser des questions aux auteurs.

LES GRANDES LIGNES DIRECTRICES

Voici en quelques mots comment le livre a été structuré.

La partie A, « Notions générales et financières de base », aborde les notions qu'il est utile de connaître pour comprendre la suite du livre. Après avoir proposé une approche économique de base, très simple, qui vous éclairera sur le monde de la consommation, nous y faisons un survol du monde de l'automobile, suivi d'une description exhaustive des étapes du processus d'achat d'une voiture. Nous proposons de nombreuses sources pour bien magasiner votre prochaine voiture. Viennent ensuite cinq chapitres à teneur financière. Il y est d'abord question de la planification financière personnelle, un aspect essentiel pour inscrire l'achat d'une voiture dans une perspective plus large. Puis nous décrivons les notions de base sur les dettes et les coûts, en particulier la très cruciale notion du coût de l'argent. Finalement, nous discutons longuement de la place exagérée donnée aux mensualités dans la prise de décision.

La partie B, « Les modes de financement », explique le fonctionnement et les caractéristiques des modes de financement d'une voiture, en particulier la location. Notre examen approfondi de la question vous réserve quelques surprises ! Il est étonnant de constater en effet à quel point les mythes et les inexactitudes foisonnent dans ce domaine. Par ailleurs, cette partie explique comment les taxes de vente s'appliquent selon le mode de financement.

La partie C, «La prise de décision», aborde de front chacune des décisions à prendre en matière d'automobile. La figure de la page 114 en fait le sommaire. Après avoir fait le point sur les coûts d'une voiture et les critères financiers et non financiers de décision, nous proposons des pistes pour prendre les décisions suivantes : faut-il acheter une voiture neuve ou d'occasion? Faut-il louer ou acheter? Faut-il exercer l'option d'achat à la fin du bail? Faut-il acheter des kilomètres d'avance? Comment établir les modalités de financement? Faut-il verser un comptant? Quels sont les points à considérer avant de signer un contrat? Comment résilier un contrat de location ou de vente à tempérament? Comment vendre ou échanger sa voiture d'occasion? Quelles protections d'assurance choisir? Faut-il acheter une garantie prolongée ou supplémentaire? Faut-il acheter un traitement antirouille ou une autre forme de protection? Et bien d'autres… La partie C se termine par une analyse de cas selon les types d'acheteurs, histoire de rendre encore plus concret tout le contenu du livre.

La partie D, «Considérations fiscales», aborde en détail les questions fiscales entourant l'automobile. Pour les raisons présentées à la page 301, la version intégrale des trois chapitres de cette partie n'a pas été versée dans le livre. Les lecteurs pourront en prendre connaissance sur le site www.ericbrassard.com à partir de septembre 2003.

La partie E, «Le magasinage», traite des voitures neuves et d'occasion. La façon d'entrer en relation avec un vendeur de voitures ainsi que différentes astuces pour magasiner le prix et les conditions sont traitées en profondeur. Toutes les précautions à prendre avant d'acheter une voiture d'occasion sont décortiquées, de même que la procédure de prise de possession d'une voiture neuve ou d'occasion. Nous avons aussi traité du thème des litiges et de la protection du consommateur dans cette partie.

Finalement, le texte **«La conclusion… et la suite»**, fait un survol des aspects globaux qui caractérisent les décisions en matière d'automobile.

Bonne lecture!

Partie A – Notions générales et financières de base

Cette première partie aborde certaines notions générales et financières de base qui faciliteront la compréhension des parties suivantes du livre. Elle comporte huit chapitres :

CHAPITRE I

Le mythe et la réalité

Rédaction et collaboration étroite[1]
ÉRIC BRASSARD
VALÉRIE BORDE

Relecture et commentaires
JOAN BACKUS
CAA - QUÉBEC
LORRAINE LÉVESQUE

Hélène roule en BMW. Elle loue sa voiture parce qu'elle préfère changer tous les deux ou trois ans. Elle déteste aller au garage et elle veut profiter des options dernier cri. Nicole, pour sa part, roule en Honda Civic. Elle a fait le choix de conserver ses voitures longtemps, même si le confort et le plaisir ne sont pas toujours au rendez-vous et même si elle doit parfois rendre visite au garagiste.

Pourtant, quand elle compare ses mensualités à celles de Nicole, Hélène est convaincue qu'elle supporte un coût plus bas, même si elle profite d'une voiture de catégorie supérieure. Est-ce sensé ? Est-il réaliste d'obtenir plus à un coût moindre ?

Michel a acheté une maison entourée d'un terrain bien ensoleillé. Il adore lire dans son boudoir bien isolé, pendant que son fils écoute de la musique à fond au sous-sol. Pierre, lui, se contente d'un balcon pour prendre le soleil. Pour lire, il va au salon, où sa fille regarde la télévision. Comme tous les soirs, il entend les voisins se chicaner.

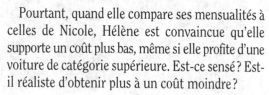

---

1. Ce chapitre reprend en gros des concepts abordés dans un chapitre du livre 1 de la série «Louer Acheter Emprunter», intitulé *Un chez-moi à mon coût*, auquel avaient contribué Claude Masson, Jean Canonne, Marie-Christine Rioux, Guylaine Barakatt, Marc H. Choko, Louise Cossette, Pierre Déry, Suzanne Durette et Colette Esculier.

Pourtant, quand il compare sa situation à celle de Pierre, Michel est persuadé qu'il lui en coûte moins cher d'habiter dans sa belle maison que ce qu'il en coûte à Pierre pour louer son appartement. Est-ce possible? D'où lui vient cette idée?

Pour défendre son point de vue, Michel utilise les mêmes arguments que la majorité des propriétaires: «En étant propriétaire, je peux récupérer quelque chose. Je ne paie pas dans le vide comme un locataire!» ou «Je préfère payer mon hypothèque plutôt qu'un loyer. Au moins, j'en verrai la fin un jour!»

Oublions pour le moment ces arguments[2] et posons-nous simplement la question suivante: selon toute logique, serait-il normal d'obtenir plus à moindre coût? Bien entendu, la réponse est: non. Pour jouir de plus de confort, il faut prévoir des coûts plus élevés. Un téléviseur avec un écran 24 pouces coûte plus cher qu'un autre avec un écran 22 pouces. En avion, la classe affaires coûte plus cher que la classe économique. L'addition du restaurant cinq étoiles sera plus salée que celle d'un restaurant familial. Pourquoi en serait-il autrement pour l'automobile et le logement?

Bien sûr, on peut trouver une aubaine et payer moins cher pour une plus grande maison ou une plus grosse voiture, mais c'est l'exception! Notre monde capitaliste est impitoyable: les coûts augmentent proportionnellement aux avantages. Divers calculs, expliqués en détail plus loin dans le livre, nous permettront de vérifier cette affirmation.

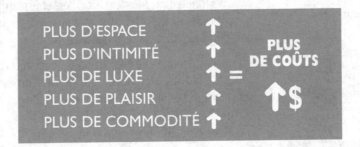

SE LOGER OU SE TRANSPORTER, C'EST CONSOMMER

Le logement et le transport sont deux secteurs cruciaux du monde de la consommation. Or, qui dit consommation dit coût. Si une personne souhaite être plus à l'aise quand elle se déplace entre le point A et le point B, elle décidera d'acheter une voiture au lieu d'utiliser l'autobus. Sa consommation augmentera dans le domaine du transport, et elle devra subir les coûts correspondants. Elle peut aussi décider d'acheter une BMW au lieu d'une Honda. Encore là, elle consommera davantage et ses coûts augmenteront.

---

2. Ces arguments sont abordés en détail dans le livre 1 de la série «Louer Acheter Emprunter», intitulé *Un chez-moi à mon coût*.

Si une famille quitte une maison de 1 200 pi², pour une autre de 2 000 pi², de même qualité et dans le même secteur, elle consommera davantage dans le domaine du logement et les coûts augmenteront.

Pour le logement et le transport, il est plus sage de planifier en termes de coût qu'en termes de profit. C'est admis pour le transport, mais pas toujours pour le logement.

> **Pour le logement et le transport, il est plus sage de planifier en termes de coût qu'en termes de profit.**

LOUER OU ACHETER ?...
ET SI CE N'ÉTAIT PAS LA QUESTION ?

Louer ou acheter n'est pas la bonne question à se poser de prime abord. Dans le cas du logement, la première étape est d'évaluer le coût de nos désirs, c'est-à-dire le coût lié à divers lieux, qu'ils soient achetés ou loués. Après avoir établi le coût pour chacun des lieux convoités, il suffit de les comparer. Suivront des considérations non financières (proximité des écoles et du travail, voisinage, etc.). Une fois tous les critères évalués, on pourra prendre une décision éclairée et choisir, éventuellement, de sacrifier certains désirs (un voyage, des sorties au restaurant) au plaisir d'habiter dans le lieu de ses rêves.

Pour connaître le coût d'un logement, il faut utiliser une méthode appropriée. Mais pour avoir une vue d'ensemble, la calculatrice n'est pas nécessaire. Il suffit de regarder l'intérieur et l'extérieur d'une résidence pour constater les avantages matériels associés. L'endroit le plus confortable, le mieux situé, etc., sera probablement le plus coûteux, qu'il soit loué ou acheté. Ainsi, la location d'un appartement dans Westmount est plus coûteuse que l'achat d'une maison dans un quartier plus modeste. Il existe des milliers de logements à louer plus coûteux que des milliers de logements à vendre, et vice versa. Impossible dans ces conditions de tirer une conclusion générale. Sortie d'un contexte, la question «Louer ou acheter?» n'a aucun sens.

De la même manière, une petite voiture modeste coûtera moins cher qu'une BMW, qu'elle soit louée ou achetée. Est-il plus coûteux de louer ou d'acheter sa voiture? Encore là, ce n'est pas la question à se poser de prime abord.

La véritable question est la suivante: combien d'argent suis-je prêt à consacrer au transport? Si vous avez choisi de toujours rouler dans une voiture neuve, les coûts seront plus élevés, qu'elle soit louée ou achetée. La location est un mode de financement. On peut y recourir aussi bien pour une voiture neuve de 40 000 $ que pour une voiture d'occasion de 10 000 $. Ce n'est pas le mode de financement qui augmente les coûts: c'est le produit lui-même qui les dicte.

L'ILLUSION DE LA RENTABILITÉ DE LA PROPRIÉTÉ

Économiquement, on considère qu'il existe deux types de biens : les biens productifs de revenus (immeubles d'appartements, actions de sociétés, etc.) et les biens non productifs de revenus (biens mobiliers, voitures, chalets et maisons, etc.). Les premiers rapportent, les seconds coûtent quelque chose – et plus on en a, plus ils coûtent cher ! Sans rapporter un sou, ces biens doivent être protégés, entretenus, assurés, réparés, immatriculés, chauffés. Il faut payer des intérêts et des taxes si on veut les conserver. De plus, ils génèrent un coût de renonciation (voir ch. 7) et la plupart se déprécient.

Les chefs d'entreprise sont très au fait de cette réalité et leur objectif n'est jamais d'augmenter l'actif le plus possible. Au contraire, toute entreprise cherchera à le réduire au minimum. Si l'entreprise peut satisfaire à la demande avec une seule usine plutôt que deux, elle vendra la seconde pour réduire les coûts. Les entreprises cherchent à maximiser leur profit et leur taux de rendement, pas leur actif. Elles n'existent pas pour le plaisir d'être propriétaires d'usines ou de camions.

Être propriétaire d'actif non productif de revenu n'est ni un signe de rentabilité ni une source d'économie. Prenons le cas d'une maison. Quel avantage y a-t-il à récupérer 100 000 $ à la revente si on a payé 100 000 $ à l'achat ? Ces 100 000 $ ont été payés avec l'argent du propriétaire et ce n'est qu'un juste retour des choses. Ce n'est pas un cadeau tombé du ciel. Il est normal que le locataire ne récupère rien, puisqu'il n'a pas payé la maison ! Il faut comprendre que le propriétaire, en plus de supporter les coûts liés à la propriété, doit aussi payer le prix de la maison. Ce sont deux choses différentes. « Oui, mais le propriétaire peut aussi vendre sa maison 120 000 $ et faire un profit de 20 000 $ », diront certains. Cet argument est tout à fait valable, mais ces 20 000 $ ne sont qu'une composante parmi d'autres dans le calcul des coûts.

Le même principe s'applique aux voitures. Il est illusoire de croire qu'il faut être propriétaire pour réduire les coûts. À vrai dire, les coûts sont les mêmes, peu importe que la voiture soit louée ou achetée (dépréciation, coût de l'argent, taxes, etc.). La location n'est pas plus coûteuse que l'achat : il s'agit simplement de deux façons différentes d'assumer les mêmes coûts. Toutes ces notions seront précisées dans ce livre.

CONCLUSION

Ne croyez pas aux formules magiques ! En règle générale, le coût des biens consommés est directement proportionnel aux avantages qu'ils procurent. Lorsqu'une personne vous fait miroiter la possibilité d'avoir plus à moindre coût, méfiez-vous… surtout dans le domaine de l'automobile !

CHAPITRE 2

Le monde de l'automobile

Rédaction et collaboration étroite
Éric Brassard
Valérie Borde

Relecture et commentaires
Joan Backus
CAA - Québec
Lorraine Lévesque
Luc Serra

L'industrie automobile est l'un des secteurs les plus importants de l'économie. À elles seules, les ventes de voitures représentent près de 25 % des ventes au détail au Canada. De plus, elle influence d'autres secteurs d'activité, dont l'industrie pétrolière, la construction et l'entretien des routes, la fabrication de diverses pièces d'équipement, les assurances et les services financiers, etc. Cette industrie génère des milliers d'emplois, mais elle cause par ailleurs d'importants problèmes de pollution.

LES CONCESSIONNAIRES

Le Québec compte 850 concessionnaires, qui offrent 32 marques d'automobiles. Chacun vend des voitures neuves du fabricant – ou parfois, des quelques fabricants – qu'il représente, mais il peut vendre des voitures d'occasion de toutes les marques. En plus des voitures, les concessionnaires offrent des services d'entretien et de réparation. Certains ont aussi des ateliers de carrosserie et un département de crédit pour le financement des achats ou des locations.

En plus des concessionnaires, de très nombreux marchands indépendants vendent des voitures d'occasion de toutes marques.

L'équipe de vente du concessionnaire

Voici les principales personnes que vous pouvez rencontrer chez un concessionnaire :

- Le représentant (ou vendeur) : en lien direct avec les clients, il fournit l'information sur les produits, en plus de négocier les conditions d'achat ou de location.

> Les ventes de voitures représentent près de 25 % des ventes au détail au Canada.

- Le directeur des ventes : il est responsable des ventes de voitures neuves ou d'occasion. C'est lui qui approuve toutes les ententes négociées entre les vendeurs et les clients avant la signature officielle du contrat.

- Le directeur commercial : il entre en action seulement après intervention d'une entente. Il est responsable de la demande de crédit et s'occupe de la vente de divers produits tels les garanties prolongées et les traitements antirouille (voir la p. 311).

Les profits d'un concessionnaire

Les concessionnaires n'ont pas la vie facile : la compétition est féroce, leurs coûts sont élevés et leurs marges de profit brutes parfois minces comme une lame de rasoir. Bien sûr, certains concessionnaires sont florissants. D'autres en arrachent un peu plus.

- Contrairement à la croyance populaire, la vente de voitures neuves n'est pas l'activité la plus rentable pour le concessionnaire : la marge de profit brute est souvent de quelques centaines de dollars seulement. Or, un concessionnaire ne vend pas des milliers de voitures neuves par an ! En 2001, par exemple, les 850 concessionnaires du Québec ont vendu 392 000 véhicules légers, soit 461 véhicules chacun. Si l'on compte 250 jours ouvrables par année, on obtient une moyenne de 1,8 voiture neuve par jour. Même si la marge brute était de 1 000 $ par véhicule, elle n'assurerait pas la rentabilité étant donné les coûts de fonctionnement énormes.

> **La marge de profit brute est souvent de quelques centaines de dollars seulement.**

- La vente de voitures d'occasion génère un profit plus intéressant. Le profit brut excède souvent 2 000 $. La concurrence est moins chaude : chaque voiture d'occasion est unique, tandis que toutes les voitures neuves sont semblables.

- La vente de produits financiers et de protections diverses est une bonne source de revenus. Les commissions obtenues par le directeur commercial pour la vente de ces produits excèdent souvent la marge brute sur la voiture neuve elle-même.

- Le service et les pièces : la principale source de profits pour le concessionnaire. L'entretien et les réparations génèrent d'importants revenus. En fait, la rentabilité du concessionnaire dépend souvent de l'achalandage de son département de service.

Notre perception de grande rentabilité vient de ce que les concessionnaires vendent un produit dispendieux.

La rémunération des représentants

Contrairement à ce que certains pourraient penser, les revenus des représentants dépassent rarement ceux de la moyenne de la population.

Le revenu d'un vendeur de voitures est constitué d'un salaire de base, habituellement assez minime, et de commissions. Voici un exemple :

- salaire de base de 200 $ par semaine ;

- commission de 20 % sur le profit brut réalisé sur la vente (si le coût d'une voiture vendue 20 000 $ est de 18 000 $, le profit est de 2 000 $ et la commission de 400 $) ;

- commission de 10 % sur les produits vendus par le directeur commercial pour toute voiture vendue par le représentant.

À cette rémunération peuvent s'ajouter différents types de primes, versées par le concessionnaire ou le fabricant.

LES AUTRES PRINCIPAUX ACTEURS

Divers organismes et regroupements sont influents dans le monde de l'automobile. Vous trouverez leurs coordonnées (et celles des fabricants) au site www.ericbrassard.com.

Le Club automobile du Québec (CAA-Québec – www.caaquebec.com)

Comptant quelque 725 000 membres, il joue un rôle de premier plan dans le domaine de la consommation automobile. Les agents d'information répondent à toutes sortes de questions : les précautions à prendre et les procédures à suivre pour l'achat ou la vente d'un véhicule ; la fiabilité et la valeur marchande des véhicules d'occasion ; la qualité et le coût des réparations ; les problèmes d'assurance ; les aspects techniques et mécaniques, etc. Le CAA offre également des solutions en cas de litige, un service de remorquage hors pair, de même qu'un service de vérification technique avant l'achat d'un véhicule d'occasion. Il propose également une liste de garages recommandés offrant une garantie de 1 an ou 20 000 kilomètres aux membres. Il publie par ailleurs diverses études – entre autres sur les garanties des véhicules neufs, les coûts d'utilisation d'une voiture et le coût des pièces de remplacement (voir p. 119 et 124).

Association pour la protection des automobilistes (APA – www.apa.ca)

L'APA est un organisme sans but lucratif voué à la promotion des intérêts des consommateurs. Elle s'intéresse de très près à tous les dossiers de la consommation automobile et suggère de nombreuses améliorations aux lois et aux pratiques commerciales. Elle tire la plus grande partie de ses revenus des cotisations de ses membres afin de préserver son indépendance envers les commerçants. L'APA offre les services suivants : information sur les prix coûtants des concessionnaires pour les voitures et les équipements (voir p. 321 – accessible aux non-membres), prix prénégocié avantageux chez des concessionnaires de Montréal, Toronto et Vancouver qui adhèrent à un code déontologique (voir p. 335), consultation gratuite avec un avocat de l'APA, aide à l'achat d'une voiture d'occasion, inspection mécanique mobile (voir p. 349), commerçants recommandés (traitement antirouille, burinage de vitre, etc.). L'APA collabore étroitement au numéro spécial sur l'auto (avril) du magazine *Protégez-Vous*.

Groupement des assureurs automobiles (GAA – www.gaa.qc.ca)

Le GAA a pour mission de répondre aux questions des assurés et de surveiller le plus étroitement possible le coût des sinistres, de manière à maintenir la prime d'assurance de chaque conducteur québécois à un niveau raisonnable.

Société de l'assurance automobile du Québec (SAAQ – www.saaq.gouv.qc.ca)

La Société a pour mission de protéger les personnes contre les risques liés à l'usage de la route. Elle agit par l'entremise de quatre programmes : l'assurance automobile (voir p. 230), la promotion de la sécurité routière, le droit d'accès au réseau routier (permis de conduire, immatriculation, etc.) et le contrôle du transport routier.

Corporation des concessionnaires d'automobiles du Québec (CCAQ – www.ccaq.com)

Elle regroupe environ 90 % des concessionnaires de voitures neuves. La CCAQ défend les intérêts de ses membres, mais elle se soucie aussi de la qualité des services à la clientèle et des droits des consommateurs.

Association des marchands de véhicules d'occasion du Québec (AMVOQ – www.amvoq.ca)

Elle regroupe la majorité des marchands de véhicules d'occasion du Québec, dont elle défend les intérêts et encourage le professionnalisme en leur proposant notamment un code déontologique.

Office de la protection du consommateur (OPC – www.opc.gouv.qc.ca)

L'OPC assure la reconnaissance et le respect du droit des consommateurs. Il est particulièrement actif dans le secteur de l'automobile.

CHAPITRE 3

L'ABC
du magasinage

Rédaction et collaboration étroite
ÉRIC BRASSARD
CAA-QUÉBEC
GEORGE INY
LUC SERRA
VALÉRIE BORDE

Relecture et commentaires
JOAN BACKUS
LORRAINE LÉVESQUE

Le magasinage d'une voiture génère souvent deux sentiments contradictoires: le plaisir de choisir un nouveau véhicule et l'anxiété liée aux nombreuses démarches et décisions financières. Nous avons écrit ce livre pour vous aider à démythifier le monde de l'automobile et à aborder le processus d'achat avec le moins de stress possible.

Le présent chapitre présente une vue d'ensemble des différentes étapes du processus d'achat. Nous irons plus en détail dans les chapitres suivants, pour tout ce qui concerne les questions financières, d'une part (ch. 4 à 36), et le magasinage (ch. 37 à 40), d'autre part. Notre objectif est de vous amener à maîtriser les rouages financiers, le vocabulaire et les concepts, pour que vous soyez bien armé devant les vendeurs !

LE PROCESSUS D'ACHAT D'UNE VOITURE

> Le fait de suivre une série d'étapes réduit le stress et l'improvisation, en plus d'éviter les décisions émotives, les erreurs et les oublis.

Les vendeurs de voitures sont mieux préparés et plus expérimentés que leurs clients. Lorsqu'ils négocient, ils suivent un plan de match précis. Pourquoi les acheteurs n'en feraient-ils pas autant ? Le fait de suivre une série d'étapes réduit le stress et l'improvisation, en plus d'éviter les décisions émotives, les erreurs et les oublis. La figure 3.1 présente une vue d'ensemble du processus.

ÉTAPE 1: avant d'arrêter votre choix sur une voiture, ayez une bonne vue d'ensemble de vos finances personnelles et de vos objectifs à long terme.

ÉTAPE 2: compte tenu de vos besoins, de vos désirs et de votre budget, établissez une liste de modèles susceptibles de vous convenir. Le choix entre l'achat d'une voiture neuve ou d'occasion peut être fait à cette étape, ou reporté à l'étape 3 ou 4.

FIGURE 3.1
Processus d'achat d'une voiture

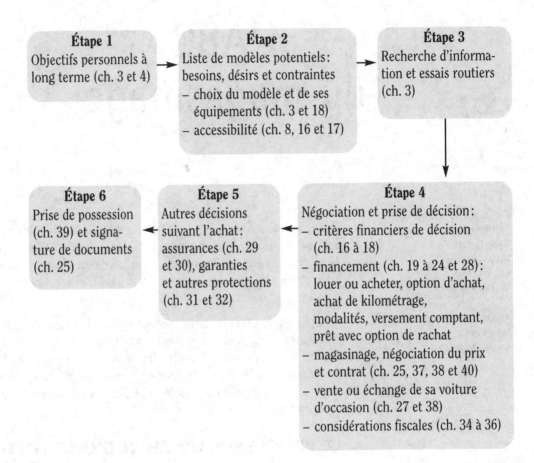

ÉTAPE 3 : en consultant diverses sources et en essayant des voitures, accumulez suffisamment d'information pour réduire le nombre de modèles en lice. Idéalement, il n'en restera qu'un, mais ce sera plus vraisemblablement deux ou trois.

ÉTAPE 4 : c'est le moment de prendre des décisions. Sur la base des analyses des chapitres 16 à 18, établissez le coût réel et l'accessibilité de chacune des options envisagées. Considérez aussi les possibilités de financement et les promotions en vigueur sur certains modèles, et décidez de ce que vous ferez de votre voiture actuelle, si tel est le cas. Certains devront aussi tenir compte de l'impôt. La combinaison des critères financiers et non financiers (en particulier ceux liés aux désirs, indiqués à l'étape 2) permettra de choisir un modèle. Une fois le modèle choisi, il faudra négocier le prix et les conditions. Les chapitres des parties C et D vous aideront à prendre ces décisions. Le chapitre 33 contient des cas concrets. Les chapitres de la partie E vous aideront pour le magasinage et la négociation. Certains aspects liés à la signature des documents doivent aussi être considérés à cette étape (ch. 25). La figure de la page 114 vous sera utile aussi. Elle fait la synthèse des décisions à prendre en matière d'automobile et intègre les étapes du processus d'achat du présent chapitre.

Bien sûr, les étapes 1 à 4 ne se déroulent pas toujours de façon aussi linéaire. Les étapes 2 et 3 se déroulent souvent en parallèle. Et rien n'empêche d'ajouter un nouveau modèle à l'étape 4. Parfois, un désir apparu à l'étape 2 peut être laissé de côté. Un seul point est crucial : ne signez rien avant d'avoir terminé l'étape 4.

> **Ne signez rien avant d'avoir terminé l'étape 4.**

ÉTAPE 5 : une fois la voiture choisie, il faut encore décider des protections (assurance, garantie, etc.). Ces thèmes sont abordés aux chapitres 29 à 32.

ÉTAPE 6 : la prise de possession de la voiture et la signature des documents exigent bien des précautions. Nous en traitons aux chapitres 25 et 39.

Dans le présent chapitre, nous étudierons en détail les trois premières étapes.

ÉTAPE I – OBJECTIFS PERSONNELS À LONG TERME

Une voiture implique des coûts considérables, qui ont une incidence sur les finances personnelles d'une famille. Avant le magasinage, faites le point avec vos proches sur les objectifs importants des prochaines années. Voici des exemples :

- le niveau de vie que vous souhaitez vous donner à court terme (y compris les loisirs, les achats de vêtements, le logement, etc.) ;

- les biens importants que vous souhaitez acquérir (maison, ordinateur, chalet, etc.) et les autres projets importants : année sabbatique, voyage, nouvel enfant ;

- le moment de la retraite et le niveau de vie souhaité à ce moment.

Cette étape est la plus négligée. On roule en voiture neuve sans se soucier de ses autres objectifs de vie et du fait que cet achat s'inscrit dans un processus plus large : la planification financière personnelle. Si l'on décide de consacrer plus à son budget voiture, il est clair qu'il faudra sacrifier d'autres dépenses, ou repousser l'âge de la retraite. Le chapitre 4 traite plus en détail de ce thème.

> **On roule en voiture neuve sans se soucier de ses autres objectifs de vie.**

L'étape 1 devrait vous permettre de répondre aux questions suivantes :

- Est-ce le moment de changer de voiture ? S'agit-il d'une priorité ? Quelles sont les solutions de rechange possibles, surtout si c'est un deuxième véhicule (groupe de partage, covoiturage, taxi, transport en commun, etc.) ?

- Suis-je prêt à acheter (ou à louer) une voiture d'occasion?

- Ma voiture est-elle seulement un moyen pratique de me déplacer, ou est-ce que j'accorde une certaine importance au confort, à l'apparence, au plaisir de conduire, aux performances, à la sécurité?

- Ai-je envie de rouler toujours dans une voiture récente ou suis-je prêt à conserver longtemps mon véhicule?

Plusieurs de ces questions sont liées de très près à l'étape 2 du processus d'achat.

ÉTAPE 2 – LISTE DE MODÈLES POTENTIELS: BESOINS, DÉSIRS ET CONTRAINTES

À cette étape, vous voulez établir la liste des modèles qui pourraient convenir à vos besoins, à vos envies et à vos contraintes budgétaires, tout en respectant les priorités établies à l'étape 1. Un tableau présentant la liste de tous les modèles de voiture par catégorie est disponible sur le site www.ericbrassard.com.

Les besoins

Pour bon nombre d'entre nous, les besoins sont très semblables:

- Déplacements entre un point A et un point B: que ce soit pour les activités quotidiennes, les loisirs ou le travail. Tous les véhicules répondant à ce besoin, il ne permet pas de réduire la liste de modèles potentiels! Le chapitre 16 traite succinctement des autres façons de combler ce besoin (groupe de partage, taxi, etc.).

- Espace: l'espace disponible pour les passagers, pour les bagages ou la marchandise influence le choix du véhicule. On voit mal une famille de six personnes acheter une sous-compacte! Actuellement, les minifourgonnettes qui accueillent sept passagers sont très populaires, tout comme les véhicules utilitaires. Ceux qui n'ont pas besoin d'espace peuvent se tourner vers de petites voitures plus économiques!

- Puissance: certaines conditions demandent un moteur plus puissant, quatre roues motrices ou une capacité de traction particulière. Le véhicule utilitaire ou une camionnette sont mieux indiqués alors.

- Besoins particuliers : les amants de la nature, les personnes à mobilité réduite et celles qui ont certains problèmes de santé (maux de dos, par exemple) ont des besoins précis qui influencent grandement le choix du véhicule.

Les désirs

Les désirs jouent un très grand rôle dans l'achat d'une voiture. S'il faut y consacrer tant d'argent, aussi bien en tirer du plaisir, diront certains. À chacun d'établir ses priorités.

> **S'il faut y consacrer tant d'argent, aussi bien en tirer du plaisir.**

- Le confort : la taille de la voiture, la qualité des sièges, la climatisation, la douceur du roulement et bien d'autres caractéristiques rendent la conduite plus agréable.

- L'apparence : une silhouette agréable, la qualité de la finition, la couleur et les accessoires décoratifs améliorent l'apparence de la voiture.

- Le plaisir de conduire : un moteur fougueux, une transmission efficace, une suspension sportive et une bonne tenue de route augmentent le plaisir de conduire.

- La sécurité : des coussins et rideaux gonflables, des freins ABS, des barres latérales, etc., peuvent améliorer la sécurité des passagers.

- La facilité : lève-vitres, verrouillage et rétroviseurs électriques, régulateur de vitesse, essuie-glaces intermittents… tout ce qui facilite la vie du conducteur, quoi !

- L'image : que vous le vouliez ou non, votre voiture reflète votre personnalité, en partie du moins. L'importance qu'elles accordent à leur image amène certaines personnes à choisir des modèles précis. Est-ce un besoin ou un désir ? À vous de trancher !

La liste des désirs pourrait s'étirer… et chacun se traduit par des dollars de plus !

Les options

Le prix d'une voiture peut augmenter de 10 % à 20 % si l'on se laisse tenter par toutes sortes d'options. Et ne comptez pas sur les vendeurs pour vous retenir ! Le profit sur les options leur permet d'augmenter la faible marge sur la vente de la voiture. Les équipements les plus populaires comprennent le régulateur de vitesse, le climatiseur, le toit ouvrant, le chargeur de disques compacts, les roues en alliage, les coussins et rideaux gonflables, un moteur plus puissant, etc. Il est souvent impossible de choisir les options à la pièce. Les fabricants offrent plutôt des ensembles qui ne peuvent être vendus séparément (par exemple, groupe électrique, groupe de luxe, etc.).

Quelles options choisir? Comme pour la voiture elle-même, il faut tenir compte de ses besoins, de ses désirs et de ses finances personnelles (bref, refaire les étapes 1 et 2 du processus d'achat). Pensez aussi aux prochains acheteurs de votre voiture, en particulier si vous en changez souvent. L'option doit convenir au type de voiture si vous escomptez en tirer profit à la revente (en réduisant la dépréciation). Voici des exemples:

- Suréquiper un petit modèle économique risque de ne pas être rentable et vous avez peu de chances de récupérer une partie importante des coûts supplémentaires.

- À l'exception des voitures sport, des petites importées ou de certains modèles européens, les acheteurs sont peu attirés par les transmissions manuelles.

- Une minifourgonnette sans climatiseur sera moins attrayante.

Bien sûr, ce sont nos besoins et nos désirs qui dictent avant tout le choix.

Les personnes qui ont recours à la location perpétuelle (voir ch. 12) devraient en plus vérifier si le coût d'une option est «résidualisable» (voir p. 75 et 157 à ce sujet).

Le syndrome du «Tant qu'à y être»

Il est facile de s'emballer quand on magasine des biens coûteux comme une voiture, une maison ou un ordinateur. Il semble alors que le consommateur perde toute notion de la valeur de l'argent et qu'il soit plus enclin à acheter n'importe quoi. Des ailerons à 500 $? Pourquoi pas, c'est tellement beau! Un chargeur de DC à 500 $? Les enfants aiment tellement la musique! Un toit ouvrant de 1 000 $, ça, personne ne m'en privera! On ne compte plus! Pourtant, quelques heures plus tard, on fait tout un plat parce que le serveur du restaurant s'est trompé de 2 $ dans une addition de 20 $.

Il n'est pas simple d'expliquer ce comportement. Certains diront que le consommateur a tendance à accorder de l'importance aux coûts relatifs: 2 $ sur 20 $, c'est 10 % du coût. C'est un ratio énorme par rapport à ce que représentent 500 $ pour des ailerons sur les 30 000 $ payés pour une voiture, soit 1,6 % seulement. Pourtant, 500 $ représenteront toujours beaucoup plus que 2 $! Pis encore si le vendeur ramène les 500 $ sur une base mensuelle. D'autres diront que le consommateur est disposé à payer davantage lorsqu'il y voit un avantage à long terme pour son confort ou son plaisir. Peu importe la raison, soyez sur vos gardes!

Les contraintes budgétaires

Le chapitre 17 explique les 2 critères financiers à la base de toute décision: l'accessibilité et le coût réel. Le coût réel sera examiné à l'étape 4. Pour l'étape 2, seule l'accessibilité doit être considérée, de 2 façons:

- La mensualité: quelle mensualité maximale votre budget vous permet-il? Mettez tout de suite de côté les modèles que vous ne pouvez vous permettre. Le chapitre 8 expose aussi les pièges de la place trop grande donnée aux mensualités dans la prise de décision.

- Les frais de fonctionnement courants: l'essence, l'entretien, les pièces et les assurances exigent des sorties de fonds régulières. Encore ici, il faut connaître ses limites budgétaires. Le chapitre 16 fournit de l'information pratique sur ces thèmes.

Consultez les chapitres 8 et 17 et voyez quelles sont vos limites!

Un outil: les feuilles de route

La feuille de route 3.1, disponible sur le site www.ericbrassard.com, vous permettra de faire le point sur vos besoins et désirs. Utilisez-la aux étapes 2 et 3. La liste exhaustive des caractéristiques physiques des voitures qu'elle contient vous permettra d'en évaluer la pertinence compte tenu de vos besoins et désirs.

La liste préliminaire de modèles potentiels

Une fois vos besoins, vos désirs et vos contraintes bien établis, dressez la liste préliminaire des modèles pour lesquels vous ferez une collecte d'informations plus élaborée à l'étape 3. Selon vos connaissances du marché, votre liste sera plus ou moins complète. Il serait bon de la compléter en allant chez des concessionnaires, en lisant des magazines… ou en regardant bêtement les voitures stationnées au centre commercial!

ÉTAPE 3 – RECHERCHE D'INFORMATION ET ESSAIS ROUTIERS

À l'étape 2, vous avez sélectionné certains modèles potentiels. Il en reste quatre, dix ou douze sur votre liste? Qu'importe: c'est déjà beaucoup moins que les centaines de modèles existants. Vous avancez! À l'étape 3, vous vous mettrez à la recherche d'information en vue d'épurer la liste. Vous pourrez aussi essayer certains modèles. Parallèlement, vous accumulerez de nombreuses données financières (prix, promotions, taux d'intérêt, etc.) qui vous seront utiles pour la suite.

Cette étape est très importante, mais souvent un peu bâclée. On parle pourtant d'un achat très coûteux qui sera utilisé intensivement pendant plusieurs années. Il est fortement recommandé de consulter plusieurs sources afin de guider votre choix. Selon l'APA, le Québec est gâté en chroniqueurs automobiles de grande qualité. Profitez-en!

> Selon l'APA, le Québec est gâté en chroniqueurs automobiles de grande qualité.

Les publications spécialisées

Les revues et les livres spécialisés fournissent une quantité impressionnante d'opinions sur la qualité des voitures. Ils peuvent être très utiles, à quelques nuances près:

- La plupart des revues sont largement financées par la publicité des fabricants. Les critiques négatives sont parfois adoucies!

- La plupart des voitures sont de bonne qualité. Les publications qui classent et cotent les modèles par catégorie sont plus utiles, car elles doivent se compromettre. Généralement, tous les modèles proches du haut de la liste sont de grande qualité.

- Les évaluateurs étant souvent des mordus, ils préfèrent les voitures agréables à conduire, puissantes ou haut de gamme. Ce n'est pas forcément votre cas.

- La voiture parfaite n'existe pas. Plus d'espace équivaut à une plus grande consommation d'essence, une conduite sportive diminue le confort… Sachez faire des compromis.

Les publications suivantes vous aideront:

- Le numéro d'avril de la revue *Protégez-Vous:* rédigé avec la collaboration de l'APA, cette publication sans publicité est objective et la moins coûteuse d'entre toutes. Le numéro demeure disponible longtemps en kiosque. Chaque modèle est coté et classé par catégorie, avec des commentaires sur la fiabilité et la sécurité. Une source à privilégier! Durant l'année, trois autres numéros de la revue contiennent des matches comparatifs. L'équivalent anglophone, *Lemon-Aid,* est disponible à l'APA en avril.

- *Le guide de l'auto* de Jacques Duval et son équipe: ce livre publié chaque année depuis près de 40 ans est un best-seller. La compétence et l'objectivité de ses auteurs ne font plus de doute. Le guide contient des commentaires sur chaque modèle et fournit des données techniques, en plus de photos, de chroniques et d'un peu d'humour. Un très bon achat!

- *L'annuel de l'automobile*: neuf experts collaborent à ce volume, dont Benoît Charrette et Gabriel Gélinas. Le guide est d'excellente qualité et contient commentaires, photos, fiches techniques et tout le reste. Un autre très bon achat!

- Les essais routiers du CAA publiés dans les quotidiens du Québec et sur le site www.caa-quebec.com constituent une bonne source d'information. Vous trouverez aussi des chroniques dans plusieurs revues, dont celle de Marc Lachapelle dans la revue *Affaire Plus.* Les publications suivantes sont aussi offertes en kiosque: *Carguide, Le CD de l'auto, l'Autojournal.*

- Du côté américain, les revues *Car & Driver, Motor Trend, Road & Track, Automotive News, Autoweek* et *Four Wheeller* sont les plus connues. Le numéro d'avril (disponible en mars) du *Consumer Report* (équivalent américain de *Protégez-Vous*) est une excellente source, fiable, objective et sans publicité. On y trouve, entre autres, les résultats d'un sondage sur la fiabilité des véhicules auprès de plus de 525 000 consommateurs!

Vous trouverez dans le site www.ericbrassard.com une description de toutes ces publications (et d'autres) et une liste des émissions de télévision consacrées à l'automobile.

Internet

Le Web fournit quantité d'informations. En plus de visiter les sites des fabricants, vous pouvez obtenir des conseils sur le choix du modèle dans les sites francophones suivants :

- www.auto123.com
- www.compagnonderoute.ca
- www.autonet.qc.ca
- www.caaquebec.com
- www.guideauto.com
- www.fr.carpoint.msn.ca

Voici aussi des sites anglophones intéressants :

- www.auto.com
- www.canadiandriver.com
- www.edmunds.com
- www.autonews.com
- www.jdpower.com

Les forums de discussion, particulièrement intéressants, vous donnent l'opinion d'autres conducteurs. Voici quelques exemples en français :

- www.guideauto.com
- www.auto123.com
- www.forumauto.net

Et en anglais :

- www.epinions.com
- www.lizt.com
- www.canadiandriver.com
- www.carreview.com
- www.iatn.net

Le site www.ericbrassard.com décrit ces sites et fournit une liste de sites liés à l'automobile (sécurité, consommation d'essence, précautions à prendre pour l'achat d'une voiture d'occasion, etc.).

La visite chez le concessionnaire

Les vendeurs, les dépliants et tout ce que vous trouverez chez le concessionnaire constituent une source précieuse d'information. Et ne vous gênez pas pour essayer les voitures. Attention à ne pas brûler les étapes ! Vous n'êtes pas là pour signer quoi que ce soit. Méfiez-vous du vendeur habile. Mettez tout de suite les choses au clair avec lui :

- Je suis un acheteur sérieux et je ferai mon choix bientôt (une semaine, trois jours…).

- J'hésite encore entre plusieurs modèles. Je cherche de l'information.

- Je ne signerai rien aujourd'hui.

- Je ne désire pas parler en détail de financement (ni des mensualités).

Cette attitude permettra notamment d'évaluer à quel type de vendeur vous avez affaire et ce que vous pouvez en attendre par la suite. Au cours de cette visite, vous pourrez :

- recueillir de l'information sur différents modèles (et remplir la feuille de route 3.1), y compris l'opinion du vendeur sur les modèles concurrents (voir p. 322) ;

- vérifier des faits ou des opinions lues ou entendues;

- examiner la voiture sous toutes ses coutures (voir ci-dessous);

- faire un essai routier (voir ci-dessous);

- noter les données de nature financière, y compris les promotions (voir la p. 25);

- discuter du prix que le vendeur propose. Ne vous en tenez pas au prix de détail suggéré par le manufacturier (PDSF). La négociation ne doit pas être trop serrée – à ce stade, vous manquez d'arguments. La vraie partie se jouera à l'étape 4 (voir ch. 38). Demandez au vendeur de vous donner un bon prix, car plusieurs de vos calculs se feront à partir de ce montant. Notez qu'il y a un risque que le vendeur vous lance une *lowball*, comme on dit dans le jargon: il vous offre un prix très bas en sachant qu'il ne pourra pas respecter ce prix quand vous serez prêt à négocier. Il se justifiera avec sa gamme d'excuses habituelles: promotion terminée, stocks épuisés, etc.

Les salons de l'auto de Montréal et de Québec sont l'occasion privilégiée d'obtenir de l'information sur les modèles de toutes marques. Belle économie de temps!

L'examen du véhicule et l'essai routier

Examinez la voiture avant de faire un essai routier. Ainsi, une fois au volant, vous pourrez vous consacrer entièrement à la conduite. Notez toutes les caractéristiques et évaluez-les selon vos propres critères. Remarquez entre autres l'espace réservé au conducteur, aux passagers et aux bagages, le confort des sièges, la qualité du système audio, l'apparence générale de l'extérieur et de l'intérieur, l'accès au capot, l'ajustement du volant, la configuration du tableau de bord et les espaces pratiques à l'avant…

La feuille de route 3.1 disponible sur le site www.ericbrassard.com vous aidera à ne rien oublier. Il faut quand même demeurer très humble dans cet exercice. Les spécialistes consacrent beaucoup de temps avant de pouvoir évaluer une voiture (par exemple, il est difficile de juger du confort des sièges en s'y assoyant quelques minutes). Votre travail consiste donc à comparer votre sensation ou vos impressions à celles des évaluateurs.

Il faut essayer les modèles potentiels de votre liste. N'essayez-vous pas dix paires de bottes avant d'en acheter une? Ces essais routiers vous permettront notamment de juger le comportement de la voiture, la visibilité et le confort. Dites-vous bien que, de nos jours, rares sont les voitures neuves dont la conduite est désagréable (surtout si on les compare à notre voiture actuelle). L'essai ne sera donc pas toujours déterminant.

Empruntez plusieurs types de routes: petite rue, pente, stationnement, autoroute, etc. Assurez-vous d'essayer la voiture à toutes les vitesses. L'essai doit être assez long pour porter un jugement satisfaisant. Votre conjoint devrait aussi essayer la voiture. Vous pouvez toujours demander un second essai routier si certains points ne vous semblent pas clairs. La feuille de route 3.2 énumère certains points à surveiller lors d'un essai routier: douceur de conduite, visibilité, niveau sonore, confort, maniabilité, accélération, transmission, freinage et facilité d'utilisation des accessoires. Encore ici, il faut faire preuve d'humilité dans cet exercice, à moins d'être un spécialiste. Il faut voir si vous vous y retrouvez par rapport aux évaluations des publications que vous avez consultées et si la première impression est bonne. Voyez-y une petite partie de plaisir.

Le vendeur vous accompagnera probablement durant l'essai routier. Il sait qu'un lien affectif se créera entre vous et la voiture (nous en reparlons à la p. 310). Normalement, il devrait rester assez discret et se contenter de s'assurer que des détails – un siège mal ajusté, par exemple – ne nuisent pas à votre évaluation. Sa présence ne doit ni vous intimider ni vous presser. S'il n'exige pas de vous accompagner, tant mieux! Vous pouvez demander de faire l'essai seul, mais sachez que le vendeur a le droit de refuser.

Qu'arrive-t-il si vous avez un accident lors d'un essai routier? Si vous avez une assurance et que vous avez souscrit l'avenant 27 (voir p. 233), vous êtes couvert (attention au montant de la couverture). Sinon, demandez quels sont les risques. Souvent, rien ne sera chargé mais des concessionnaires exigent parfois le paiement de la franchise.

Les données financières de base

Que ce soit chez le concessionnaire, sur le Web ou dans une publication, vous devrez accumuler certaines données financières pour poursuivre le processus à l'étape 4:

- le prix de détail suggéré par le fabricant (PDSF) et le prix proposé par le vendeur (incluant le transport et la préparation, les équipements et tous les autres frais). Demandez le prix total et non une mensualité (1 300 $ pour le climatiseur, et non 35 $ par mois);

- les conditions de financement: le comptant exigé, les taux d'intérêt, la durée (36 mois, 48 mois, etc.) et les valeurs résiduelles dans le cas de la location;

- les promotions en cours: taux avantageux, rabais du manufacturier, etc. ;

- les détails relatifs aux garanties;

- le cas échéant, le prix des garanties prolongées et des produits périphériques (garantie de remplacement, traitement antirouille, etc.);

- la consommation d'essence (voir p. 117), la «sinistralité» de la voiture (voir p. 119) et le coût des pièces dans l'étude du CAA (voir p. 119);

- si le vendeur le propose, notez les mensualités, mais n'en tenez pas compte outre mesure: elles sont encore très approximatives car elles ne considèrent pas encore la négociation du prix, le comptant, la valeur de votre voiture d'échange et les protections (garantie prolongée, garantie de remplacement, etc.).

Si vous consignez ces données pour tous les modèles qui restent sur votre liste, vous en avez pour un moment! À vous de juger quels modèles valent la peine de recueillir les renseignements les plus complets. La feuille de route 3.3 du site www.ericbrassard.com vous aidera à structurer cette collecte d'informations.

Négociez, mais pas trop

L'étape 4 comporte un petit paradoxe: vous aurez besoin du prix des modèles pour faire vos calculs, mais vous ne l'aurez pas encore négocié. Idéalement, il faudrait négocier serré toutes les conditions de tous les modèles de votre liste et faire ensuite les calculs de l'étape 4. Quel travail! Sans compter que, souvent, les vendeurs veulent bien faire des concessions si l'entente est signée rapidement. Voici comment régler ce dilemme. Dans un premier temps, discutez sérieusement des conditions avec les vendeurs. Ne soyez pas trop catégorique, mais restez ferme. Avec ces données, vous pourrez faire vos calculs, déterminer le modèle le plus intéressant, et ensuite seulement négocier serré avec le vendeur.

L'heure des choix

La collecte d'informations, l'essai routier et peut-être certains calculs vous ont amené à éliminer des modèles de votre liste. Idéalement, il n'en resterait qu'un mais, dans la réalité, c'est probablement deux ou trois. Pour ces modèles, vous passez à l'étape 4.

LES ÉTAPES 4 À 6

Les chapitres qui suivent décrivent ces étapes en détail. Gardez en mémoire la figure 3.1 qui apparaît au début du chapitre. Les cas concrets du chapitre 33 vous aideront dans cette étape ainsi que la figure de la page 114, qui fait la synthèse des décisions à prendre en matière d'automobile. Vous pouvez suivre la même démarche pour une voiture d'occasion, même si la collecte d'informations est un peu plus complexe (voir ch. 40).

Le temps requis pour mener à bien ce processus d'achat dépend de vos connaissances et du nombre de modèles envisagés. Il vous faudra peut-être entre 20 et 30 heures réparties sur quelques semaines. C'est beaucoup, mais pensez au temps que vous prenez pour magasiner un matelas, un lave-vaisselle ou une paire de souliers!

À retenir de ce chapitre

L'achat d'une voiture doit suivre un processus structuré pour éviter les décisions émotives et tenir compte de tous les facteurs importants. L'étape 1, qui consiste à tenir compte de l'ensemble de sa situation financière, est souvent négligée. Elle est pourtant absolument essentielle. Les étapes 2 et 3 permettent de trouver les modèles qui répondent à nos besoins, désirs et contraintes financières. Elles exigent d'accumuler de nombreuses données. Il ne faut jamais rien signer avant d'avoir terminé l'étape 4.

CHAPITRE 4

Voiture et finances personnelles

Rédaction et collaboration étroite
ÉRIC BRASSARD
VALÉRIE BORDE

Relecture et commentaires
JOAN BACKUS
CAA - QUÉBEC
LORRAINE LÉVESQUE

L'achat d'une voiture constitue un des nombreux éléments d'une bonne planification financière personnelle. En vous concentrant uniquement sur la voiture, sans tenir compte de l'ensemble de votre situation personnelle et financière, vous risquez de négliger des aspects importants et de commettre des erreurs. Ce chapitre a pour objectif de sensibiliser le lecteur aux rouages de la planification financière personnelle. Il vous aidera à franchir l'étape 1 du processus d'achat d'une voiture, expliqué au chapitre 3.

LA PLANIFICATION FINANCIÈRE PERSONNELLE

La figure 4.1 présente une vue d'ensemble de la planification financière personnelle (PFP). Examinons chacune des étapes du processus.

Étape 1 : Analyse de la situation actuelle

> Il est important de fixer ses objectifs personnels, dont quelques-uns seront de nature financière.

Il est important de fixer ses objectifs personnels, dont quelques-uns seront de nature financière. Voici quelques objectifs parmi les plus fréquents :

- diminuer (ou augmenter) les dépenses courantes ;
- constituer un fonds d'urgence ;
- économiser dans le but d'acheter un bien de consommation important (résidence, voiture, ordinateur, etc.) ou de faire un voyage ;
- rembourser des dettes (emprunt hypothécaire, dettes d'études, etc.) ;
- économiser en vue de prendre une retraite anticipée ou d'améliorer sa qualité de vie à la retraite, d'assurer son autonomie financière.

Il est important de classer les objectifs par ordre de priorité et de fixer des échéances (court, moyen ou long terme). Il est aussi préférable d'affecter un montant à chaque objectif. Dans un monde où les désirs et les besoins sont illimités, cet exercice permettra de canaliser les ressources financières disponibles vers les objectifs les plus importants. Il évite aussi d'avoir à vivre avec les regrets des rêves non accomplis.

Si les objectifs personnels permettent de savoir où on veut aller, encore faut-il connaître le point de départ ! Pour cela, il faut faire le point sur sa situation financière. Un premier pas consiste à dresser l'inventaire de l'actif (biens) et du passif (dettes). C'est ce qu'on appelle le **bilan personnel**, dont voici un exemple :

Actif		Passif	
Banque (compte courant)	2 100 $	Solde des cartes de crédit	1 800 $
Obligations du Québec	11 000 $	Marge de crédit utilisée	1 500 $
REER (fonds mutuels)	15 000 $	Emprunt automobile	2 500 $
Maison	85 000 $	Emprunt hypothécaire	62 500 $
Automobile et autres biens	12 000 $		
Total de l'actif	125 100 $	Total du passif	68 300 $

En soustrayant le passif de l'actif, on obtient 56 800 $ (125 100 $ – 68 300 $). C'est la richesse de cette personne à une date précise – sa **valeur nette** (équité dans le jargon). L'une des principales stratégies de la planification financière est d'augmenter cette valeur nette. Plus sa valeur nette est élevée, plus une personne peut devenir autonome sur le plan financier, car ses revenus de placement sont alors généralement plus élevés.

Le deuxième pas consiste à faire le sommaire des revenus et des dépenses annuels ou mensuels. Voici un exemple :

Revenus mensuels :	
Salaire (après les retenues)	2 300 $
Intérêts	60 $
Total des revenus mensuels	2 360 $
Dépenses mensuelles (ou coût de la vie) :	
Nourriture	750 $
Automobile (essence, entretien, remboursement du prêt, etc.)	320 $
Logement (loyer, électricité et chauffage)	720 $
Loisirs	100 $
Vêtements et autres dépenses	250 $
Total des dépenses mensuelles	2 140 $
Excédent mensuel	**220 $**

Ce dernier tableau a été simplifié. Normalement, il contient plus de rubriques, surtout dans la section des dépenses. Il permet de dégager une donnée d'une grande importance: l'excédent mensuel, que l'on appelle aussi la **capacité d'épargne**. Dans notre exemple, il s'élève à 220$. Ce montant indique la marge de manœuvre: plus le montant est élevé, plus les possibilités augmentent sur le plan financier. Le plan élaboré pour atteindre les objectifs financiers sera fondé en partie sur ce montant. Grâce à lui, on pourra aborder les aspects suivants:

• la capacité à engager immédiatement d'autres dépenses, à contracter une autre dette ou à augmenter la mensualité liée à la voiture (peut-on se procurer un petit chalet sur le bord d'un lac ou une plus grosse voiture?);

• la capacité à économiser, par exemple en vue d'une retraite anticipée ou de l'achat d'une maison.

Le bilan personnel et le calcul de la capacité d'épargne représentent deux éléments essentiels d'une PFP. Le livre 4 de cette série aborde ces questions en détail (voir p. 364).

FIGURE 4.1
Les étapes de la planification financière personnelle

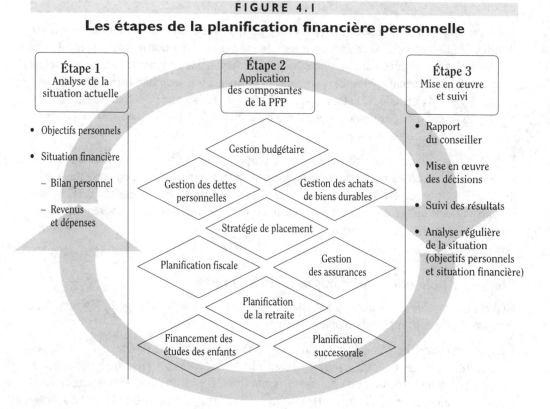

Étape 1
Analyse de la situation actuelle

• Objectifs personnels

• Situation financière

  – Bilan personnel

  – Revenus et dépenses

Étape 2
Application des composantes de la PFP

Gestion budgétaire

Gestion des dettes personnelles

Gestion des achats de biens durables

Stratégie de placement

Planification fiscale

Gestion des assurances

Planification de la retraite

Financement des études des enfants

Planification successorale

Étape 3
Mise en œuvre et suivi

• Rapport du conseiller

• Mise en œuvre des décisions

• Suivi des résultats

• Analyse régulière de la situation (objectifs personnels et situation financière)

Je trouve que c'est vraiment *emmerdant* de s'occuper de tout ce dont me parlent les spécialistes en finances personnelles. Mes rapports d'impôt deviendront compliqués. La seule idée de la paperasse et des démarches sans fin me fait dresser les cheveux sur la tête. Je préfère ma petite simplicité actuelle.

MARIE-CLAUDE
Artiste

Certes, la planification des finances personnelles peut paraître une montagne si vous n'êtes pas familier avec le monde de la finance mais, à moyen et à long termes, une telle attitude peut avoir un coût énorme. Le rapport entre le temps ou les tracas que vous économiserez et les avantages perdus est souvent hors de proportion. Les démarches n'exigent pas autant de temps que vous l'imaginez et pourraient rapporter 100 $, 500 $ ou même 1 000 $ l'heure, selon les sommes en cause. C'est probablement plus que le taux horaire que vous gagnez actuellement.

Il y a autour de vous une foule de gens honnêtes qui sont prêts à s'occuper de vos *emmerdements*. Un bon comptable se fera un plaisir de mettre de l'ordre dans vos papiers. Il suffit de les placer tous dans la même boîte! De même, une rencontre avec un conseiller compétent en finances personnelles permet souvent de faire le point rapidement. Parfois, une ou deux soirées suffisent pour établir une bonne stratégie. Des rencontres périodiques permettront ensuite de faire le suivi des résultats et d'ajuster la stratégie.

Nous avons souvent rencontré des gens qui se sentaient libérés après avoir fait ce petit effort. Ils savent maintenant mieux où ils s'en vont sur le plan financier. L'incertitude est un facteur de stress. Quand les cartes sont mises sur table, la réalité apparaît telle qu'elle est, et il est possible de prendre les mesures qui s'imposent, en tenant compte du rythme de chacun dans ce processus.

Étape 2 : Application des composantes de la PFP

La prise en main de ses finances personnelles comporte de nombreux aspects (voir fig. 4.1). Voici une brève description de chacun d'eux :

- La gestion budgétaire : vise à élaborer un budget en tenant compte des revenus et des dépenses. Au début, le processus consiste souvent à contrôler les dépenses pour joindre les deux bouts. Plus tard, on met volontairement des contraintes budgétaires, pour réduire les dépenses et atteindre éventuellement des objectifs personnels jugés importants. Cette question est abordée en détail dans le livre 4 de cette série.

- La gestion des dettes personnelles : vise à prendre les meilleures décisions liées au financement. Quand faut-il s'endetter ? Quelles sont les bonnes et les mauvaises dettes ? Quels sont les critères utilisés par les créanciers pour octroyer des prêts ? Ces sujets sont abordés dans les livres 3 et 4 de cette série (voir p. 364), de même que dans les chapitres 7, 22 et 23 du présent livre.

- La gestion des achats de biens durables : vise à prendre des décisions judicieuses en ce qui a trait à ces biens (résidence principale, voitures, ordinateurs, mobilier, etc.). Les livres 1, 2 et 3 de cette série abordent ces thèmes (voir p. 363).

- La stratégie de placement : vise à choisir les types de placements qui permettront d'atteindre des objectifs personnels.

- La planification fiscale : vise à prendre des mesures en vue de réduire ou de retarder le paiement des impôts, en conformité avec les lois. Attention de ne pas confondre évasion fiscale et planification fiscale !

- La gestion des assurances : vise à choisir les types d'assurances et le montant des couvertures les plus indiqués dans une situation donnée.

- La planification de la retraite : vise à atteindre la capacité financière de se retirer d'un travail rémunéré tout en maintenant une bonne qualité de vie.

- Le financement des études des enfants : vise à prendre des mesures pour amasser des fonds en vue d'aider ses enfants à faire des études postsecondaires.

- La planification successorale : vise à adopter des moyens permettant de transférer des biens à ses héritiers, selon ses désirs, tout en réduisant le plus possible les impôts au décès.

Étape 3 : Mise en œuvre et suivi

À cette étape, le conseiller devrait proposer diverses mesures associées à certaines composantes de la PFP. Selon l'âge, les objectifs et les besoins, on n'accordera pas la même priorité à toutes les composantes. Une fois les suggestions acceptées ou modifiées au besoin, il faut les mettre en œuvre et faire le suivi des résultats.

Il est important de refaire régulièrement une analyse de la situation (retour à l'étape 1), et d'apporter les correctifs qui s'imposent à certaines composantes. Le choix du conseiller sera crucial dans ce cheminement. Une relation de confiance doit s'installer.

L'ARGENT ET LES ÉMOTIONS[1]

Parler de finances personnelles dépasse de loin le seul domaine de l'arithmétique. Il suffit d'ajouter un signe de dollar après un chiffre pour rendre le plus grand des mathématiciens mal à l'aise, angoissé à la seule idée de faire une simple soustraction. L'argent ne touche pas seulement l'intellect: le cœur est aussi concerné.

Un examen rapide de notre entourage permet de voir qu'il y a autant de façons d'entrer en relation avec l'argent qu'il y a de personnes. De l'avare au dépensier, en passant par l'altruiste, l'irresponsable, le craintif, le brasseur d'affaires, le *gambler* et le fraudeur, il existe toute une panoplie de comportements. Certaines relations sont saines et épanouissantes, d'autres névrotiques et étouffantes. Les causes sont diverses et découlent du cheminement personnel de chacun.

Améliorer notre relation à l'argent n'est pas une mince affaire. C'est le travail d'une vie. Nous ne voulons pas verser dans la simplicité et suggérer quelques trucs miracles qui permettront d'accéder à une liberté assurée devant l'argent, du type «Contrôlez vos émotions et devenez à l'aise avec l'argent en cinq leçons». C'est pourquoi nous avons décidé d'écrire un livre complet sur ce thème (le livre 5 de cette série), qui sera une humble contribution à cette question si complexe.

LA CONSOMMATION ET L'ÉPARGNE

L'objectif d'une bonne PFP est de répartir avec bon sens la capacité de consommation tout au long d'une vie. Sauf si vous souhaitez léguer un héritage, vous devriez consommer[2] tout ce que vous gagnez au cours de votre vie. L'idéal serait de tirer votre dernier chèque le jour de votre décès et… qu'il soit sans provision !

> Sauf si vous souhaitez léguer un héritage, vous devriez consommer tout ce que vous gagnez au cours de votre vie.

Le lien entre la consommation et l'épargne est clair : plus on consomme, moins on épargne, et vice versa. De nombreuses personnes se rebiffent dès qu'il est question d'épargne. Pourtant, si vous placez l'argent épargné, vous pourrez consommer davantage plus tard si le rendement du placement est supérieur au taux d'inflation. Ainsi, tout dollar épargné aujourd'hui pourrait permettre de consommer pour une valeur de trois dollars dans quinze ans. Si l'épargne est présentée et vue comme un moyen d'améliorer la qualité de vie plus tard – pour maintenir ses activités personnelles sans être tenu d'occuper un travail rémunéré (retraite), pour prendre une année sabbatique ou pour acheter un bien convoité –, l'attitude devient plus positive.

---

1. Ce texte a été rédigé avec la collaboration de Yvon Ginchereau, psychologue.
2. Il faut bien s'entendre sur le sens de *consommer*. Il ne faut pas le voir dans le sens de «gaspillage» ou d'«achat de gadgets». La consommation englobe la nourriture, le logement, les vêtements, bref toutes les dépenses courantes, même les dons de bienfaisance. Techniquement, il s'agit de la partie des revenus qui n'est pas investie dans une forme de placement.

On dit aussi: «Pourquoi épargner? Je risque de ne pas profiter de cet argent si je meurs. Mieux vaut en profiter maintenant. Qui sait si je serai en santé quand je serai vieux?» Cet argument est irréfutable. Mais avec un tel raisonnement, pourquoi se préoccuper de PFP? Autant tout dépenser tout de suite!

L'ÉPARGNE FORCÉE

Les dettes liées à des biens **durables** constituent une forme d'épargne forcée. On pense aux prêts hypothécaires, aux prêts auto et aux emprunts personnels pour l'achat d'un chalet. Quand on est forcé de payer ses mensualités, on devient propriétaire au bout d'un moment d'un bien libre de dette. On peut alors le revendre et disposer à sa guise de l'argent reçu, comme si on avait mis une partie de ce montant de côté chaque mois.

Prenons l'exemple de Théo, qui obtient un emprunt de 48 000 $ réparti sur 10 ans pour acheter un chalet. Après 10 ans, sa dette a disparu, et son chalet vaut, pour simplifier, 48 000 $ sur le marché. On peut dire que Théo, parce qu'il s'est astreint à rembourser une dette durant 10 ans, a épargné 48 000 $ – il pourrait en effet vendre le chalet et empocher cette somme.

Mais une dette est une épargne forcée qui «coûte» cher! C'est étrange à dire, mais c'est une réalité. Pour arriver à épargner 48 000 $, Théo a dû débourser une somme considérable en intérêts. Non pas qu'il soit grave de payer des intérêts mais, si l'objectif était vraiment d'épargner, il aurait pu le faire autrement et avec plus de succès. Pour cela, il aurait fallu qu'il économise **avant** d'acheter le chalet (du moins partiellement). Mais ça, c'est de la théorie! De nombreuses personnes rechignent à mettre de l'argent de côté avant de se lancer dans des achats lourds. Pourtant, deux ou trois années de *sacrifices* peuvent faire toute une différence, surtout pour les jeunes.

L'emprunt est une forme d'épargne forcée qui coûte cher, mais qui permet de consommer des biens plus rapidement. Théo trouvait plus agréable de profiter tout de suite d'un chalet que d'attendre quelques années. S'il a pris la décision en toute connaissance de cause et que l'achat d'un chalet lui permet de rester conforme à ses objectifs, pourquoi pas? Mais il aurait tort de s'imaginer qu'une telle dette est avant tout une forme d'épargne. La dette permet simplement de consommer plus tôt. On en revient toujours à cette vérité de La Palice, énoncée au chapitre 1: «Plus on en a, plus il en coûte!»

> Une dette est une épargne forcée qui «coûte» cher!

La dette comme moyen d'épargne forcée est souvent proposée pour mater les indisciplinés en matière financière. Mais si un indiscipliné a vraiment la volonté de s'en sortir, il trouvera facilement d'autres façons de se forcer à épargner. Il pourrait faire des placements au moyen de retraits préautorisés dans son compte en banque ou directement sur son salaire. Il pourrait aussi cotiser à un REER collectif de l'employeur (ou augmenter sa cotisation). Et si l'indiscipliné persiste à vouloir emprunter pour se forcer à épargner, il pourra toujours emprunter pour faire un placement! C'est une autre forme d'épargne forcée.

L'ÉTUDE *MAISON, CONSOMMATION ET RETRAITE*

Le journal *Les Affaires* du 21 avril 2001 publiait en page couverture une étude réalisée par Éric Brassard sur l'incidence des habitudes de consommation sur l'âge de la retraite. Dans cette analyse, disponible dans le site www.ericbrassard.com, le coût de divers biens de consommation est exprimé en années de travail plutôt qu'en dollars.

> **Si par ailleurs il décide de consacrer 500$ de plus par mois pour disposer d'une deuxième voiture, il devra travailler 4 années de plus.**

Les résultats sont étonnants. Nombre de scénarios et d'hypothèses ont été étudiés. Prenons le cas du propriétaire d'une maison dont la valeur actuelle est de 125 000 $, qui décide d'acheter une autre maison qui vaut 175 000 $: il devra travailler entre 2 et 8 années supplémentaires, selon les hypothèses, avant de prendre sa retraite. Si par ailleurs il décide de consacrer 500 $ de plus par mois pour disposer d'une deuxième voiture ou d'un véhicule plus puissant, il devra travailler 4 années de plus. De quoi réfléchir!

QU'EST-CE QU'UN PLACEMENT?

Dans le livre 1, intitulé *Un chez-moi à mon coût*, nous avions consacré un chapitre à la notion de placement (y compris les REER). Cette question revêt une importance particulière en matière de logement, mais ce n'est pas le cas pour le transport. C'est pourquoi nous avons décidé de ne pas l'aborder ici. Ceux que cette question intéresse pourront consulter ce chapitre dans le site www.ericbrassard.com, section Finance au volant, Compléments du livre.

CONCLUSION

Une bonne PFP est synonyme de choix, notamment en matière de consommation. Puisque les coûts liés à une voiture représentent une part importante du budget, il est essentiel de comprendre les choix possibles en la matière. C'est le but de ce livre.

CHAPITRE 5

Qu'est-ce qu'une dette?

Rédaction et collaboration étroite
ÉRIC BRASSARD
VALÉRIE BORDE

Relecture et commentaires
JOAN BACKUS
CAA - QUÉBEC
LORRAINE LÉVESQUE

Pour bien saisir les enjeux d'une décision telle que la location ou l'achat d'une voiture, il est important de comprendre quelques notions liées aux dettes. C'est le but de ce chapitre[1]. Nous aborderons d'autres notions de base sur les dettes dans les chapitres 7 et 8 et, aux chapitres 9 à 13, nous décrirons les modes de financement importants d'une voiture. Le livre 4 de cette série traite en détail de la gestion des dettes personnelles.

AVEZ-VOUS CONTRACTÉ UNE DETTE?

Il existe plusieurs types de dettes personnelles: les marges de crédit, les prêts personnels, les prêts hypothécaires, les soldes de carte de crédit, etc. Du point de vue financier, une dette réunit nécessairement trois caractéristiques:

- Un emprunteur s'est engagé à rembourser une somme d'argent à un créancier à une date **ultérieure**, précise ou indéterminée.

- L'emprunteur n'a pas la possibilité de se soustraire à l'engagement.

- L'événement à l'origine de la dette s'est déjà produit.

Voici quelques situations concrètes pour illustrer quand il y a dette ou non:

▶ *Emmanuelle a acheté une maison d'une valeur de 120 000 $. Elle a obtenu un prêt hypothécaire de 85 000 $ auprès d'une banque.*

Dans ce cas, toutes les caractéristiques de la dette sont réunies: le montant de 85 000 $ devra être remboursé ultérieurement; Emmanuelle n'a pas la possibilité de se soustraire à son engagement; l'événement à l'origine de la dette, c'est-à-dire la signature du contrat de prêt hypothécaire, s'est déjà produit.

---

1. Si vous êtes déjà à l'aise avec ces notions, vous pourrez vous limiter à la section Le remboursement d'une dette n'augmente pas la richesse personnelle.

▶ *Après négociations, la caisse populaire accorde une marge de crédit de 5 000 $ à Laurence. Selon l'entente convenue, Laurence peut emprunter, au moment voulu, un montant inférieur à 5 000 $ sur sa marge. Elle paiera des intérêts uniquement sur la partie réellement utilisée de la marge de crédit.*

Laurence ne contracte pas une dette au moment où elle signe l'entente avec la caisse, pour les trois raisons suivantes : elle ne doit rien à la caisse tant qu'elle n'utilise pas une partie de sa marge ; elle peut annuler la marge de crédit si elle le souhaite ; rien ne s'est produit sur le plan financier tant que Laurence n'a pas commencé à utiliser sa marge. Cependant, si Laurence décidait d'emprunter 1 500 $ sur sa marge de crédit pour partir en vacances, elle contracterait une dette envers la caisse.

▶ *Paul loue une automobile d'une valeur de 25 000 $ (avant taxes) pour une période de 36 mois, à 7 % d'intérêt. Il devra payer des mensualités de 497,56 $, y compris les taxes.*

Un contrat de location de ce type a toutes les caractéristiques économiques d'une dette. En effet, Paul est l'emprunteur et le créancier est la compagnie de financement. Paul ne peut se soustraire à cet engagement et l'événement à l'origine de la dette, soit la signature du contrat de location, s'est déjà produit. Il est peu habituel de considérer la location d'une voiture comme étant une dette, mais c'est bel et bien le cas, même si d'un point de vue légal il n'en est pas ainsi. Nous en parlons abondamment dans ce livre.

> **Il est peu habituel de considérer la location d'une voiture comme étant une dette.**

LE FONCTIONNEMENT GÉNÉRAL DES DETTES

Trois aspects sont importants pour comprendre le fonctionnement d'une dette :

- Le **capital**, qu'on appelle aussi principal : il représente la partie du montant emprunté qui n'est pas encore remboursée à une date précise.
- Les **intérêts** : ils représentent le **coût** généré par une dette. Ils sont calculés à partir du capital, selon le taux d'intérêt exigé.
- Les **modalités de remboursement** : l'ensemble des conditions précisant la façon dont le capital et les intérêts seront acquittés.

Prenons le cas de Louise, qui vient d'emprunter 1 000 $, à un taux d'intérêt annuel de 16 %, pour s'acheter un ordinateur. Selon les modalités de remboursement établies, la totalité du capital et des intérêts est exigible dans un an. Louise devra donc verser 1 160 $ à cette date (1 000 $ en capital + 160 $ en intérêts).

Le taux d'intérêt stipulé dans les contrats est généralement annuel. Pour les périodes de moins de 365 jours, les intérêts sont calculés en proportion. Si Louise devait rembourser son emprunt dans un délai de 60 jours, les intérêts seraient calculés comme suit :

$$1 000\$ \times 16\% \times \frac{60}{365} = 26,30\$$$

Louise devrait donc verser 1 026,30 $ d'ici 60 jours.

LES VERSEMENTS PÉRIODIQUES

Le règlement des prêts consentis pour l'achat d'une résidence ou d'une voiture est généralement échelonné sur plusieurs périodes, le plus souvent mensuelles. Voici un exemple du fonctionnement de ce type de dette : Sophie a emprunté 10 000 $, à un taux d'intérêt annuel de 12 %
(1 % par mois – pour simplifier les calculs, on considère que chaque mois contient le même nombre
de jours). Sa dette est payable en 120 versements mensuels de 143,47 $ chacun. Le tableau 5.1
présente la répartition des 5 premiers et des 5 derniers versements de l'emprunt.

TABLEAU 5.1
Emprunt de 10 000 $
Composition des 5 premiers et des 5 derniers versements mensuels

Nº versement	Montant total du versement	Intérêts du mois	Capital remboursé durant le mois	Solde du capital à la fin du mois
0				10 000,00 $
1	143,47 $	100,00 $	43,47 $	9 956,53 $
2	143,47 $	99,57 $	43,90 $	9 912,63 $
3	143,47 $	99,13 $	44,34 $	9 868,29 $
4	143,47 $	98,68 $	44,79 $	9 823,50 $
5	143,47 $	98,24 $	45,23 $	9 778,27 $
116	143,47 $	6,96 $	136,51 $	559,81 $
117	143,47 $	5,60 $	137,87 $	421,94 $
118	143,47 $	4,22 $	139,25 $	282,69 $
119	143,47 $	2,83 $	140,64 $	142,05 $
120	143,47 $	1,42 $	142,05 $	ø

- La deuxième colonne indique le montant mensuel que doit verser Sophie pour rembourser
  sa dette, soit 143,47 $. Ce montant est établi au moyen d'une formule de mathématiques
  financières (ou d'une calculatrice financière).

- La troisième colonne indique les intérêts que Sophie paie chaque mois. Ils sont calculés à
  partir du solde du capital du mois précédent, au taux de 1 %. Ainsi, les intérêts du premier
  versement sont calculés comme suit : 1 % × 10 000 $ = 100 $; ceux du deuxième versement :
  1 % × 9 956,53 $ = 99,57 $; et ainsi de suite.

- La quatrième colonne indique le montant en capital remboursé chaque mois, soit le versement mensuel total moins les intérêts. Pour le premier versement, on obtient
  143,47 $ – 100,00 $ = 43,47 $. Pour le deuxième versement, le montant en capital remboursé
  est de 143,47 $ – 99,57 $ = 43,90 $, et ainsi de suite.

- Dans la dernière colonne figure le capital qu'il reste à rembourser. Lorsque Sophie a contracté l'emprunt, le montant initial du capital était de 10 000 $. Il diminuera progressivement pendant 120 mois, pour atteindre un solde nul après le 120e versement. Le solde du capital à la fin de chaque mois équivaut au solde à la fin du mois précédent moins le capital remboursé durant le mois. Après le premier versement, on obtient un solde de 10 000 $ – 43,47 $, soit 9 956,53 $. Après le deuxième versement, le montant du capital à rembourser est de 9 912,63 $ (9 956,53 $ – 43,90 $), et ainsi de suite.

- À l'issue des 120 versements, Sophie aura payé 120 × 143,47 $, soit 17 216,40 $. De ce montant, 10 000 $ auront servi à rembourser le capital ; le reste aura servi à payer les intérêts, soit 7 216,40 $ (17 216,40 $ – 10 000 $).

On remarque que les intérêts sont très élevés durant les premiers mois et qu'ils diminuent peu à peu, jusqu'à devenir presque nuls dans les derniers mois. C'est l'inverse pour le remboursement du capital : il compte pour une petite partie des premiers versements, et pour beaucoup à la fin. En regardant ces chiffres, on peut être choqué par le fait que le capital diminue très peu au début. Mais c'est tout à fait normal : étant donné que les intérêts sont calculés à partir du montant en capital à rembourser, il est normal qu'ils soient plus élevés au début. Au 117e versement, par exemple, le solde de la dette à la fin du mois précédent n'est plus que de 559,87 $. Les intérêts sont alors beaucoup plus bas que lorsque le solde était de 10 000 $.

Ainsi, même si le montant des versements mensuels demeure constant tout au long de la durée du prêt, le **coût** de l'emprunt change chaque mois. En effet, seuls les intérêts représentent un coût pour l'emprunteur, et non les paiements du capital, comme nous le verrons en détail plus loin.

> **Même si le montant des versements mensuels demeure constant tout au long de la durée du prêt, le coût de l'emprunt change chaque mois.**

Or, les intérêts sont élevés au début de l'emprunt et diminuent par la suite. Ainsi, c'est au début d'un emprunt que le coût est le plus élevé. On verra aux chapitres 17 et 19 que cette notion est importante pour ceux qui louent des voitures à répétition ou pour ceux qui les achètent à crédit et qui les changent souvent. Puisqu'ils contractent une nouvelle dette à chaque nouveau contrat, ils sont toujours au début de leur emprunt et payent donc constamment des intérêts élevés.

Les calculs du tableau 5.1 sont légèrement modifiés s'il est question d'un contrat de location plutôt que d'un emprunt habituel parce que les mensualités ne sont pas versées en fin de mois, mais au début du mois. Si ces détails techniques vous intéressent, consultez le site www.ericbrassard.com, section Finance au volant, Compléments du livre.

LE REMBOURSEMENT D'UNE DETTE N'AUGMENTE PAS LA RICHESSE

Voilà une notion très importante en planification financière personnelle. À première vue, elle est surprenante, mais elle s'explique facilement. Le tableau 5.2 présente le bilan personnel de Léonard au 31 janvier 2003, soit le détail de son actif (biens) et de son passif (dettes) à un moment donné.

TABLEAU 5.2

Bilan personnel de Léonard au 31 janvier 2003

Actif		Passif	
Solde en banque	4 000 $	Marge de crédit	4 000 $
Automobile	10 000 $	Autres dettes	0 $
Autres biens personnels	14 000 $		
Placements hors REER	15 000 $		
Total de l'actif	43 000 $	Total du passif	4 000 $

À cette date, on peut dire que la richesse de Léonard s'élève à 39 000 $, soit le total de l'actif moins celui du passif. Léonard envisage deux possibilités en ce qui a trait à l'argent qu'il a en banque : il peut rembourser le solde de sa marge de crédit, dont le taux d'intérêt annuel est de 8 %, ou faire un placement hors REER (il a déjà cotisé au maximum à un REER). Analysons les deux scénarios. Le tableau 5.3 illustre les conséquences si Léonard rembourse sa marge.

TABLEAU 5.3

Remboursement de la marge

Actif		Passif	
Solde en banque (4 000 $ – 4 000 $)	0 $	Marge de crédit (4 000 $ – 4 000 $)	0 $
Automobile	10 000 $	Autres dettes	0 $
REER	14 000 $		
Placements hors REER	15 000 $		
Total de l'actif	39 000 $	Total du passif	0 $

Le solde en banque a diminué de 4 000 $, soit le montant du remboursement de la marge de crédit. Le total de l'actif est de 39 000 $, tandis que le total du passif est nul. La richesse personnelle de Léonard s'établit encore à 39 000 $ (le total de l'actif diminué du total du passif). Elle est donc demeurée stable. Ainsi, l'extinction de la dette n'augmente pas la richesse personnelle d'un individu sur-le-champ. C'est au fil des jours que Léonard constatera les effets positifs, puisqu'il n'aura plus d'intérêts à payer. C'est l'intérêt qui est un coût et qui nuit à la richesse personnelle d'un individu. Compte tenu du taux de 8 % de la marge de crédit, Léonard aura économisé 320 $ (8 % × 4 000 $) d'ici 1 an s'il s'acquitte de cette dette.

Si Léonard décidait plutôt d'investir ses 4 000 $ dans un placement hors REER, le même raisonnement s'appliquerait. Une fois ses 4 000 $ placés, le solde en banque serait nul, mais ses placements hors REER auraient augmenté de 4 000 $, pour un total de 19 000 $. Le solde de la marge de crédit n'aurait pas bougé. Le total de l'actif serait de 43 000 $, tandis que le total du passif serait de 4 000 $. La richesse personnelle de Léonard s'établirait encore à 39 000 $.

Les placements n'augmentent pas la richesse personnelle sur-le-champ. Au lieu d'avoir 4 000 $ en banque, Léonard a majoré son portefeuille de placements de 4 000 $. L'avantage du placement n'est pas immédiat. C'est au fil du temps que l'effet positif se fera sentir, lorsque les placements généreront des revenus. Ces revenus s'ajouteront à la richesse de Léonard. Ainsi, si le taux de rendement des placements est de 8 %, Léonard disposera de 320 $ de plus d'ici 1 an.

Rembourser une dette revient à faire un placement dont le taux de rendement équivaut au taux d'intérêt de l'emprunt remboursé.

Pour mieux comprendre le monde des affaires, il faut réaliser que le remboursement du capital d'une dette n'est pas un enrichissement. De fait, rembourser une dette revient à faire un placement dont le taux de rendement équivaut au taux d'intérêt de l'emprunt remboursé. Au lieu de bénéficier de revenus de placement, vous économisez des frais d'intérêt. C'est donc une façon parmi d'autres d'utiliser votre argent. Ce n'est pas la meilleure ni la pire. Tout dépend du taux d'intérêt de l'emprunt et du taux de rendement des placements éventuels.

Que doit faire Léonard? Rembourser sa marge de crédit ou faire un placement? Ce n'est pas l'objet de ce chapitre d'y répondre – nous approfondirons ce thème dans les chapitres 7 et 23 et dans le livre 4. L'important pour le moment est de comprendre l'impact de telles transactions sur la situation personnelle.

CHAPITRE 6

Qu'est-ce qu'un coût ?

Rédaction et collaboration étroite
Éric Brassard
Valérie Borde

Relecture et commentaires
Joan Backus
CAA - Québec
George Iny
Lorraine Lévesque
Luc Serra

Dans le monde de l'automobile comme ailleurs, le terme *coût* est utilisé à toutes les sauces, le plus souvent à tort. Pour éviter toute confusion dans ce livre, nous utiliserons toujours le terme **coût** dans un sens très précis.

> Le **coût** représente **l'effort financier <u>irrécupérable</u>** inhérent à la jouissance d'un bien. Pour une voiture, le coût se divise en trois composantes:
>
> - les dépenses courantes: immatriculation, assurances, essence, entretien régulier, stationnement, etc.;
>
> - la dépréciation (réduction de la valeur de la voiture);
>
> - le coût de l'argent (y compris le coût de renonciation).

On peut facilement établir le coût d'un repas au restaurant ou d'une vidange d'huile: il correspond tout simplement au montant versé. Mais les choses se corsent s'il faut calculer le coût d'utilisation d'un bien durable – une voiture, par exemple – puisqu'une partie des sommes versées est récupérable et qu'il faut obtenir du financement.

UN COÛT EST-IL NÉCESSAIREMENT UNE SORTIE DE FONDS ?

Par réflexe, on associe coût et sortie de fonds[1]. Erreur ! Toutes les sorties de fonds ne sont pas nécessairement des coûts, et vice versa. Or, malgré cette importante distinction, on considère trop souvent que les sorties de fonds mensuelles

---

1. Les expressions suivantes sont toutes synonymes de *sortie de fonds*: débours, sortie d'argent, versement, paiement ou décaissement.

(les mensualités) sont le facteur le plus important à considérer dans le calcul du coût d'une voiture. Laissons parler les exemples pour mieux comprendre.

Un placement n'est pas un coût

▶ *Paul décide de cotiser à un REER en versant 1 000 $ dans un fonds commun de placement. Cette sortie de fonds est-elle un coût ?*

Bien que Paul ait dû faire une **sortie de fonds**, il n'a pas engagé de **coût**. Comme Paul pourra recouvrer le montant versé, son effort financier n'est pas irrécupérable. Le même raisonnement s'applique à un terrain ou à un autre placement.

Le remboursement du capital d'une dette n'est pas un coût

▶ *Le solde du prêt auto de Josée est de 14 000 $. Comme elle dispose de 2 000 $ dans un compte d'épargne, elle envisage de rembourser immédiatement une partie du prêt. Ce versement de 2 000 $ est-il un coût ?*

Non. Comme il a été expliqué à la page 39, le remboursement du **capital** d'une dette ne constitue pas un coût, puisque la richesse de Josée ne diminuera pas. Au lieu d'avoir 2 000 $ en banque et une dette de 14 000 $, elle aura une dette de 12 000 $ seulement. Du point de vue financier, c'est du pareil au même. De plus, les 2 000 $ versés sont récupérables car, si elle vendait sa voiture 15 000 $, elle empocherait 3 000 $ au lieu de 1 000 $ une fois sa dette payée. Le versement de 2 000 $ n'est donc pas un **coût**, même si Josée a dû faire une **sortie de fonds**.

La dépréciation n'est pas une sortie de fonds

▶ *En 1997, Xavier a acheté comptant une voiture d'occasion qu'il a payée 7 000 $. Après 3 années d'utilisation, il la revend 2 500 $. Quel a été le coût de la voiture ?*

> **C'est au fil des ans, à mesure que la voiture est utilisée, que le coût apparaît – ce n'est pas au moment de l'achat.**

La somme de 7 000 $ correspond au **prix** d'achat de la voiture, pas à son coût ! Xavier a payé 7 000 $, mais il a récupéré 2 500 $. Il a donc assumé un coût de 4 500 $[2], soit la partie irrécupérable du prix payé. C'est au fil des ans, à mesure que la voiture est utilisée, que le coût apparaît – ce n'est pas au moment de l'achat. Le prix payé (7 000 $) et le coût (4 500 $) sont 2 choses différentes, qui surviennent à des moments différents : le prix est payé à l'achat et le coût croît avec l'usage !

La perte de valeur d'une voiture (4 500 $ dans notre exemple) s'appelle la ***dépréciation***. Cette dépréciation ne se paie pas avec un chèque : elle représente la différence entre le prix d'achat (7 000 $) et la valeur marchande de la voiture (2 500 $). C'est de loin le plus important des coûts liés à l'utilisation d'une voiture.

---

2. Ce calcul ne tient pas compte de la valeur de l'argent dans le temps (voir p. 51).

▶ *Voilà 3 ans, Luc et Rémi ont acheté une voiture de même modèle, qu'ils ont payée le même prix, soit 20 000 $. Après 3 ans, Luc a roulé 52 000 km et sa voiture ne montre aucun signe d'usure anormale. Rémi a quant à lui parcouru 112 000 km en 3 ans. Sa voiture a subi de petits accrochages et il a négligé l'entretien régulier.*

Même si Luc et Rémi ont payé le même prix pour leur voiture, les coûts liés à l'utilisation sont différents. Parce que Rémi utilise plus sa voiture et qu'il en néglige l'entretien, il doit assumer des coûts supplémentaires (sans compter l'essence). S'ils décidaient de se défaire de leur voiture en même temps, Luc pourrait revendre la sienne au prix de 12 000 $, alors que Rémi pourrait récupérer tout au plus 9 000 $[3]. En 3 ans, Luc aurait absorbé un coût de 8 000 $ (20 000 $ − 12 000 $), tandis que le coût subi par Rémi serait de 11 000 $. La voiture a donc coûté 3 000 $[4] de plus à Rémi qu'à Luc. C'est la dépréciation qui est le facteur déterminant et non le prix d'achat ou le total des sorties de fonds.

Le mode de financement n'a aucune incidence sur la dépréciation

▶ *Marcel a acheté une voiture au prix de 20 000 $ il y a 6 ans, qu'il peut revendre aujourd'hui pour 7 500 $. Il avait financé l'achat à l'aide d'un emprunt réparti sur 60 mois (5 ans) à un taux d'intérêt de 7 %. Pour sa prochaine voiture, il prévoit financer l'achat sur 48 mois afin de réduire les coûts.*

Ni la diminution de la durée du prêt ni l'achat au comptant n'ont d'incidence sur la dépréciation. La dépréciation représente la différence entre le prix d'achat et le prix de revente, différence sur laquelle le mode de financement n'a aucun effet. Le fait de rembourser plus rapidement un emprunt, voire de payer comptant, n'est pas forcément la façon la plus économique de rouler !

> **Le fait de rembourser plus rapidement un emprunt, voire de payer comptant, n'est pas forcément la façon la plus économique de rouler !**

Marcel doit évaluer l'ensemble de sa situation financière et décider ensuite quoi faire avec son argent. Si un prêt auto lui coûte seulement 5,9 % et s'il doit rembourser d'autres dettes personnelles coûtant 10 % ou 18 % (ou s'il peut obtenir un rendement de 8 % sur ses placements), il aurait peut-être avantage à répartir son prêt auto sur une longue période. Si Marcel veut réduire les coûts, il devrait plutôt[5] :

• Choisir un modèle qui se déprécie plus lentement (pour un même prix d'achat).

• Acheter une voiture de moins grande valeur (une voiture d'occasion s'il le faut).

---

3. Dans les guides spécialisés, on calcule 5 ¢ environ pour chaque kilomètre parcouru. Rémi ayant roulé 60 000 km de plus, la valeur marchande de sa voiture s'en trouve diminuée de 3 000 $, sans compter les frais des réparations qu'impose son mauvais état.

4. Ce calcul ne tient pas compte de la valeur de l'argent dans le temps (voir la p. 51).

5. Voir aussi le chapitre 16 pour d'autres conseils sur la façon de réduire les coûts.

• Négocier un taux d'intérêt moindre plutôt qu'une diminution du nombre de mensualités : un emprunt à 5,9 % sur 60 mois lui coûtera moins cher qu'un emprunt à 7 % sur 48 mois (pour un même prix d'achat)[6]. En effet, c'est le taux d'intérêt qui est à l'origine du coût et non le total des sorties de fonds (voir ch. 7).

> **Confondre coûts et sorties de fonds peut coûter cher...**

Tous ces exemples permettent de voir à quel point il faut être vigilant avant de prendre une décision financière. Il ne suffit pas d'aligner des sorties de fonds pour établir un coût. Confondre **coûts** et **sorties de fonds** peut coûter cher...

LE COÛT DE RENONCIATION[7]

Le coût de renonciation est une notion importante, souvent ignorée quand vient le temps de prendre des décisions. Nous y reviendrons abondamment dans ce livre, en particulier lorsqu'il sera question du coût de l'argent (ch. 7, 17, 19, 23).

Le **coût de renonciation** est le revenu auquel il faut renoncer lorsqu'on prend une décision quelconque. Il ne correspond pas à une sortie de fonds, mais plutôt à une rentrée de fonds qui aurait pu avoir lieu mais qui ne s'est pas produite. Sur le plan financier, si vous signez un chèque de 1 000 $ pour payer une assurance auto ou si vous renoncez à une rentrée de fonds de 1 000 $, le résultat est le même. Dans les 2 cas, il s'agit d'un effort financier irrécupérable de 1 000 $, donc d'un coût.

▶ *Rachel veut participer à un voyage organisé d'une durée de trois semaines. Le prix demandé est 3 000 $. Elle prévoit faire certaines dépenses personnelles durant le séjour (400 $ environ). Quand elle est à la maison, ses dépenses s'élèvent à 200 $ par semaine (nourriture, sorties, etc.). Son salaire est de 650 $ par semaine, et elle a droit à 2 semaines de vacances par année. Son employeur lui accorde une semaine sans solde pour faire le voyage. Comment calculer le coût du voyage ?*

Le prix du voyage (3 000 $) et ses dépenses personnelles (400 $) représentent un coût direct pour Rachel. Parallèlement, elle économise l'équivalent de 3 semaines de dépenses courantes, soit 600 $, et elle renonce à 1 semaine de salaire, soit 650 $.

---

6. Nous nuancerons ces propos au chapitre 17. Cette constatation ne s'applique pas si un consommateur n'a aucune autre dette et s'il fait uniquement des placements prudents.

7. Pour désigner le coût de renonciation, on utilise aussi les expressions *coût d'option*, *coût d'opportunité* ou *manque à gagner*.

Coûts directs du voyage (3 000 $ + 400 $):	3 400 $
Coûts économisés durant 3 semaines:	(600) $
Coût de renonciation: perte du salaire	650 $
Coût des vacances envisagées:	3 450 $

La perte du salaire d'une semaine est un coût de renonciation. N'eût été du voyage, cette rentrée de fonds aurait pu avoir lieu, mais elle ne se produira pas.

▶ *Jacinthe possède une maison. Elle a aménagé un appartement au sous-sol dont le loyer lui rapporte 600 $ par mois. L'année suivante, Jacinthe décide d'ouvrir un cabinet de génie-conseil et d'utiliser elle-même l'espace loué. « Quelle économie! Je ne paie rien pour cet espace, alors que j'aurais dû débourser 900 $ par mois pour louer un espace dans un immeuble commercial », explique-t-elle.*

Jacinthe a oublié le coût de renonciation. Si elle occupe le sous-sol, elle ne pourra plus bénéficier du revenu de loyer. Certes, elle n'aura pas de loyer mensuel pour occuper son bureau, mais elle devra renoncer à 600 $ par mois. Son coût mensuel est donc de 600 $. Elle fait quand même une bonne affaire puisqu'elle économise 300 $ par mois. La morale: l'espace est rarement gratuit!

La morale: l'espace est rarement gratuit!

▶ *Robert demande à Pierrette, sa mère, de lui prêter 10 000 $ sans intérêt. Il compte rembourser la somme dans un an. Avec cet argent, Pierrette avait pensé acheter des obligations d'épargne du Québec, qui rapportent 5,5 % en intérêts par année. Quel serait le coût pour Pierrette si elle accepte d'aider son fils?*

Pierrette doit tenir compte du coût de renonciation. Le fait de prêter 10 000 $ à Robert la prive de 550 $ en intérêts. Pierrette aura 550 $ (moins l'impôt) de plus en poche si elle ne prête pas l'argent. À elle de décider si cela est important!

▶ *Jacques est l'heureux gagnant du premier prix d'un concours, une maison dont la valeur marchande est de 250 000 $. Après quelques calculs, Jacques constate qu'il devra débourser annuellement 7 200 $ (taxes, assurances, entretien, électricité, etc.), soit 600 $ par mois, pour habiter la maison. « C'est très peu », conclut-il. Il décide aussitôt d'emménager dans cette nouvelle demeure.*

Le fait de gagner cette maison est bien sûr un événement heureux du point de vue financier. Mais Jacques a-t-il tenu compte de tous les coûts quand il conclut qu'il est économique d'y habiter? Voici la question qu'il devrait se poser: « Si j'avais gagné 250 000 $ en argent, est-ce que j'aurais acheté une maison de 250 000 $? » Peut-être pas. Rien n'empêche Jacques de vendre la maison, d'empocher le magot et de faire ce que bon lui semble avec cet argent. Certes, il se retrouve avec une maison de 250 000 $ sans avoir eu à débourser un sou, mais il oublie un coût important: le montant de 250 000 $ est immobilisé dans la maison (ce montant lui appartient sous forme de maison). S'il vendait la maison et investissait cette somme à un taux d'intérêt de 5 % après impôt, le placement lui rapporterait 12 500 $ par année. En choisissant de conserver la maison, il renonce donc à un revenu de 12 500 $. Cette rentrée de fonds aurait pu avoir lieu mais, parce qu'il conserve la maison, il doit y renoncer. Le coût de renonciation est donc de 12 500 $ par an. Si on ajoute à cette somme les 7 200 $ de frais, on obtient 19 700 $[8], soit 1 641 $ par mois. En réalité, habiter la maison coûte à Jacques 1 641 $ par mois. Veut-il vraiment consacrer autant d'argent à son logement ? Tout est affaire de choix personnel.

Il existe donc plusieurs types de coûts de renonciation : salaires perdus, revenus de loyer perdus, revenus de placement perdus, etc. Il est très important d'en tenir compte dans le calcul de l'effort financier irrécupérable – le coût – que l'on veut réellement consacrer à un voyage ou à une nouvelle voiture.

LE COÛT DE L'ARGENT

Le plus souvent, dans ce livre, nous parlerons du coût de renonciation quand il sera question du coût de l'argent (revenus de placement perdus), une question à laquelle nous avons préféré consacrer un chapitre distinct (voir le ch. 7).

À retenir de ce chapitre

Le coût représente l'ensemble des **efforts financiers irrécupérables** découlant de la jouissance d'un bien. Pour le calculer, il faut tenir compte des règles suivantes :

- Un coût n'équivaut pas nécessairement à une sortie de fonds ni à un prix d'achat.

- Des sorties de fonds, telles que l'essence et l'entretien régulier, sont des coûts.

- La dépréciation n'est pas une **sortie de fonds**, mais un **coût**. Elle équivaut à la différence entre le prix d'achat et le prix de revente. C'est souvent le coût le plus important associé à l'utilisation d'une voiture.

- Le coût de renonciation est un revenu dont on se prive pour profiter d'un bien ou d'un service. C'est une rentrée de fonds qui aurait pu avoir lieu, mais qui ne s'est pas produite. Le coût de l'argent est l'un des principaux types de coûts de renonciation.

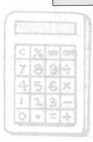

---

8. Bien sûr, il faudrait soustraire de ce montant la plus-value **annuelle** de la maison, mais ce n'est pas nécessaire pour comprendre la notion de coût de renonciation. Cette question est abordée en détail dans le livre 1 de la série «Louer Acheter Emprunter », intitulé *Un chez-moi à mon coût*.

CHAPITRE 7

Le coût de votre argent

Rédaction et collaboration étroite
ÉRIC BRASSARD
VALÉRIE BORDE

Relecture et commentaires
JOAN BACKUS
CAA - QUÉBEC
GEORGE INY
LORRAINE LÉVESQUE
LUC SERRA

Pourquoi l'argent a-t-il un coût? Tout comme un logement ou une voiture, l'argent peut être loué, auquel cas un loyer vous sera demandé en compensation de la jouissance de l'argent. Ce loyer représente le **coût de l'argent**. Souvent, il prend la forme d'un taux d'intérêt. Plus globalement, on parlera de **coût du capital**.

Si vous empruntez 1 000 $ en promettant de rembourser dans 1 an, combien devrez-vous verser d'argent en tout? Plus de 1 000 $, bien sûr! La banque exigera des intérêts. Si le taux est de 8 %, vous devrez verser 1 080 $ l'an prochain. Le fait d'avoir pu profiter des 1 000 $ durant 1 an vous a coûté 80 $, ou 8 %. On peut représenter le coût du capital en dollars (80 $), mais le plus souvent on utilisera un taux (8 %).

NOTRE PROPRE ARGENT A AUSSI UN COÛT[1]

Quand vous faites un emprunt, vous utilisez l'argent d'un créancier, qui vous demande des intérêts. Cependant, votre propre argent a aussi un coût ! C'est une notion qu'il faut bien comprendre pour mieux gérer vos finances personnelles, car sur elle repose une grande partie du système économique actuel.

Quand vous empruntez pour acheter une maison de 100 000 $, vous trouvez normal de verser des intérêts. Or, quand vous aurez remboursé le prêt hypothécaire – et que vous commencerez à supporter entièrement le financement – l'argent ainsi utilisé continuera d'occasionner un coût. Vous ne devrez plus d'argent à la banque, mais vous n'en continuerez pas moins d'emprunter de

> Tout comme un logement ou une voiture, l'argent peut être loué.

---

1. Il est préférable d'avoir lu le chapitre 6 avant de poursuivre la lecture du présent chapitre.

l'argent… dans votre propre gousset. Cette somme de 100 000 $ dorénavant immobilisée dans la maison occasionne un coût, au même titre que les 100 000 $ empruntés à la banque. Vous ne payez plus d'intérêts, mais vous subissez un **coût de renonciation**[2].

Si quelqu'un vous demandait de lui prêter 25 000 $ pour 10 ans, il est probable que vous lui demanderiez des intérêts. Vous ne voudriez pas renoncer au rendement que pourrait vous apporter cette somme pendant dix années. De la même manière, si vous décidez d'utiliser les 25 000 $ pour une voiture, il faudra considérer le rendement auquel vous renoncez dans le calcul du coût de la voiture. Le coût de l'argent, qu'il ait été emprunté ou non, constitue un élément important du coût d'une voiture. Nous verrons comment tenir compte de cette variable au chapitre 17.

C'est simple! Entre 20 et 75 ans, je dois me loger. Si j'achète une maison et que j'acquitte mon prêt hypothécaire en 20 ans, je pourrai me loger à un coût ridicule pendant 30 ans. Il me restera les taxes, l'assurance, l'électricité et l'entretien à payer. C'est tout. Pourquoi payer un loyer pendant 50 ans? Moi, je veux épargner au moins 30 ans de loyer!

VINCENT
Danseur

Ce raisonnement fréquent et spectaculaire tient pour acquis que votre argent est gratuit. Prenons l'exemple d'une maison de 112 000 $ entièrement payée. Voici les coûts annuels directs:

Taxes foncières	2 300 $
Assurances	600 $
Électricité et chauffage	2 200 $
Entretien régulier	760 $
Réparations majeures et rénovations	1 700 $
	7 560 $

Il en coûterait apparemment 7 560 $ ÷ 12, soit 630 $ par mois, pour vivre dans cette maison. Regardons l'exemple de plus près. Si le propriétaire vend la maison, et si on déduit les frais de vente (8 000 $ environ) et qu'il décide de garder 4 000 $ pour des dépenses personnelles, il aura à sa disposition environ 100 000 $. Si on considère un taux de rendement après impôt de 5 %, cette personne pourrait bénéficier de 5 000 $ par année en revenus de placement. En conservant

---

2. Le chapitre 13 du livre *Un chez-moi à mon coût* de la série «Louer Acheter Emprunter» explique en détail comment tenir compte du coût de renonciation dans le calcul du coût réel d'une maison.

sa maison, elle se prive donc de 5 000 $ par année. C'est le coût de renonciation. Si on ajoute ces 5 000 $ aux 7 560 $ calculés précédemment, le coût annuel est de 12 560 $, soit 1 047 $ par mois. On est loin de 30 années de logement à un coût ridicule !

Que la maison soit payée ou non, le capital a toujours un coût. Si la maison est hypothéquée à 100 %, le coût est équivalent aux frais d'intérêts. Si elle est payée entièrement, c'est le coût de renonciation qui frappe. Entre ces extrêmes, il existe plusieurs combinaisons qui entraînent à la fois des frais d'intérêts et un coût de renonciation. On ne peut habiter dans une maison de 112 000 $ à un coût dérisoire, même si elle est payée. Le système capitaliste impose des règles implacables : plus d'espace, plus d'intimité, plus de luxe sont synonymes de coûts plus élevés (voir ch. 1) ! Faut-il vendre nos maisons ? Pas forcément. Il faut juste être au fait des vrais coûts.

> **Que la maison soit payée ou non, le capital a toujours un coût.**

Est-il ennuyeux de payer des intérêts ?

La majorité des gens ont horreur de payer des intérêts et ils s'empressent de rembourser leurs emprunts. Est-ce une bonne stratégie ? Tout dépend ! Bien sûr, il faut tenir compte de considérations telles que la hantise des dettes et le fait que l'absence de dette, donc de mensualité, diminue les contraintes budgétaires (voir p. 183 du ch. 23 à ce sujet ; le livre 4 de cette série traite aussi de la gestion des dettes). Toutefois, sur le plan strictement financier, la stratégie peut être douteuse car elle repose sur la fausse hypothèse voulant qu'il soit coûteux de jouir de l'argent des autres, mais que notre propre argent soit gratuit.

Le remboursement rapide d'un prêt auto ou l'achat au comptant d'une voiture ne représentent pas forcément des façons économiques de rouler. Si le concessionnaire propose un taux **réel**[3] d'intérêt de 2,9 % et qu'un placement procurerait 5 % de rendement après impôt, mieux vaut ne pas se hâter de rembourser le prêt auto. En revanche, si le taux du prêt est de 8 %, c'est une autre histoire. Le même raisonnement s'applique aux prêts hypothécaires. Lorsque les taux hypothécaires avoisinent les 5 % et que les rendements sur certains placements peuvent atteindre 8 % ou 9 % après impôt (s'ils sont placés dans un REER[4]), on peut se demander s'il est vraiment avantageux de rembourser rapidement un emprunt hypothécaire. Qu'y a-t-il de grave à payer des intérêts sur un emprunt hypothécaire ou un prêt auto si l'argent rapporte plus ailleurs ?

Avant de prendre une décision, il faut d'abord distinguer les bonnes et les mauvaises dettes. Une dette est « bonne » si le taux d'intérêt est bas[5]. On pense aux emprunts hypothécaires, à certains prêts auto, à des prêts aux étudiants, etc. Les mauvaises dettes, à l'inverse, sont assorties

---

3. On tient pour acquis que le prix de la voiture n'est pas soufflé et que le taux est donc réel. Le même postulat vaut pour tous les exemples du chapitre. Voir les pages 154, 175 et 333 à ce sujet.
4. La question du taux de rendement gagné dans un REER (y compris l'économie d'impôt) est abordée dans le texte « Qu'est-ce qu'un placement ? » du site www.ericbrassard.com, section Finance au volant, Compléments du livre.
5. Si les intérêts sont déductibles d'impôt, c'est encore mieux, bien sûr.

d'un taux d'intérêt élevé. On pense bien sûr aux soldes de carte de crédit, aux marges de crédit personnelles constamment utilisées (une utilisation ponctuelle n'a rien de grave) et aux prêts à la consommation en général. Comme il est expliqué à la page 40 du chapitre 5, le remboursement d'une dette est une option d'investissement parmi d'autres. Rembourser un solde de carte de crédit qui coûte 18 % revient à faire un placement à 18 % de rendement. Bien entendu, vous ne verrez pas une rentrée de fonds de 18 % dans votre compte de banque, mais vous éviterez une sortie de fonds de 18 % dans le futur.

Il est impératif de rembourser les mauvaises dettes le plus rapidement possible, mais les bonnes doivent être acquittées seulement si l'argent ne peut servir à de meilleures fins.

Le coût personnel de votre argent : comment l'établir ?

Étonnamment peut-être, le coût de l'argent varie d'une personne à l'autre. Pour établir ce coût, il faut connaître l'ensemble de la situation d'une personne. La question fondamentale est la suivante : «Que feriez-vous de votre argent si vous ne l'utilisiez pas pour payer un prêt auto ou un contrat de location ?» Feriez-vous un placement ? Rembourseriez-vous une autre dette plus coûteuse ? Examinons la situation de Philippe, qui estime pouvoir gagner 8 % après impôt sur ses placements (il n'a pratiquement jamais cotisé à son REER) et qui a contracté les dettes suivantes :

- un emprunt hypothécaire de 60 000 $ à 6 % ;

- un solde de marge de crédit de 4 000 $ à 12 % ;

- un solde de carte de crédit de 5 000 $ à 18 %.

Philippe songe à acheter une voiture de 23 000 $. Le concessionnaire lui offre un prêt à taux promotionnel de 4,9 %. Philippe ne dispose d'aucunes liquidités. Sa voiture d'occasion a une valeur nette de 12 000 $. Il pourrait appliquer cette somme contre son prêt auto, mais il pourrait aussi demander à empocher la somme (voir p. 102 et 181). Que faire ?

Il apparaît clair que Philippe devrait encaisser les 12 000 $. Il a sûrement mieux à faire que de réduire son prêt auto, car le coût de son argent est largement supérieur à 4,9 %.

- Il devrait en premier lieu rembourser le solde des cartes de crédit, qui lui coûte 18 %.

- Il devrait ensuite rembourser sa marge de crédit, qui lui coûte 12 %.

- Avec les 3 000 $ qui restent (12 000 $ – 5 000 $ – 4 000 $), il devrait cotiser à un REER dont il pourra éventuellement tirer un rendement de 8 %.

Avec cette stratégie, les 12 000 $ lui rapporteront 1 620 $ sur une base annuelle :

- économie sur les cartes de crédit :   5 000 $ × 18 %   =   900 $
- économie sur la marge de crédit :   4 000 $ × 12 %   =   480 $
- rendement sur le placement :   3 000 $ × 8 %   =   240 $

          1 620 $

La stratégie rapporterait un taux de 13,5 % (1 620 $ ÷ 12 000 $), ce qui équivaut à son coût personnel de l'argent (ou coût de renonciation). S'il avait utilisé les 12 000 $ pour réduire son prêt auto, il aurait économisé seulement 588 $ (4,9 % × 12 000 $) environ la première année, soit 1 032 $ de moins.

Marie désire la même voiture que Philippe. Cependant, au contraire de Philippe, elle n'a aucune dette et elle a toujours cotisé au maximum à son REER. De plus, Marie fait toujours des placements prudents qui lui rapportent 4 %, soit environ 2,4 % si on tient compte d'un taux d'impôt de 40 %. Que devrait-elle faire de ses 12 000 $?

Dans ce cas, le coût personnel de l'argent n'est plus de 13,5 %, mais de 2,4 %. Il est donc inférieur au taux de 4,9 % offert par le concessionnaire. Marie aura donc tout avantage à réduire le prêt auto. Si elle conserve l'argent, le rendement net sur ses placements sera de 288 $ (2,4 % × 12 000 $), soit 300 $ de moins que les 588 $ en intérêts sur le prêt auto.

On constate que le coût de l'argent dépend de la situation de chacun. Notez que les situations de Philippe et de Marie sont très fréquentes en pratique.

Avant d'accélérer le remboursement d'une dette ou d'en contracter une nouvelle, prenez le temps d'estimer le coût personnel de votre argent. Il n'est pas toujours nécessaire de faire un calcul aussi détaillé que celui présenté dans l'exemple de Philippe – il peut être rapidement estimé, de façon approximative.

> On constate que le coût de l'argent dépend de la situation de chacun.

L'ACTUALISATION ET LA VALEUR DE L'ARGENT DANS LE TEMPS

Un dollar reçu ou versé aujourd'hui vaut plus qu'un dollar reçu ou versé demain : voilà un principe très important en finance. Les sommes reçues à des moments différents n'ont pas la même valeur. Le temps est un facteur clé.

Pierre vend sa voiture à son ami Paul, en lui laissant le choix de verser 10 000 $ immédiatement ou 2 000 $ par année pendant 5 ans. On pourrait croire que les offres reviennent au même. En réalité, les 10 000 $ reçus aujourd'hui valent plus que 5 versements de 2 000 $ reçus pendant 5 ans, simplement parce que les 10 000 $ pourraient rapporter à compter d'aujourd'hui. Si Pierre plaçait la somme à 5 % après impôt, elle générerait 500 $ dès la première année, et ainsi de suite pour les années suivantes[6]. Pierre a donc intérêt à exiger le paiement complet tout de suite (et vice versa pour Paul, qui préférerait bien entendu conserver les 10 000 $).

> Il ne faut jamais comparer des montants d'argent payés ou reçus à des moments différents.

Il ne faut donc **jamais** comparer des montants d'argent payés ou reçus à des moments différents. Pourtant, c'est ce que font tous les jours des milliers de vendeurs de voitures et leurs clients ! Pour établir un coût, ils se limitent à comparer les sorties de fonds associées à chacun des modes de financement. Quelle erreur !

Pierre aurait pu offrir ceci : 10 000 $ tout de suite, ou 2 100 $ par an pendant 5 ans. Il aurait ainsi inclus des intérêts sur les cinq versements, ce qui est plus réaliste. Pour évaluer les deux options, il faut éliminer l'effet du temps et actualiser les sommes.

L'actualisation

Supposons un coût personnel de l'argent de 5 %, en raison, par exemple, de possibilités de placement ou de dettes personnelles à ce taux. Il importe peu alors d'obtenir 100 $ tout de suite ou 105 $ dans 1 an. Ces deux montants ont la **même** valeur. Autrement dit, une somme de 105 $ reçue dans 1 an équivaut à 100 $ aujourd'hui : le montant de 105 $ a été **actualisé**, c'est-à-dire qu'on a tenu compte de sa valeur dans le temps.

Supposons qu'on vous propose d'encaisser 450 $ dans 1 an. Combien ce montant vaut-il en dollars d'aujourd'hui ? Si on continue de supposer un coût de l'argent de 5 %, 450 $ dans 1 an équivaut à 428,57 $ aujourd'hui. Il a suffi de diviser 450 $ par 1,05. Si la somme est encaissée dans 2 ans, la valeur actuelle devient 408,16 $, soit 450 $ divisés par 1,05 au carré (1,05 × 1,05). Ces calculs de valeur actualisée peuvent s'avérer laborieux, mais les ordinateurs et les calculatrices s'en chargent sans maugréer. Retenez simplement qu'ils servent à rendre comparables des sorties ou des rentrées de fonds qui se produisent à des moments différents. Ainsi, en supposant un coût de l'argent de 5 % :

- Les 450 $ reçus dans 1 an équivalent aujourd'hui à 428,57 $.
- Les 450 $ reçus dans 2 ans équivalent aujourd'hui à 408,16 $.

Le même raisonnement s'applique aux sorties de fonds. Avec un coût de l'argent à 5 %, il reviendrait au même de verser 100 $ aujourd'hui ou 105 $ dans 1 an. C'est une erreur d'affirmer qu'il est plus coûteux d'attendre 1 an parce qu'il faudra débourser 5 $ de plus. Puisque durant l'année on aura accumulé 5 $ en revenus de placement (ou réduit des intérêts de 5 $ en remboursant une dette), le résultat sera le même.

---

6. Si Pierre a des dettes qui lui coûtent 8 % d'intérêt, il pourrait utiliser les 10 000 $ pour les rembourser au lieu de placer l'argent à 5 %. Il économiserait 800 $ (10 000 $ × 8 %).

Un exemple simple permettra d'expliquer comment l'actualisation aide à prendre une décision. Supposons 4 options pour le paiement d'un magnétophone vendu 100$:

Option 1 : paiement de 102$ dans 1 an	Option 3 : paiement de 108$ dans 1 an
Option 2 : paiement de 105$ dans 1 an	Option 4 : paiement comptant de 100$

Actualisons d'abord les montants en utilisant un coût personnel de l'argent de 5% :

- Les 102$ versés dans 1 an valent 97,14$ en dollars d'aujourd'hui (102$ ÷ 1,05).

- Les 105$ versés dans 1 an valent 100$ en dollars d'aujourd'hui (105$ ÷ 1,05).

- Les 108$ versés dans 1 an valent 102,86$ en dollars d'aujourd'hui (108$ ÷ 1,05).

- Les 100$ versés tout de suite valent évidemment 100$ en dollars d'aujourd'hui.

Selon ces calculs, l'option 1 est la moins coûteuse car elle entraîne le coût actualisé le plus bas. Le coût est le même pour les options 2 et 4, et l'option 3 est la plus coûteuse.

En regardant les chiffres de près, il est facile de trouver la réponse sans faire de calculs.

Pour l'option 1, le taux d'intérêt est de 2%.	Pour l'option 3, il est de 8%.
Pour l'option 2, il est de 5%.	Aucun intérêt pour l'option 4.

Si le coût personnel de l'argent est de 5%, tout financement assorti d'un taux d'intérêt inférieur à 5% sera avantageux, c'est clair. De ce fait, l'option 1 coûte moins cher que l'option 4, soit le paiement au comptant. Selon ces mêmes calculs, il faut résolument éviter l'option 3. Si seules les options 3 et 4 avaient été possibles, il aurait mieux valu payer comptant. Pourquoi conserver l'argent et le faire travailler à 5% si par ailleurs il faut payer des intérêts de 8%? Notons finalement, comme on l'a déjà expliqué, que les options 2 et 4 entraînent les mêmes coûts.

Il est important d'actualiser pour établir le coût d'une voiture afin de rendre comparables toutes les sorties de fonds associées aux diverses options envisagées. Les calculs sont souvent complexes en raison du nombre élevé de sorties de fonds (en plus de la rentrée de fonds au moment de la revente de la voiture). Mais n'ayez crainte, vous n'aurez pas à faire ces calculs et on ne vous présentera pas une montagne de chiffres! Les calculettes du site www.ericbrassard.com feront le travail pour vous!

L'inflation et la valeur de l'argent dans le temps

Dès qu'il est question de valeur de l'argent dans le temps, le premier réflexe est de croire qu'il s'agit d'éliminer l'effet de l'inflation. Oui, l'inflation influe sur le coût de l'argent – à preuve, en période d'inflation, les taux d'intérêt augmentent, et vice versa si le taux d'inflation est faible. Toutefois, d'autres facteurs ont une influence, mais il ne relève pas du propos de ce livre de les présenter. Les banques n'abolissent pas les taux d'intérêt sur leurs prêts quand le taux d'inflation est faible ou nul ! L'actualisation n'a donc pas pour but d'éliminer uniquement l'effet de l'inflation. On dira plutôt que l'actualisation élimine l'effet du temps et permet de comparer des sommes qui n'apparaissent pas au même moment.

Pierre veut acheter une voiture de 20 000 $, taxes comprises. Il peut payer comptant ou en 48 versements mensuels de 433,90 $. Que devrait-il choisir ?

Un calcul rapide permet de voir que les 48 versements représentent une somme totale de 20 827 $ (48 × 433,90 $). Puisque ce montant est supérieur au versement unique de 20 000 $, on déduit rapidement que Pierre devrait payer comptant puisqu'il économise 827 $... Erreur ! On oublie que les 20 000 $ doivent être payés tout de suite, tandis que les 20 827 $ sont répartis sur 4 ans. Ces dollars n'ont pas du tout la même valeur. En actualisant les 48 versements compte tenu du coût de 5 % de l'argent de Pierre, on obtient 18 840 $. Le coût est donc inférieur à 20 000 $. En fait, un calcul simple indique que le taux d'intérêt de l'emprunt réparti sur 48 mois est de 2 %. Pourquoi ne pas profiter de cet emprunt à 2 % si Pierre peut gagner 5 % ailleurs ?

Il y a 20 ans, la mère de François a signé un contrat de rente avec une compagnie d'assurances selon lequel elle encaisse 400 $ par mois pour les 25 prochaines années. Pour obtenir la rente, elle a payé 84 350 $. « Après 20 ans, ma mère a déjà encaissé 96 000 $ (400 $ × 12 × 20), se dit François. Elle a déjà fait un bon profit sur les 84 350 $ versés et il lui reste encore 60 versements à encaisser. »

On ne peut pas comparer directement les sommes de 84 350 $ et de 96 000 $, parce qu'elles ont eu lieu à des dates différentes. Il est tout à fait normal que cette dame ait encaissé plus que 84 350 $. Cette somme ayant été payée au début du contrat, elle a une plus grande valeur que la rente répartie sur 25 ans. Si on actualise les 300 versements mensuels de 400 $ en tenant compte que le coût de l'argent de la dame était de 5 % (en supposant qu'elle aurait pu placer l'argent sans risque à la banque à ce taux), on obtient 68 420 $. C'est bien moins que 84 350 $! En fait, un calcul simple indique que le taux d'intérêt accordé par la compagnie d'assurances était de 3 %. Même si elle a encaissé plus que 84 350 $, elle n'a pas forcément fait une bonne affaire.

Dans le calcul du coût personnel de l'argent, vous supposez qu'un placement sera effectué ou que des dettes seront remboursées plus vite. Mais en réalité, s'ils ont quelques sous dans leur compte, la plupart des gens les flambent dans toutes sortes de dépenses.

MICHELLE
Décoratrice

Vous y allez un peu fort! Nous rencontrons souvent des personnes qui ont pris leurs affaires en main. Pour les autres, le coût personnel de l'argent est tout simplement de 0%. Du point de vue financier, elles devraient payer leurs dettes aussitôt qu'elles ont de l'argent disponible, même si le taux d'intérêt est de 1,9%. Comme elles n'économisent rien, leur coût de renonciation est nul et, si négligeable soit-il, le taux d'intérêt sera toujours plus élevé que le coût de leur argent.

De plus, une fois leurs dettes éliminées, elles devraient emprunter pour acheter un bien durable (maison, bateau, etc.), car c'est la seule façon pour elles d'épargner (voir la discussion sur l'épargne forcée à la p. 33). Il leur sera plus profitable de payer une dette sur un bien durable que de jouer au casino ou d'acheter des disques compacts à la chaîne!

Je loue toujours mes voitures, en m'assurant d'obtenir un taux de crédit avantageux (entre 1,9 % et 2,9 %). Je profite donc toujours d'un coût de financement presque nul. Si j'achetais la voiture à la fin du bail, je devrais payer un taux d'intérêt de 8 % à 9 % sur l'emprunt. Je fais une économie appréciable.

MICHAËL
Enseignant

Ce raisonnement est boiteux pour plusieurs raisons.

Premièrement, il suppose que le coût de l'argent est l'élément le plus important du coût d'une voiture, alors que la dépréciation occupe cette place peu enviable. Pour profiter d'un taux d'intérêt avantageux, vous devez toujours rouler dans une voiture presque neuve, et c'est dans les premières années qu'une voiture se déprécie le plus. Pour cette raison, la faiblesse du taux d'intérêt ne suffit pas à rendre la location *perpétuelle* moins coûteuse (voir ch. 17 et 19).

Deuxièmement, on ne peut comparer des taux d'intérêt qui s'appliquent à des montants différents. Un taux de 2,9 % est bel et bien inférieur à un taux de 8 %, mais si le premier taux d'intérêt s'applique à un montant de 23 000 $ et que le taux de 8 % s'applique à un montant de 10 000 $, il n'est pas nécessairement intéressant d'en profiter. Faisons un calcul très sommaire :

- La location à 2,9 % coûtera *grosso modo* 667 $ en intérêts durant la première année (2,9 % × 23 000 $).

- L'emprunt à 8 % coûtera 800 $ en intérêts durant la première année (8 % × 10 000 $).

Ainsi, l'économie est de 133 $ seulement. Quand on sait qu'une voiture neuve de 23 000 $ subira une dépréciation d'environ 4 000 $ à 5 000 $ durant la première année, et que celle de la voiture d'occasion sera d'environ 2 000 $, les 133 $ ne pèsent pas lourd dans la balance.

> **On ne peut comparer des taux d'intérêt qui ne sont pas associés à la même voiture.**

Troisièmement, puisqu'il s'agit de deux voitures différentes, il faudrait aussi tenir compte de tous autres aspects : frais d'entretien et d'assurance, valeur de revente, taxes, etc.

En conclusion, on ne peut comparer des taux d'intérêt qui ne sont pas associés à la même voiture. Si vous hésitez entre des voitures de valeurs différentes, vous devez considérer tous les types de coûts, tel qu'indiqué au chapitre 17.

À retenir de ce chapitre

- L'argent a toujours un coût, qu'il s'agisse d'argent emprunté ou du vôtre. L'argent emprunté coûte des intérêts ; le vôtre engendre un coût de renonciation.

- Il n'est pas forcément mauvais de payer des intérêts. L'important est de distinguer les bonnes et les mauvaises dettes, et d'éviter le plus possible ces dernières.

- Le coût de l'argent varie d'une personne à l'autre, en fonction des dettes et des possibilités de placement de chacune.

- Des sommes d'argent reçues ou payées à des moments différents ne sont pas comparables. Pour les comparer, il faut les actualiser.

CHAPITRE 8

Le PPPP : le plus petit paiement possible

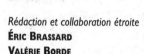

Rédaction et collaboration étroite
ÉRIC BRASSARD
VALÉRIE BORDE

Relecture et commentaires
JOAN BACKUS
CAA - QUÉBEC
GEORGE INY
LORRAINE LÉVESQUE
LUC SERRA

D e nos jours, la mensualité sert de critère de base pour toutes les décisions financières. Le PPPP – le plus petit paiement possible – est roi et maître ! C'est une grave erreur, et il n'est pas étonnant que les consommateurs s'en trouvent appauvris à long terme !

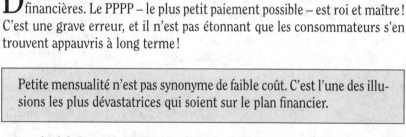

> Petite mensualité n'est pas synonyme de faible coût. C'est l'une des illusions les plus dévastatrices qui soient sur le plan financier.

Le calcul de la mensualité permet de répondre à la question suivante : « Est-ce que je peux me permettre une telle sortie de fonds tous les mois ? » C'est l'accessibilité qui est en jeu ici, et non le coût réel de la transaction.

L'ACCESSIBILITÉ ET LE COÛT RÉEL

Voilà deux notions différentes qui, malheureusement, sont rarement mises en parallèle dans les textes s'adressant au grand public. On préfère se limiter à l'accessibilité.

L'**accessibilité** est liée à votre capacité à joindre les deux bouts, c'est-à-dire la capacité à respecter vos engagements financiers. Elle concerne « ce que vous pouvez vous permettre ». Or, ce qui est accessible n'est pas nécessairement bon marché, et vice versa.

Le **coût réel** représente l'effort financier irrécupérable (ou l'argent que vous ne reverrez plus) découlant d'une transaction. C'est l'aspect à évaluer pour répondre à la question : « Est-ce une bonne affaire ? » Voyons un exemple.

Pierrette doit acheter un réfrigérateur, mais ses moyens financiers sont restreints. Le vendeur lui propose de payer le prix d'achat de 1 000 $ en 48 mensualités de 35 $. Elle constate avec joie qu'elle a la capacité d'acheter le bien, car son budget lui permet d'absorber une mensualité supplémentaire de 35 $.

La question de l'accessibilité est réglée: Pierrette peut se permettre de payer 35 $ par mois. Mais fait-elle une bonne affaire? Un calcul simple indique que l'offre des 48 mensualités de 35 $ équivaut à payer un taux d'intérêt de 28,3 %. C'est énorme! Pierrette a donc la capacité de faire l'achat, mais il lui coûtera très cher.

Un autre marchand offre le même réfrigérateur pour un prix de 850 $, payable en 12 mois à 5 % d'intérêt. La mensualité qui en résulte est de 72,76 $. Seul problème: Pierrette ne dispose pas d'une telle somme chaque mois.

TABLEAU 8.1
Accessibilité et coût réel

Cas 1 Mensualité de 35 $	Cas 2 Mensualité de 72,76 $
plus accessible plus coûteux	moins accessible **moins coûteux**

Pierrette ferait une meilleure affaire si elle pouvait respecter ces conditions. Effectivement, elle économiserait 150 $ sur le prix d'achat, en plus de bénéficier d'un taux de financement de 5 % au lieu de 28,3 %. Le coût réel de cette option est nettement inférieur, mais elle est inaccessible… Pierrette n'a pas les moyens de profiter de l'aubaine! Cet exemple illustre une dure réalité de notre monde capitaliste: souvent, seuls les plus aisés peuvent économiser. Le tableau 8.1 résume ces propos.

Bref, qui dit petite mensualité ne dit pas nécessairement petit coût.

Voyons un autre exemple: une fourgonnette de 30 000 $ (taxes incluses) est offerte à 0 % d'intérêt pendant 36 mois. Les modalités d'emprunt sont peu coûteuses, mais la mensualité sera quand même de 833,33 $. Pour beaucoup, c'est inaccessible.

L'accessibilité et le coût réel sont tout aussi importants dans le cas d'une maison. Quelqu'un qui a les moyens d'acheter une maison de 200 000 $ peut choisir une maison de 90 000 $ si le coût réel[1] est trop élevé compte tenu de ses objectifs personnels.

La publicité vous parle uniquement d'accessibilité: «Louez une voiture de luxe pour 399 $ par mois»; «Ti-Père Auto garantit la plus faible mensualité». Pourtant, mieux vaut tenir compte de l'accessibilité et du coût réel. Soyez vigilant! Le présent chapitre traite surtout de l'accessibilité, le calcul du coût réel étant abordé au chapitre 17.

---

1. La question du coût réel lié à une maison est abordée en profondeur dans les chapitres 12 à 15 du livre 1, *Un chez-moi à mon coût*, de la série «Louer Acheter Emprunter».

LA MANIPULATION DES MENSUALITÉS

Léonard songe à payer une voiture dont le prix total est 23 000 $ (taxes incluses) en empruntant toute la somme. À un taux d'intérêt de 8 %, la mensualité est la suivante :

- 1 040 $ sur une période de 24 mois ;
- 720 $ sur une période de 36 mois ;
- 561 $ sur une période de 48 mois ;
- 466 $ sur une période de 60 mois ;
- 365 $ sur une période de 60 mois avec un comptant de 5 000 $.

Quelle que soit l'option choisie, la voiture reste la même, son prix aussi, et elle se dépréciera tout autant dans tous les cas. Ces résultats ne sont donc d'aucune utilité pour éclairer Léonard quant à la voiture à acheter. Ils auront un intérêt seulement quand il devra choisir parmi les modalités d'emprunt offertes, une fois la **décision d'achat** prise.

Même le fait de payer plus ou moins d'intérêts au total n'entre pas en ligne de compte pour ce qui est de la façon de payer une voiture[2]. Un examen de la situation financière globale de Léonard s'impose pour déterminer comment il doit utiliser son argent. Pourquoi devrait-il s'inquiéter de payer des intérêts sur son prêt auto si par ailleurs il économise des intérêts de 18 % sur le solde de sa carte de crédit ou s'il profite d'une cotisation à son REER ? La seule donnée utile dans une décision d'emprunt est le taux d'intérêt. Tout le reste n'est que de la poudre aux yeux.

Il est tout aussi facile d'embrouiller les pistes avec la location. Prenons le cas d'Isabelle, qui songe à louer une voiture d'une valeur de 20 000 $ à un taux de 5 %. Le tableau 8.2 illustre la variation des mensualités si on change la durée du bail et le comptant versé.

TABLEAU 8.2
Mensualités de location

Comptant ou échange équivalent	Durée et valeur résiduelle			
	24 mois 12 000 $	36 mois 10 000 $	48 mois 8 000 $	60 mois 6 400 $
0 $	399 $	340 $	308 $	282 $
3 000 $	268 $	250 $	240 $	226 $
5 000 $	181 $	191 $	194 $	188 $

---

2. Revoir la section Est-il ennuyeux de payer des intérêts ?, à la page 49 du chapitre 7, pour plus d'explications sur ce thème.

Payer si peu pour rouler dans une voiture de 20 000 $ semble bien alléchant à Isabelle! Pourtant, il y a quelques ombres au tableau. Tout d'abord, Isabelle apprend qu'il faut additionner les taxes et que le transport et la préparation de 800 $ ne sont pas inclus. Certes, le taux d'intérêt est de 5 %, mais il ne s'applique qu'à certains modèles (le dernier vient tout juste d'être vendu). Pour les autres, le taux est de 8,5 % et ils coûtent 500 $ de plus que ceux annoncés. La voiture soi-disant équipée est vendue sans lecteur de disques compacts, sans tapis, sans climatiseur, sans régulateur de vitesse et sans vitres électriques.

En additionnant le supplément de 500 $, les taxes, le transport et la préparation, le taux de 8,5 % et 1 500 $ pour les «options» ajoutées, on obtient les résultats du tableau 8.3.

TABLEAU 8.3
Mensualités de location ajustées

Comptant ou échange équivalent	Durée et valeur résiduelle			
	24 mois 13 680 $	36 mois 11 400 $	48 mois 9 120 $	60 mois 7 296 $
0 $	584 $	503 $	459 $	422 $
3 000 $ (ou 3 451 $)	428 $	395 $	374 $	352 $
5 000 $ (ou 5 751 $)	325 $	323 $	318 $	305 $

Dans le tableau 8.3, les mensualités ont augmenté de 45 % à 80 % par rapport à celles du tableau 8.2! On voit à quel point il est facile de jouer avec les chiffres…

Pour manipuler les mensualités, le fabricant ou le concessionnaire dispose des leviers suivants: le taux d'intérêt, la durée, la valeur résiduelle, le comptant requis (argent ou voiture d'échange), les taxes, le transport et la préparation, l'équipement de base.

DE FAIBLES MENSUALITÉS: UN CRITÈRE DE DÉCISION?

La mensualité permet d'estimer l'accessibilité d'un bien, rien d'autre. Comparer les mensualités pour trouver l'option la moins coûteuse est une erreur grossière. Voici plusieurs raisons de ne pas faire des mensualités l'unique critère de décision:

> Comparer les mensualités pour trouver l'option la moins coûteuse est une erreur grossière.

Durée des contrats: si deux contrats n'ont pas la même durée, il est simpliste de comparer les mensualités. Comparer une mensualité de 385 $ payée à vie (location perpétuelle) à une mensualité de 545 $ qui découle d'un emprunt de 48 mois est une erreur évidente. La première, quoique moins élevée, entraîne un coût réel largement supérieur!

Taux d'intérêt: la comparaison des mensualités fait abstraction du taux d'intérêt. Pourtant, c'est le taux d'intérêt qui fait foi du coût (voir ch. 7).

Si, pour une même mensualité, deux dettes supposent des taux d'intérêt différents, alors le coût est différent.

Objectifs personnels : si on néglige le coût réel et qu'on se contente de considérer les mensualités pour prendre des décisions, on risque d'oublier ses objectifs personnels (voyage, retraite hâtive, etc.).

La forme et l'objet : quand un vendeur calcule la mensualité, il traite d'une façon de payer (la forme de la transaction) et non du produit lui-même (l'objet de la transaction). « On peut ajouter un climatiseur… Voyons ça… Ça fait 25 $ par mois. » C'est attrayant. On ne réalise pas toujours qu'on vient d'acheter un produit qui vaut environ 1 500 $. Ce n'est pas rien ! Pour plusieurs, c'est l'équivalent de quatre à six semaines de travail. Les vendeurs s'expriment en mensualités pour laisser planer une fausse idée de réduction du coût et pour faire perdre de vue l'ensemble de la situation. Veut-on consacrer 1 500 $ à un climatiseur ? Voilà la vraie question !

L'épargne accumulée : la comparaison simpliste des mensualités ne tient pas compte de la valeur nette accumulée de la voiture. Par exemple, une voiture d'occasion pourra être « payée » après trois ans, alors que la location perpétuelle ne permet jamais d'amasser du capital. À mensualités égales, la première option a permis d'acquérir un bien qui peut être revendu, ce qui est impossible avec la deuxième option. Le coût n'est donc pas identique (voir la question-photo de la p. 62).

Le capital et les intérêts : dans le calcul de la mensualité, on ne distingue pas toujours les composantes capital et intérêts. Pourtant, elles sont très différentes : l'intérêt est un coût, pas le capital. Rien ne garantit qu'une mensualité moins élevée est porteuse d'intérêts moins élevés. **C'est même souvent le contraire.** Comparons 2 prêts de 20 000 $, consentis à 7 % d'intérêt. Le premier est réparti sur 48 mois, l'autre sur 60 mois. Le tableau 8.4 donne les 3 premières mensualités dans les 2 cas (pour comprendre comment effectuer ce calcul, voir la p. 36).

TABLEAU 8.4
Comparaison entre un prêt étalé sur 48 mois et un prêt étalé sur 60 mois

Prêt étalé sur 48 mois

N° versement	Montant total du versement	Intérêts mensuels	Capital remboursé durant le mois	Solde du capital à la fin du mois
0	–	–	–	20 000,00 $
1	478,92 $	116,67 $	362,25 $	19 637,75 $
2	478,92 $	**114,55 $**	364,37 $	19 273,38 $
3	478,92 $	112,43 $	366,49 $	18 906,89 $

Prêt étalé sur 60 mois

N° versement	Montant total du versement	Intérêts mensuels	Capital remboursé durant le mois	Solde du capital à la fin du mois
0	–	–	–	20 000,00 $
1	396,02 $	116,67 $	279,35 $	19 720,65 $
2	396,02 $	**115,04 $**	280,98 $	19 439,66 $
3	396,02 $	113,40 $	282,62 $	19 157,04 $

On constate que :

- La mensualité est moins élevée dans le cas du prêt étalé sur 60 mois (396,02 $ par rapport à 478,92 $).

- La portion intérêts de la première mensualité est la même dans les 2 cas (116,67 $), car le solde de la dette est le même durant le **premier** mois (20 000 $).

- Dès la deuxième mensualité, la portion intérêts devient plus importante pour le prêt réparti sur 60 mois (115,04 $ par rapport à 114,55 $). Il en sera ainsi pour toutes les mensualités subséquentes. Et l'écart s'agrandira sans cesse. Le solde de la dette est toujours plus élevé pour le prêt réparti sur 60 mois (par exemple, après le deuxième versement : 19 439,66 $ contre 19 273,38 $) parce que le capital est remboursé plus lentement. Les intérêts sont plus élevés parce qu'ils sont calculés sur le solde de la dette.

> En réalité, le coût est le même pour les deux prêts, soit 7 %. On mesure le coût de l'argent au moyen d'un taux et non d'une mensualité.

Le tableau 8.4 démontre que le lien entre petite mensualité et petit coût est faux. Néanmoins, une nuance s'impose : il ne faut pas conclure que le coût du prêt de 48 mois est inférieur. En réalité, le coût est le même pour les 2 prêts, soit 7 %[3]. On mesure le coût de l'argent (voir ch. 7, p. 50) au moyen d'un taux et non d'une mensualité. Il n'est pas si grave de payer plus d'intérêts pour le prêt étalé sur 60 mois. En effet, l'emprunteur versera moins d'argent par mois que si le prêt était étalé sur 48 mois et, s'il peut faire profiter son argent ailleurs à un taux supérieur à 7 %, il s'enrichira !

J'ai le choix entre louer une voiture neuve ou acheter une voiture d'occasion en payant des mensualités équivalentes, soit 381,60 $. La voiture d'occasion est vendue 12 000 $, taxes comprises, et je peux emprunter à 9 % d'intérêt sur 36 mois. La voiture neuve est louée 22 300 $, sur 36 mois à 5 % d'intérêt, avec une valeur résiduelle de 13 000 $. Je serais bien fou de m'en passer ! De plus, j'économise des frais d'entretien.

Marc
Ébéniste

Voilà un raisonnement dévastateur sur le plan financier. Pour établir le coût réel, il faut tout d'abord examiner la valeur de l'actif accumulé dans les deux cas :

- Après 36 mois, la voiture d'occasion sera payée et elle aura une valeur qu'on peut facilement estimer à 5 000 $, plus le crédit de taxes potentiel[4] de 15 %, pour un total de 5 750 $.

---

3. C'est vrai aussi parce que, dans les 2 cas, le prêt est de 20 000 $.
4. Nous expliquons la notion de crédit de taxes à la page 100 du chapitre 14.

• Après 36 mois, le locataire n'a amassé aucune valeur nette.

Dans les 2 cas, 13 738 $ (36 × 381,60 $) ont été payés, mais le coût net de la voiture d'occasion est inférieur car une somme de 5 750 $ est récupérable[5].

De plus, le montant emprunté dans les deux cas est différent. Il équivaut à 12 000 $ pour la voiture d'occasion, contre 22 300 $ (plus les taxes) pour la neuve. Plus un bien est dispendieux, plus l'emprunt sera élevé et plus le capital coûtera cher. Même si le taux n'est que de 5 %, le montant versé en intérêts est plus élevé pour la voiture neuve que celui versé sur le prêt de 12 000 $.

La dépréciation, le coût le plus important associé aux voitures, atteint des sommets dans les premières années. Une voiture neuve de 22 300 $ (plus taxes) se déprécie davantage qu'une voiture d'occasion de 12 000 $. Même si le taux d'intérêt sur la location avait été de 0 %, il resterait un écart important entre les 2 options.

Une voiture d'occasion entraînera plus de frais d'entretien, c'est vrai. Mais selon l'analyse du chapitre 18, p. 142, il est peu probable que ces frais atteignent 5 750 $ supplémentaires sur 3 ans. De plus, les frais d'assurance seront moins élevés dans le cas de la voiture d'occasion.

Si la voiture d'occasion est conservée plus de 3 ans, l'écart de coût ira croissant, surtout si le locataire signe un nouveau bail plutôt que d'acheter la voiture au prix de 13 000 $.

Certaines personnes persistent à croire qu'elles peuvent économiser tout en accumulant plus de biens matériels. Pourtant, qui dit voiture neuve dit coût élevé, peu importe la mensualité !

Léon
Vendeur de voitures

> ## La location permet de bénéficier d'une voiture luxueuse au même coût qu'une voiture ordinaire. On peut rouler sur l'or sans payer une fortune.

Cet argument a de quoi donner des frissons dans le dos ! C'est vraiment abuser de la crédulité des clients que de leur lancer pareille aberration au visage. Une voiture plus luxueuse coûte plus cher, un point c'est tout. Plus petite mensualité ne signifie pas plus petit coût.

Beaucoup de personnes pourraient se payer une voiture de 40 000 $... à condition de se priver ailleurs : habiter un 4 ½ au lieu d'un 6 ½, oublier les vacances et la crème glacée, et surtout travailler quelques années de plus juste pour payer la voiture. Le fait de rouler en voiture neuve, de catégorie supérieure par surcroît, implique un coût énorme. Si vous êtes prêt à assumer ce coût, aucun problème. Mais si vous pensez économiser, vous êtes loin de la réalité. Utilisons un exemple simple. On vous donne deux options pour bénéficier d'un bien matériel quelconque :

---

5. Si on tient compte de la valeur de l'argent dans le temps à un taux de 5 % (méthode des coûts actualisés), le coût réel est de 7 782 $ pour la voiture d'occasion et de 12 732 $ pour la voiture neuve, soit un écart de 4 950 $ au lieu de 5 750 $. Nous parlons de cette méthode au chapitre 17.

- Vous versez 10 $ tout de suite et vous récupérerez 6 $ dans 5 mois (ce que permet l'achat).

- Vous versez 4 $ tout de suite, mais vous ne récupérerez rien plus tard (c'est la location).

Quel est le coût réel de ces deux options ? Dans les 2 cas, le coût réel est de 4 $[6]. Si vous choisissez la première option, vous paierez 10 $ mais vous en récupérerez 6 (10 $ – 6 $ = 4 $). Pour la deuxième, vous paierez directement les 4 $, sans rien récupérer.

Mais quelle est l'option la plus accessible ? La deuxième, bien sûr. Il est plus facile de payer tout de suite 4 $ que 10 $. Ainsi, la deuxième option permet à plus de personnes de profiter du bien, mais elle ne réduit en aucun cas le coût réel. Il est toujours de 4 $. La location rend les voitures de luxe plus accessibles, mais elle ne réduit pas leur coût réel. Il est toujours aussi coûteux de profiter de ces voitures. Seulement, il est devenu plus facile de payer cher de nos jours !

Cela étant dit, nous pourrions reprendre la même argumentation que celle proposée à Marc à la page 62 : il estimait économiser avec une voiture neuve en payant les mêmes mensualités que pour une voiture d'occasion. Il est tout aussi incorrect de comparer une voiture neuve à une voiture d'occasion que de comparer une voiture de luxe à une voiture ordinaire. Dans les deux cas, on rêve si on s'imagine qu'on peut consommer plus en assumant le même coût.

LE COÛT RÉEL

Le chapitre 17 traite de l'établissement du coût réel. Nous y examinons des facteurs comme le taux d'intérêt, la valeur de revente, le coût personnel de l'argent, les taxes et les crédits de taxes, les frais d'entretien et d'assurance, etc. Plus loin, le chapitre 19 explique comment utiliser efficacement la location.

À retenir de ce chapitre

L'accessibilité et le coût réel sont deux notions différentes, tout aussi importantes l'une que l'autre. L'accessibilité est associée à la capacité de joindre les deux bouts. C'est la réponse à la question : « Est-ce que je peux me le permettre ? » Le coût réel représente l'effort financier **irrécupérable**. C'est la réponse à la question : « Est-ce une bonne affaire ? » Des transactions peuvent être accessibles mais coûteuses, ou peu coûteuses mais inaccessibles. La mensualité aide à évaluer l'accessibilité. Il est erroné de lui accorder une autre vertu. Petite mensualité ne veut pas dire petit coût.

---

6. Ne tenons pas compte pour le moment de la valeur de l'argent dans le temps.

Partie B – Les modes de financement

Dans cette partie, nous expliquons le fonctionnement et les caractéristiques des modes de financement d'une voiture. Elle comporte sept chapitres:

À la page suivante, une figure illustre l'organisation logique des chapitres.

Organisation des chapitres de cette partie

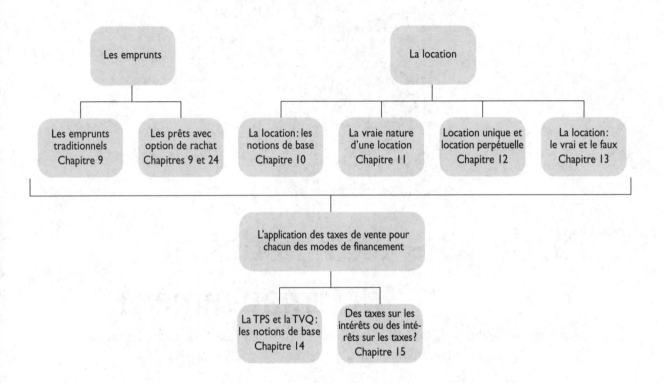

CHAPITRE 9

Les emprunts

Rédaction et collaboration étroite
Éric Brassard
Marc Migneault
George Iny
Valérie Borde

Relecture et commentaires
Joan Backus
CAA - Québec
Lorraine Lévesque
Luc Serra

Dans ce premier chapitre sur les modes de financement, nous passerons en revue les principaux types d'emprunts. Le chapitre 22 présentera d'autres considérations liées au choix d'un emprunt.

LA VENTE À TEMPÉRAMENT

La vente à tempérament est un mode d'emprunt très répandu pour financer une voiture. C'est celui qu'offrent les sociétés de crédit affiliées aux concessionnaires (Honda Crédit, Ford Crédit, GMAC, etc.), que l'on désigne sous le nom de *sociétés de financement captives*, ou *bras financier* des fabricants.

Ce type d'emprunt est obligatoirement contracté auprès d'un commerçant. Il est possible de transiger avec une institution financière (banque ou caisse populaire), mais le contrat d'emprunt sera d'abord signé chez le concessionnaire, qui le transférera ensuite à la banque ou à la caisse.

Une vente à tempérament est un contrat assorti de crédit, suivant lequel le transfert de la propriété entre le commerçant et le consommateur est reporté au dernier versement effectué par ce dernier. En quelque sorte, le bien – la voiture dans notre cas – sert de garantie au créancier. Tant que la dette n'est pas éteinte, le créancier demeure propriétaire du véhicule (on dit qu'il a une «réserve de propriété»). C'est ce que l'on a appelé familièrement un «prêt auto». Mais ne rêvons pas: même s'il n'est pas légalement propriétaire, l'acheteur paye tous les frais (immatriculation, assurances, entretien, etc.)! Les consommateurs qui sont réfractaires à la location parce qu'ils aiment être propriétaires de leur véhicule doivent savoir que le prêt auto reporte la réalisation de leur désir.

Précisons quelques points:

• Un contrat de vente à tempérament constitue une dette remboursable en plusieurs versements (sur 36, 48 ou 60 mois, par exemple). Les modalités sont les mêmes que pour n'importe quel autre prêt remboursable en versements périodiques (voir la p. 36 du ch. 5). Le site www.ericbrassard.com, section Finance au volant, Compléments du livre, fournit une méthode de calcul des mensualités sans recours à la calculatrice financière.

• Cet emprunt peut être remboursé au complet en tout temps, sans pénalité.

• Le créancier peut imposer certaines limites aux déplacements à l'extérieur du Québec (par exemple, un maximum de 30 jours).

• On peut contracter le même type d'emprunt pour acheter une voiture d'occasion.

• Le créancier assume les risques de perte ou de détérioration par cas fortuit. Nous discutons de ce thème important à la page 265 du chapitre 30.

LE PRÊT PERSONNEL

Dans la *Loi sur la protection du consommateur* (LPC), le prêt personnel est désigné par l'expression « contrat de prêt d'argent ». Il s'agit d'une somme d'argent prêtée à un consommateur, qui peut l'utiliser à son gré – pour acheter un voyage, des meubles, une voiture, un placement, pour consolider ses dettes. Contrairement à la vente à tempérament, le prêt personnel n'est pas contracté pour un bien précis et il n'est pas nécessaire de le transiger chez un commerçant. Ce type de prêt est beaucoup moins courant que la vente à tempérament pour financer une voiture.

Pour obtenir un prêt personnel, il faut faire affaire avec les institutions financières (banques, caisses populaires, etc.) et les sociétés de crédit (GE Capital, HFC, Trans-Canada, etc.). Le taux d'intérêt demandé différencie ces deux types de prêteurs, celui pratiqué par les sociétés de crédit étant nettement plus élevé. Les bras financiers des fabricants (Toyota Crédit, Volks Crédit, etc.) n'offrent pas de prêts personnels, mais uniquement des contrats de vente à tempérament.

Dans le cas du prêt personnel, le consommateur n'a pas, en général, à donner le bien acheté en garantie au créancier, mais cela n'est pas exclu. Le nouveau Registre des droits personnels et réels mobiliers (RDPRM, voir ci-dessous) facilite la gestion des biens fournis en garantie.

Un prêt personnel est remboursable en totalité en tout temps, sans frais ni pénalité. Il fonctionne comme n'importe quelle autre dette à versements périodiques (voir la p. 36 du ch. 5). Sa durée peut atteindre jusqu'à 72, voire 84 mois, alors que celle d'un contrat de vente à tempérament ne dépasse généralement pas 60 mois.

Les prêts personnels (et un peu moins fréquemment les contrats de vente à tempérament) peuvent être assortis d'un taux d'intérêt fixe ou variable. Le taux fixe permet de sceller les conditions du contrat (durée et paiement mensuel). Le consommateur est ainsi protégé contre une éventuelle hausse du taux d'intérêt. Si le taux baisse, il peut toujours rembourser le solde

Le Registre des droits personnels et réels mobiliers (RDPRM)

Ce Registre, mis en place le 17 septembre 1999, est l'équivalent du Bureau d'enregistrement pour les immeubles. Il permet aux créanciers d'enregistrer un droit sur un bien mobilier (voiture, bateau, etc.), qu'il ait été acquis par vente à tempérament, qu'il soit loué ou qu'il soit assujetti à toute autre forme de droit ou de garantie. Le créancier est tenu d'inscrire son droit s'il veut le faire valoir en cas de litige.

Le créancier paie des frais d'enregistrement (42 $ au maximum au moment d'écrire ces lignes). À noter qu'il refile souvent la note au consommateur au moment de la signature d'un contrat de financement.

La consultation du Registre recèle plusieurs avantages, surtout pour les consommateurs. Avant d'acheter ou de louer une voiture d'occasion, il est important de vérifier le nom de son propriétaire, si elle est donnée en garantie ou grevée par une charge. C'est ce que font les concessionnaires avant d'accepter une voiture en échange.

> Avant d'acheter ou de louer une voiture d'occasion, il est important de vérifier le nom de son propriétaire, si elle est donnée en garantie ou grevée par une charge.

L'acheteur d'un bien grevé par une charge peut être tenu responsable du paiement de la dette au créancier et, dans les cas extrêmes, être tenu de lui remettre le bien. Il en coûte 3 $ (au moment de mettre sous presse) pour consulter le Registre par l'entremise du numéro de série de la voiture. Pas assez pour s'en passer !

Ce Registre contient d'autres types d'enregistrements (contrats de mariage, avis d'expropriation, etc.). Pour plus d'information, consultez le site www.rdprm.gouv.qc.ca.

de sa dette en contractant une nouvelle dette, au nouveau taux. Les prêts à taux variable sont généralement consentis à un taux moins élevé que le taux fixe, mais il peut augmenter en cours de route. Le risque est donc plus élevé. Les variations de taux ne modifient pas les mensualités, mais plutôt la répartition des portions intérêts et capital de chacune d'elles. Selon le comportement du taux pendant la durée du prêt, le nombre de mensualités requis sera plus ou moins élevé que celui prévu. Nous en reparlons au chapitre 22.

LES MARGES DE CRÉDIT PERSONNELLES

Une marge de crédit est une forme de prêt accordé par une institution financière, utilisable ou remboursable à la discrétion de l'emprunteur. Le taux d'intérêt est toujours variable. Si elle est suffisamment élevée, la marge de crédit peut servir à payer une voiture neuve ou d'occasion. Au chapitre 22, nous traitons des aspects à considérer avant d'utiliser cette source de financement.

LES PRÊTS AVEC OPTION DE RACHAT

Les banques ne peuvent pas offrir directement la location à leurs clients. Pour compenser la perte de clientèle que ce mode de financement a entraînée, certaines d'entre elles ont créé un type de prêt qui ressemble à un contrat de location. Pour en tirer partie, il faut tout d'abord comprendre les rouages de la location. Nous en reparlerons donc plus loin, au chapitre 24.

LE DÉFAUT DE PAIEMENT

Il arrive parfois qu'un consommateur ne puisse plus payer les mensualités relatives à un emprunt ou un contrat de location. La LPC prévoit des règles bien précises sur les recours possibles des créanciers ou des bailleurs dans ce cas.

Ce vaste sujet sera couvert dans le livre 4 de la série «Louer Acheter Emprunter». D'ici là, vous pouvez consulter un texte à ce sujet dans le site www.ericbrassard.com, section Finance au volant, Compléments du livre.

CHAPITRE 10

La location : les notions de base

Rédaction et collaboration étroite
Éric Brassard
Luc Serra
Valérie Borde

Relecture et commentaires
Joan Backus
CAA - Québec
George Iny
Lorraine Lévesque

Ce chapitre présente l'explication habituelle du fonctionnement de la location. Au chapitre 11, nous verrons de quoi il en retourne vraiment !

LES NOTIONS GÉNÉRALES

La location permet au locataire de jouir d'un bien en échange du paiement d'un loyer au bailleur. Suivant la *Loi sur la protection du consommateur*, tout contrat dont la durée dépasse quatre mois est considéré comme un contrat de location à long terme. Dans le monde de l'automobile, les durées varient généralement entre 24 et 60 mois.

À la fin du bail, le locataire peut choisir d'acheter la voiture, au prix convenu, ou de la retourner. Une troisième option est possible : une autre personne, désignée par le locataire, peut acheter la voiture. Nous traitons de cette option plus complexe et moins sûre à la page 223 du chapitre 27.

Les bras financiers des fabricants (Ford Crédit, GMAC, etc.) contrôlent le marché de la location. Ils peuvent offrir de faibles taux d'intérêt grâce à l'aide financière que leur versent les fabricants pour écouler les stocks. Quelques concessionnaires et sociétés indépendantes offrent la location. Les banques n'ont pas le droit de proposer la location aux consommateurs, et les caisses populaires se sont retirées du marché.

Les étapes d'une transaction

La figure 10.1 montre les étapes d'une transaction de vente ou de location.

Dans le cas de la vente, le fabricant vend tout d'abord la voiture à un concessionnaire, qui la revend au client. Pour la payer, ce dernier contracte habituellement un prêt auprès d'un créancier (bras financier du fabricant, banque, caisse populaire, etc.).

Qu'il vende ou qu'il loue la voiture, le concessionnaire empoche le même profit.

Dans le cas de la location, le concessionnaire achète la voiture au fabricant, puis il la revend à la société de crédit (bras financier du fabricant). C'est cette dernière qui loue la voiture au client et qui gagne un revenu d'intérêts. À la fin du bail, elle peut réaliser un gain ou une perte en revendant la voiture, si le locataire n'a pas exercé son option d'achat. Pour sa part, qu'il vende ou qu'il loue la voiture, le concessionnaire empoche le **même** profit.

FIGURE 10.1
Étapes d'une transaction

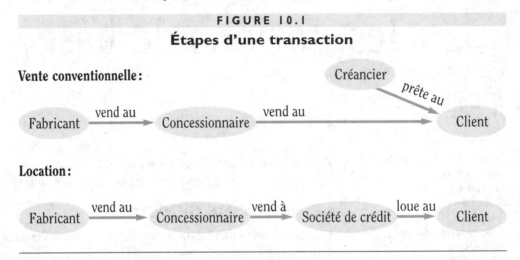

Vente conventionnelle:

Fabricant → vend au → Concessionnaire → vend au → Client
Créancier → prête au → Client

Location:

Fabricant → vend au → Concessionnaire → vend à → Société de crédit → loue au → Client

Si la location est **ouverte**, le locataire garantit la valeur résiduelle de la voiture à la fin du bail. Cette pratique ayant presque disparu depuis la dernière révision de la *Loi sur la protection du consommateur*, il n'en sera pas question dans ce livre. Nous traiterons uniquement de location dite **fermée** dans laquelle le bailleur garantit la valeur résiduelle à la fin du bail.

CALCUL DE LA MENSUALITÉ

Une méthode permet de calculer rapidement la mensualité issue d'un contrat de location en tenant compte de trois composantes: la dépréciation, les coûts financiers et les taxes de vente. Le tableau 10.1 donne un exemple de ce calcul. Voici des explications pour les trois composantes:

La dépréciation

La dépréciation représente la baisse de la valeur d'un véhicule pendant la durée du bail. Elle correspond à la différence entre le prix négocié (20 000 $ dans notre exemple) et la valeur résiduelle après 48 mois (8 400 $), soit 11 600 $. Il est normal que le locataire absorbe ce coût puisqu'il profite de la voiture durant cette période. La dépréciation représente la part la plus importante du loyer. Dommage pour ceux qui croient que la location évite d'avoir une voiture qui se déprécie dans la cour!

TABLEAU 10.1

Exemple de calcul de la mensualité

Durée du bail	48 mois
Prix négocié[1] de la voiture neuve	20 000 $
Valeur résiduelle à la fin du bail	8 400 $
Taux d'intérêt	8 %

Calcul :

Dépréciation

$$\frac{20\,000\,\$ - 8\,400\,\$}{48} \qquad = \qquad 241,67\,\$$$

Coût financier

$$\frac{(20\,000\,\$ + 8\,400\,\$) \times 8\,\%}{24} \qquad = \qquad 94,67\,\$$$

Total partiel	336,34 $
Taxes (15 %)	50,45 $
Mensualité	386,79 $

Les coûts financiers

La location est un mode de financement, et qui dit financement dit coûts financiers (ou intérêts). Une formule permet de calculer les intérêts moyens des mensualités sans recourir aux mathématiques financières :

$$(\text{prix négocié de la voiture} + \text{valeur résiduelle}) \times \frac{\text{taux d'intérêt annuel}}{24}$$

Cette formule peut surprendre, mais elle convient **peu importe** la durée du bail[2].

Les taxes

Si vous louez une voiture, il faut payer la TPS et la TVQ sur la mensualité, au taux total de 15 % (15,025 % précisément). Les chapitres 14 et 15 abordent cette question.

L'interprétation

Dans le calcul de la mensualité, seul le résultat final compte (386,79 $ dans notre exemple). Dans les faits, le calcul exact de la dépréciation et des intérêts mensuels n'aboutit pas au même résultat que la formule rapide (241,67 $ et 94,67 $ respectivement), qui donne une moyenne

---

1. Au chapitre 11, nous verrons qu'il faut tenir compte en fait du « montant à financer », et pas nécessairement du prix négocié de la voiture.

2. Vous trouverez dans le site www.ericbrassard.com, section Finance au volant, Compléments du livre, les raisons justifiant l'addition du prix négocié et de la valeur résiduelle et l'utilisation du nombre 24.

sur 48 mois. La dépréciation est très importante dans les premiers mois, puis elle diminue ensuite. C'est la même chose pour les intérêts. Voilà pourquoi le locataire paie moins que les coûts réels dans les premiers mois, mais plus dans les derniers mois. Après 48 mois, l'équilibre a été retrouvé.

> **Le locataire paie moins que les coûts réels dans les premiers mois, mais plus dans les derniers mois. Après 48 mois, l'équilibre a été retrouvé.**

Sceptique? Essayez de résilier un contrat de location après cinq ou six mois. Le bailleur exigera une compensation – pour les coûts réels non payés, justement (voir ch. 26)!

Vous pouvez aussi calculer la mensualité exacte à l'aide d'une calculatrice financière (voir ch. 11). Dans l'exemple, le résultat est 387,49 $, soit une différence négligeable de 0,70 $ en faveur du locataire par rapport au résultat obtenu avec la formule.

LA VALEUR RÉSIDUELLE ET L'OPTION D'ACHAT

La valeur résiduelle correspond au prix de gros estimé du véhicule à la fin du bail. Cette estimation est présentée sous forme de pourcentage du prix de détail suggéré du fabricant (PDSF),

c'est-à-dire le prix de vente que le fabricant suggère à ses concessionnaires. Si le PDSF d'une voiture est de 22 000 $ et que la valeur résiduelle après 48 mois est estimée à 38,2 % (pour une allocation de 24 000 km par année, par exemple), le montant de la valeur résiduelle sera de 8 400 $ (22 000 × 0,382). Ce montant restera **inchangé** même si la voiture a été négociée à un prix inférieur (20 000 $ par exemple). Le pourcentage évolue au fil des mois.

Plus la valeur résiduelle est élevée, plus la mensualité est faible, c'est une évidence. En effet, si la valeur résiduelle est élevée, la voiture se dépréciera moins durant le bail. Comme le locataire paye la dépréciation, il est normal qu'il paye moins cher.

Les contrats de location stipulent que le locataire pourra acheter la voiture à la fin du bail: c'est l'option d'achat. Le montant à verser est égal à la valeur résiduelle plus les taxes (voir aussi la p. 83 à ce sujet). Si le locataire n'achète pas la voiture, le bailleur la reprend et tente de la revendre au meilleur prix, le plus souvent à l'encan. Si, dans notre exemple, il la revend moins que 8 400 $, il assumera une perte.

Le bailleur prend un risque important quand il établit la valeur résiduelle. Une valeur résiduelle élevée, synonyme de faibles mensualités, a l'avantage d'attirer le client. En revanche, il sera plus réticent à acheter à la fin du bail si le prix est trop élevé, et le bailleur aura du mal à trouver preneur à ce prix à l'encan. Pour établir la valeur résiduelle, le bailleur tient compte de nombreux facteurs, dont voici des exemples :

• La réputation du modèle : meilleure elle est, plus grande est la valeur résiduelle.

• Le prix des voitures neuves : s'il grimpe, celui des voitures d'occasion suivra.

• L'offre de voitures d'occasion : plus elles sont nombreuses, plus les prix sont bas.

• Les facteurs macroéconomiques : le taux d'inflation, le taux de chômage, etc.

• La faiblesse du dollar canadien par rapport à la devise américaine est un facteur très important. Les nombreux acheteurs américains présents aux ventes à l'encan peuvent se permettre de payer des prix plus élevés en dollars canadiens.

> **La faiblesse du dollar canadien par rapport à la devise américaine est un facteur très important.**

L'équipement et les autres achats

Si la voiture est dotée de pièces d'équipement supplémentaires, comme un lecteur de disques compacts ou un climatiseur, sa valeur résiduelle sera plus élevée. Dans le jargon, on dit qu'ils sont «résidualisables». En règle générale, les protections telles que les garanties prolongées et les traitements antirouille ne sont pas «résidualisables».

Si une pièce d'équipement est «résidualisable», le consommateur ne paie pas l'intégralité du prix de vente durant le bail, puisqu'une partie de ce montant entre dans la valeur résiduelle de la voiture. Les versements calculés pour les pièces d'équipement «résidualisables» sont donc inférieurs à ce qu'ils seraient si on ne tenait pas compte de leur valeur résiduelle. Mais ne nous y trompons pas : leur coût réel n'en est pas réduit pour autant ! Tout au plus est-il plus facile à payer (voir la p. 157 à ce sujet).

LES LIMITES DE KILOMÉTRAGE

Tout contrat de location prévoit une limite au nombre de kilomètres qui pourront être parcourus pendant sa durée. Le plus souvent, le locataire a droit à 18 000, 20 000 ou 24 000 km par année. S'il signe un bail de 3 ans avec une limite de 20 000 km par année, il peut parcourir 60 000 km au total, qu'il peut répartir comme bon lui semble.

Si le kilométrage affiché à la fin du bail excède la limite, le locataire doit payer des frais supplémentaires. Ces frais varient souvent entre 8 ¢ et 15 ¢ (plus taxes) par kilomètre excédentaire. Si la voiture est achetée à la fin du bail, le nombre de kilomètres n'est plus pris en compte et aucun excédent ne devra être payé.

La clause de limite du kilométrage est bien compréhensible, même si beaucoup y voient une entourloupette née du mauvais esprit des sociétés de crédit. En effet, le kilométrage a un effet direct sur la valeur résiduelle de la voiture. Plus on roule, plus la voiture s'use et se déprécie, et moins elle vaudra cher trois ou quatre ans plus tard. Acheter une voiture consiste avant tout à acheter des kilomètres futurs. Or, plus la voiture a roulé, moins il en reste ! La valeur résiduelle d'une voiture est donc établie en fonction du nombre de kilomètres qu'elle aura parcourus durant le bail. À chaque palier de limite (20 000 km, 25 000 km, etc.), la valeur résiduelle change. Plus le nombre de kilomètres accordés est élevé, plus la valeur résiduelle est basse et plus les mensualités sont élevées. Il est tout à fait normal qu'une personne qui prévoit faire 100 000 km paie plus qu'une autre qui ne parcourra que 80 000 km !

> **Acheter une voiture consiste avant tout à acheter des kilomètres futurs. Or, plus la voiture a roulé, moins il en reste.**

Si on prévoit excéder la limite permise, on peut acheter d'avance des kilomètres excédentaires, à un prix généralement inférieur à celui qui sera imposé en fin de bail. Dans certains cas, ce supplément est remboursable si le nombre de kilomètres parcourus n'est pas aussi élevé que prévu. Le chapitre 21 aborde cette question.

L'USURE NORMALE

Tout comme les clauses de limite de kilométrage, la clause d'usure normale vise à protéger la valeur résiduelle à la fin du bail. Après tout, il est bien normal que la société de crédit ne veuille pas récupérer une épave qu'elle n'aura aucune chance de revendre au prix qu'elle avait estimé ! La valeur résiduelle est établie pour une voiture « normalement usée pour son âge ». Il faut donc rendre la voiture en bon état, ou payer les réparations[3].

Mais comment définir concrètement l'« usure normale » d'une voiture ? La notion est pour le moins subjective. D'après les vendeurs de voitures, c'est avant tout une question de bon sens. Ils donnent souvent les exemples suivants :

- Il est normal que la peinture de la voiture soit légèrement écaillée à l'avant, mais pas que le pare-brise soit cassé ou fissuré.

- D'accord pour les égratignures sur les portes ou les ailes, mais pas pour les bosses.

- Il est normal que les pneus soient usés, mais pas que la bande de roulement mesure moins de ⅛ de pouce au point le moins creux.

Il est très difficile de circonscrire avec précision ce qu'est l'usure normale. D'ailleurs, selon la *Loi sur la protection du consommateur*, toute clause contractuelle qui définit l'usure normale n'a aucune valeur légale au Québec – ce qui n'empêche pas certaines sociétés de crédit

---

3. Des frais peuvent être exigés même si les réparations ne sont pas effectuées. La société de crédit peut en effet décider de vendre la voiture dans son état actuel contre un prix moindre. Elle impute alors des frais au locataire pour compenser cette différence de prix.

de le faire. Le site www.ericbrassard.com, section Finance au volant, Compléments du livre, fournit un exemple d'une telle clause. Le chapitre 19, à la page 160, fournit quelques suggestions liées au thème de l'usure normale.

Malgré l'ambiguïté de la définition de l'usure normale, les organismes de protection du consommateur rapportent peu de litiges à cet égard avec les principaux bailleurs. On dit même que les abus viennent le plus souvent des locataires ! Si un litige survient, le locataire peut contester la version du bailleur. Si le locataire a versé un dépôt au début du bail, le bailleur utilisera ce montant pour compenser le coût des réparations. Sinon, le bailleur devra faire des démarches pour obtenir les fonds. Le chapitre 41 propose des modes de gestion des litiges.

Finalement, il semble que la clause d'usure normale soit appliquée avec moins de rigueur si la valeur de revente de la voiture est supérieure ou égale à la valeur résiduelle indiquée au contrat. On serait aussi moins tatillon si le locataire compte acheter ou louer une autre voiture du même fabricant…

> Toute clause contractuelle qui définit l'usure normale n'a aucune valeur légale au Québec.

LE DÉPÔT

Un dépôt est souvent exigé à la signature d'un contrat. Il est habituellement égal à une mensualité (ou un peu plus). Il est remboursé à la fin si le locataire a rempli toutes ses obligations. Le bailleur peut affecter ce dépôt à toute somme que le locataire lui doit pendant la durée du contrat de location ou à sa résiliation. Le bailleur ne verse pas d'intérêts au locataire relativement à ce dépôt.

LES AUTRES RÈGLES DE LA LOCATION

N'oublions jamais que, légalement, le locataire n'est pas propriétaire de la voiture, même s'il assume **exactement** les mêmes coûts que le propriétaire.

- Il ne peut effectuer de transformations sur la voiture sans l'autorisation du bailleur (couleur, suspension surélevée, système de traction de roulotte, etc.).

- La voiture est immatriculée au nom du locataire et à celui du bailleur.

- Le locataire doit aviser le bailleur par écrit de tout changement de l'adresse de résidence ou de l'adresse où le véhicule est garé en temps normal.

- Le bailleur peut inspecter le véhicule à tout moment – un privilège pour ainsi dire jamais exercé.

- Le locataire doit payer les couvertures habituelles d'assurance (voir ch. 29).

- Le contrat restreint habituellement les déplacements dans un autre pays ou une autre province (il faut par exemple obtenir la permission du bailleur pour sortir le véhicule du Québec plus de 30 jours consécutifs, ou respecter l'interdiction formelle de sortir le véhicule du Canada ou des États-Unis pour quelque durée que ce soit). La *Loi sur la protection du consommateur* interdit toutefois une clause qui limiterait les déplacements à l'intérieur du Québec.

- La plupart des contrats contiennent une clause de procuration limitée, selon laquelle le locataire autorise le bailleur à signer en son nom certains documents liés à la propriété du bien (immatriculation, par exemple) et tout chèque d'assureur émis en règlement de dommages au véhicule.

Le bailleur ne peut imposer des exigences plus strictes que celles du fabricant pour maintenir la garantie. Il ne peut exiger non plus que l'entretien régulier du véhicule soit effectué chez un concessionnaire précis. Il peut toutefois exiger des preuves que l'entretien normal a été effectué. Conservez vos factures!

La plupart des contrats signés avec les grands fabricants comportent une clause de garantie d'écart qui protège le locataire en cas de perte totale de la voiture. Nous abordons cette importante notion à la page 245 du chapitre 30. Nous traitons aussi à la page 265 de perte ou de détérioration par cas fortuit.

Voici des exemples de frais imputés dans des contrats de location:

- Frais liés à l'exercice de l'option d'achat à la fin du bail (ces frais injustifiés apparaissent parfois).

- Frais de cession du bail ou de sous-location (voir ch. 26).

- Frais pour retard des paiements mensuels, pour chèque sans provision ou pour paiement préautorisé non honoré. Ces frais sont apparemment illégaux au Québec. On devrait se limiter aux intérêts perdus en raison de ces manquements.

- Frais pour non-retour du registre d'entretien du véhicule à la fin du contrat (vu une fois).

CHAPITRE 11

La vraie nature d'une location

Rédaction et collaboration étroite
ÉRIC BRASSARD
LUC SERRA
VALÉRIE BORDE

Relecture et commentaires
JOAN BACKUS
CAA - QUÉBEC
GEORGE INY
LORRAINE LÉVESQUE

LA LOCATION EST UNE DETTE ET ELLE FONCTIONNE COMME UNE DETTE

La confusion qui entoure la location est souvent le fruit de malentendus sur sa nature réelle! En fait, la location représente une façon parmi d'autres d'emprunter. Pour éviter toute méprise, on devrait appeler ce mode de financement «Emprunt par location».

Au chapitre précédent, nous avons présenté la location telle qu'on l'entend traditionnellement. C'est l'aspect «légal» de la transaction, qui concerne le libellé des contrats ou des lois. Essentiellement, on pourrait schématiser ainsi:

L'aspect légal de la location

Je ne possède pas de voiture   Je n'ai pas de dette

Je paie un loyer
(qui est un coût à 100%)

Tout ce qui a été dit dans le chapitre 10 est rigoureusement exact. Toutefois, l'aspect légal de la transaction ne nous permet pas d'en saisir le sens réel, la nature propre. Schématiquement, la vraie nature d'une location est la suivante:

La vraie nature de la location

Je possède une voiture   J'ai une dette
(qui se déprécie)   (qui implique des intérêts)

Je rembourse une dette
(capital et intérêts)

Cette description est plus conforme à la réalité. Comment un locataire pourrait-il être libre de toute dette alors que le contrat stipule un taux d'intérêt de 8 % ? Sur quoi paie-t-on des intérêts si ce n'est sur une dette ? Comment affirmer qu'un locataire n'est pas « propriétaire » alors qu'il doit payer l'immatriculation, les assurances et l'entretien ?

En substance, la location est une dette et elle fonctionne comme une dette. L'exemple du tableau 11.1 permettra de mieux comprendre. Les données sont tirées d'un contrat de location de 36 mois pour une voiture de 20 000 $, qui stipule un taux de 7 % d'intérêt et une valeur résiduelle de 12 000 $. La mensualité est de 315,17 $ (avant taxes[1]).

TABLEAU 11.1
Exemple d'un contrat de location

Mois écoulés	Solde de la dette	Valeur résiduelle garantie	Valeur marchande (hypothèses)
0	20 000 $		20 000 $
12	17 500 $		16 000 $
24	14 850 $		13 600 $
36	12 000 $	12 000 $	11 600 $
48	8 950 $		9 600 $
60	5 650 $		7 000 $
72	2 130 $		6 400 $
79	–		5 600 $

La deuxième colonne donne le solde de la dette à différents moments. Les montants ont été établis à l'aide d'un tableau similaire à celui de la page 37 du chapitre 5. Ici, le solde initial est de 20 000 $. À chaque versement d'une mensualité, le solde diminue en fonction de la portion capital de celle-ci. Par exemple, après 12 mois, même si 3 782 $ ont été versés (12 × 315,17 $), le solde de la dette est diminué de 2 500 $ seulement, pour s'établir à 17 500 $. La différence représente les intérêts (3 782 $ – 2 500 $).

La troisième colonne indique la valeur résiduelle garantie par le bailleur. Les calculs tiennent pour acquis que la voiture aura cette valeur à la fin du bail. Cette valeur est garantie pour un seul moment, soit à la fin du 36e mois dans l'exemple.

La quatrième colonne présente la valeur marchande réelle de la voiture en fonction du temps. Nous avons tenu compte d'une dépréciation de 20 %, 12 %, 10 %, 10 %, 8 % et 8 % pour les 6 premières années respectivement, et de 4 % pour les 7 premiers mois de la septième année. Tous ces pourcentages reposent sur des hypothèses. Ils ne servent pas aux calculs, mais ils seront utiles plus loin pour certaines explications.

---

1. Dans ce chapitre, on ne tient pas compte des taxes pour simplifier les exemples. Il importe de savoir que, même si on les calculait, les conclusions ne changeraient pas.

Que pouvons-nous conclure de ce tableau?

Le tableau permet de constater que le contrat de location correspond en réalité à une dette payable en 79 mois. Compte tenu de la mensualité prévue au contrat, il faudrait effectivement 79 mois pour payer complètement la dette de 20 000 $. Dans les faits, le contrat se termine après 36 mois, moment où le solde de la dette (12 000 $ ici) doit être remboursé d'un coup. Le locataire a alors deux options:

- Il peut payer en argent. Il verse 12 000 $ au bailleur et conserve la voiture. On dit qu'il «exerce l'option d'achat». Il devient officiellement propriétaire de la voiture.

- Il peut payer en «ferraille». Il n'a qu'à remettre les clés pour éteindre la dette. En effet, il a en main une voiture dont la valeur est de 12 000 $, soit exactement le solde de la dette. Cette valeur est garantie par le contrat, peu importe la valeur marchande réelle de la voiture à ce moment.

Comment se fait-il que, par hasard, le solde de la dette et la valeur résiduelle du véhicule arrivent à égalité après 36 mois? En fait, il n'y a pas de hasard. C'est une simple question de mathématiques financières. Le bailleur estime d'abord la valeur probable de la voiture au terme du bail. Ensuite, il considère le taux d'intérêt, le solde de la dette au début (20 000 $ dans l'exemple) et la durée du bail. Tout cela lui permet d'établir la mensualité pour arriver à un solde de 12 000 $ après 36 mois.

La location est une dette dont le solde n'est pas nul à l'échéance. Dans notre exemple, la dette est amortie sur 79 versements, mais il faut la rembourser en entier après le 36e paiement, en redonnant la voiture ou en l'achetant. La période d'amortissement d'une dette (79 mois) n'équivaut pas forcément à son échéance (36 mois).

> **La location est une dette dont le solde n'est pas nul à l'échéance.**

Voilà pourquoi les mensualités sont moins élevées si vous louez une voiture que si vous l'achetez en faisant un emprunt conventionnel (au même taux d'intérêt). En effet, si vous remboursez une somme sur 79 mois, vous débourserez toujours moins d'argent chaque mois que si vous la remboursez en 48 ou en 60 mois!

Le nombre de versements à effectuer pour rembourser la totalité d'une dette varie d'un contrat de location à l'autre. En règle générale, il se situe entre 65 et 85. Cette information n'est pas divulguée au client car la plupart des vendeurs ne savent pas comment faire le calcul. Une calculette du site www.ericbrassard.com permet de faire ce calcul.

Location et prêt hypothécaire

Dans le tableau 11.1, la location correspond à une dette amortie sur 79 mois avec une échéance (ou un terme) de 36 mois. En matière de dettes, la période d'amortissement et l'échéance sont deux variables distinctes. Ainsi, vous pouvez signer un emprunt hypothécaire dont la période d'amortissement est étalée sur 25 ans. C'est le temps qu'il faudra pour rembourser la dette en entier. Mais l'échéance du contrat n'est jamais égale à cette période. Souvent, l'échéance du contrat est de six mois, un an, cinq ans, etc., période durant laquelle les conditions du prêt (notamment le taux d'intérêt) resteront les mêmes. Mais à l'échéance, le solde du prêt hypothécaire ne sera pas à zéro. Par exemple, le solde d'un prêt de 100 000 $ amorti sur 300 mois à 6,5 % d'intérêt sera de 90 500 $ après un terme de 5 ans. Après cette période, il faut renégocier les conditions. D'ailleurs, beaucoup d'emprunteurs changent d'institution financière pour obtenir de meilleures conditions.

Quand vous louez une voiture, c'est la même chose. Un contrat de location est une dette dont le solde n'est pas à zéro à l'échéance. À la fin du contrat, la dette n'est pas payée au complet : il faut la rembourser en totalité, soit en achetant la voiture (auquel cas vous emprunterez l'argent ailleurs ou vous paierez comptant), soit en la retournant.

Le tableau 11.1 permet aussi de constater l'absence de lien entre le solde de la dette et la valeur marchande de la voiture (quatrième colonne). La valeur marchande diminue au fil des ans à un rythme qui dépend de plusieurs facteurs (état du véhicule, réputation de la marque, situation économique, etc.), tandis que le solde de la dette diminue en fonction de la portion capital des mensualités versées. Même à la fin du bail (date à laquelle le bailleur a tenté de fixer la valeur de la voiture), un écart subsistera probablement.

Que se passerait-il si la voiture n'était pas louée mais achetée par la voie d'un emprunt ? Si le propriétaire décidait de rembourser son prêt auto sur une période de 79 mois, les chiffres présentés au tableau 11.1 resteraient les mêmes, sauf ceux de la troisième colonne (valeur résiduelle garantie), qui n'aurait plus sa raison d'être. Au fil des ans, la valeur du véhicule diminuerait, le solde de la dette aussi. Après 79 versements, la dette serait éteinte et la voiture vaudrait 5 600 $. Si le propriétaire décide de payer sa dette plus rapidement (en 48 versements par exemple), la diminution de la valeur de la voiture restera identique, mais le solde de la dette diminuera plus rapidement.

Bref, que vous choisissiez la location ou l'emprunt, le tableau 11.1 suivra toujours la même logique. Seul le nom de la dette change !

Les mensualités diminueront encore

Plus la valeur résiduelle est élevée, plus les mensualités sont faibles et plus la période réelle de remboursement de la dette est longue. Dans le tableau 11.1, si la valeur résiduelle après 36 mois était de 15 000 $ au lieu de 12 000 $, la mensualité serait de 240,48 $ au lieu de 315 $ (avant taxes). La durée réelle de la dette serait alors de 115 mois au lieu de 79. Ainsi, plus la qualité des voitures s'améliorera, plus elles maintiendront leur valeur et plus les sociétés de crédit pourront offrir de faibles mensualités. Le raisonnement s'applique indirectement aussi aux prêts auto.

Un tableau d'amortissement, s.v.p. !

Une partie de la confusion qui entoure la location disparaîtrait si le bailleur annexait au contrat un tableau d'amortissement (appelé *cédule d'amortissement* dans le jargon – voir la p. 37 pour avoir un exemple). Ce document indique le solde de la dette après chaque mensualité, ainsi que les portions intérêts et capital de chaque mensualité. Au début, les clients se questionneraient sur la nature et l'utilité d'un tel document mais, à la longue, ils en viendraient à comprendre que la location est une dette comme les autres. Vous pouvez produire votre propre tableau d'amortissement à l'aide d'une calculette fournie dans le site www.ericbrassard.com. Le bailleur peut aussi le produire sur demande (moyennant des frais, souvent).

La valeur résiduelle et l'option d'achat

La valeur résiduelle et l'option d'achat, même si la grande majorité des baux signés actuellement les fixent au même montant, représentent deux réalités différentes. La valeur résiduelle correspond au solde de la dette à la fin du bail. De plus, le bailleur considère que la valeur de la voiture sera égale à ce solde si elle est retournée dans un état d'usure normale à la fin du bail. L'option d'achat est un droit permettant au locataire d'acheter la voiture. On a déjà vu des baux sans option d'achat ou avec une option d'achat fixée à un montant différent de celui de la valeur résiduelle. Cette pratique illogique a disparu, mais elle illustre bien la distinction entre ces deux réalités.

Dans la majorité des contrats de location signés de nos jours, le locataire peut acheter la voiture à tout moment durant le bail. À quel prix ? Tout comme à la fin du bail, le prix est égal au solde de la dette au moment de l'achat. Le bailleur ne peut encaisser plus que ce que le locataire lui doit. Selon le tableau 11.1, le prix d'achat à la fin du 12e mois serait 17 500 $ (plus taxes), à la fin du 24e, 14 850 $ (plus taxes), et ainsi de suite.

GISÈLE
Psychologue

Je trouve épouvantable d'avoir à emprunter sur 60 mois pour payer une voiture. Je préfère louer pour bénéficier d'une voiture sans m'endetter.

Si vous trouvez épouvantable de payer une voiture sur 60 mois, oubliez la location : c'est une dette répartie sur un nombre de mois encore plus élevé. On parle de 65 à 85 mois. La seule différence : le locataire n'atteint jamais le dernier paiement, car il doit rembourser sa dette au complet au terme du bail (36 ou 48 mois, par exemple). En choisissant la location perpétuelle, vous aurez une dette pour l'éternité. « L'éternité, c'est long, surtout vers la fin. » (Woody Allen)

TINA
Architecte

Somme toute, faut-il payer des intérêts sur la valeur résiduelle ? J'ai entendu toutes sortes de points de vue à ce sujet.

Oui ! Si un vendeur prétend le contraire, il se trompe. Dans l'exemple du tableau 11.1, le solde initial de la dette est de 20 000 $ et englobe bien sûr les 12 000 $ de la valeur résiduelle. Il en sera ainsi durant toute la durée du bail. Or, les intérêts sont calculés sur le solde de la dette, donc indirectement sur la somme de 12 000 $.

Argent comptant ou valeur d'échange équivalente

On peut verser un comptant à la signature d'un contrat de location. Ainsi, vous diminuez le solde de la dette et, par le fait même, les mensualités. Tout comme pour l'achat, vous pouvez aussi donner une voiture d'occasion en échange. C'est un autre moyen de diminuer le montant à financer (voir toutefois le traitement des taxes au chapitre 14). Est-il avantageux de verser un comptant quand vous louez une voiture ? Non ! Nous traitons de ce thème au chapitre 23.

LE MONTANT À FINANCER

Jusqu'à présent, nous avons tenu pour acquis que le solde initial de la dette était égal au prix négocié de la voiture (par exemple, 20 000 $ dans l'exemple du tableau 11.1). Dans les faits, ce n'est pas souvent le cas. Le prix négocié représente certes une part importante de la dette, mais d'autres éléments entrent en ligne de compte (un acompte en argent, une voiture donnée en échange, l'achat d'une garantie prolongée, etc.). Si vous versez un acompte de 12 000 $ à l'achat d'une voiture de 30 000 $, vous devrez emprunter le reste, soit 18 000 $. C'est la même chose pour une location. Le tableau 11.2 donne un exemple de calcul du montant à financer.

TABLEAU 11.2
Calcul du montant à financer

Prix négocié de la voiture, y compris le transport et la préparation	20 000 $
(–) Valeur de la voiture donnée en échange	(3 000) $
(+) Solde du prêt impayé sur la voiture d'échange	1 000 $
(–) Acompte en argent comptant (avant taxes)	(2 000) $
(+) Frais d'administration	120 $
(+) Frais d'inscription au RDPRM (voir p. 69)	50 $
(+) Montant transféré du contrat de location précédent	–
(+) Achat de protection (garantie prolongée, assurances, etc.)	1 500 $
Montant à financer	17 670 $

Si on considère une valeur résiduelle de 10 000 $ à la fin du bail de 36 mois et un taux d'intérêt de 8 %, la mensualité sera calculée comme suit:

Dépréciation restante

$$\frac{17\,670\,\$ - 10\,000\,\$}{36} \qquad = \qquad 213,06\ \$$$

Coûts financiers

$$(17\,670\,\$ + 10\,000\,\$) \times \frac{.08}{24} \qquad = \qquad 92,23\ \$$$

Total partiel	305,29 $
Taxes (15 %)	45,79 $
Mensualité	351,08 $

Commentaires sur le tableau 11.2 :

- En versant un acompte ou en cédant une voiture d'occasion, le locataire paie déjà une partie de la dépréciation. C'est pourquoi on utilise l'expression « dépréciation restante ».

- Frais d'administration: il arrive, de plus en plus rarement, que des frais supplémentaires soient imputés pour l'administration d'un contrat de location. Ils ne sont pas vraiment justifiés et vous devriez tenter de les négocier à la baisse.

- Solde du prêt impayé sur la voiture d'échange: le client de l'exemple a donné sa voiture, qui vaut 3 000 $, en échange. Toutefois, il reste un solde de 1 000 $ sur la dette de la voiture. Il doit donc d'abord rembourser cette dette (c'est ce qu'on appelle un « lien » dans le jargon). Par conséquent, la voiture d'occasion a une valeur nette de 2 000 $ (3 000 $ – 1 000 $), soit la somme soustraite du montant à financer.

- Montant transféré du contrat de location précédent: souvent, quand un bail arrive à échéance, le vendeur téléphone à son client pour lui en proposer un nouveau. Le vendeur compare la valeur marchande de la voiture louée actuellement et le solde de la dette actuelle.

Si la valeur est inférieure au solde de la dette, la différence est ajoutée au montant à financer du nouveau bail. Si l'écart est faible, le client qui négocie serré pourrait convaincre le concessionnaire de l'assumer (nous avons inscrit zéro dans notre exemple car le client est propriétaire actuellement).

UN DÉTAIL TECHNIQUE : LES PAIEMENTS DE DÉBUT DE PÉRIODE

À la page 36, nous avons expliqué le fonctionnement des dettes remboursées par mensualités. Dans le cas d'un contrat de location, il faut ajouter une précision : les mensualités sont versées en début de mois et non à la fin, comme c'est le cas pour les autres types de dettes (prêt hypothécaire, prêt auto, etc.). Cette différence modifie légèrement les calculs, particulièrement pour les premier et dernier versements. Cette modification est expliquée dans le site www.ericbrassard.com, section Finance au volant, Compléments du livre.

LES CALCULATRICES FINANCIÈRES

Au chapitre 10, nous présentons une méthode rapide pour établir les mensualités d'un contrat de location. Cette méthode, qui donne des résultats fiables, évite de recourir aux mathématiques financières. C'est d'ailleurs celle qu'utilisent les bailleurs. Mais si vous êtes à l'aise avec une calculatrice financière, vous pourrez faire le calcul encore plus rapidement. Il suffit d'entrer quatre données et le tour est joué. Le tableau 11.3 présente un exemple réalisé à l'aide d'une calculatrice Sharp EL–733A.

TABLEAU 11.3

Calcul de la mensualité avec une calculatrice financière

Données à entrer ou actions à poser	Touches à utiliser	Chiffres à entrer
Valeur actuelle (montant à financer)	Present value PV	20 000 $
Valeur future (valeur résiduelle)	Future value FV	–12 000 $
Taux d'intérêt mensuel	i	7 ÷ 12
Nombre de mensualités	N	36
Paiement de début de période	BGN	Nil
Calcul de la mensualité	COMP + PMT	Nil
	Résultat obtenu	315,17 $
	(+) taxes (15 %)	47,28 $
	Mensualité	362,45 $

La location est une dette dont le solde n'est pas à zéro à la fin du terme. C'est pourquoi, en plus d'entrer le solde de la dette au début (le montant à financer), la durée et le taux d'intérêt, il faut aussi tenir compte du solde de la dette à la fin du bail (Future Value), qui correspond, comme nous l'avons vu dans ce chapitre, à la valeur résiduelle. La plupart des calculatrices exigent de faire précéder ce montant du signe négatif.

Le site www.ericbrassard.com présente plusieurs calculettes, dont une qui permet de calculer la mensualité d'une location.

LA RÉSILIATION D'UN CONTRAT DE LOCATION

Reprenons le tableau 11.1. Qu'arrivera-t-il si le locataire décide de résilier le contrat après 24 mois et de retourner la voiture? Dans l'exemple, le solde de sa dette est à 14 850 $, mais la valeur marchande de la voiture retournée est de 13 600 $ seulement. Le bailleur demandera certainement au locataire d'acquitter sur-le-champ les 1 250 $ manquants. Cette exigence, souvent confondue avec une pénalité, constitue de fait un juste retour des choses: dans un contrat de location, la dette baisse lentement en raison de la longue période d'amortissement (79 mois ici), alors que la valeur de la voiture diminue rapidement durant les premières années. Le locataire doit simplement payer les frais de dépréciation qu'il n'a pas encore payés jusque-là. Il en serait exactement ainsi pour le propriétaire qui aurait acheté une voiture avec un emprunt réparti sur 79 mois et qui déciderait de la changer après 24 mois. Sa dette s'établirait à 14 850 $, mais sa voiture ne vaudrait que 13 600 $. Il lui faudrait combler la différence de 1 250 $.

> Le locataire doit simplement payer les frais de dépréciation qu'il n'a pas encore payés jusque-là.

Nous traitons en détail de la résiliation d'un contrat de location au chapitre 26.

POURQUOI LA LOCATION PERPÉTUELLE EST-ELLE DISPENDIEUSE?

Dans les premières années, il est coûteux de posséder une voiture neuve en raison de la dépréciation élevée. De même, le coût de l'argent, en particulier les intérêts, est parfois aussi très élevé, car il faut financer un bien de grande valeur.

Si vous louez des voitures en cascade, vous absorbez ces coûts à répétition. Vous roulez toujours dans un véhicule neuf, qui se déprécie beaucoup, et votre dette est toujours élevée, entraînant des frais d'intérêt élevés. De la même façon, si vous achetiez une voiture neuve tous les trois ans, vous subiriez des coûts aussi élevés que le locataire qui loue à répétition. Ne vous y trompez pas: c'est le fait de rouler dans une voiture neuve qui est coûteux, et cela n'a rien à voir avec la location ou l'achat (voir ch. 19).

> C'est le fait de rouler dans une voiture neuve qui est coûteux, et cela n'a rien à voir avec la location ou l'achat.

Si vous louez une voiture avec l'intention de l'acheter à la fin du bail (la location unique), vous passerez une fois par la phase initiale qui est particulièrement coûteuse. Vous subirez les mêmes coûts que celui qui achète une voiture et la conserve longtemps.

Parlons des options ajoutées au contrat de location (climatiseur, lecteur de disques compacts, etc.). Si le coût de ces options est «résidualisable» (voir p. 75), seule une portion du prix d'achat est payée pendant la durée du bail. Beaucoup croient à tort que le coût de ces options est moins élevé s'ils choisissent la location **perpétuelle**. Malheureusement, c'est exactement l'inverse qui se produit: ils absorbent toujours la part la plus importante du coût de ces options qui, comme on le sait, apparaît dans les premières années. En fait, ils confondent accessibilité et coût réel (voir ch. 157).

Une règle simple permet d'établir le coût des biens de consommation (meubles, voiture, maison, etc.): plus vous en avez, et plus ils valent cher, plus leur possession est coûteuse (voir ch. 1). Il ne faut pas être dupe: il est plus coûteux de changer de voiture tous les deux ans que de garder votre fidèle amie pendant six ans!

Pourquoi acheter une voiture qui se déprécie à vue d'œil dans la cour alors qu'il suffit d'en louer une? Une voiture perd 50 % de sa valeur en 3 ans! C'est effroyable!

La dépréciation représente la plus grosse part des mensualités issues d'un contrat de location. Il est donc ridicule et malhonnête de dire qu'un locataire n'assume pas la dépréciation. Que la voiture soit louée ou achetée, elle se déprécie et celui qui l'utilise doit en assumer le coût.

MARIE-JEANNE
Bibliothécaire

Il est vrai, en revanche, que la dépréciation que devra assumer le locataire est fixée d'avance: c'est la différence entre le prix négocié de la voiture et la valeur résiduelle. Cet avantage peut devenir important dans certaines circonstances. Par exemple, si une voiture louée subit un accident important, le montant de la dépréciation demeurera inchangé pourvu qu'elle soit convenablement réparée. À la fin du bail, le locataire pourra remettre les clés pour effacer sa dette. Dans les mêmes circonstances, un propriétaire ne pourrait probablement pas obtenir la même valeur de revente que le locataire. Vue sous cet angle, la location peut être assimilée à une police d'assurance. C'est d'ailleurs pour cette raison que l'on conseille souvent de louer une voiture et de l'acheter par la suite si tout va bien (voir p. 91).

À retenir de ce chapitre

La location est une dette et elle fonctionne comme une dette. Toutes les subtilités qui entourent ce mode de financement ne changent rien à cette conclusion (taxes, limites de kilométrage, usure normale, option d'achat, etc.).

CHAPITRE 12

Location unique et location perpétuelle

Rédaction et collaboration étroite
Éric Brassard
Valérie Borde

Relecture et commentaires
Joan Backus
CAA - Québec
George Iny
Lorraine Lévesque
Luc Serra

La distinction entre location unique et location perpétuelle est si importante que nous avons décidé d'y consacrer un court chapitre. C'est souvent parce qu'on oublie cette distinction que l'on entretient de fausses idées à propos de la location.

- La **location unique** consiste à louer une voiture dans le but de l'acheter à la fin du bail. La location est un mode de financement transitoire vers l'achat proprement dit.

- La **location perpétuelle** consiste à relouer systématiquement une nouvelle voiture à la fin d'un bail, *ad vitam æternam*.

Du moment où l'on tente de comparer achat et location, cette distinction est importante.

- Dans le cas d'une location unique, le taux d'intérêt est le critère déterminant. La dépréciation n'a pas d'importance : que la voiture ait été louée puis achetée ou achetée tout de suite, la dépréciation sera la même puisqu'il s'agit d'une seule et même voiture. Seuls les montants des intérêts différeront selon le cas.

- Dans le cas de la location perpétuelle, la dépréciation est au contraire un élément crucial. On ne parle plus d'une seule voiture qui vieillit tranquillement, mais de plusieurs voitures neuves qui se déprécient les unes après les autres. Louer à répétition implique de subir à répétition la dépréciation des premières années des voitures. Il n'est plus uniquement question d'intérêts.

On ne peut donc pas répondre directement à la question : « Est-il préférable de louer ou d'acheter ? » Tout dépend de la manière dont on envisage la location. C'est ce que nous verrons en détail dans ce livre, en particulier au chapitre 19. L'important pour le moment est de ne jamais perdre de vue la distinction entre les deux façons d'utiliser la location.

SAMUEL
Comptable

J'ai décidé de ne jamais louer de voiture. La location est plus coûteuse et je préfère acheter mes voitures en empruntant l'argent.

Une location est une dette dont la période de remboursement réelle est de 65 à 85 mois, mais dont l'échéance est de 36 ou 48 mois (voir p. 81). La location n'est pas forcément plus coûteuse. Tout dépend du taux d'intérêt. À 1,9 %, elle n'est pas coûteuse du tout ! À 11 %, il faut l'éviter !

Il est bien évident qu'il est plus coûteux de louer une voiture neuve tous les trois ans que de conserver la même durant cinq ou six ans. Mais c'est le fait de rouler constamment en voiture neuve qui est coûteux, pas le fait de la louer. Ceux qui achètent leur voiture et qui la changent aux trois ans doivent composer avec des coûts tout aussi élevés que ceux qui signent un nouveau contrat de location tous les trois ans. La location n'y est pour rien !

Aussi, si vous avez l'habitude de conserver vos voitures longtemps, rien ne vous empêche de louer d'abord si le taux d'intérêt du contrat de location est intéressant. Au terme du contrat, il suffira d'acheter la voiture en exerçant votre option d'achat. Des conseillers affirment à tort qu'il est coûteux d'utiliser cette stratégie (louer + acheter). Ils oublient des éléments importants dans leur analyse (en particulier la valeur de l'argent dans le temps). Nous abordons ce thème au chapitre 20.

D'autres affirment que la location est plus coûteuse parce que le prix négocié est plus élevé que si la voiture était achetée. On entend dire aussi que les vendeurs refusent de baisser les prix si les taux d'intérêt sont avantageux. Magasiner une voiture, ça s'apprend ! Nous vous indiquons comment éviter ces pièges aux pages 328 et 333. Un petit truc : négociez le prix AVANT de discuter de financement !

CHAPITRE 13

La location : le vrai et le faux

Rédaction et collaboration étroite
ÉRIC BRASSARD
GEORGE INY
LUC SERRA
VALÉRIE BORDE

Relecture et commentaires
JOAN BACKUS
CAA - QUÉBEC
LORRAINE LÉVESQUE

On entend parler à qui mieux mieux des avantages et des inconvénients de la location, tant et si bien qu'il est difficile d'avoir l'heure juste. Nous allons tenter dans ce chapitre de départager le vrai du faux. Certains points soulevés étant abordés en profondeur ailleurs, nous nous limiterons parfois à faire des renvois aux pages pertinentes.

LES VRAIS AVANTAGES DE LA LOCATION

 • *La location permet de connaître avec certitude la dépréciation que subira la voiture pendant la durée du bail. Le locataire n'assume aucun risque relatif à la valeur résiduelle.*

Voilà un argument majeur. La location est comme une police d'assurance qui limite la dépréciation à un montant convenu d'avance, égal à la différence entre le prix négocié de la voiture et la valeur résiduelle à la fin du bail.

• Si une voiture subit un accident grave, sa valeur de revente peut s'en trouver diminuée, même si elle est convenablement réparée. Le locataire ne subit pas ce contrecoup. En cas d'ennui majeur, il pourra retourner la voiture à la fin du bail, sans aucune incidence sur la valeur résiduelle convenue.

• Si des problèmes mécaniques sont détectés sur un modèle de voiture ou s'il n'a pas bonne réputation, la valeur de revente de toutes les voitures de ce modèle sera compromise. Le locataire n'a pas ce problème.

• Même si la marque a bonne réputation, on peut tomber sur un «citron». Une voiture qui démontre des signes de faiblesse importants dès les premières années est probablement un bien mauvais parti pour le futur. Le locataire pourra se débarrasser de son citron sans difficulté à la fin du bail.

> Le locataire pourra se débarrasser de son citron sans difficulté à la fin du bail.

• Dans le cas où la voiture ne conviendrait plus aux besoins à la fin du bail, le locataire pourra la retourner sans s'inquiéter de sa valeur marchande.

Attention cependant: le coût de la dépréciation peut augmenter si le locataire dépasse le kilométrage alloué ou si, parce qu'il a été négligent, la voiture montre des signes d'usure anormale. Il conserve toutefois la pleine maîtrise sur ces éléments et cette dépréciation excessive aurait eu lieu même s'il avait acheté la voiture. La location n'en est pas la cause.

À notre avis, cet argument suffit pour faire de la location une avenue intéressante, même si le consommateur compte conserver sa voiture longtemps (location unique – voir p. 89, 152 et 161).

✓ • *La location évite tous les tracas liés à la vente d'une voiture d'occasion.*

Quand on aime changer souvent de véhicule, il faut supporter les tracas liés à la vente d'une voiture d'occasion. Il faut publier une annonce, rencontrer les acheteurs éventuels, négocier avec eux… Même si on donne sa voiture en échange, il faut néanmoins négocier sa valeur.

Éviter ces tracas ne constitue pas à notre avis un avantage majeur de la location, mais certaines personnes pourraient vous dire le contraire. Cependant, le recours à cet argument pour justifier la location perpétuelle est nettement exagéré.

✓ • *La location peut convenir aux personnes qui souhaitent (ou qui doivent) changer de voiture souvent.*

Il est vrai que la location simplifie la vie de ceux qui changent souvent de véhicule. De plus, plusieurs études (dont les nôtres) démontrent que, souvent, il est moins coûteux de louer à répétition que d'acheter à répétition en raison de la valeur résiduelle élevée établie dans certains contrats de location. Nous en reparlons au chapitre 19.

Attention! Loin de nous l'intention de dire qu'il est peu coûteux d'avoir recours à la location perpétuelle. Nous soulignons simplement que, pour les personnes qui changent souvent de voiture, la location est l'option la plus simple et souvent la moins coûteuse.

✓ • *La location est un emprunt dont la période d'amortissement réelle est étalée sur un nombre élevé de mois, souvent entre 65 et 85 mois. Ce type de dette peut convenir aux personnes qui veulent bénéficier de petites mensualités.*

Il est normal que les mensualités d'une location dont la période d'amortissement réelle est de 70 ou 75 mois soient inférieures à celles d'un prêt auto dont la période d'amortissement est de 48 ou 60 mois. Profiter des petites mensualités peut être avantageux dans les circonstances suivantes:

- Votre budget est temporairement serré, mais vous voulez quand même profiter d'une voiture neuve, que vous avez l'intention d'acheter à la fin du bail.

- Votre budget est **toujours** serré, mais vous avez le désir impératif de rouler dans une voiture neuve. C'est une option coûteuse, qui peut se justifier (après tout, vous avez le droit d'aimer les voitures au point d'y consacrer beaucoup d'argent, quitte à réduire d'autres dépenses).

- Vous souhaitez garder votre argent pour faire d'autres transactions financières (cotiser à un REER ou à un REEE, faire un placement hors REER ou rembourser une dette plus coûteuse). Si le taux de rendement après impôt des placements ou si le taux d'intérêt sur vos autres dettes sont au moins égaux au taux d'intérêt de la location, il peut être avantageux d'avoir recours à une location **unique**.

- Vous souhaitez consacrer le plus d'argent possible à l'achat d'un autre bien ou d'un service (maison, voyage, etc.), mais vous voulez quand même profiter d'une voiture neuve dans le but, par exemple, de l'acheter à la fin du bail.

Toutes ces situations peuvent justifier le recours à la location **<u>unique</u>**, mais pas à la location **<u>perpétuelle</u>,** dont les coûts élevés à long terme seraient nuisibles à l'atteinte de ces objectifs. Si vous voulez réellement économiser pour cotiser à un REER, pour acheter une maison ou pour faire un voyage, mieux vaut dépenser le moins possible pour votre voiture… et vous ferez exactement le contraire si vous succombez à la tentation de la location perpétuelle !

De cette première section, il découle que la location est un mode de financement intéressant, original et pratique. Ses avantages sont évidents et substantiels.

LES FAUX AVANTAGES DE LA LOCATION

Si la location offre des avantages bien réels, elle n'a pas pour autant toutes les vertus que lui prêtent certains !

 • *La location réduit les coûts d'entretien si la durée du bail est égale à la durée de la garantie de base du fabricant.*

Il est normal de ne pas payer pour des réparations si votre voiture est presque neuve, qu'elle soit louée ou achetée. Évidemment, si vous louez à répétition, vous irez rarement chez le garagiste. Mais ce que vous gagnez du côté entretien ne fait pas le poids devant les coûts énormes de la dépréciation d'une voiture durant les premières années (et les frais d'assurance supplémentaires). Le chapitre 18 démontre clairement que les frais d'entretien supplémentaires liés à une voiture âgée de 4 à 6 ans, par exemple, ne justifient pas d'acheter des voitures neuves. Il ne faut donc surtout pas louer pour cette raison.

> Ce que vous gagnez du côté entretien ne fait pas le poids devant les coûts énormes de la dépréciation d'une voiture durant les premières années.

De toute façon, il existe un moyen moins coûteux que la location perpétuelle pour ceux qui tiennent à éviter les coûts majeurs imprévus de réparations : la garantie prolongée (par exemple, 6 ans ou 120 000 kilomètres pare-chocs à pare-chocs), qui coûte entre 1 300 et 1 800 $. C'est beaucoup moins que ce que coûterait la dépréciation de deux voitures louées en cascade pendant trois ans chacune. Nous en reparlons au chapitre 31.

❌ • *La location permet d'économiser les taxes (TPS et TVQ), qui sont calculées sur la mensualité plutôt que sur le prix d'achat total du véhicule.*

C'est inexact, tout comme l'est l'adage selon lequel le locataire doit payer des taxes sur les intérêts. Toute cette question est analysée aux chapitres 14 et 15.

❌ • *La location permet plus de déductions fiscales.*

Faux. C'est même souvent le contraire. Nous en reparlons aux chapitres 34 à 36.

❌ • *La location permet de bénéficier d'une voiture plus luxueuse pour le même coût qu'une voiture ordinaire. On peut rouler sur l'or sans payer une fortune.*

C'est évidemment complètement faux ! Quiconque prétend le contraire est mal informé ou malhonnête. Si on roule sur l'or, on paie le prix de l'or. Une mensualité plus faible ne signifie pas que le coût d'ensemble est plus faible.

> **Si on roule sur l'or, on paie le prix de l'or.**

N'oublions pas que la location n'est qu'un mode de financement. Elle facilite l'accès à une voiture plus dispendieuse, mais elle ne réduit en aucun cas le coût de cette voiture. Ce sujet est traité en profondeur au chapitre 8, à la p. 63 (question-photo).

❌ • *La location permet de faire un profit à la fin du bail si la valeur marchande du véhicule est plus élevée que la valeur résiduelle. Il suffit d'acheter le véhicule, de le revendre et d'empocher le profit.*

Ce n'est pas vraiment un avantage. S'il existe une différence importante à la fin du contrat entre la valeur marchande et la valeur résiduelle, c'est que cette dernière avait été sous-estimée au départ. Cette erreur a provoqué une augmentation des versements mensuels, et le «profit» réalisé ne fait que compenser pour ce qui a été versé en trop. D'ailleurs, cette situation se présente rarement. Qui plus est, si la voiture avait été achetée au lieu d'être louée, le propriétaire profiterait également de la valeur marchande élevée. La location ne crée donc pas d'avantage réel sur ce point. De plus, pour tirer un véritable profit de cette situation, le locataire doit surveiller de près le jeu des taxes et organiser la transaction correctement (voir p. 223).

❌ • *La location évite d'immobiliser des fonds dans un véhicule et permet de les utiliser à d'autres fins (REER, REEE, remboursement d'autres dettes, etc.).*

C'est vrai seulement pour la location **unique**. Après le premier bail, la situation tourne à l'avantage de ceux qui conservent leur voiture longtemps. Le propriétaire d'une voiture bénéficie alors de plus de fonds, tout simplement parce que sa voiture lui coûte moins cher. La location **perpétuelle** étant plus coûteuse à long terme que le fait de conserver longtemps la même voiture, il reste moins d'argent à consacrer à d'autres fins. C'est donc un argument sans fondement, qui ne justifie jamais le recours à la location **perpétuelle**.

La plupart de ceux qui invoquent cet argument n'ont aucune idée du taux de rendement réel qu'ils doivent obtenir pour rendre leur opération intéressante. Ce taux de rendement, outre le fait qu'il doit être supérieur au taux d'intérêt de la location, doit aussi compenser la dépréciation supplémentaire associée à la location perpétuelle. Selon nos analyses, il faudrait obtenir des taux de rendement moyens de l'ordre de 17 % à 30 % après impôt (voir le ch. 19). Bonne chance !

LES VRAIS INCONVÉNIENTS DE LA LOCATION ✓

✓ • *La location est plus complexe que l'achat traditionnel.*

À vrai dire, c'est le seul inconvénient important de la location. Si on comprend bien sa vraie nature, on peut utiliser efficacement ce mode de financement. Mais si on lui accorde des vertus qu'il n'a pas, alors les risques se multiplient. Actuellement, de nombreuses personnes ne comprennent pas bien en quoi consiste une location. Le plus souvent, ses adeptes louent pour de mauvaises raisons… tout comme ceux qui refusent systématiquement de louer, d'ailleurs ! Plusieurs acteurs de l'industrie de l'automobile comprennent aussi mal la location, notamment les compagnies d'assurances qui n'ont pas su vendre des produits adaptés à ce mode de financement (voir ch. 30).

✓ • *Il est plus ardu de résilier un contrat de location avant terme qu'un emprunt ordinaire.*

Ce défaut est une conséquence du précédent. C'est la complexité de la location qui rend la résiliation un peu plus difficile en apparence. Mais en réalité, résilier un bail consiste simplement à rembourser le solde de la dette. On s'imagine aussi qu'une pénalité accompagne la résiliation d'un bail, alors que ce n'est pas vraiment le cas. Toute cette question est éclaircie au chapitre 26.

✓ • **Le locataire doit se conformer à des restrictions d'utilisation.**

Le locataire d'une voiture n'en est pas propriétaire, il ne faut jamais l'oublier ! Ceux qui tiennent à garder le plein contrôle sur leur véhicule doivent éviter la location. Le locataire ne peut modifier la voiture à sa guise (couleur, ajout, etc.), à moins d'être sûr d'acheter la voiture durant le bail ou à son échéance. De plus, il ne peut rouler à l'étranger pour une longue période sans y être autorisé par le bailleur.

✓ • **Certaines réparations qui autrement n'auraient pas été nécessaires doivent être effectuées dans le cas d'une location.**

À la fin du bail, le concessionnaire vérifie l'état de la voiture pour s'assurer qu'elle a subi une usure normale seulement. S'il détecte une grosse bosse ou une égratignure majeure, par exemple, il peut exiger des frais de réparation. S'il ne veut pas assumer ces frais, le locataire doit faire les réparations lors du dommage et demander une réclamation à ses assurances (il doit alors assumer la franchise et l'incidence sur ses primes futures), ce qu'il n'aurait peut-être pas fait s'il avait été propriétaire.

Mais comme nous le mentionnons à la page 97, le propriétaire qui choisit de ne pas faire ces réparations doit s'attendre à une diminution de la valeur de revente. Cette baisse de valeur pouvant être inférieure ou supérieure au coût des assurances subi par le locataire, il est difficile de trancher. Chaque cas est unique. Notons toutefois que cet inconvénient ne concerne que la location perpétuelle : les locataires qui achètent la voiture à la fin de leur bail n'ont pas à payer pour les frais d'usure anormale.

LES FAUX INCONVÉNIENTS DE LA LOCATION ✗

✗ • **La location perpétuelle est plus coûteuse à long terme.**

> **Pour ceux qui aiment changer souvent de voiture, la location perpétuelle s'avère souvent la meilleure option.**

Il est vrai que louer à répétition est coûteux. Nous en parlons aux chapitres 17 et 19, entre autres. Mais c'est le fait de rouler toujours en voiture neuve qui est coûteux, pas le fait de la louer. Ceux qui achètent et revendent leur voiture tous les deux ou trois ans assument des coûts tout aussi élevés que ceux qui louent à répétition. Nous verrons au chapitre 19 que, pour ceux qui aiment changer souvent de voiture, la location perpétuelle s'avère souvent la meilleure option.

✗ • **Il est plus coûteux de devenir propriétaire en louant et en exerçant l'option d'achat à la fin du bail qu'en achetant directement la voiture.**

Si on se contente d'additionner les versements associés aux deux options, c'est vrai dans la majorité des cas. Mais cela ne veut pas dire que c'est un inconvénient !

En effet, on oublie de tenir compte de la valeur de l'argent dans le temps. À quoi a servi l'argent que l'on n'a pas utilisé pour sa voiture pendant la durée de la location ? Si les faibles mensualités durant les 36 ou 48 mois de la location nous ont permis de rembourser une dette coûteuse (par exemple, le solde d'une carte de crédit à 18 %) ou de cotiser à un REER, il est probable que, globalement, la location a été avantageuse.

Encore une fois, tout cela ne justifie en rien d'avoir recours à la location **perpétuelle**. Si, après le bail de 36 ou de 48 mois, le solde de la carte de crédit, à 18 % d'intérêt, n'est toujours pas remboursé, il faut chercher le problème ailleurs dans la gestion des finances personnelles. La solution ne consiste certainement pas à louer une autre voiture !

La location **unique** apporte, outre les avantages financiers possibles soulignés précédemment, une certaine souplesse pour la gestion des finances personnelles. En effet, le locataire conserve toujours la possibilité de retourner la voiture à la fin du bail, et il bénéficie d'un grand avantage : l'absence de risque lié à la valeur résiduelle.

Nous reparlons de ce thème au chapitre 19.

✕ • *Le locataire paye des frais supplémentaires à la fin du bail s'il a dépassé le kilométrage alloué. Ceux qui roulent beaucoup devraient donc éviter la location. Le locataire doit par ailleurs payer des frais en cas d'usure excessive de la voiture.*

Les frais dont on parle ici concernent tous les véhicules. Qu'elle soit louée ou achetée, plus la voiture roule, plus elle se déprécie. Le locataire assumera cette dépréciation en signant un chèque. Le propriétaire l'assumera lui aussi en constatant la baisse accrue de la valeur de sa voiture. Rien ne prouve que le coût est plus élevé dans le cas de la location. Il faut noter au passage que, si la voiture est achetée à la fin du bail, le locataire n'aura pas à payer ces frais. Locataire et propriétaire se retrouvent alors dans la même situation.

> Qu'elle soit louée ou achetée, plus la voiture roule, plus elle se déprécie.

La vraie question est de savoir si le bailleur est raisonnable quand il établit le coût des kilomètres supplémentaires. S'il demande 0,12 $ du kilomètre pour une sous-compacte, c'est probablement trop ! Mais s'il en demande 0,08 $, il n'y a pas de quoi s'en faire. C'est donc un aspect à surveiller au moment de la négociation des conditions. La question des kilomètres supplémentaires est abordée au chapitre 21.

Pour ce qui est de l'usure excessive, la balle est vraiment dans le camp du locataire. S'il ne prend pas soin de sa voiture, il devra payer (en faisant bien sûr attention aux abus. Il ne faut pas payer n'importe quoi). C'est vrai aussi pour un propriétaire : « une voiture propre » se vend mieux et plus cher qu'un « tas de boue cabossé » ! L'usure excessive coûte cher, pas seulement en location (voir aussi la p. 96).

X • *Des pénalités énormes accompagnent la résiliation d'un contrat de location.*

Cet inconvénient n'en est pas vraiment un, car il ne s'agit que de l'autre côté d'une même médaille. La location est une dette dont la période d'amortissement est très longue (entre 65 et 85 mois généralement). Dans les premiers mois, le locataire paye très peu pour le remboursement du capital qu'il a emprunté en louant. La dette baisse lentement. À l'inverse, la valeur de la voiture baisse plus rapidement au début. Si le locataire résilie le bail avant terme, la valeur de la voiture est inférieure au solde de la dette. Il doit compenser la différence. Ce n'est pas une pénalité, mais un juste retour des choses. La situation est d'ailleurs identique pour le propriétaire d'une voiture qui souhaite s'en départir après un an ou deux. Si le solde de sa dette est supérieur à la valeur de la voiture, il doit combler la différence. Tout ce thème est abordé en détail au chapitre 26.

> Ce n'est pas une pénalité, mais un juste retour des choses.

CONCLUSION

Si on se limite aux avantages et aux inconvénients réels de la location, et qu'on oublie les idées fausses véhiculées par le grand public, l'industrie de l'automobile et les médias, on réalise que la location est très intéressante si elle est utilisée intelligemment. Elle peut même être utilisée avantageusement par 99 % des consommateurs avertis !

CHAPITRE 14

La TPS et la TVQ :
les notions de base

Rédaction et collaboration étroite
Gérard Durocher
Éric Brassard
Valérie Borde

Relecture et commentaires
Joan Backus
CAA - Québec
Lorraine Lévesque
Luc Serra

Au Québec, la TPS et la TVQ sont payables à l'achat ou à la location d'une voiture neuve ou d'occasion[1]. Le taux de la TPS est de 7%, celui de la TVQ de 7,5%. Le taux combiné des 2 taxes est de 15,025% puisque la TVQ est calculée sur un montant qui inclut déjà la TPS. À l'achat d'une voiture, le gouvernement prélève directement les taxes sur le prix négocié. Voici un exemple :

Prix d'achat	20 000 $
TPS (7%)	1 400 $
Total partiel	21 400 $
TVQ (7,5% sur 21 400 $)	1 605 $
Total à payer	23 005 $

Donc, si vous achetez une voiture de 20 000 $, vous débourserez 3 005 $ de taxes, ce qui correspond au taux combiné de 15,025%. Dans ce livre, nous appliquons un taux de 15% pour simplifier. La TPS est prélevée par le concessionnaire mais, depuis peu, il n'a plus le droit de le faire pour la TVQ : le client la paie à la SAAQ ou à un de ses agents au moment de l'immatriculation[2].

Dans le cas d'une **location**, les taxes sont prélevées sur toutes les sommes liées directement au contrat de location (versement comptant, mensualités, frais de kilométrage excédentaire, option d'achat, etc.). Nous y reviendrons plus loin.

---

1. Les règles de ce chapitre étaient en vigueur en janvier 2003. En cas de modification, des mises à jour seront présentées dans le site www.ericbrassard.com, section Finance au volant, Compléments du livre.
2. Si la voiture est financée à l'aide d'un emprunt, le concessionnaire fournit au client un chèque au montant de la TVQ, qu'il remettra au moment de l'immatriculation.

L'ACOMPTE SUR UNE VOITURE ET LE CRÉDIT DE TAXES

Les taxes sont appliquées différemment selon le type d'acompte versé à l'achat d'une voiture. Le plus souvent, le client verse un acompte en argent comptant ou il laisse son ancienne voiture en échange. Dans les deux cas, l'acompte est déduit du prix négocié de la voiture achetée. Cependant, dans le premier cas, l'acompte est déduit **APRÈS** le calcul des taxes, alors qu'il est déduit **AVANT** dans le second cas. Par conséquent, la valeur de l'acompte sera différente selon que vous versez au concessionnaire 5 000 $ en argent comptant ou que vous lui laissez une voiture dont il a estimé la valeur d'échange à 5 000 $. Voyons un exemple.

Cas 1 : comptant en argent		Cas 2 : voiture d'échange	
Prix de la voiture neuve	20 000 $	Prix de la voiture neuve	20 000 $
(+) Taxes (15 %)	3 000 $	<–>Valeur d'échange	(5 000)$
	23 000 $		15 000 $
<–> Comptant en argent	(5 000)$	(+) Taxes (15 %)	2 250 $
Montant à financer	18 000 $	Montant à financer	17 250 $

À cause des taxes, l'écart est de 750 $ entre les 2 montants à financer. Autrement dit, l'échange permet d'économiser 750 $. C'est ce qu'on appelle un **crédit de taxes**.

Rien ne justifie qu'un acompte en argent comptant donne lieu à une diminution des taxes. À longueur de journée, nous payons comptant des biens ou des services (restaurant, coiffeur, disques, meubles, etc.) sans que les taxes ne soient réduites pour autant !

En revanche, il est logique qu'un **crédit de taxes** soit consenti si nous retournons un bien sur lequel nous avons déjà payé des taxes. Effectivement, les taxes avaient été perçues quand la voiture laissée en échange avait été achetée. Supposons que cette voiture ait été payée 18 000 $ il y a 5 ans. À ce moment, l'acheteur avait payé 2 700 $ de taxes (15 % × 18 000 $). Si la voiture est aujourd'hui donnée en échange pour une valeur de 5 000 $, on peut dire que l'acheteur a «consommé» 13 000 $ (18 000 $ – 5 000 $) seulement de la valeur de sa voiture, et non 18 000 $. De ce fait, les législateurs ont cru plus logique de taxer seulement ces 13 000 $, ce qui représente 1 950 $ (15 % × 13 000 $). Le crédit de taxes de 750 $ gagné grâce à la voiture donnée en échange permet de récupérer la différence entre les 2 montants (2 700 $ – 1 950 $ = 750 $). La notion de **crédit de taxes**, très importante, sera évoquée à maintes reprises dans ce livre.

> Il est logique qu'un crédit de taxes soit consenti si nous retournons un bien sur lequel nous avons déjà payé des taxes.

Les autres formes d'acompte

Les rabais accordés par les fabricants sont déduits du prix avant taxes. En effet, les taxes doivent être calculées sur le prix réel payé par le consommateur. Toutefois, si le fabricant donne plutôt une remise en argent, l'encaissement futur de la remise ne sera pas pris en compte dans le calcul des taxes.

Les rabais obtenus grâce aux programmes de points de certaines cartes de crédit sont considérés comme de l'argent comptant. Ils sont donc calculés après les taxes – tout comme les rabais offerts aux diplômés et à d'autres groupes cibles.

La voiture d'échange et la location

Supposons que vous louez une voiture neuve dont le prix négocié est de 20 000 $ et la valeur résiduelle de 8 400 $. La durée du bail est de 48 mois et le taux d'intérêt de 8 %. Vous obtenez 5 000 $ pour votre voiture d'occasion. Dans cet exemple, le montant à financer est de 15 000 $ (20 000 $ – 5 000 $). Comme c'est le cas pour un achat, la voiture d'occasion donne droit à un **crédit de taxes**. La mensualité sera calculée ainsi :

Dépréciation restante

$$\frac{15\,000\,\$ - 8\,400\,\$}{48} \qquad = \qquad 137,50\,\$$$

Coût financier

$$(15\,000\,\$ + 8\,400\,\$) \times \frac{8\,\%}{24} \qquad = \qquad \underline{78,00\,\$}$$

Total partiel	215,50 $
Taxes (15 %)	32,33 $
Mensualité	247,83 $

Si vous n'aviez pas donné votre voiture en échange, la mensualité aurait été de 386,79 $, dont 50,45 $ pour les taxes. Le fait de donner une voiture en échange vous permet donc d'économiser chaque mois 18,12 $ de taxes. C'est de cette façon que le **crédit de taxes** est accordé dans une location.

Le comptant en argent et la location

Pour la location, la règle est simple : tous les paiements en argent liés directement au contrat sont taxables – ce qui comprend évidemment les acomptes versés en argent à la signature. Un versement comptant de 5 000 $ entraîne donc 750 $ de taxes, pour un total de 5 750 $. Si le locataire ne dispose que de 5 000 $, il devra calculer le montant avant taxes auquel correspond cette somme, en divisant simplement 5 000 par 1,15 :

$$\frac{5\,000\,\$}{1,15} = 4\,348\,\$$$

À cause des taxes, si le client remet un chèque de 5 000 $ au concessionnaire, le montant à financer est réduit de 4 348 $. Il équivaut donc à 15 562 $ (20 000 $ – 4 348 $) et non plus à 15 000 $, comme dans le cas précédent.

Dépréciation restante

$$\frac{15\,652\,\$ - 8\,400\,\$}{48} \qquad = \qquad 151,08\,\$$$

Coûts financiers

$$(15\,652\,\$ + 8\,400\,\$) \times \frac{8\,\%}{24} \qquad = \qquad \underline{80,17\,\$}$$

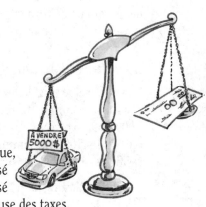

Total partiel	231,25 $
Taxes (15 %)	34,69 $
Mensualité	265,94 $

C'est 18,11 $ de plus que dans le cas précédent. On constate que, pour la location comme pour l'achat, un acompte de 5 000 $ versé en argent comptant n'a pas autant de valeur qu'un acompte versé sous forme d'une voiture d'échange d'une valeur de 5 000 $, à cause des taxes.

LE REMBOURSEMENT EN ARGENT DE LA VALEUR D'ÉCHANGE

Grâce à un petit tour de passe-passe tout à fait légal, il est possible de bénéficier du **crédit de taxes** tout en récupérant la valeur de sa voiture d'occasion. Il suffit que le client donne sa voiture en échange au concessionnaire, qui lui remettra sa valeur en argent comptant. Voyons ce processus appliqué à un <u>achat</u>, en reprenant l'exemple habituel :

Prix négocié de la voiture neuve	20 000 $
<–>Valeur d'échange de la voiture d'occasion	(5 000) $
Total partiel pour le calcul des taxes	15 000 $
(+) Taxes (15 %)	2 250 $
	17 250 $
Remboursement au client de la valeur d'échange	5 000 $
Montant à financer	22 250 $

Cette manière de procéder est intéressante :

• si vous avez besoin d'argent liquide immédiatement ;

• si le taux d'intérêt de l'emprunt est inférieur au coût personnel de votre argent (dettes personnelles coûteuses ou rendement sur les placements – voir la p. 50) ;

• si vous êtes en mesure d'absorber des mensualités plus élevées, puisque vous devrez emprunter 22 250 $ au lieu de 17 250 $.

Bien sûr, si l'emprunt contracté pour payer la voiture d'occasion n'est pas remboursé, le concessionnaire devra éteindre cette dette avant de vous verser l'argent.

LE REMBOURSEMENT EN ARGENT DE LA VALEUR D'ÉCHANGE ET LA LOCATION

Cette stratégie convient aussi pour une <u>location</u>. Le calcul est à peine plus compliqué. Reprenons l'exemple habituel et supposons que le client souhaite encaisser les 5 000 $ de l'échange et bénéficier du **crédit de taxes**. Voici comment calculer la mensualité :

Dépréciation

$$\frac{20\,000\,\$ - 8\,400\,\$}{48} \qquad = \qquad 241,67\,\$$$

Coûts financiers

$$\frac{(20\,000\,\$ + 8\,400\,\$) \times 8\,\%}{24} \qquad = \qquad \underline{94,67\,\$}$$

Total partiel	336,34 $
Taxes (pas égales à 15 % de 336,34 $ – voir ci-après)	32,33 $
Mensualité	368,67 $

Puisque l'acheteur a choisi d'empocher les 5 000 $ de l'échange, le montant à financer égalera 20 000 $. La mensualité avant taxes est donc calculée comme s'il n'y avait pas de voiture d'échange, soit 336,34 $. Mais il ne faut pas calculer les taxes sur ce montant en raison du crédit de taxes auquel donne droit la voiture d'occasion. Uniquement pour le calcul des taxes, il faut établir une mensualité en tenant compte que le montant à financer n'est que 15 000 $. Nous avons vu dans la sous-section Voiture d'échange et location, à la page 101, que nous obtenons ainsi 215,50 $, ce qui permet d'établir les taxes à 32,33 $ par mois. C'est ce montant de taxes qu'il faut utiliser. Au final, la mensualité s'élève à 368,67 $, taxes comprises. Le résultat est un amalgame de deux calculs, à partir de deux montants à financer différents.

Sans la voiture d'échange, les taxes auraient été de 50,45 $ (15 % de 336,34 $). Le **crédit de taxes** sur la voiture d'occasion permet d'économiser 18,12 $ (50,45 $ – 32,33 $) par mois, et le locataire a de plus un chèque de 5 000 $ en main.

LA VENTE DE VOITURES D'OCCASION ENTRE PARTICULIERS

La TPS n'est pas exigible dans le cas d'une vente de voiture d'occasion entre particuliers. Seule la TVQ doit être payée au moment de l'immatriculation à la SAAQ ou chez un de ses agents. Pour éviter que vendeur et acheteur ne s'entendent sur un prix de vente sous-évalué (la différence étant ensuite payée «sous la table»), le calcul de la TVQ est effectué à partir du plus élevé des deux montants suivants:

• le prix de vente convenu entre les parties;

• la valeur estimative de la voiture, soit le prix de gros moyen annoncé dans l'édition la plus récente du *Guide d'évaluation des automobiles et des camions légers* (publié par Hebdomag inc.), diminué de 500 $. Si le véhicule n'est pas répertorié dans ce guide, le prix convenu entre les parties sera utilisé pour le calcul.

Par exemple, si le prix convenu est 10 000 $ mais que le *Guide* donne une valeur estimative de 13 000 $, la TVQ sera de 937,50 $ (7,5 % × 12 500 $). L'acheteur devra payer 10 937,50 $ au total.

La Loi prévoit un allégement si une inspection de la voiture dans un centre autorisé par la SAAQ montre que la valeur réelle de la voiture est sensiblement inférieure à celle inscrite dans le *Guide*. Il restera à vérifier si les coûts de l'inspection (environ 80 $) ne sont pas supérieurs à la réduction de TVQ qui pourrait être accordée.

Si la voiture est donnée, la personne qui bénéficie du don doit payer la TVQ selon le barème indiqué précédemment, sauf:

• s'il s'agit d'un don à un conjoint ou à une personne liée (par le sang, l'adoption ou le mariage);

• si le don fait suite à un décès;

• si le don fait suite à une répartition des biens après rupture d'un mariage (et non d'une union libre).

Si l'acquéreur de la voiture assume une dette encore impayée liée à la voiture, il ne s'agit plus d'un don et le prix de vente équivaut au montant de la dette. De même, si la voiture n'est pas donnée mais vendue à un prix minime, les exclusions ne s'appliquent pas et il faut utiliser les barèmes habituels.

La perception de la TVQ sur une voiture d'occasion est une aberration de la Loi: si la voiture a déjà été achetée, les taxes ont déjà été payées! C'est une double taxation, et pis encore si la voiture est vendue plusieurs fois. De surcroît, le vendeur ne bénéficie pas du **crédit de taxes** auquel il aurait droit s'il donnait sa voiture en échange. Heureusement, la «vente d'accommodement» pallie partiellement cette anomalie.

LA VENTE D'ACCOMMODEMENT

Une vente d'accommodement est une transaction de vente entre deux particuliers qui est officialisée par un concessionnaire. Elle permet de bénéficier d'un **crédit de taxes** tout en vendant sa voiture à un particulier, le plus souvent à un prix plus intéressant que celui qu'offre le concessionnaire. Cette transaction est possible seulement si une nouvelle voiture (neuve ou d'occasion) est achetée ou louée chez le concessionnaire.

Pierre songe à acheter une voiture neuve de 20 000 $ chez un concessionnaire, et son collègue Paul est prêt à lui racheter sa voiture d'occasion pour une somme de 8 000 $. Le concessionnaire, quant à lui, a offert 7 000 $ à Pierre pour sa vieille voiture. Voici les scénarios possibles, selon que Pierre et Paul choisiront de conclure une vente d'accommodement ou non:

a) Transaction directe entre Pierre et Paul, puis achat de la voiture neuve:

- Paul paie 8 000 $ + 600 $ de TVQ (7,5 % de 8 000 $), pour un total de 8 600 $.

- Pierre reçoit 8 000 $ et utilise la somme comme comptant pour la voiture neuve.

Prix négocié de la voiture neuve	20 000 $
TPS (7 %)	1 400 $
	21 400 $
TVQ (7,5 %)	1 605 $
	23 005 $
<–> Comptant en argent	(8 000) $
À financer par Pierre	15 005 $

b) Vente d'accommodement:

- Pierre vend sa voiture d'occasion par l'entremise du concessionnaire. Paul est d'accord, à condition évidemment qu'il ne paye pas plus de 8 600 $ (ce qu'il aurait versé avec la vente directe). Comme Paul doit payer la TPS et la TVQ, car il transige chez un concessionnaire, il faut réduire le prix de vente pour que le paiement total s'établisse à 8 600 $ après taxes. Pour cela, il suffit de diviser l'ancien prix par 1,07 (la TPS étant de 7 %). Le résultat obtenu est 7 477 $ (8 000 $ ÷ 1,07). Paul accepte d'acheter la voiture de Pierre par l'entremise du concessionnaire, au prix de 7 477 $ plus taxes, soit 8 600 $.

- Achat de la voiture neuve par Pierre:

Prix négocié de la voiture neuve	20 000 $
Valeur d'échange de la voiture d'occasion	(7 477) $
	12 523 $
TPS (7 %)	877 $
	13 400 $
TVQ (7,5 %)	1 005 $
À financer par Pierre	14 405 $

- Achat de la voiture d'occasion par Paul (paiement au concessionnaire):

Prix ajusté de la voiture d'occasion	7 477 $
TPS (7 %)	523 $
	8 000 $
TVQ (7,5 %)	600 $
	8 600 $

Conclusion

- Dans les deux cas, Paul a payé le même prix : 8 600 $.

- Au lieu de devoir financer 15 005 $, Pierre doit financer 14 405 $ pour acheter sa nouvelle voiture. Il gagne 600 $. Il a bénéficié d'un **crédit de taxes** pour sa voiture d'occasion, d'un montant de 523 $ pour la TPS et de 600 $ pour la TVQ. Cependant, pour obtenir ces crédits, il a dû consentir à Paul un rabais de 523 $. Pierre a enlevé une taxe pour profiter lui-même des deux taxes ensuite. La vente d'accommodement lui a finalement permis d'économiser 600 $.

- Le concessionnaire, pour sa part, n'a enregistré ni profit ni perte. C'est d'ailleurs une condition *sine qua non* de la vente d'accommodement. Cependant, il peut imposer des frais, ce dont il fait souvent grâce à son client… Que ne ferait-il pas pour vendre une voiture neuve ! Il n'a pas non plus à donner de garantie de bon fonctionnement pour la voiture d'occasion. Bref, il agit comme intermédiaire passif.

- Pour que la vente d'accommodement soit intéressante, il faut que le prix offert par le concessionnaire soit inférieur au nouveau prix convenu entre les deux particuliers. C'était le cas ici : le concessionnaire offrait 7 000 $, alors que Pierre et Paul s'étaient entendus sur 7 477 $ (voir le chapitre 27 pour le détail).

Il est important que le vendeur et l'acheteur comprennent les conditions de la vente d'accommodement. L'acheteur pourrait en effet être surpris de voir apparaître les deux taxes sur la facture s'il s'attendait à ne payer que la TVQ ! De même, la réduction du prix convenu doit être claire. On a déjà vu des disputes entre vendeur et acheteur dans le bureau du concessionnaire !

La vente d'accommodement et la location

On peut aussi faire une vente d'accommodement si la voiture neuve est louée. Les mêmes règles s'appliquent. Dans ce cas, le montant convenu entre acheteur et vendeur devient la valeur d'échange de la voiture d'occasion, qui est prise en compte dans le calcul de la mensualité (voir la section La voiture d'échange et la location à la page 101).

La vente d'accommodement et le remboursement en argent de la valeur d'échange

Si Pierre le désire, et si les conditions de crédit sont respectées, le concessionnaire peut lui rembourser la valeur de la voiture d'occasion au lieu de réduire le montant à financer, qu'il décide de louer ou d'acheter sa nouvelle voiture. Les calculs suivraient les mêmes règles que ceux présentés dans la section Le remboursement en argent de la voiture d'échange, à la page 102, et dans la sous-section Le remboursement en argent de la valeur d'échange et la location, à la page 103.

Le double contrat d'accommodement

Si Paul a lui aussi une automobile à vendre et qu'il a trouvé un acheteur, le concessionnaire peut accepter de faire un double contrat d'accommodement. Paul épargnera à son tour la TVQ sur le prix de vente de son véhicule d'occasion.

CHAPITRE 15

Des taxes sur les intérêts ou des intérêts sur les taxes?

Rédaction et collaboration étroite
Éric Brassard
Gérard Durocher
Valérie Borde

Relecture et commentaires
Joan Backus
CAA - Québec
Lorraine Lévesque
Luc Serra

Vaut-il mieux payer des taxes sur les intérêts ou payer des intérêts sur les taxes? Les adeptes de la location avancent que, puisque les taxes sont appliquées uniquement sur les mensualités, il revient moins cher de louer parce qu'on ne paie pas les taxes sur le prix complet de la voiture. De plus, la location permettrait d'éviter de payer des intérêts sur les taxes. Les partisans de l'achat, quant à eux, allèguent que la location est une mauvaise solution car elle oblige à payer des taxes sur les mensualités, y compris sur les intérêts. Qui dit vrai?

Personne! Il revient exactement au même de payer des taxes sur les intérêts que de payer des intérêts sur les taxes. La question n'est tout simplement pas pertinente. À l'école primaire, nous avons appris que la multiplication est commutative: il est possible de changer l'ordre des nombres à multiplier sans modifier le résultat. Par exemple:

$$100 \times 15 \times 7 = 10\,500$$
$$15 \times 7 \times 100 = 10\,500$$

Or, le calcul des taxes ou des mensualités est une simple affaire de multiplications. Que l'on calcule d'abord les taxes puis la mensualité, ou la mensualité puis les taxes, on aboutit au même résultat. Supposons que le prix d'une voiture avant taxes soit de 20 000 $, financé avec un emprunt à 7 % sur 48 mois. Les taxes s'élèvent à 3 000 $ (15 % de 20 000 $).

• En calculant la mensualité sur le prix avant taxes (20 000 $), on obtient 478,92 $. Si on ajoute 15 % de taxes, le résultat final est 550,76 $.

- Si l'on part directement du montant plus taxes (23 000 $) pour calculer la mensualité, on obtient aussi 550,76 $.

Comparons maintenant les taxes et les intérêts à payer dans le cas d'une location et d'un achat, en considérant les deux options suivantes :

1. Un véhicule est acheté au prix de 23 000 $ (y compris 3 000 $ de taxes). À un taux d'intérêt de 7 % sur 60 mois, l'emprunt donne une mensualité de 455,43 $.

2. Le même véhicule est loué pour une période de 36 mois, avec une valeur résiduelle de 9 310 $. À un taux de 7 %, la mensualité sera de 382,16 $, plus 57,32 $ de taxes, pour un total de 439,48 $. Après 36 mois, la voiture est achetée à 10 706,50 $ (soit 9 310 $ + 1 396,50 $ de taxes). Cette somme est financée sur 24 mois à un taux d'intérêt de 7 %, ce qui représente 479,36 $ par mois.

Le tableau 15.1 présente les taxes et les intérêts payés dans ces deux situations.

TABLEAU 15.1
Taxes et intérêts payés

	Taxes	Intérêts	Total taxes et intérêts
Achat financé sur 60 mois			
• À l'achat	3 000,00 $		
• (455,43 $ × 60) – 23 000 $		4 325,80 $	
	3 000,00 $	4 325,80 $	7 325,80 $
Location 36 mois et emprunt 24 mois			
• 57,32 $ × 36	2 063,52 $		
• Option d'achat	1 396,50 $		
• Location (382,16 $ × 36) – (20 000 $ – 9 310 $)		3 067,76 $	
• Emprunt (479,36 $ × 24) – 10 706,50 $		798,14 $	
	3 460,02 $	3 865,90 $	7 325,92 $

Après 60 mois, dans les 2 cas, le véhicule de 20 000 $ a été payé en totalité et le consommateur en est propriétaire.

- Au terme des 60 mois, le total des taxes et des intérêts payés est identique, soit 7 325,80 $ (à 0,12 $ près).

- L'achat financé sur 60 mois implique moins de taxes que la location, mais plus d'intérêts. Au final, cela revient au même.

C'est d'ailleurs tout à fait justifié :

- Si la voiture est achetée, les gouvernements empocheront les taxes de 3 000 $ immédiatement. Notre consommateur, lui, devra emprunter 23 000 $ à un créancier. Bien sûr, il paiera des intérêts sur 23 000 $, donc sur les taxes. C'est normal puisque son créancier a payé les taxes de 3 000 $ en son nom.

• Si la voiture est louée, les gouvernements ne prélèvent aucune taxe au moment de la signature du contrat. Pourtant, notre consommateur bénéficiera quand même d'une voiture valant 20 000 $. **Cela revient à dire qu'en acceptant de retarder la perception des taxes, les gouvernements accordent un prêt de 3 000 $ au consommateur.** Pour compenser ce délai, ils prélèveront plus de taxes par la suite – comme s'ils imputaient des intérêts de 7 % sur le montant de 3 000 $ qu'ils encaisseront plus tard. Au lieu de prendre 3 000 $ immédiatement, ils étaleront la perception sur 5 ans, avec intérêts! Ainsi, le consommateur aura versé 3 460,02 $ au bout de 5 ans (dont une partie en intérêts indirects). De son côté, la société de crédit ne prête plus 23 000 $, mais seulement 20 000 $. Il est donc normal qu'elle gagne moins d'intérêts (460,02 $ en moins, avec le même écart de 0,12 $).

• Le consommateur qui achète une voiture fait affaire avec un seul créancier (une banque, une société de crédit, etc.), tandis que celui qui loue doit composer indirectement avec plusieurs créanciers (le bailleur et les gouvernements). Pour lui, cela revient au même : qu'il verse des intérêts réels à un créancier ou des intérêts indirects aux gouvernements, au bout du compte, il paye le même montant.

> Le consommateur qui achète une voiture fait affaire avec un seul créancier, tandis que celui qui loue doit composer indirectement avec plusieurs créanciers.

Cette nuance n'est pas stipulée telle quelle dans les lois. Dans le contrat de location, on n'isole pas la partie intérêts dans le montant des taxes. Il en est quand même ainsi dans la réalité, et il faut s'en souvenir pour ne pas s'emberlificoter dans de **faux critères** au moment de prendre une décision.

LES BONS CRITÈRES DE DÉCISION

Lorsqu'il est question de taxes ou d'intérêts, deux choses sont à retenir:

• Plus on consomme, plus on paye des taxes.

• Plus on emprunte, plus on paye des intérêts.

Si une option entraîne plus de taxes, c'est parce que le montant de la dépréciation est plus important. Si une autre option entraîne plus d'intérêts, c'est parce que le montant emprunté est plus élevé. C'est tout!

Les taxes, en effet, sont calculées sur la dépréciation réelle assumée par le consommateur, comme nous l'avons vu à la page 100, chapitre 14. Plus on consomme en termes de voitures neuves, plus le montant des taxes sera élevé. En achetant souvent des voitures neuves ou en les louant à répétition, on doit sans cesse supporter la dépréciation des premières années, qui est très élevée. On paie donc beaucoup de taxes.

> Plus on consomme en termes de voitures neuves, plus le montant des taxes sera élevé.

Au chapitre 11, nous avons vu qu'une location est une dette d'une durée de 65 à 85 mois, qui est remboursée prématurément après 24, 36 ou 48 mois. Le consommateur qui loue à répétition se retrouve souvent au début d'une dette, au moment où le solde est élevé. De même, s'il ne conserve pas longtemps les voitures qu'il achète à crédit, le solde de la dette sera aussi toujours élevé. Dans les deux cas (location ou emprunt), la dette est élevée et il est normal qu'il paye beaucoup d'intérêts.

Un autre exemple : un solde de la dette plus élevé

Dans l'exemple du tableau 15.1, le montant de la valeur résiduelle a été choisi de sorte à obtenir une égalité parfaite entre le total des intérêts et des taxes dans les 2 scénarios. Maintenant que l'on comprend qu'il est inutile de se demander si on paye « des taxes sur les intérêts ou des intérêts sur les taxes » et que l'on connaît les bons critères de décision, utilisons une valeur résiduelle plus élevée, disons de 11 000 $ (plutôt que 9 310 $). Si le taux d'intérêt reste 7 %, la mensualité passe à 340,08 $, plus 51,01 $ de taxes, pour un total de 391,09 $ par mois. Après 36 mois, la voiture est achetée pour 12 650 $ (soit 11 000 $ + 1 650 $ de taxes). Les 12 650 $ sont financés sur 24 mois à raison de 566,37 $ par mois (taux d'intérêt de 7 %). La situation du propriétaire demeure inchangée. Le tableau 15.2 montre les résultats.

TABLEAU 15.2
Un exemple plus réaliste

	Taxes	Intérêts	Total taxes et intérêts
Achat financé sur 60 mois			
• À l'achat	3 000,00 $		
• (455,43 $ × 60) – 23 000 $		4 325,80 $	
	3 000,00 $	4 325,80 $	7 325,80 $
Location 36 mois et emprunt 24 mois			
• 51,01 $ × 36	1 836,36 $		
• Option d'achat	1 650,00 $		
• Location (340,08 $ × 36) – (20 000 $ – 11 000 $)		3 242,88 $	
• Emprunt (479,36 $ × 24) – 10 706,50 $		942,88 $	
	3 486,36 $	4 185,76 $	7 672,32 $
Différence :			346,32 $

Ici, nous remarquons que les deux options ne mènent pas au même résultat. La location **apparaît** maintenant plus coûteuse (écart de 346,32 $). De fait, la hausse de la valeur résiduelle par rapport à l'exemple précédent a fait grimper les intérêts, car le solde de la dette est plus élevé tout au long des 36 mois. Si la location comporte plus d'intérêts ici, ce n'est pas pour une raison fumeuse liée de près ou de loin au thème « des taxes sur les intérêts ou des intérêts sur les taxes ». Tout simplement, la location, la plupart du temps, représente une dette remboursée plus lentement qu'un emprunt ordinaire, ce qui fait augmenter les intérêts.

Est-il ennuyeux de payer plus d'intérêts ? Vaut-il mieux choisir l'emprunt sur 60 mois ? Nous avons déjà abordé cette question à la page 49 et nous présenterons les critères sur lesquels fonder sa décision aux chapitres 17, 19 et 23. Mais une chose reste sûre: ces critères n'ont rien à voir avec le fait de payer des taxes sur les intérêts ou des intérêts sur les taxes!

Pourquoi acheter une voiture et payer des taxes sur la valeur totale ? En louant, vous payez des taxes uniquement sur la partie que vous utilisez. C'est une économie appréciable.

ROGER
Vendeur de voitures

C'est vrai, la location permet de ne payer des taxes que sur la partie utilisée d'une voiture. Mais est-elle moins coûteuse pour autant ? S'il choisit la location perpétuelle, le consommateur «utilise» seulement les premières années de la vie d'une voiture, la période où la dépréciation est à son maximum. Ainsi, il serait logique que la location à répétition soit plus coûteuse en taxes – et c'est effectivement le cas !

Votre argument est fondé sur un calcul incomplet. Comparons l'achat et la location pour une voiture de 20 000 $. Si, pour la location, on suppose une valeur résiduelle de 10 000 $ après 3 ans et un taux d'intérêt de 7 %, les paiements mensuels se chiffreront à 422,17 $, dont 55,06 $ de taxes. Par conséquent:

- Le locataire aura payé 1 982,16 $ en taxes durant 36 mois (36 × 55,06 $).

- Le propriétaire paiera pour sa part 3 000 $ de taxes au moment de l'achat (20 000 $ × 15 %).

En apparence, le locataire semble économiser plus de 1 000 $. Mais on oublie deux faits importants:

- Après 3 ans, si le locataire signe un nouveau contrat de location, il continuera de payer des taxes (pour un autre contrat de 3 ans avec les mêmes conditions, il devra encore payer 1 982,16 $ de taxes). En louant à répétition, il paiera des taxes toute sa vie !

- Le propriétaire, lui, pourra récupérer une partie des taxes qu'il a payées quand il échangera sa voiture contre une autre. Il bénéficiera alors d'un crédit de taxes sur la valeur de sa voiture. Par conséquent, à l'instar du locataire, il aura payé des taxes seulement sur la partie de la voiture qu'il aura utilisée… En supposant qu'il conserve sa voiture 6 ans et qu'il la revend 4 000 $, il récupérera un crédit de taxes de 600 $ (4 000 $ × 15 %).

Au total, en 6 ans, le propriétaire aura payé 2 400 $ (3 000 $ – 600 $) de taxes, tandis que le locataire aura payé 3 964,32 $. C'est loin d'une économie ! La règle est simple: plus on consomme en voitures neuves, plus on paie de taxes. La location ne permet jamais d'économiser sur les taxes.

À retenir de ce chapitre

- Inutile de se demander s'il vaut mieux payer des taxes sur les intérêts ou des intérêts sur les taxes. Cet exercice a pour seul objet d'embrouiller les clients!

- Voici tout ce qu'il faut savoir, tant pour l'achat que pour la location:

  - Plus le consommateur assume des coûts de dépréciation élevés (par exemple, s'il possède une voiture neuve), plus la facture de taxes est élevée.

  - Plus le consommateur emprunte des montants élevés et plus la période d'emprunt est longue, plus il paie des intérêts. Nous aborderons la question de savoir s'il faut éviter à tout prix de payer des intérêts à la page 49 de même qu'aux chapitres 17, 19 et 23.

Partie C – La prise de décision

Cette partie traite des décisions à prendre avant de se procurer une voiture. Elle comporte 18 chapitres:

À la page suivante, une figure fait la synthèse des décisions à prendre en matière d'automobile. Elle intègre aussi les étapes du processus d'achat (page 16 du chapitre 3).

Décisions à prendre en matière d'automobile

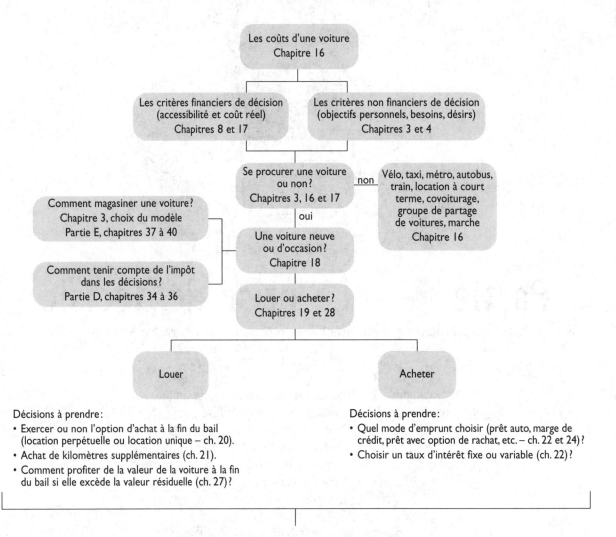

Les coûts d'une voiture
Chapitre 16

Les critères financiers de décision
(accessibilité et coût réel)
Chapitres 8 et 17

Les critères non financiers de décision
(objectifs personnels, besoins, désirs)
Chapitres 3 et 4

Se procurer une voiture ou non?
Chapitres 3, 16 et 17

non → **Vélo, taxi, métro, autobus, train, location à court terme, covoiturage, groupe de partage de voitures, marche**
Chapitre 16

oui

Comment magasiner une voiture?
Chapitre 3, choix du modèle
Partie E, chapitres 37 à 40

Une voiture neuve ou d'occasion?
Chapitre 18

Comment tenir compte de l'impôt dans les décisions?
Partie D, chapitres 34 à 36

Louer ou acheter?
Chapitres 19 et 28

Louer

Acheter

Décisions à prendre:
- Exercer ou non l'option d'achat à la fin du bail (location perpétuelle ou location unique – ch. 20).
- Achat de kilomètres supplémentaires (ch. 21).
- Comment profiter de la valeur de la voiture à la fin du bail si elle excède la valeur résiduelle (ch. 27)?

Décisions à prendre:
- Quel mode d'emprunt choisir (prêt auto, marge de crédit, prêt avec option de rachat, etc. – ch. 22 et 24)?
- Choisir un taux d'intérêt fixe ou variable (ch. 22)?

Décisions communes à la location et à l'achat:
- Comment établir la durée du prêt ou du bail (ch. 22)?
- Faut-il acheter une assurance-vie ou une assurance-invalidité (ch. 22)?
- Faut-il verser un comptant (ch. 23)?
- Rabais du fabricant: remise en argent ou taux d'intérêt réduit (ch. 23)?
- Quels sont les éléments à considérer avant de signer un contrat (ch. 25)?
- Comment résilier un contrat de location ou de vente à tempérament (ch. 26)?
- Comment vendre ou échanger sa voiture d'occasion (ch. 27)?
- Quelles protections d'assurance choisir (ch. 29 et 30)?
- Faut-il acheter une garantie prolongée ou supplémentaire (ch. 31)?
- Faut-il acheter un traitement antirouille ou une autre forme de protection (ch. 32)?
- Quels sont les éléments à considérer au moment de la prise de possession (ch. 39)?

Les coûts d'une voiture

Rédaction et collaboration étroite
ÉRIC BRASSARD
CAA - QUÉBEC
GEORGE INY
LUC SERRA
VALÉRIE BORDE

Relecture et commentaires
JOAN BACKUS
LORRAINE LÉVESQUE

Combien coûte une voiture? Mieux vaut le savoir avant de magasiner et toujours garder ce coût à l'esprit une fois la voiture acquise. C'est ce que nous verrons dans ce chapitre. Avant d'aller plus loin, assurez-vous d'avoir lu les chapitres 6 et 7.

LES AUTRES MODES DE TRANSPORT POSSIBLES

L'automobile est un moyen de transport qui coûte plus cher que tout autre mode alternatif. Presque invariablement, l'autobus, le métro, le train, le vélo, la location à court terme, le taxi, le covoiturage, l'adhésion à un groupe de partage de voitures et la marche à pied s'avéreront beaucoup plus économiques.

- Le groupe de partage CommunAuto (www.communauto.com) met à la disposition de ses membres une flotte de voitures réparties dans différents stationnements. Pour le moment, ce service est offert à Québec, à Montréal, à Sherbrooke et à Gatineau. Ce mode de transport coûte moins cher qu'une voiture neuve ou peut avantageusement remplacer une deuxième voiture. L'entreprise AlloStop (www.allostop.com), quant à elle, fournit un service de covoiturage.

- Certaines personnes réticentes à payer 20 $ pour une course en taxi n'hésiteront pas à verser 450 $ par mois pour rembourser leur prêt auto! Pourtant, la combinaison autobus-métro-taxi-location à court terme-groupe de partage présente de nombreux avantages financiers. Les jeunes notamment devraient envisager cette solution avant de s'étrangler avec les coûts d'une voiture neuve. Dans sa jeunesse, l'auteur principal de ce livre en a fait l'expérience pendant onze ans, sans jamais renoncer à aucun déplacement. Même s'il n'hésitait pas à payer jusqu'à 40 $ pour une course en taxi, il a constaté

> L'automobile est un moyen de transport qui coûte plus cher que tout autre mode alternatif.

qu'il ne dépensait pas plus de 2 500 $ (en dollars de 2003) pour ses déplacements. Il a ainsi réalisé des milliers de dollars d'économie. Certes, il devait parfois composer avec des temps de déplacement plus longs et des contraintes plus grandes (y compris la nécessité d'habiter près de son lieu de travail). Par contre, il n'avait pas à se préoccuper d'une voiture : pas de visite au garage ni à la station-service, pas de voiture à déneiger l'hiver, etc. Surtout, en divisant l'économie annuelle par le nombre d'heures supplémentaires de déplacements, il a constaté qu'il économisait en une heure beaucoup plus que son taux horaire de l'époque !

• Si la seule idée de monter dans un autobus vous donne des boutons, vous économiserez même si vous prenez souvent le taxi et, pour les trajets plus longs, si vous louez une voiture à court terme ou si vous adhérez à un groupe de partage. Il faut en faire, du taxi, pour cumuler 7 000 $ ou 8 000 $ de frais par année (ce qu'il en coûte pour rouler dans votre propre voiture) !

• Le gros de la dépréciation d'une voiture se produit quand elle est immobile : en moyenne, une voiture reste stationnée 93 % du temps !

• Quand on calcule le temps qu'une voiture fait gagner, on omet souvent une donnée importante, que Serge Mongeau rappelle dans son livre *La simplicité volontaire* : le temps de travail nécessaire pour payer les coûts d'une voiture. En moyenne, il faut consacrer 30 semaines de salaire, après impôt, pour payer chaque voiture neuve que l'on possède dans sa vie, sans parler des coûts d'utilisation. De quoi faire réfléchir si vous rêvez de prendre votre retraite à 55 ans !

• Outre le coût personnel, l'automobile présente d'autres inconvénients à une échelle plus large : pollution, coûts d'infrastructures énormes (ponts, autoroutes, etc.), embouteillages, accidents, sédentarité et embonpoint, etc. Il faut admettre en revanche que l'industrie automobile fournit de l'emploi à des milliers de personnes.

Des voitures de plus en plus chères à l'achat

Outre l'inflation, plusieurs facteurs font augmenter régulièrement le prix des voitures neuves. D'une part, elles sont de mieux en mieux construites, elles durent plus longtemps et elles doivent satisfaire à des normes environnementales et de sécurité plus rigoureuses. D'autre part, les consommateurs deviennent plus exigeants. Des caractéristiques qui étaient considérées comme un luxe voilà dix ans agrémentent maintenant les modèles ordinaires : régulateur de vitesse, climatiseur, chargeur de disques compacts, etc. De plus, la popularité de la location a fait en sorte que l'on accorde la primauté aux mensualités plutôt qu'au prix des voitures. Les constructeurs en auraient-ils profité pour augmenter les prix en douce ? Qui sait…

Nous connaissons tous les avantages de posséder une voiture : liberté d'action, spontanéité, commodité générale, etc. Évidemment, tous ces avantages ont un coût : pour avoir plus, il faut payer plus ! C'est vrai, notre mode de vie actuel nous permet difficilement de renoncer à une première voiture, mais il est intéressant d'envisager les modes de transport alternatifs pour un second véhicule. L'économie est phénoménale. Un voyage en Europe avec ça ?

Propriété et coût

Nul besoin de posséder un bien pour réduire les coûts liés à son usage (voir ch. 1). À partir du moment où l'on veut se déplacer, il faut assumer un coût. On peut choisir de profiter d'une voiture à temps plein (achat ou location à long terme) ou seulement au besoin (location à court terme, groupe de partage, taxi). On peut aussi rouler en BMW ou en Kia. À partir du moment où le coût convient, qu'importe si vous êtes propriétaire ou non de la voiture ? Le seul chiffre qui compte est le coût final.

DÉCOMPOSITION DU COÛT

Le coût d'une voiture peut être décomposé en plusieurs éléments. Certains sont fixes, quelle que soit la distance parcourue : immatriculation, intérêts, etc. D'autres sont fonction du kilométrage – le coût de l'essence, par exemple.

L'essence

L'Office de l'efficacité énergétique de Ressources naturelles Canada, en collaboration avec Transports Canada et des constructeurs de véhicules, publie chaque année l'*ÉnerGuide* (http://oee.rncan.gc.ca/auvolant ou 1 800 387-2000). Il indique la consommation d'essence et un aperçu du coût annuel en essence de tous les modèles. Il peut arriver que l'étiquette ÉnerGuide, présentée à la page 118, soit apposée sur les voitures exposées dans les salles de montre. Même si, dans la réalité, la consommation de votre voiture dépassera souvent les indications du guide, il vous permettra de comparer les modèles entre eux. L'APA a toutefois relevé des écarts entre la réalité et les données du guide, et ces écarts sont différents d'un constructeur à l'autre. Ces écarts ne facilitent pas les comparaisons. Il ne faut pas oublier que ces données sont d'abord fournies par le constructeur lui-même ! Vous trouverez dans le site Web un calculateur pour estimer vos coûts annuels en essence, ainsi qu'une compilation des données à partir de 1995 – une référence utile pour estimer la consommation d'une voiture d'occasion.

Le guide et le site Web proposent des conseils pour réduire votre consommation de carburant. Par exemple, certains ajouts à une voiture ont un impact important. À lui seul, un climatiseur peut faire augmenter de 20 % les besoins en essence! L'entretien régulier (pression des pneus, parallélisme des roues, freins, vidange d'huile, etc.) et les mauvaises habitudes de conduite (vitesse élevée, périodes prolongées à bas régime, freinages et accélérations brusques, etc.) influencent aussi considérablement la facture d'essence. Roulez à une vitesse de 120 km/h au lieu de 100 km/h ferait augmenter la consommation d'essence de 20 %.

Les frais d'entretien et de réparation

C'est connu, les frais d'entretien et de réparation augmentent avec l'âge de la voiture. Ils sont difficiles à prévoir et nombre de consommateurs s'en inquiètent. L'angoisse atteint son paroxysme quand un concessionnaire brosse le tableau le plus sombre possible… pour convaincre un client d'acheter une voiture neuve, qu'il bardera de garanties!

Aucune méthode ne permet d'estimer à coup sûr les coûts d'entretien et de réparation futurs de votre voiture. Cependant, des entreprises spécialisées (dont Runzheimer – www.runzheimer.com) offrent des études détaillées sur différents modèles aux grandes entreprises qui achètent des flottes importantes de véhicules.

Le tableau 16.1 présente les résultats d'un vaste sondage annuel du CAA et de la firme de consultants Desrosiers Automotive Consultant Inc., de Toronto, auprès de 20 000 personnes. Le tableau donne le coût moyen de l'entretien régulier et des réparations (les pneus et les vidanges d'huile y compris), selon les tranches d'âge. Par exemple, selon le tableau, le coût moyen annuel d'une voiture âgée de 6 ans était de 935 $ en 2001. C'est seulement 427 $ de plus que celui d'une voiture âgée de 3 ans et 581 $ de plus que celui d'une voiture de 2 ans.

Il s'agit de moyennes, mais elles sont restées très stables depuis 1996. On peut donc penser qu'elles sont fiables. Évidemment, sur une courte période, il peut arriver une malchance qui vous fera dépasser largement la moyenne. Sur plusieurs années cependant, vous pouvez vous attendre à assumer ces coûts moyens, en prenant soin de pondérer les données selon la taille de votre voiture. En effet, les sondeurs compilent les données pour des voitures de toutes tailles. Ainsi, le coût moyen d'une petite voiture sera inférieur à celui qui est indiqué, et celui d'un modèle de luxe ou d'un véhicule utilitaire dépassera certainement la moyenne.

TABLEAU 16.1

Coût moyen de l'entretien et des réparations selon l'âge du véhicule, depuis 1996

Âge du véhicule	1996	1997	1998	1999	2000	2001
1 an	191$	150$	167$	138$	263$	254$
2 ans	245$	226$	256$	259$	363$	354$
3 ans	374$	347$	397$	366$	518$	508$
4 ans	536$	547$	539$	525$	608$	663$
5 ans	705$	718$	689$	673$	826$	817$
6 ans	859$	800$	798$	810$	917$	935$
7 ans	943$	973$	901$	908$	908$	990$
8 ans	1000$	1023$	965$	950$	999$	1062$
9 ans	1040$	1056$	1012$	967$	962$	1044$
10 ans et plus	936$	895$	898$	929$	1008$	1053$
Nombre de répondants	23006	25074	21542	23300	22000	19000

Nous reviendrons à ces résultats aux chapitres 18 (voiture neuve ou d'occasion) et 31 (garantie prolongée ou supplémentaire).

Ces données, et bien d'autres, sont disponibles dans la revue *Autopinion* (en anglais seulement), vendue en kiosque. Une partie de l'information est aussi affichée en début d'année sur le site www.caa.ca.

Le coût des pièces

Chaque année, le CAA-Québec compile le coût d'un panier d'une quinzaine de pièces d'origine de tous les modèles de voiture (démarreur, freins, silencieux, etc.). Les résultats de cette étude sont très utiles, car le coût des pièces influence les frais d'entretien et de réparation, ainsi que la prime d'assurance.

Assurances

Nous abordons la question des assurances en détail aux chapitres 29 et 30. Selon le Centre d'information en assurances du Canada (CIAC, www.vincc.com), le dossier de conduite, le lieu de résidence et le modèle de voiture sont les trois principaux éléments qui influencent le coût de l'assurance (voir aussi la p. 239). Le guide intitulé *Choix d'un véhicule,* publié par le Centre d'information sur les véhicules du Canada (CIVC), présente le taux de «sinistralité» de tous les modèles de voiture. On y décrit les modèles les plus populaires auprès des voleurs et ceux qui sont les plus souvent accidentés. À lire avant de magasiner! (1 800 761-6703)

Immatriculation, permis de conduire, contribution à la SAAQ et stationnement

Chaque voiture doit être immatriculée auprès de la SAAQ. Le coût est en général de 255 $ par année pour les véhicules légers, y compris la cotisation au régime d'assurance automobile du Québec et une contribution de 30 $ pour le transport en commun pour les résidents de certaines villes. Le permis de conduire, lui, coûte 36 $ tous les 2 ans, en plus d'une autre cotisation à l'assurance automobile, qui peut varier de 50 $ à 400 $ selon le nombre de points d'inaptitude au dossier. Au total, les frais minimums annuels sont donc de 298 $ (255 $ + [86 $ ÷ 2]). Ces frais sont les mêmes, peu importe la voiture de promenade choisie.

Les frais de stationnement à la maison, au travail ou durant vos déplacements représentent un autre coût à considérer dans vos calculs.

Les taxes

N'oubliez pas d'ajouter les taxes à la plupart des coûts de cette section (y compris la dépréciation). Aussi, contrairement à la rumeur populaire, le fait de louer sa voiture plutôt que de l'acheter n'entraîne aucune diminution ni augmentation de taxes (voir ch. 15).

Le prix et le coût

Comme nous le mentionnons au chapitre 6, le coût d'une voiture est loin de se limiter à son prix, même si ce dernier donne une bonne idée du coût qu'il faudra assumer à l'avenir. En règle générale, un prix élevé entraîne avec lui une dépréciation, des coûts financiers et des frais d'assurance, d'entretien et de consommation d'essence également élevés. Voilà pourquoi, notamment, les voitures d'occasion sont moins coûteuses que les neuves. Cela étant dit, le prix n'est qu'un indicateur : si le prix d'une Belauto est supérieur de 2 000 $ à celui d'un Beauchar, mais que la Belauto se déprécie moins vite, consomme 200 $ d'essence de moins par année, coûte 150 $ de moins en assurance et exige moins d'entretien, elle est peut-être plus rentable. Toutefois, si l'écart est de 10 000 $, alors le modèle le moins cher à l'achat sera certainement le moins coûteux !

La dépréciation

La dépréciation d'une voiture équivaut à la différence entre le prix d'achat et son prix de revente. Une voiture payée 25 000 $ et revendue 13 000 $ après 3 ans aura subi une dépréciation de 12 000 $. C'est de loin le coût le plus important d'une voiture, mais vous ne recevrez jamais de facture marquée « Dépréciation » ! Ce coût résulte plutôt d'un amalgame d'éléments : comptant versé, portion capital des mensualités et prix de revente. Nous en reparlons à la p. 139. Ce coût n'est lié d'aucune façon au mode de financement. Que la voiture ait été payée comptant ou en versements, la dépréciation reste la même. Le fait de louer ne permet pas d'éviter la dépréciation (voir ch. 11).

Le fait de louer ne permet pas d'éviter la dépréciation.

En moyenne, une voiture neuve perd la moitié de sa valeur en trois ans! Au mieux, les meilleurs modèles perdent «seulement» de 35 % à 40 % de leur valeur. Pendant les 3 années suivantes, la voiture perdra encore de 8 % à 10 % annuellement. Par la suite, la perte de valeur devient négligeable par rapport aux frais d'entretien et de réparation, qui eux iront en augmentant.

Une voiture se déprécie lentement

Voilà une affirmation un peu surprenante. Pourtant, cherchez autour de vous un bien qui perd «seulement» 25 % de sa valeur en 1 an. Combien vaut un lave-vaisselle après un an? Un canapé? Un grille-pain? Un disque compact? On estime que tous ces biens perdent en moyenne de 50 % à 75 % de leur valeur en 1 an. Ne parlons même pas des ordinateurs ou des vêtements, qui se déprécient à la vitesse de l'éclair! En réalité, seuls les biens immobiliers se déprécient plus lentement que les voitures.

Comment expliquer le rythme accéléré de la dépréciation au début? Disons d'abord qu'une part importante de la dépréciation des premières années n'est pas due à l'usure ou à l'utilisation de la voiture, mais plutôt à la baisse de valeur dans le marché. Beaucoup de consommateurs sont prêts à payer plus cher pour jouir du privilège de conduire une voiture neuve. Pour y renoncer, l'économie doit être substantielle, d'où le prix inférieur des voitures d'occasion récentes. De plus, comme les premières années sont couvertes par la garantie de base du fabricant (et la garantie légale – voir p. 272), les frais de réparation sont minimes.

Cependant, le kilométrage a aussi son importance. Quand vous achetez une voiture, vous achetez en fait un kilométrage potentiel. Plus vous épuiserez ce potentiel rapidement, plus la voiture se dépréciera rapidement. L'état général de la voiture est un autre facteur important, surtout pour les voitures moins récentes.

Les coûts financiers

Les coûts financiers d'une voiture sont de deux types :

Les intérêts : quand vous empruntez – c'est-à-dire quand vous utilisez l'argent des autres –, vous devez payer des intérêts. Pour estimer le coût de la prochaine année, il suffit de multiplier le montant emprunté par le taux d'intérêt.

Le coût personnel de l'argent : que ce soit celui de la banque ou le vôtre, l'argent a toujours un coût (voir ch. 7). L'argent utilisé pour payer la voiture (le comptant ou le paiement régulier de la dette) ne pourra pas servir à d'autres fins (rembourser une dette plus coûteuse, cotiser à un REER, etc.) et un coût de renonciation apparaît. Pour calculer ce coût, il faut d'abord établir la valeur nette de la voiture (*equity* en bon français !), qui correspond à sa valeur moins le solde de la dette à un moment précis. Cette valeur nette est ensuite multipliée par le taux

Comment diminuer le coût de la dépréciation?

Puisque la dépréciation est égale au prix d'achat moins le prix de revente, le mieux est d'abaisser le premier et d'augmenter le second. Pour abaisser le prix d'achat:

• Achetez une voiture d'occasion: le propriétaire précédent a déjà payé la dépréciation des premières années (voir ch. 18).

• Surveillez les promotions et négociez le prix d'achat. Tout rabais diminue directement le coût de la dépréciation.

• Achetez une voiture plus modeste, en portant tout de même une attention spéciale aux frais d'utilisation et à la valeur de revente (voir l'encadré à la p. 120).

Une voiture bien entretenue n'a pas d'âge.

• Conservez votre voiture longtemps. Les frais de réparation sont presque toujours inférieurs au coût d'une voiture neuve. Une voiture bien entretenue n'a pas d'âge.

Pour augmenter la valeur de revente:

• Choisissez si possible un fabricant et un modèle réputés pour leur fiabilité et leur durabilité. En plus de diminuer vos frais d'entretien et de réparation, vous bénéficierez d'une meilleure valeur de revente. En règle générale, un modèle qui peut rouler 250 000 km sans exiger des frais de réparation astronomiques se déprécie moins qu'un autre qui s'essouffle après 200 000 km. Le chapitre 3 fournit plusieurs références à des sites Web ou à des publications qui vous aideront à identifier ces modèles.

• Choisissez un fabricant qui ne modifie pas souvent le design de ses modèles, pour que votre voiture ne devienne pas «ringarde» trop rapidement. Évitez d'acheter juste avant un changement majeur de design. Toutefois, avant d'acheter un tout nouveau modèle, assurez-vous que le fabricant a bonne réputation quant à la fiabilité de ses nouveaux venus.

• Quand le prix d'un modèle neuf augmente, toute la chaîne des voitures d'occasion en profite. C'est difficile (ou impossible) à prévoir mais, dans la mesure du possible, privilégiez un fabricant susceptible d'augmenter ses prix.

• Si possible, achetez en début d'année-modèle (par exemple, un modèle 2004 dès qu'il sort plutôt que les derniers modèles de 2003). Le modèle 2003 sera considéré comme un modèle de 1 an après 1 mois ou 2. Sa valeur de revente sera donc moins importante que celle du modèle 2004 après 3 ou 4 ans, même si les 2 voitures ont été achetées en même temps. Notez cependant que plus vous conserverez la voiture longtemps, moins ce facteur aura d'importance. De plus, le prix à l'achat risque d'être moindre pour le modèle 2003. La valeur de revente inférieure compensera-t-elle la diminution du prix à l'achat? Dans le doute, vérifiez vos calculs avec la méthode proposée au chapitre 17.

- Choisissez un modèle populaire. Plus le nombre d'acheteurs potentiels augmente, plus la valeur de revente sera élevée. C'est la loi de l'offre et de la demande. Un modèle offrant une plus longue garantie peut aussi être plus attirant.

- Choisissez une couleur populaire ou, du moins, pas trop excentrique. Il en est de même pour les accessoires ou les options (voir p. 19). Toutefois, ne poussez pas ce raisonnement au point d'acheter trop d'options, qui augmentent le prix d'achat et donc la dépréciation.

- Entretenez convenablement la mécanique et la carrosserie. Une voiture «propre», comme on dit dans le jargon, a toujours une meilleure valeur.

- Gérez vos déplacements de la même façon que vos sorties au restaurant. L'essence n'est pas le seul coût à considérer lors d'un long voyage! Plus une voiture roule, plus elle se déprécie.

- Vendez vous-même la voiture au lieu de la donner en échange. C'est plus de tracas, mais ce seront généralement des heures payantes (voir ch. 27).

- Les personnes qui choisissent la location perpétuelle doivent porter une attention spéciale à la valeur résiduelle de la voiture, qui correspond en réalité à son prix de revente. C'est un facteur déterminant dans ce cas.

> **Gérez vos déplacements de la même façon que vos sorties au restaurant.**

personnel de l'argent (voir p. 50). Par exemple, si une voiture vaut 15 000 $ et que le solde de la dette est de 10 000 $, la valeur nette est de 5 000 $. Si le coût personnel de l'argent est de 5 %, le coût de renonciation équivaudra à 250 $ pour la prochaine année.

Valeur de la voiture	15 000 $
Solde de la dette	(10 000) $
Valeur nette de la voiture	5 000 $
Coût de renonciation avec un coût personnel de l'argent de 5 % (5 % × 5 000 $)	250 $

Le coût de renonciation est généralement peu élevé, particulièrement dans les premières années. En effet, la forte dépréciation pendant cette période et le solde souvent élevé de la dette font que la valeur nette de la voiture est faible et, partant, le coût de renonciation aussi[1].

---

1. Ce coût peut même être négatif (il s'agit alors d'un avantage et non d'un coût) si la valeur nette est négative (valeur de la voiture inférieure au solde de la dette). C'est presque toujours le cas pour la location unique, qui exige peu de sorties de fonds au début. C'est l'un de ses avantages (voir p. 92 et 94).

Autrement dit, la voiture est financée avec l'argent du créancier en grande partie, et peu avec le vôtre. Le coût de renonciation augmente à mesure que la dette est remboursée ou si un acompte important est versé à la signature du contrat.

Dans les chapitres 19, 22 et 38, nous verrons comment réduire les coûts financiers en négociant bien le financement. Finalement, attention de ne pas confondre mensualité et coût financier : seule la portion intérêts de la mensualité est un coût (voir ch. 5 et 8).

L'ÉTUDE DU CAA SUR LES COÛTS D'UTILISATION D'UNE AUTOMOBILE

Cette étude annuelle du CAA donne une idée des coûts d'utilisation d'une voiture (voir le tableau 16.2). Tous les éléments dont nous avons parlé dans ce chapitre ont été pris en compte, sauf le coût personnel de l'argent, qui a malheureusement été omis.

L'analyse porte sur une Chevrolet Cavalier LS 2001 berline à 4 portes, dotée d'un moteur 4 cylindres de 2,2 litres, d'équipements de série et d'options, dont la transmission automatique, la servodirection, les freins à disques assistés. Le prix d'achat est de 21 146 $ (taxes incluses).

Le résultat est une moyenne annuelle pour les trois premières années d'utilisation d'une voiture neuve. Il s'agit d'une moyenne pour le Canada.

On suppose que la voiture roule 18 000 km par année durant 3 ans. La dépréciation est fixe tant que ce niveau n'est pas dépassé (ce qui est discutable mais acceptable). Au-delà, il faut ajouter 12,6 ¢ par kilomètre excédentaire parcouru. Le prêt est amorti sur 48 mois, à un taux de 7 %, avec un versement comptant égal à 20 % de la valeur de la voiture. Bien sûr, seule la partie intérêts a été considérée dans le calcul des coûts financiers. Le coût de l'essence est de 68,5 ¢ le litre.

Ce type de calcul ne permet pas d'évaluer précisément le coût d'utilisation de chaque voiture qui circule sur nos routes, mais il donne un ordre de grandeur intéressant. Selon cette analyse, en considérant qu'une voiture roule 18 000 km par année, il en coûterait 8 468 $ par année pour l'utiliser pendant 3 ans.

TABLEAU 16.2
Coût annuel d'utilisation – Étude du CAA

Coût d'utilisation (variable – par kilomètre)		Coût de possession annuel (fixe)	
Essence et huile	7,75¢	Assurance	1 469$
Entretien	2,90¢	Permis de conduire et immatriculation	128$
Pneus	1,60¢	Dépréciation	3 941$
		Intérêts	725$
Total par km	12,25¢	Total annuel	6 263$

COÛT SELON LE NOMBRE DE KILOMÈTRES PARCOURUS

Kilomètres parcourus par année	Coût annuel d'utilisation (variable)	Coût annuel de possession (fixe)	Coût total	Coût par kilomètre
12 000 km	1 470$	6 263$	7 733$	64,4¢
16 000 km	1 960$	6 263$	8 223$	51,4¢
18 000 km	2 205$	6 263$	8 468$	47,0¢
24 000 km	2 940$	7 019$	9 959$	41,5¢
32 000 km	3 920$	8 027$	11 947$	37,3¢

La méthode simple et rapide appliquée aux automobiles

Le premier livre de notre série, *Un chez-moi à mon coût*, présentait une méthode simple et rapide pour estimer le coût lié à la possession d'une maison. La méthode utilisée par le CAA n'est guère différente. Il faut dire que ces deux types de biens présentent certains points communs.

Voiture et maison occasionnent des dépenses annuelles régulières (essence et immatriculation pour la voiture, taxes et électricité pour la maison, par exemple). En revanche, alors qu'une voiture se déprécie toujours, la valeur d'une maison diminue ou augmente au fil des ans, un facteur tout aussi important dans le calcul des coûts. Pour la voiture comme pour la maison, il faut évaluer les coûts financiers. Même si la méthode du CAA ne tient pas compte du coût de renonciation, rien ne vous empêche de l'intégrer dans vos calculs, en suivant les consignes données à la page 121.

Pour faire vos propres calculs

Vous pouvez maintenant calculer le coût d'utilisation de votre voiture actuelle ou de celle que vous aimeriez acquérir. La méthode du CAA vous donnera un bon ordre de grandeur pour le coût. Pour vous guider dans ce calcul, utilisez la feuille de route 16.1 du site www.ericbrassard.com. Au chapitre 17, nous présentons une méthode plus rigoureuse pour établir le coût réel (la méthode des coûts actualisés). Une calculette est prévue dans le site www.ericbrassard.com pour établir ce coût. Peu importe la méthode, il vous faudra d'abord recueillir certaines données :

- Essence : avec vos factures antérieures ou avec l'*ÉnerGuide* si vous avez l'intention de vous procurer une voiture neuve, estimez le coût de l'essence. Pour votre voiture actuelle, vous pouvez aussi noter la distance parcourue entre chaque plein et établir ainsi le coût par kilomètre (coût par plein ÷ nombre de kilomètres parcourus).

- Entretien : utilisez vos factures antérieures ou les coûts prévus pour la prochaine année (pneus, vidange d'huile, etc.). Pour une voiture neuve, consultez les résultats du sondage CAA (p. 119). Selon l'étude du CAA, une voiture sous-compacte moyenne coûte 2,90 ¢ du kilomètre pour l'entretien de routine et 1,6 ¢ du kilomètre pour les pneus.

- Assurance et immatriculation : consultez vos factures ou estimez les coûts pour une voiture neuve en demandant une cotation.

- Dépréciation : pour une voiture neuve, utilisez les taux donnés à la page 142, ou le résultat de vos recherches ! Calculez la dépréciation annuelle ou établissez une moyenne sur trois ans, par exemple. Dans le cas d'une voiture que vous possédez déjà, calculez l'écart entre sa valeur actuelle et la valeur estimée d'ici un an (selon les taux de la page 142 ou les guides d'évaluation des voitures d'occasion). Ajoutez les taxes au montant de la dépréciation.

- Coût financier : utilisez le taux d'intérêt prévu ou le taux que vous avez obtenu pour votre voiture actuelle. Tentez aussi d'établir votre coût de renonciation.

Le calcul des coûts vous aidera à prendre des décisions, en particulier celle liée au choix d'une voiture neuve ou d'occasion. Il vous aidera en outre à établir vos priorités et à prendre conscience du coût de vos choix.

CHAPITRE 17

Les critères financiers de décision

Rédaction et collaboration étroite
Éric Brassard
Valérie Borde

Relecture et commentaires
Joan Backus
CAA - Québec
George Iny
Lorraine Lévesque
Luc Serra

En matière d'automobile, la prise de décision fait intervenir des critères qui sont d'ordres financier et non financier. Nous traitons de ces derniers dans le chapitre 3, aux étapes 1 et 2 du processus d'achat. Le présent chapitre se limite aux critères financiers, soit l'accessibilité et le coût réel, qui sont d'égale importance (aussi abordés au chapitre 8).

L'ACCESSIBILITÉ : LA CONTRAINTE BUDGÉTAIRE

L'accessibilité est la capacité de faire face aux mensualités. Le calcul consiste à vérifier qu'on pourra joindre les deux bouts à la fin du mois. Malheureusement, c'est souvent le seul aspect qui importe aux consommateurs, et les fabricants l'ont bien compris en leur en mettant plein la vue avec des offres alléchantes. On serait fou de se passer d'une voiture neuve de 30 000 $ quand les mensualités sont égales à celles d'une voiture d'occasion de 14 000 $. Très tentant ! Pourtant, des mensualités égales ne sont pas synonymes de coûts égaux, loin de là ! Autrement dit, l'accessibilité n'a rien à voir avec le coût réel.

L'examen de l'accessibilité se limite à un travail d'ordre budgétaire. Plus la mensualité est faible, plus la voiture est accessible parce qu'il sera plus facile de la faire tenir dans le budget. De plus, il faut tenir compte des frais de fonctionnement (essence, assurance, entretien, etc.), susceptibles d'augmenter selon le type de voiture. L'établissement d'un budget ou une bonne connaissance de vos chiffres permet de faire le travail. L'arrivée de nouvelles sorties de fonds peut vous forcer à :

- réduire les autres sorties de fonds (restaurant, vêtements, école privée, etc.) ;

> L'examen de l'accessibilité se limite à un travail d'ordre budgétaire.

- vous endetter si vous ne voulez pas vous priver dans les autres secteurs (par exemple, en augmentant la marge de crédit ou les soldes de cartes de crédit). Il va sans dire que vous vivrez alors au-dessus de vos moyens, une solution à éviter…

- rembourser plus lentement vos autres dettes;

- diminuer votre épargne mensuelle (placements, etc.);

- retirer des fonds de vos placements actuels (REER, placements hors REER, etc.);

- augmenter la charge de travail pour accroître les revenus.

Si une hausse du revenu survient au même moment (un nouvel emploi, par exemple), la nouvelle mensualité et les frais supplémentaires pourront être absorbés aisément. Il en est de même si la nouvelle mensualité en remplace une autre semblable.

Le livre 4 de cette série donne des conseils sur l'établissement du budget (voir p. 364). Plusieurs autres sources sont disponibles: les ACEF, un conseiller financier, les sites Web, les logiciels (par exemple, BudgetExpress - www.demarque.com), etc.

Pour la majorité, l'analyse financière se limite à ces calculs d'accessibilité. Pourtant, ce n'est que la moitié du chemin à parcourir…

LE COÛT RÉEL

Le fait que vous puissiez absorber dans votre budget un certain montant consacré mensuellement à la voiture ne signifie pas forcément que vous faites une bonne affaire. Il existe une infinité de biens que vous pourriez vous offrir – qui vous seraient **accessibles** – mais auxquels vous renoncez parce que vous devriez alors vous priver d'autres choses plus précieuses à vos yeux. Par exemple, vous vous contentez peut-être d'un téléviseur 22 pouces même si vous avez les moyens d'acheter un système de cinéma maison de 5 000 $. Seul le *coût réel* vous indique si vous faites une bonne affaire. Une faible mensualité peut cacher un coût réel très élevé, tout comme une mensualité élevée pourra s'avérer moins coûteuse (voir ch. 8).

> **Le coût réel mesure la partie des sorties de fonds qui ne sera jamais récupérée.**

Le coût réel mesure la partie des sorties de fonds qui ne sera **jamais** récupérée (l'effort financier irrécupérable – voir ch. 6). Si vous payez 10 $ pour un bien que vous pourrez revendre 6 $, l'effort financier irrécupérable – le coût – est de 4 $ (10 $ – 6 $), même si la sortie de fonds est de 10 $. Ainsi, une partie du prix d'une voiture n'est pas un coût, car elle pourra être récupérée à la revente[1]. Pour établir le coût réel, il existe deux méthodes. Notez qu'il est important d'avoir lu le chapitre 7 avant d'aller plus loin, sauf si vous êtes familier avec les notions d'actualisation et de valeur de l'argent dans le temps.

---

1. Bien sûr, d'autres éléments sont à considérer dans le calcul du coût réel d'une voiture.

MÉTHODE DES COÛTS BRUTS : c'est la plus utilisée dans les articles de vulgarisation. Elle consiste à additionner les sorties de fonds puis à soustraire les rentrées de fonds occasionnées par chaque option. La voiture qui entraîne le moins de sorties de fonds nettes est la moins coûteuse. La méthode est simple et facile à comprendre, mais elle comporte une lacune majeure : elle compare des sorties et des rentrées de fonds qui ne surviennent pas au même moment et qui n'ont donc pas la même valeur. En fait, la méthode néglige les bénéfices réalisables si l'argent était placé ou utilisé pour rembourser une autre dette personnelle.

MÉTHODE DES COÛTS ACTUALISÉS : elle corrige la lacune de la méthode précédente. Dans cette méthode, on actualise toutes les sorties et les rentrées de fonds associées à chaque option pour les rendre comparables et tenir compte de toutes les utilisations possibles de l'argent (placement ou remboursement d'une dette). L'option qui entraîne le moins de sorties de fonds nettes actualisées est la moins coûteuse.

L'actualisation et vous

Il n'est pas toujours facile d'actualiser des sommes d'argent. Rassurez-vous cependant : vous serez épargné de ces calculs. Le site www.ericbrassard.com propose des calculettes simples qui permettent d'actualiser sans avoir à manipuler des équations mathématiques. Contentez-vous de comprendre le raisonnement que sous-tend la notion d'actualisation et de **l'accepter** (voir ch. 7). C'est crucial pour bien comprendre le monde des finances et gérer votre argent.

Voici d'abord un exemple simple. Vous avez le choix de payer un ordinateur en versant 3 000 $ comptant ou en 4 versements annuels de 850 $. Quelle option choisir ? Avec la méthode des coûts bruts, le résultat est le suivant :

- Comptant : sortie de fonds de 3 000 $

- 4 versements de 850 $: sorties de fonds de 3 400 $

Selon cette méthode, il vaudrait mieux payer comptant parce que les sorties de fonds seront moindres. Toutefois, les sommes de 3 000 $ et de 3 400 $ ne sont pas comparables parce qu'elles ne sont pas versées au même moment. Pour bien les comparer, il faut les actualiser afin de déterminer leur valeur en dollars d'une même année. Pour ce faire, il faut connaître le taux d'actualisation. C'est ce que nous avons appelé le *coût personnel de l'argent* au chapitre 7 (p. 50). Ce taux dépend du rendement après impôt d'éventuels placements ou du taux des intérêts dont on pourrait s'exempter en remboursant des dettes déjà contractées (en commençant par les plus coûteuses). C'est donc dire que le coût de l'argent variera selon la situation de chacun.

Prenons l'exemple de Jules. Il doit de l'argent à une société de crédit, qui lui demande 28 % d'intérêt. Son coût personnel est donc de 28 %. Jules aurait tout intérêt à utiliser ses 3 000 $ pour rembourser la totalité ou une partie de sa dette à 28 %, plutôt que de s'en servir pour payer comptant l'ordinateur. Isabelle, elle, n'a aucune dette, mais elle a fait des placements sur lesquels elle compte gagner 10 %. Elle a peut-être intérêt à placer son argent plutôt que de payer l'ordinateur comptant.

Nous répétons la réponse à la question-photo de la page 55 : si vous croyez que vous ne ferez pas plus de placements, que vous ne rembourserez pas plus vite d'autres dettes coûteuses, ou si vous craignez de gaspiller les 3 000 $ si vous les conservez, alors le coût de votre argent est de 0 %. Allez-y allègrement avec la méthode des coûts bruts et oubliez l'actualisation. Payez tout comptant ! Si une personne ne fait jamais de placements et n'a aucune dette, le coût de son argent équivaut à 0 %. Inutile d'actualiser ! Pour elle, mieux vaut payer l'ordinateur comptant. Ainsi, elle économise 400 $.

À vous de trouver le coût de votre argent, en examinant vos placements et vos dettes (voir p. 50). Pour continuer notre exemple, utilisons le coût personnel d'Isabelle, soit 10 %. La méthode des coûts actualisés donne les résultats suivants :

- Comptant : 3 000 $ (déjà en dollars actuels – pas besoin de les actualiser)

- 4 versements annuels de 850 $: total de 2 694 $

Vous pouvez effectuer le calcul à l'aide des calculettes du site www.ericbrassard.com ou utiliser une calculatrice financière de la façon suivante :

Données à entrer ou actions à poser	Touches à utiliser	Chiffres à entrer
Versement annuel	PMT	–850 (notez le signe négatif)
Taux	i	10
Durée	n	4
Calcul de la valeur présente	COMP PV	nil
Résultat		2 694 $

Dans ce cas, l'option des quatre versements est moins coûteuse parce que la partie irrécupérable du paiement, c'est-à-dire le coût réel de l'ordinateur, est moins élevée. Exprimés en dollars actualisés, les 4 versements de 850 $ équivalent à 2 694 $, une somme inférieure aux 3 000 $ du paiement comptant. Si Isabelle peut faire « travailler » son argent à 10 %, elle aurait avantage à conserver les 3 000 $ à cette fin plutôt que de payer l'ordinateur. Elle serait plus riche après quatre ans.

On peut simplifier le calcul s'il s'agit de comparer un paiement comptant à un autre mode de financement, comme c'est le cas ici. Il suffit de connaître le taux d'intérêt demandé par le commerçant sur les 4 versements de 850 $. Un calcul nous indique que ce taux est de 5,2 %[2]. Si on peut faire fructifier l'argent à 10 %, pourquoi ne pas profiter de l'offre à 5,2 % ? Elle est nettement avantageuse.

Le tableau 17.1 présente les résultats de tous les calculs précédents.

TABLEAU 17.1

Sommaire des résultats – Exemple simple

	Paiement comptant	4 versements annuels	Écart	Meilleure option
Coûts bruts	3 000 $	3 400 $	(400) $	Comptant
Coûts actualisés	3 000 $	2 694 $	306 $	4 versements
OU				
Comparaison du taux d'intérêt avec le taux d'actualisation de 10 %	–	5,2 %	4,8 %	4 versements

On constate que les méthodes des coûts bruts et actualisés aboutissent à des conclusions différentes. Seulement, la méthode des coûts actualisés est plus rigoureuse, car elle tient compte de la situation globale. Elle permet un certain recul, de «décoller le nez» de la voiture. La simple comparaison des taux aboutit aussi à un résultat exact, mais elle convient uniquement si l'une des options consiste à payer comptant.

> La méthode des coûts actualisés est plus rigoureuse, car elle tient compte de la situation globale.

Incidence du taux d'actualisation

Le coût personnel de l'argent (taux d'actualisation) ne doit pas être choisi à la légère car il influence les résultats. S'il est de 10 %, les 4 versements s'avèrent plus intéressants. Un autre taux mènerait peut-être à une conclusion inverse. Voici le coût actualisé des 4 versements de 850 $ compte tenu de divers taux d'actualisation :

Taux de 0 % : 3 400 $ Taux de 2 % : 3 237 $ Taux de 5 % : 3 014 $

Taux de 10 % : 2 694 $ Taux de 28 % : 1 905 $

Plus le coût personnel de l'argent est élevé, plus le coût actualisé diminue et plus il devient avantageux de choisir les 4 versements et de conserver les 3 000 $ pour un autre usage. Plus

---

2. Une calculette du site www.ericbrassard.com (ou une calculatrice financière) vous permettra d'établir le taux d'intérêt d'une option de financement ou de vérifier les affirmations d'un vendeur.

> Plus le taux se rapproche de 0 %, plus le coût actualisé augmente et se rapproche des 3 400 $ (soit le résultat de la méthode des coûts bruts). Ces règles sont importantes à retenir.
>
> - Coût personnel de l'argent élevé : favorise une répartition des paiements sur la plus longue période possible (coût actualisé plus bas).
>
> - Coût personnel de l'argent bas : favorise le paiement comptant ou du moins un emprunt sur une courte période (coût actualisé plus élevé).

> **Plus le coût personnel de l'argent est élevé, plus le coût actualisé diminue.**

Analysons trois situations pratiques à l'aide des méthodes expliquées précédemment et des calculettes du site www.ericbrassard.com. Ces exemples vous permettront de mieux comprendre ces outils et de les utiliser pour prendre vos propres décisions[3] :

- Situation 1 : emprunter pour acheter une voiture immédiatement **ou** la louer puis emprunter pour l'acheter à la fin du bail ;

- Situation 2 : conserver sa voiture longtemps ou la changer fréquemment ;

- Situation 3 : choisir entre deux voitures différentes, en tenant compte de leur mode de financement (par exemple, acheter une Corolla ou louer une Civic).

Situation 1 : achat ou location unique

Henri, qui conserve ses voitures longtemps, veut financer une voiture dont le prix négocié est de 20 000 $ (taxes incluses). Voici les deux possibilités qui s'offrent à lui :

- achat par emprunt : 36 versements de 617 $;

- location : 36 versements de 264 $ (taxes incluses), puis exercice de l'option d'achat, qui exigera 11 500 $ (plus taxes), financés en 36 versements de 408 $.

Si on demandait à la plupart des vendeurs de voitures quel est le meilleur choix dans cet exemple, ils feraient la démonstration suivante :

- l'achat exige des versements totaux de 22 212 $ (36 × 617 $) ;

- la location suivie d'un achat avec emprunt exige des versements totaux de 24 192 $ (36 × 264 $) + (36 × 408 $).

Ils concluront qu'il vaut mieux acheter, car il en coûte 1 980 $ de moins. Ce raisonnement, qui s'appuie sur la méthode des coûts bruts, ne tient pas. Il consiste à comparer des montants qui ne sont pas versés au même moment. Utilisons plutôt la

---

3. Le cas de Pierre dans l'encadré de la page 54 du chapitre 7 vous aidera aussi à comprendre comment s'applique la notion d'actualisation dans le cas des voitures.

méthode des coûts actualisés. Supposons qu'Henri puisse faire profiter son argent à un taux de 5 % après impôt. Voici le résultat (épargnons-nous les calculs) :

- Achat sur 36 mois   =   20 586 $
- Location puis achat =   20 566 $

Le coût actualisé de la location suivie d'un achat est inférieur à celui de l'achat immédiat. L'écart de 1 980 $ en faveur de la première option s'est transformé en un écart minime de 20 $ dans l'autre sens. Les deux options sont en réalité équivalentes. N'oublions pas que, pendant les 36 premiers mois, Henri paiera 353 $ de moins en louant qu'en empruntant. Ces 353 $, s'ils sont bien utilisés, rapporteront des sommes qui compenseront le fait de devoir payer 408 $ de plus par mois pendant une autre période de 36 mois à partir de la quatrième année.

Dans ce genre de situation, on ne peut se contenter de comparer les taux d'intérêt des options de financement. Dans l'exemple, le taux de l'emprunt pour acheter la voiture est de 7 %, celui de la location de 5,5 % et celui de l'emprunt lié à l'exercice de l'option d'achat de 7 %. Il est tentant d'en conclure que, comme le taux de la location est inférieur à celui de l'achat, louer est plus avantageux. Mais on oublierait l'actualisation. Même si, pour les 36 premiers mois, le taux de la location est inférieur, au total, l'option location-achat implique plus de sorties de fonds. Tout dépendra du coût personnel de l'argent : s'il est de 5 %, comme dans notre exemple, les deux options sont équivalentes ; à moins de 5 %, il vaudrait mieux acheter tout de suite mais, s'il est supérieur à 5 %, la location suivie de l'achat devient préférable.

Conclusion : la simple comparaison des taux est insuffisante quand les deux options impliquent un financement. Elle s'applique seulement si une option consiste à payer comptant. Le tableau 17.2 présente les résultats des calculs.

TABLEAU 17.2
Sommaire des résultats – Situation 1

	Emprunt	Location puis achat avec emprunt	Écart	Meilleure option selon la méthode
Coûts bruts	22 212 $	24 192 $	(1 980) $	Emprunt
Coûts actualisés (taux d'actualisation de 5 %)	20 586 $	20 566 $	20 $	Location puis emprunt

De prime abord, ces résultats semblent défier toute logique. De fait, la notion d'actualisation, sous prétexte qu'elle est complexe, est presque toujours absente dans les textes destinés au grand public. Il est vrai que les calculs peuvent devenir vertigineux si les transactions deviennent le moindrement complexes. Pourtant, quiconque cherche à établir le coût exact d'une transaction ne peut ignorer l'actualisation.

Notons enfin que la valeur de revente de la voiture après six ans (ou à tout autre moment) n'a pas d'importance ici : quelle que soit l'option choisie, Henri roulera dans le même véhicule (puisqu'il exerce l'option d'achat). La valeur de revente, les frais d'entretien, d'essence, d'assurance et autres sont les mêmes dans les deux cas.

De fait, la notion d'actualisation, sous prétexte qu'elle est complexe, est presque toujours absente dans les textes destinés au grand public.

Astuces

Les astuces suivantes vous aideront à estimer les résultats de la méthode des coûts actualisés sans avoir à faire les calculs. Attention tout de même à ne pas surestimer leur valeur. En cas de doute, mieux vaut aller jusqu'au bout des calculs!

• Lorsque l'écart entre les taux d'intérêt est grand (3 % à 4 %), l'option qui offre le plus bas taux sera généralement plus avantageuse.

> **Plus le coût personnel de l'argent est élevé, plus il est intéressant de répartir les paiements sur une longue période.**

• Plus le coût personnel de l'argent (taux d'actualisation) est élevé, plus il est intéressant de répartir les paiements sur une longue période, et vice versa.

• Si le coût personnel de l'argent est élevé, l'option avec un taux d'intérêt supérieur pourrait quand même s'avérer plus intéressante si elle permet de répartir les paiements sur une longue période. Par exemple, même s'il est intéressant de payer un taux d'intérêt de 0 % sur 36 mois, un taux de 2 % sur 60 mois devient plus avantageux à mesure que le coût personnel de l'argent augmente (s'il est de 4 %, les deux options s'équivalent).

• La méthode des coûts bruts donne aussi une idée de la meilleure option. Elle revient en effet à considérer un coût personnel de l'argent de 0 %. Si la différence de coût obtenue avec cette méthode est minime, il y a fort à parier que l'option qui permet d'étaler les paiements sur la plus longue période sera la moins coûteuse. Par contre, si l'écart est important, l'option qui prévoit le plus long étalement sera probablement moins avantageuse. Dans l'exemple 1, la différence est de 1 980 $ en faveur de l'emprunt sur 36 mois. En tenant compte de l'actualisation, on obtient une différence de 20 $ seulement en faveur de la location-achat. C'est une petite différence. Henri ne se serait guère trompé en utilisant la méthode des coûts bruts. Bref, plus l'écart est grand entre les résultats obtenus avec cette dernière méthode, plus on peut s'y fier, surtout si le taux d'actualisation est faible.

En résumé, trois données sont à prendre en compte:

• le taux d'intérêt des options de financement: le plus bas est préférable;

• la durée du financement: une longue durée est intéressante, surtout si le coût personnel de l'argent est élevé;

• le coût personnel de l'argent: plus il est élevé, plus l'option qui offre un taux d'intérêt bas ou une durée longue sera avantagée.

Si ces astuces ne donnent pas un résultat suffisamment tranché, faites un calcul précis du coût actualisé avec la calculette du site www.ericbrassard.com.

Situation 2 : conserver une voiture longtemps ou la changer fréquemment

Jasmin peut louer une voiture valant 20 000 $ (avant taxes) à un taux de 6 % sur 36 mois. Il paiera chaque mois 376,23 $ (la valeur résiduelle sera de 11 000 $ après 36 mois). À la fin du bail, Jasmin envisage de louer une autre voiture avec un autre bail de 36 mois, aux mêmes conditions. Mais il hésite. Il pourrait aussi acheter la voiture et la conserver six ans. À un taux de 8 % sur un emprunt de 60 mois, il payera 466,36 $ par mois (compte tenu d'un prix d'achat de 23 000 $, taxes incluses). Puisque la garantie est de 3 ans, il prévoit payer 800 $ supplémentaires en frais d'entretien à partir de la quatrième année par rapport aux frais générés par une voiture neuve[4]. Après 6 ans, il s'attend à revendre sa voiture 4 000 $ et à récupérer les taxes sur ce montant, pour une valeur réelle de 4 600 $. Quelle est l'option la moins coûteuse du point de vue strictement financier ?

Précisons d'abord que la décision ne porte pas uniquement sur le financement. Contrairement à la situation précédente où l'on comparait deux modes de financement d'une **même** voiture, il est question ici de comparer les coûts de deux contrats de **location** consécutifs de trois ans pour **deux** voitures différentes à ceux de l'**achat** d'**une** voiture conservée pendant six ans. Il faut donc tenir compte d'autres considérations, comme la dépréciation et les frais d'entretien, parce qu'ils seront différents suivant l'option. Bien entendu, on ne peut non plus se limiter à comparer les taux d'intérêt (6 % et 8 %), car bien d'autres facteurs entrent en ligne de compte.

En utilisant la méthode des coûts bruts, on obtient les résultats suivants :

- Double location : $72 \times 376,23\,\$$ =   <u>27 089 $</u>
- Achat sur 6 ans :
  - 60 versements : $60 \times 466,36\,\$$ =   27 982 $
  - Entretien supplémentaire : $3 \times 800\,\$$ =   2 400 $
  - Valeur de la voiture à la fin :   (4 600) $ <u>25 782 $</u>

Selon ce calcul, Jasmin économisera 1 307 $ s'il achète la voiture et la conserve pendant 6 ans plutôt que d'opter pour la double location sur une même période. Mais c'est encore oublier l'actualisation : toutes les sorties et les rentrées de fonds n'ont pas la même valeur.

---

4. Nous aurions pu tenir compte d'autres différences (assurance, consommation d'essence, etc.), mais elles n'ont pas d'incidence sur la logique du calcul. Nous avons aussi ignoré l'inflation, pour simplifier.

- Tout d'abord, la valeur de revente représente une donnée capitale du résultat final. Jasmin n'encaissera cette somme que dans six ans. C'est loin. En dollars actualisés, cette valeur ne représente plus que 3 410 $ (en posant un coût personnel de l'argent de 5 % après impôt). C'est 1 190 $ de moins que si l'on ne tient pas compte de l'actualisation, soit presque autant que l'écart de 1 307 $.

- Durant les 5 premières années, si Jasmin achète la voiture, il devra verser 466,36 $ par mois. S'il loue, il déboursera 376,23 $, soit 90,13 $ de moins. Cependant, après 60 mois, Jasmin n'aura plus de mensualités à honorer s'il achète la voiture, alors qu'il devra continuer à verser 376,23 $ durant 12 autres mois s'il loue. Si l'on tient compte de l'actualisation, l'arrêt des mensualités après 60 mois n'est peut-être pas si avantageux en soi. En dollars actualisés, les 90,13 $ supplémentaires déboursés pendant 60 mois pour acheter la voiture peuvent surpasser l'économie de 376,23 $ à partir du 61e mois. Ici encore, tout dépend du coût personnel de l'argent.

Utilisons maintenant la méthode des coûts actualisés, en supposant que Jasmin place son argent à un taux de rendement de 5 % après impôt.

- Location – 72 mois <u>23 459 $</u>
- Achat (chiffres arrondis)
  - 60 versements: 24 712 $
  - Entretien supplémentaire: 1 915 $
  - Valeur de la voiture à la fin: (3 410) $ <u>23 217 $</u>

L'écart entre les deux options a fondu. Il n'est plus que de 242 $, toujours en faveur de l'achat. Les deux options sont à toutes fins utiles équivalentes. Précisons toutefois que, en fait, il est moins coûteux d'acheter une voiture et de la conserver pendant 6 ans que de louer 2 voitures sur des périodes successives de 3 ans, comme nous le démontrerons au chapitre 18. Nous avons délibérément choisi des chiffres permettant une lutte plus serrée!

TABLEAU 17.3
Sommaire des résultats – Situation 2

	Double location	Achat	Écart	Meilleure option selon la méthode
Coûts bruts	27 089 $	25 782 $	1 307 $	Achat
Coûts actualisés	23 459 $	23 217 $	242 $	Achat ou aucune

Notons encore ici l'incidence du coût personnel de l'argent sur le résultat final:

- À 0 %, l'écart est de 1 307 $ (méthode des coûts bruts)
- À 5 %, l'écart est de 242 $ (résultat de notre exemple)
- À 10 %, l'écart est de (474) $
- À 2 %, l'écart est de 729 $
- À 8 %, l'écart est de (224) $

Plus le taux d'actualisation monte, plus il devient intéressant de retarder les sorties de fonds (dans l'exemple, l'option de la double location permet le délai maximal).

Situation 3 : choisir entre deux modèles de voitures différents

Carine hésite entre deux modèles de voitures. Le concessionnaire offrant un taux de location très bas, elle est attirée par la possibilité de louer une voiture plus chère que celle qu'elle avait choisi d'acheter au départ. En prime, les mensualités sont plus basses ! Mais elle flaire l'attrape et se demande quelle option sera la moins coûteuse. Elle compte garder sa voiture environ six ans.

Lorsqu'on magasine des voitures différentes, dont les prix négociés, les modes de financement et les taux d'intérêt sont différents, il devient difficile d'y voir clair. Voici les deux options offertes à Carine :

	Voiture AutoSup	Voiture TacoSport
Prix négocié (avant taxes)	22 000 $	25 000 $
Mode de financement	Achat avec emprunt	Location
Taux d'intérêt	9 %	1,9 %
Durée	60 mois	36 mois
Mensualité (taxes incluses)	525,30 $	433,28 $
Valeur résiduelle à la fin du bail	–	12 500 $
Durée du prêt lié à l'option d'achat	–	36 mois
Taux d'intérêt prévu pour cet achat	–	9 %
Mensualité	–	457,22 $
Valeur de revente de la voiture après 6 ans (avant le crédit de taxes)	6 200 $	6 500 $
Dépenses supplémentaires annuelles associées à la TacoSport (assurance, entretien, essence, etc.)	–	400 $

Sur le plan de l'accessibilité, la TacoSport est préférable. Durant les 60 premiers mois, les mensualités seront toujours inférieures à celles de l'AutoSup (même en considérant les dépenses supplémentaires annuelles de 400 $). Si Carine a un budget serré, elle pourrait devoir choisir la TacoSport. Cependant, il faut aussi trouver le coût réel. En utilisant la méthode des coûts bruts, on obtient ceci :

	AutoSup	TacoSport
Mensualités		
60 × 525,30 $	31 518 $	
36 × 433,28 $		15 598 $
36 × 457,22 $		16 460 $
Frais supplémentaires		
6 années × 400 $	–	2 400 $
Valeur de revente (crédit de taxes inclus)		
6 200 $ + 15 %	(7 130) $	
6 500 $ + 15 %		(7 475) $
	24 388 $	26 983 $

On obtient un écart de 2 595 $ en faveur de l'AutoSup. Tenons compte maintenant de l'actualisation. Avec la TacoSport, les sorties de fonds sont plus élevées vers la fin des six ans. Elles sont donc moins coûteuses en dollars actualisés. Si on considère un coût personnel de l'argent de 8 % après impôt pour Carine, voici le résultat :

	AutoSup	TacoSport
Coût actualisé (8 %)	21 487 $	22 673 $

Le coût de la TacoSport est encore supérieur de 1 186 $. Les calculs montrent que, pour obtenir des résultats équivalents pour les 2 options, il faudrait un coût personnel de l'argent de 22 % !

Carine pouvait difficilement prendre une décision en se fiant simplement aux astuces de la page 134, car chaque voiture offre des avantages et des inconvénients. Par exemple, la TacoSport est financée à un taux très bas durant les 36 premiers mois. En revanche, le prix négocié de l'AutoSup, et donc le montant à financer, est inférieur de 3 000 $; de plus, selon toute probabilité, la dépréciation aussi sera moins importante. En outre, selon les tendances du marché, tout laisse croire que la TacoSport ne maintiendra pas aussi bien sa valeur car,

après 6 ans, les 2 voitures auront à peu près la même valeur de revente, malgré une différence de 3 000 $ à l'achat. Enfin, l'AutoSup génère des frais de fonctionnement moindres. Bref, dans ce cas, il faut faire le calcul complet pour prendre une décision éclairée. Le cas de Carine montre encore une fois que la voiture la plus accessible n'est pas nécessairement la moins coûteuse.

Une fois que Carine aura tous les chiffres en main, il lui faudra tenir compte des aspects non financiers et voir si elle est disposée à assumer un coût réel plus élevé, quitte à sacrifier ailleurs pour jouir des avantages d'une voiture plus luxueuse. C'est tentant, surtout quand les mensualités sont inférieures… mais pas toujours raisonnable si l'on tient compte de l'ensemble de sa situation financière.

Précisions sur les calculs

- Avant de comparer deux options, il faut s'assurer que la période d'analyse est identique. Attention : ne confondez pas durée de possession de la voiture et durée de financement. Par exemple, on peut avoir le choix suivant :
  - signer 2 baux de 3 ans chacun ;
  - acheter la voiture et financer l'achat sur 60 mois.

  Même si le financement de l'achat est réparti sur 5 ans, il faut analyser ce qui se passe sur 6 ans pour pouvoir comparer cette option avec la double location sur 2 fois 3 ans. Il faudra donc tenir compte des sorties de fonds nécessaires pour rembourser l'emprunt durant les 5 premières années, ainsi que de la valeur de revente de la voiture après 6 ans.

- Estimer la valeur de revente d'une voiture après un certain temps permet d'établir le montant qu'on pourra récupérer et, de ce fait, le coût réel total. Cela ne veut pas dire pour autant que la voiture sera vendue. C'est un moyen de tenir compte de tous les aspects pertinents pour le calcul pour la période d'analyse.

- Certaines options de financement exigent un versement comptant, d'autres non. De même, du point de vue du client, la décision de verser un comptant peut varier selon les conditions de chaque option de financement. La calculette du site www.ericbrassard.com considère toutes ces possibilités.

- Au chapitre 16, nous affirmons que la dépréciation représente le coût le plus important d'une voiture… mais nous n'en tenons jamais compte dans les calculs du présent chapitre ! Il ne faut pas s'en inquiéter. En considérant le versement comptant, toutes les mensualités et la valeur de revente, nous tenons compte automatiquement de la dépréciation, de même que de tous les intérêts versés. Le coût de renonciation, quant à lui, est intégré au coût personnel de l'argent (actualisation). Ainsi, autant dans le calcul rigoureux du présent chapitre que dans le calcul plus global de la page 125 du chapitre 16, tous les aspects majeurs sont considérés.

À retenir de ce chapitre

- Pour prendre une décision relative à l'acquisition d'une voiture, il faut tenir compte de critères non financiers et de critères financiers.

- L'accessibilité est l'un des deux critères financiers à considérer. Le budget doit pouvoir absorber la nouvelle mensualité (et les frais de fonctionnement supplémentaires). Mais attention de ne pas se laisser prendre au piège des avantages apparents des faibles mensualités. Une faible mensualité n'est pas synonyme de faible coût.

- Le calcul du coût réel est le deuxième critère financier à considérer et permet de mesurer ce que coûte vraiment la voiture. Pour effectuer ce calcul, la méthode des coûts actualisés est plus rigoureuse que celle des coûts bruts. Elle tient compte du coût de l'argent, et donc du fait que des sommes versées ou reçues à des moments différents n'ont pas la même valeur. Elle nécessite d'avoir recours à l'actualisation. Le site www.ericbrassard.com contient la calculette utile à ce calcul. Certaines astuces évitent parfois les calculs complexes.

CHAPITRE 18

Une voiture neuve ou d'occasion?

Rédaction et collaboration étroite
Éric Brassard
George Iny
Luc Serra
CAA - Québec
Valérie Borde
Patrice Corsilli

Relecture et commentaires
Joan Backus
Lorraine Lévesque

Et pourquoi pas une voiture d'occasion? Serait-ce un choix judicieux dans certaines circonstances? C'est ce que nous verrons dans ce chapitre.

LE COÛT D'UNE VOITURE D'OCCASION

Il est plus agréable de conduire une voiture neuve qu'une voiture d'occasion. De plus, les premières sont en général plus sécuritaires, mieux équipées et elles demandent moins de suivi. Cependant, ces avantages ayant un coût (voir ch. 1), la voiture d'occasion sera, «en théorie», moins coûteuse que la voiture neuve. «En théorie», il faut le répéter: pour calculer les coûts réels d'une voiture d'occasion, il faut tenir compte de tous les éléments. Elle permet d'économiser sur la dépréciation et les assurances. Par contre, les frais d'entretien et de réparation, les intérêts et, parfois, la consommation d'essence sont en général plus élevés.

La dépréciation et les frais d'entretien et de réparation

Acheter une voiture d'occasion permet d'économiser la dépréciation des premières années. Le tableau 18.1 présente un exemple de la dépréciation que subit une voiture neuve moyenne achetée au prix de 25 000 $. Après 3 ans, elle aura perdu 45 % environ de sa valeur initiale (20 % – 15 % – 10 %), et 20 % de plus après 6 ans.

TABLEAU 18.1

Dépréciation moyenne des voitures neuves

Année	Valeur de la voiture	Dépréciation		
		Taux	Coût ($)	
Prix d'achat	25 000 $	–	–	
1	20 000 $	20 %	5 000 $ ⎫	Moyenne
2	16 250 $	15 %	3 750 $ ⎬	de 3 750 $
3	13 750 $	10 %	2 500 $ ⎭	par année
4	11 750 $	8 %	2 000 $ ⎫	Moyenne
5	10 000 $	7 %	1 750 $ ⎬	de 1 667 $
6	8 750 $	5 %	1 250 $ ⎭	par année

TABLEAU 18.2

Coût moyen d'entretien et de réparation

Âge du véhicule	En 2001	
1 an	254 $ ⎫	Moyenne
2 ans	354 $ ⎬	de 372 $
3 ans	508 $ ⎭	par année
4 ans	663 $ ⎫	Moyenne
5 ans	817 $ ⎬	de 805 $
6 ans	935 $ ⎭	par année

Le tableau montre que la voiture se déprécie en moyenne de 3 750 $ par an au cours des 3 premières années, et de 1 667 $ par an les 3 suivantes. Le taux de dépréciation continue de diminuer ensuite et, après un certain temps, la voiture ne perd presque plus de valeur. Le tableau 18.2, tiré du tableau 16.1 de la page 119, présente les frais d'entretien et de réparation pour les 6 premières années.

En moyenne, les frais d'entretien et de réparation augmentent de 433 $ (805 $ – 372 $) entre les 3 premières années de vie de la voiture et les 3 suivantes. Nous avons vu que, après 3 ans, la dépréciation moyenne diminue de 2 083 $ (3 750 $ – 1 667 $). On peut en conclure que le coût de dépréciation d'une voiture récente est plus élevé que le coût d'entretien et de réparation d'une voiture plus âgée. La première est donc plus coûteuse.

Il arrive souvent que les voitures d'occasion soient encore sous la garantie de base, qui couvre certains frais de réparation. Encore mieux si elles sont déjà protégées par une garantie prolongée ou supplémentaire. L'acheteur d'une voiture d'occasion peut d'ailleurs se procurer lui-même ce type de garantie (voir ch. 31).

Bien sûr, le taux de dépréciation varie d'un modèle à l'autre (et d'un conducteur à l'autre !), de même que les frais d'entretien et de réparation. Cependant, une constante se dégage : le plus souvent, une voiture d'occasion sera plus économique qu'une neuve.

Prouver l'impossible

Plusieurs tentent de démontrer qu'il est moins cher de rouler en voiture neuve qu'en voiture d'occasion. L'hypothèse ne peut tenir la route sur une grande échelle parce que le marché de l'automobile ne le supporterait pas. Leur argument de base est le suivant : « Les voitures sont de mieux en mieux construites et, de ce fait, elles conservent une valeur élevée pendant plusieurs années, avec un taux de dépréciation négligeable. » C'est vrai, mais seulement si la demande de voitures d'occasion reste élevée. Sans cette demande, leur valeur chuterait de façon draconienne. Mais qui serait assez bête pour acheter une voiture d'occasion s'il est évident qu'elle coûte plus cher qu'une neuve ? Il n'y aurait plus d'acheteurs de voitures d'occasion et, sans eux, les voitures neuves redeviendraient plus coûteuses.

Il est donc illusoire de penser qu'on économise en roulant toujours dans une voiture presque neuve. Le système capitaliste ne tolérerait pas une telle hérésie. Consommer plus, c'est dépenser plus (voir ch. 1). Cela étant dit, il faut négocier et surtout choisir correctement la voiture d'occasion pour réaliser des économies réelles.

Des voitures mieux construites

De nos jours, les voitures peuvent rouler jusqu'à 250 000 km, et parfois plus, alors qu'on ne pouvait en espérer que 150 000 km au début des années 80. Il y a 20 ans, acheter une voiture âgée de 4 ans voulait dire acheter la capacité de rouler de 60 000 à 80 000 km supplémentaires, capacité qui est passée à 150 000 ou 180 000 km actuellement. Résultat : les voitures neuves se déprécient moins vite et le prix des voitures d'occasion augmente. Par conséquent, pour réaliser une économie réelle sur le coût de la dépréciation, il faut lorgner désormais du côté des voitures âgées de quatre ans ou plus.

> Les voitures neuves se déprécient moins vite et le prix des voitures d'occasion augmente.

La sagesse populaire n'a pas encore digéré parfaitement cette nouvelle réalité. Beaucoup ont peur de posséder une voiture non couverte par une garantie. On craint la panne qui nous fera mourir de froid dans le parc des Laurentides ! On préfère changer de voiture tous les trois ans ou la couvrir d'une garantie prolongée. On ne réalise pas que les voitures durent longtemps et que les frais de réparation ne sont pas aussi effarants qu'on le dit. Acheter une voiture âgée peut donc être une très bonne affaire.

Les coûts financiers

Les voitures d'occasion font rarement l'objet de promotions sur les taux d'intérêt. Or, si le taux est de 2,9 % pour une voiture neuve et de 7 % pour une voiture d'occasion, il peut être tentant de choisir la voiture neuve. Ce n'est pas forcément un bon calcul. Payer 2,9 % sur l'emprunt de 23 000 $ contracté pour une voiture neuve coûtera environ 667 $ en intérêts durant la première année, tandis qu'un emprunt de 12 000 $ à 7 % en coûtera 840 $. La différence est minime et le coût global de la voiture neuve sera largement supérieur à celui du modèle d'occasion. Nous abordons ce point en détail aux questions-photos des pages 55 et 155.

Attention aux prix trop élevés...

Les voitures d'occasion ont la cote en ce moment. C'est un fait connu, et certains commerçants sont tentés d'en profiter. Il faut rester sur ses gardes : les prix sont parfois exagérés et les clients, croyant économiser, magasinent et négocient moins. Si le prix d'une voiture d'occasion est démesuré, avec un taux d'intérêt supérieur à celui d'une voiture neuve par surcroît, l'opération n'est pas rentable. Le prix doit être nettement inférieur à celui du modèle neuf pour générer une réelle économie.

Certaines voitures japonaises et allemandes ont une excellente réputation de fiabilité. Elles sont très en demande et leur prix peut être si élevé que, par rapport à une voiture neuve, l'avantage financier devient minime ou nul. Selon George Iny, de l'APA (tel que cité dans le journal *Les affaires*, édition du 7 avril 2001), certains modèles sont dépréciés de 30 % seulement après 3 ans tellement leur prix de revente est élevé. Un tel achat présente très peu d'intérêt. « Ces voitures peuvent cependant devenir de bonnes occasions quand elles ont atteint 100 000 km », poursuit-il. Pour qu'une voiture d'occasion soit vraiment économique, il faut éviter les années de forte dépréciation, soit les quatre à cinq premières années pour les voitures de grande qualité, et les trois premières années pour les marques moins recherchées.

...mais surtout à l'état de la voiture

Un bon prix d'achat diminue la dépréciation, mais il faut éviter l'erreur fréquente consistant à tenir compte du prix au détriment de l'état général du véhicule, en particulier pour les voitures plus âgées : payer 8500 $ pour une voiture en bon état est plus économique que de payer 7500 $ pour une autre moins bien entretenue. Autrement dit, passé un certain âge, les voitures se déprécient si peu qu'il faut porter beaucoup plus attention à l'état général plutôt qu'à l'écart de prix. Il est même intéressant de chercher le spécimen le plus cher dans un lot de voitures du même modèle et de la même année, car c'est peut-être le signe qu'il est en meilleur état.

> **Il faut éviter l'erreur fréquente consistant à tenir compte du prix au détriment de l'état général du véhicule.**

En conclusion, pour une voiture récente en bon état, attention aux prix trop élevés. Pour une voiture plus âgée à bon prix, attention surtout à son état !

Quelques conseils

- Selon l'APA, les petites voitures d'occasion sont souvent vendues plus cher au début de l'été et à la rentrée des classes parce qu'elles sont plus en demande. L'été et les vacances font monter le prix des minifourgonnettes. Les 4 x 4, quant à eux, sont vendus plus cher au début de l'hiver.

- Certains purs et durs achètent toujours des voitures d'occasion à très bas prix, dans l'intention de les envoyer au dépotoir quand elles rendent l'âme. Cette stratégie ne convient pas à tous – elle demande des nerfs d'acier!

- Certains recherchent plutôt des voitures à fort kilométrage. Elles sont beaucoup moins en demande et leur prix peut être intéressant. Si l'état général de la voiture est acceptable, cela peut permettre de rouler à faible coût.

- Attention aux «minounes»! Si vous empruntez 8 000 $ pour une voiture qui en vaut 4 500 $, vous paierez des mensualités de 250 $ et des frais d'entretien importants – rien pour résoudre vos problèmes de budget! Par contre, si vous payez 500 $ et que vous savez que vous roulez en «minoune», aucun problème pour votre budget: vous prévoyez des factures salées à venir! Acheter une «minoune» sans être connaisseur ou sans les conseils d'un garagiste fiable est très risqué.

- Louer à répétition veut dire changer souvent de voiture et assumer à répétition la dépréciation des premières années (voir p. 87). Il n'y a pas si longtemps, changer de voiture souvent était considéré comme un luxe, réservé aux mieux nantis. De nos jours, la location perpétuelle rend cette pratique plus tentante. En effet, elle abaisse les mensualités en étalant la dette sur une longue période, donnant ainsi une fausse impression de faible coût (voir ch. 8). Toutes proportions gardées, il demeure toujours aussi coûteux de changer souvent de voiture.

> Il n'y a pas si longtemps, changer de voiture souvent était considéré comme un luxe, réservé aux mieux nantis.

LES CHIFFRES PARLENT

Faut-il conserver sa voiture longtemps ou la changer souvent ? En 1999, désireux de répondre à cette question, nous avons étudié les coûts de 20 modèles de voitures de toutes catégories. La description complète est disponible au site www.ericbrassard.com, mais nous nous limiterons ici à une description sommaire de l'étude.

Pour chaque modèle, nous avons recueilli les données utiles : prix proposé, valeur résiduelle et valeur de revente après la période de possession, durée de la garantie, etc. Nous avons ensuite étudié plusieurs cas en faisant varier plusieurs hypothèses :

- La durée de possession de la voiture, tant pour l'achat que pour la location. Pour ce critère, nous avons comparé 2 à 2 plusieurs situations – par exemple, achat d'un véhicule conservé 6 ans par rapport à la location, pour une période de 3 ans chacune, de 2 voitures neuves semblables ; ou encore, changement de voiture 5 fois en 15 ans par rapport à 3 fois, ou 4 fois en 12 ans par rapport à 2 fois. Au total, 12 scénarios de ce type ont été étudiés.

- Le taux d'intérêt de l'achat et de la location, le taux d'inflation et le coût personnel de l'argent (voir p. 50). Pour ce dernier, nous avons considéré 2 coûts, soit 5 % et 9 %.

- L'achat ou non d'une garantie prolongée. Pour les voitures non couvertes, des frais de réparation très importants ont été utilisés (pour être certains de nos conclusions).

- La valeur de revente. Nous avons encore été prudents en fixant cette valeur à 85 % de la valeur résiduelle stipulée au contrat de location d'une voiture semblable. Ainsi, si la valeur résiduelle est de 10 000 $ pour une location sur 48 mois, nous avons estimé que le propriétaire d'une même voiture âgée de 4 ans la vendrait 8 500 $.

Bien sûr, nous avons utilisé la méthode des coûts actualisés expliquée au chapitre 17 pour faire les comparaisons. L'étude porte sur les deux voies empruntées par ceux qui changent souvent de voiture : la location perpétuelle ou l'achat-revente rapide.

Les conclusions de l'étude étaient sans surprise. Pour les 12 scénarios et les 20 modèles étudiés, le fait de conserver longtemps la voiture était toujours moins coûteux.

Nous avons ensuite tenté d'infirmer les résultats en supposant un écart de 3 % en faveur du taux d'intérêt des 2 locations consécutives de 3 ans par rapport à celui de l'emprunt servant à acheter la voiture conservée 6 ans. Aucun changement aux conclusions ! Nous sommes allés encore plus loin en choisissant un coût personnel de l'argent de 9 % au lieu de 5 %. Les résultats vont toujours dans le même sens pour la plupart des modèles, à trois exceptions près : la Civic, la Golf et la Jetta. La double location pouvait dans ces cas s'avérer avantageuse, en raison de la valeur résiduelle élevée de ces voitures dans les contrats de location au moment de l'étude. Mais attention : même pour ces modèles, il faut que tous les autres facteurs donnent l'avantage à la double location pour qu'elle soit plus intéressante (taux d'intérêt plus bas, coût personnel de l'argent élevé, frais d'entretien élevés pour la voiture conservée six ans et faible valeur de revente).

Certains considèrent que la location perpétuelle est rentable parce que, les mensualités étant moins élevées, elle permet de placer de l'argent. Hum! nos analyses montrent qu'il faudrait un rendement de 30 % après impôt pour compenser les coûts qu'elle implique! Bonne chance! Même pour une Civic, le taux requis est 16,8 %. L'argument n'a donc aucun fondement, mais il est valable dans le cas de la location unique (voir p. 94).

Tous les calculs le démontrent: d'un point de vue strictement financier, il est plus coûteux de changer souvent de voiture que de la conserver longtemps.

QUELQUES SITUATIONS PARTICULIÈRES

Voiture neuve ou voiture de luxe d'occasion?

Moyennant un prix d'achat égal, vaut-il mieux acheter une berline neuve bien cotée (Accord, Camry, etc.) ou une voiture de luxe d'occasion (Mercedes, Volvo, BMW, etc.)?

- En pourcentage et en dollars, la voiture neuve se déprécie plus vite dans les premières années. Toutefois, les frais d'entretien de la voiture luxueuse seront plus élevés. Selon le sondage du CAA (voir p. 119), le coût des pièces de ces voitures est particulièrement élevé, surtout pour les allemandes. Les intérêts risquent aussi d'être plus élevés (peu ou pas de promotion sur le taux).

- Certaines voitures luxueuses ont la réputation d'être increvables. On dit souvent qu'un propriétaire de taxi qui conduit une Mercedes a tout compris! Si la voiture haut de gamme peut rouler des milliers de kilomètres de plus que la voiture neuve, l'opération peut être rentable à long terme, même si les déboursés risquent d'être plus élevés à court terme. Toutefois, on dit parfois aussi que la réputation de certaines est surfaite et qu'elles durent plus longtemps parce qu'elles bénéficient d'un meilleur traitement (garage intérieur, meilleur entretien, peu utilisées l'hiver parce que le propriétaire est dans le Sud, etc.).

- Même après quelques années, les voitures de luxe gardent la plupart de leurs attributs, par exemple le confort, la douceur et la qualité de la conduite.

- Si la voiture luxueuse est plus âgée, la comparaison est possible avec une voiture neuve plus abordable qu'une Camry. En fait, les possibilités de comparaison sont infinies.

Des facteurs non financiers et financiers doivent donc être considérés. En cas de doute, la méthode des coûts actualisés du chapitre 17 et la calculette du site www.ericbrassard.com vous fourniront des chiffres utiles à la prise de décision.

L'achat d'une voiture de démonstration

Certaines personnes veulent acheter des voitures de démonstration pour économiser. D'autres envisagent cette option si les voitures neuves disponibles en stock ne conviennent pas sur le plan de la couleur ou des équipements. Il en existe deux types :

- Voitures utilisées par le personnel : certains employés bénéficient d'un véhicule de fonction. Normalement, ils sont tenus de le maintenir en très bon état.

- Voitures de courtoisie : il s'agit des voitures mises à la disposition des clients du département de service. Elles ne sont pas toujours soumises à un bon traitement.

Il est difficile de connaître quel a été l'usage réel d'une voiture de démonstration. Le vendeur n'a aucun intérêt à vous le dire ! Voici un petit truc : en général, les voitures de fonction sont utilisées pendant moins de six mois, alors que les voitures de courtoisie servent entre dix et douze mois. Demandez à voir le certificat d'immatriculation et notez la date de mise en service. Le truc n'est pas infaillible, mais il peut être utile. Notez que les voitures servant aux essais routiers des clients sont soit des voitures de fonction, soit des voitures neuves.

Comme dans tous les domaines, certains vendeurs sont honnêtes, d'autres moins. Ainsi, certains concessionnaires peuvent trafiquer les odomètres. Certains d'entre eux obligent même leur personnel à mettre l'odomètre en veilleuse pour qu'il ne dépasse pas le seuil des 10 000 km, au-delà duquel la voiture est plus difficile à vendre (voir aussi la p. 350). Également n'est-il pas toujours facile d'obtenir l'heure juste pour ces véhicules. Les accidents ou les actes de vandalisme ne sont pas toujours divulgués.

Le pire moyen de négocier le prix d'une voiture de démonstration est de manifester de l'intérêt dès le début. Vous n'aurez alors aucune idée du prix que vous auriez payé pour une voiture neuve et vous risquez de ne rien économiser. Commencez par négocier le prix d'une voiture neuve et intéressez-vous ensuite à la voiture de démonstration. Vous saurez si la réduction en vaut la peine. L'économie varie entre 800 $ et 1 500 $, selon le modèle et le kilométrage.

Une voiture de démonstration est un véhicule d'occasion, quoi qu'en dise le vendeur. La *Loi sur la protection du consommateur* est limpide à ce sujet (article 1c). La garantie de base du fabricant court à partir de la mise en service et vous en bénéficierez moins longtemps. Vous ne pourrez peut-être pas non plus souscrire l'option valeur à neuf de l'assurance[1] et devrez

---

1. Chaque compagnie d'assurances a sa politique à cet égard.

vous limiter aux garanties de remplacement pour voitures d'occasion (voir ch. 30). En revanche, vous pourrez peut-être bénéficier d'un taux promotionnel, un avantage rare pour les autres voitures d'occasion.

En conclusion, vous économiserez moins pour une voiture de démonstration que pour une voiture d'occasion plus âgée, mais vous éviterez certains désagréments du fait de leur «jeunesse». La prudence est de rigueur, comme toujours pour un véhicule d'occasion.

> **Une voiture de démonstration est un véhicule d'occasion, quoi qu'en dise le vendeur.**

Je suis résigné : je devrai payer une mensualité pour ma voiture jusqu'à la fin de mes jours. Pour moi, l'important est qu'elle n'augmente pas trop.

YVES
Avocat

Vous vous trompez. Pis encore, vous donnez raison à l'industrie automobile, qui rêve que tout le monde pense comme vous. Si vous capitulez, vous risquez d'être tenté de rouler toute votre vie en voiture neuve. Si c'est ce que vous voulez, c'est correct, mais si vous le faites par dépit, vous regretterez d'avoir consacré autant d'argent aux voitures.

Il faut bien nuancer nos propos. Mensualités et coûts sont deux réalités différentes. On peut assumer un coût sans mensualité et la totalité d'une mensualité n'équivaut pas forcément à un coût :

- Tant que vous disposerez d'une voiture, vous assumerez un coût, même sans mensualité. Une voiture se déprécie constamment, qu'elle soit payée ou non. Les frais d'assurance, d'entretien et d'essence ne s'arrêtent jamais, tout comme les frais financiers, sous forme d'intérêts ou de coût de renonciation (voir p. 47).

> **Tant que vous disposerez d'une voiture, vous assumerez un coût, même sans mensualité.**

- Si la mensualité découle d'une location perpétuelle ou de l'achat-revente rapide de voitures neuves, alors il est très coûteux de l'assumer. Vous absorbez sans cesse la dépréciation des premières années.

- Si vous louez et puis achetez la voiture, vous devrez payer une mensualité durant six ou sept ans, mais cela n'implique pas nécessairement un coût élevé, car une partie des paiements sera récupérable à la revente. Même chose si vous achetez votre voiture et la payez sur 60 mois. Après ce terme, la voiture peut être revendue.

- Une fois payée, une voiture bien entretenue pourra durer plusieurs années, sans mensualité ! Contrairement à ce qu'on dit, les frais d'entretien d'une voiture d'occasion sont largement inférieurs à la dépréciation d'une voiture neuve.

Bien des personnes ont simplement envie de rouler en voiture neuve et cherchent des arguments rationnels pour justifier ce désir. Ne jouez pas à ce jeu. Si vous aimez les voitures neuves, profitez-en, mais ne croyez pas que vous économisez ou qu'on vous force à agir ainsi. Soyez conscient aussi des sacrifices que vous devrez faire par ailleurs (voir l'étape 1 du processus d'achat à la page 17).

Bien s'informer au sujet des voitures d'occasion

Si vous optez pour une voiture d'occasion, plusieurs autres parties de ce livre seront utiles. Le chapitre 40 aidera à magasiner et à prendre toutes les précautions nécessaires. Le chapitre 14 aborde la question des taxes (transactions entre particuliers, ventes d'accommodement, etc.). Au chapitre 25, vous verrez les précautions à prendre au moment de signer le contrat et, au chapitre 30, la question de la valeur à neuf en matière d'assurance et des garanties de remplacement disponibles pour les voitures d'occasion. Le chapitre 31 traite des garanties disponibles pour ces voitures, le chapitre 28 de la location et le chapitre 27 de la vente d'une voiture d'occasion. Cela étant dit, vous gagnerez à lire le livre au complet : le processus d'achat, le calcul du coût réel, les négociations, l'organisation du financement et tous les autres aspects abordés sont tout aussi importants pour les voitures d'occasion que pour les voitures neuves.

À retenir de ce chapitre

- Une voiture d'occasion coûte en général moins cher qu'une voiture neuve, mais elle offre moins d'avantages matériels. Pour économiser vraiment, choisissez une voiture ayant déjà subi la forte dépréciation initiale. Ce moment survient entre la troisième et la cinquième année, selon la qualité du modèle.

- En conclusion, pour une voiture récente en bon état, attention aux prix trop élevés. Pour une voiture plus âgée à bon prix, attention surtout à son état !

CHAPITRE 19

Louer ou acheter : les grandes conclusions

Rédaction et collaboration étroite
Éric Brassard
George Iny
Luc Serra
CAA - Québec
Valérie Borde
Patrice Corsilli

Relecture et commentaires
Joan Backus
Lorraine Lévesque

Faut-il louer ou acheter une voiture ? Comme nous l'avons vu au chapitre 1, cette question n'est pas la première à se poser. Avant tout, il faut évaluer quelle part de ses ressources on veut consacrer à sa voiture, et se demander si on veut réduire les coûts en gardant son véhicule longtemps ou disposer d'une voiture toujours neuve. Nous avons déjà traité dans les chapitres précédents des critères financiers de décision et du choix entre une voiture neuve ou d'occasion, de sorte que vous devriez maintenant être plus au clair sur l'avenue que vous désirez emprunter. Vous voilà donc rendu à l'étape suivante : « Comment financer mes projets ? » Le chapitre 22 vous aidera aussi sur ce point.

Disons d'abord que, sans la distinction entre la location unique et la location perpétuelle (voir ch. 12), il est inutile de se poser la question « Louer ou acheter ? » Tout l'exercice est voué à des erreurs et à des incompréhensions. Faisons un survol rapide des deux grandes conclusions de ce chapitre :

1. Vous préférez conserver votre voiture longtemps. Dans ce cas, les deux options sont ouvertes (louer ou acheter) et le taux d'intérêt sera le critère déterminant.

2. Vous voulez ou devez changer de voiture souvent. Dans ce cas, la location perpétuelle s'avérera souvent la plus intéressante.

Nous expliquons ces conclusions ci-après. Nous traiterons aussi de location à paiement forfaitaire, des cas où la location est à proscrire et des éléments à surveiller si elle est choisie. Le chapitre 28 s'attarde aux nuances de la location de voitures d'occasion.

> **Sans la distinction entre la location unique et la location perpétuelle, il est inutile de se poser la question « Louer ou acheter ? »**

CONSERVER SA VOITURE LONGTEMPS : LOCATION UNIQUE OU EMPRUNT ?

Pour financer une voiture que l'on souhaite conserver longtemps, on peut la louer d'abord puis exercer l'option d'achat à la fin du bail (location unique). On peut aussi emprunter pour acheter immédiatement la voiture. Pour prendre une décision, il faut utiliser les critères du chapitre 17[1].

Le taux d'intérêt : un critère essentiel

Le taux d'intérêt de chacune des options est un critère essentiel. L'option la plus intéressante sera généralement celle qui offre le taux le plus bas. Cette affirmation va à l'encontre de la croyance populaire voulant qu'il ne faille jamais louer dans le but d'acheter (voir le ch. 20). Si le taux de la location est de 1,9 % et celui d'un emprunt de 7 %, pourquoi ne pas louer ? La location n'oblige personne à changer de voiture souvent.

Bien sûr, à la fin du bail, il faudra emprunter pour acheter la voiture, à un taux qui pourrait atteindre, peut-être, 9 %. Ne vaut-il pas mieux acheter tout de suite à 7 % sur 60 mois pour éviter de payer 9 % plus tard ? Il est clair que non ! Voyons l'exemple d'Anne, intéressée par une voiture dont le prix négocié est de 22 000 $ et l'option d'achat de 11 000 $ après 48 mois si elle loue.

- Si elle choisit la location, le solde de sa dette passera de 22 000 $ à 11 000 $ au cours des 48 premiers mois. C'est pendant cette période que le solde sera le plus élevé et qu'Anne doit rechercher le taux d'intérêt le plus bas possible, quitte à assumer un taux plus élevé pendant la période où sa dette passera de 11 000 $ à 0 $.

- Compte tenu de l'actualisation, les sommes payées après 48 mois valent moins que celles qui sont versées au début. Pour Anne, mieux vaut économiser tout de suite que dans 48 mois.

Le taux de la location n'a pas à être beaucoup plus bas que celui de l'emprunt pour que la location devienne intéressante. En fait, même avec un taux de location à 5,9 % (au lieu de 1,9 %), les 2 options sont équivalentes. Examinons les calculs précis :

- Location puis achat : location à 5,9 % sur 48 mois (357,02 $ par mois taxes incluses), suivie d'un emprunt de 11 000 $ (12 653 $ après taxes) à 9 % sur 36 mois (402,35 $ par mois).

- Achat immédiat : emprunt à 7 % sur 60 mois (mensualité de 501,08 $).

- Pour Anne, le coût personnel de l'argent (taux d'actualisation) est de 5 % (voir p. 50).

---

1. L'analyse de cette décision est déjà bien amorcée dans la situation 1 de la page 132.

- Inutile de tenir compte de l'essence, de l'entretien, des assurances et de la valeur de revente car Anne roulera dans la même voiture, quelle que soit sa décision.

Voici les résultats des calculs:

	Méthode des coûts bruts	Méthode des coûts actualisés
Louer puis acheter	31 622 $	26 553 $
Acheter immédiatement	30 065 $	26 553 $
Différence	1 557 $	Aucune

On constate que, en tenant compte de l'actualisation, les options sont équivalentes. Même si les taux d'intérêt de l'emprunt et de la location ne diffèrent que de 1,1 % (7 % – 5,9 %), l'écart est suffisant pour compenser le taux plus élevé de l'emprunt à la fin du bail (9 %). Si on utilisait un taux de 1,9 % pour la location, la méthode des coûts actualisés lui donnerait l'avantage par 2 757 $. De quoi réfléchir !

Comme il est expliqué aux pages 131 et 134, le choix du coût personnel de l'argent a aussi beaucoup d'influence sur le résultat. Si on utilisait un taux supérieur à 5 %, l'écart favorisant la location s'agrandirait (elle permet de répartir les paiements sur une plus longue période). C'est l'inverse si le taux choisi est au-dessous de 5 %.

À ceux qui restent perplexes parce que la méthode des coûts bruts avantage l'achat immédiat, nous suggérons de relire la page 129, qui expose les lacunes de cette méthode. Attention cependant ! Si vous êtes de ceux qui se disent: «Avec la plus petite mensualité durant les 60 premiers mois, je ne ferai pas de placements à 5 % et je ne rembourserai pas plus vite mes autres dettes. Je vais plutôt gaspiller l'argent pour toutes sortes d'autres choses inutiles», oubliez tout ça et payez votre voiture le plus vite possible (voir aussi la question-photo, p. 55).

Un taux pas toujours plus avantageux

Nous n'affirmons pas que les taux d'intérêt de la location sont toujours inférieurs à ceux des prêts. Bien sûr, si le taux du prêt est plus bas, il peut s'avérer plus avantageux d'acheter tout de suite. Si les taux d'intérêt sont identiques ou si l'écart est faible, le résultat dépendra alors:

- du coût personnel de l'argent. Plus il sera élevé, plus la location sera rentable car elle retarde les sorties de fonds (et vice versa pour l'emprunt s'il est bas);

- du taux prévu pour financer l'option d'achat à la fin du bail. Si les prévisions convergent vers un taux beaucoup plus élevé que les taux actuels (par exemple, si le taux de la location et celui de l'achat font tous deux l'objet d'une promotion), l'achat deviendra plus intéressant. Sinon, ce facteur aura peu d'influence.

En cas de doute, utilisez la méthode des coûts actualisés et la calculette du site www.ericbrassard.com. Toutefois, si l'écart entre les taux d'intérêt est important, laissez faire les calculs et choisissez le taux le plus bas.

> Si l'écart entre les taux d'intérêt est important, laissez faire les calculs et choisissez le taux le plus bas.

Attention aux taux faussement réduits

ATTENTION 0%

Jusqu'à présent, nous avons tenu compte de prix négociés équivalents, sans égard à l'option choisie. Or, dans de rares cas, il arrive qu'on annonce un taux de 0 % sur la location, mais qu'on refuse de négocier le prix. Le prix du véhicule acheté peut alors être inférieur à celui du véhicule loué. Dans ce cas, le taux n'est pas de 0 %, car si on paie, par exemple, 1 000 $ de plus pour la voiture louée, il s'agit d'intérêts déguisés. C'est de la publicité trompeuse puisque le même produit est vendu à des prix différents. Pour calculer le taux d'intérêt réel de la location, utilisez la calculette du site www.ericbrassard.com. Le même raisonnement s'applique si le prix à l'achat n'est pas négociable sous prétexte d'un taux réduit.

L'autre critère financier : l'accessibilité

Il est vrai qu'il est peu coûteux de financer un achat à 0 %. Mais pour une voiture de 26 000 $ (plus taxes) financée sur 36 mois, la mensualité serait de 831 $. C'est peu accessible ! Si la même voiture était louée à 2 % sur 48 mois, avec une valeur résiduelle de 12 000 $, la mensualité serait de 371,75 $. L'écart entre les deux taux offerts étant minime, on doit utiliser la méthode des coûts actualisés pour savoir quelle est l'option la moins coûteuse. Dans cet exemple, la location est effectivement légèrement plus coûteuse si l'on considère un taux d'actualisation de 5 %, mais elle est beaucoup plus accessible. Dans certains cas, on peut être forcé de choisir une option plus coûteuse simplement parce que le budget mensuel a ses limites. Et ça, tous les vendeurs le savent !

> **On peut être forcé de choisir une option plus coûteuse simplement parce que le budget mensuel a ses limites.**

Diminuer le risque associé à la valeur résiduelle

Louer présente un autre avantage : la valeur résiduelle étant garantie, on connaît à l'avance le montant de la dépréciation qu'il faudra assumer (voir p. 91). Si, à la fin du bail, le locataire change d'avis et décide de retourner la voiture plutôt que de l'acheter, il sait à quoi s'attendre. Ce facteur non négligeable fait de la location une option plus souple.

Toutefois, tel qu'il est indiqué à la page 95, la complexité relative de la location entraîne un risque de manipulation des chiffres, en particulier au moment de la résiliation du bail ou de l'achat de la voiture en cours de bail. Il faut donc être alerte (ou se faire conseiller) pour éviter des frais injustifiés.

En conclusion, si on souhaite conserver sa voiture longtemps

Pour choisir entre l'achat immédiat ou la location unique, évaluez les critères suivants :

• Le taux d'intérêt : si le taux de la location est inférieur à celui de l'emprunt, n'hésitez pas à louer, même s'il faudra financer l'option d'achat à un taux plus élevé plus tard.

- Le coût personnel de l'argent : un coût élevé doit inciter à étaler le plus possible les paiements (location) ; s'il est bas, optez pour le paiement rapide du prêt (achat immédiat).

- L'accessibilité : l'option la moins coûteuse n'est pas toujours la plus accessible. Pourtant, il est essentiel de tenir compte du budget au moment de décider.

- La garantie de valeur résiduelle : cet avantage de la location peut parfois justifier un coût plus élevé. C'est une question de choix personnel.

- Manipulations et frais injustifiés : plus faciles avec la location !

Ces conclusions s'appliquent à la location unique, dans une optique de conserver longtemps sa voiture. Elle ne justifie en rien le recours à la location perpétuelle.

S'il est intéressant de profiter du taux d'intérêt avantageux de la location, pourquoi ne pas louer une autre voiture à la fin du bail ? On pourrait ainsi continuer de profiter d'un taux avantageux au lieu de payer 9 % pour acheter la voiture.

DAVID
Ingénieur

D'abord, n'oublions pas que l'analyse précédente est pertinente seulement si vous conservez votre voiture longtemps. Dans ce cas, la dépréciation n'entre pas en ligne de compte puisqu'elle sera la même, que la voiture soit louée ou achetée. Mais si vous louez à répétition, vous devrez aussi assumer à répétition la dépréciation des premières années – au moment où elle est la plus élevée. Or, la dépréciation représente le coût le plus important d'une voiture, bien plus en fait que le gain associé à un coût d'intérêt moindre.

Ensuite, méfions-nous des comparaisons simplistes des taux d'intérêt. Certes, un taux de 3,9 % semble *a priori* plus avantageux qu'un taux de 9 %. Mais encore faut-il connaître le montant emprunté ! Au terme du bail, il sera presque aussi coûteux de financer une voiture de 26 000 $ louée à un taux de 3,9 % que d'emprunter 12 000 $ à 9 % pour acheter la voiture d'occasion. Par exemple, pour la première année, on obtient les frais financiers suivants :

$$26\,000\$ \times 3,9\% = 1\,014\$$$
$$12\,000\$ \times 9\% = 1\,080\$$$

La différence est minime. Même pour une location à 0 %, la différence serait de 1 080 $ seulement. Or, au cours de cette période, la nouvelle voiture louée perdrait de 20 % à 25 % de sa valeur à cause de la dépréciation, soit de 5 200 $ à 6 500 $! C'est loin d'une économie ! (Voir aussi la page 142 et la question-photo de la page 55.)

CHANGER SOUVENT DE VOITURE : LOCATION PERPÉTUELLE OU ACHAT-REVENTE RAPIDE ?

Il est coûteux de changer de voiture souvent, comme nous l'avons démontré au chapitre 18. Si c'est l'option que vous avez choisie ou si vous n'avez pas le choix, vous devrez déterminer quelle est la meilleure façon d'assumer ce coût élevé. Vaut-il mieux louer à répétition ou acheter puis revendre rapidement ? Suivant le raisonnement du chapitre 1, le locataire et le propriétaire profitent des mêmes voitures durant la même période de temps, et ils devraient donc assumer les mêmes coûts ou à peu près. Cependant, nos résultats donnent plutôt un léger avantage à la location, dans la plupart des situations.

Dans le cadre de l'étude présentée au chapitre précédent (voir p. 146 ; l'étude est disponible sur le site www.ericbrassard.com), nous avons analysé de près cette décision pour 20 modèles de voitures. Nous avons notamment comparé les deux options suivantes :

• louer une voiture pour une période de trois ans deux fois de suite ;

• acheter une voiture et la revendre après trois ans, et ce, deux fois de suite[2].

Le point déterminant est la valeur résiduelle inscrite au contrat de location par rapport au prix que le propriétaire pense obtenir s'il vend lui-même sa voiture. Si la valeur résiduelle est plus élevée, la location sera préférable. Si la valeur résiduelle n'est pas généreuse et que le propriétaire croit obtenir un prix de revente s'en approchant – ce qui peut parfois être assez difficile[3] –, l'achat devient plus intéressant. Remarquez que le locataire peut toujours vendre lui-même la voiture si la valeur marchande est plus élevée que la valeur résiduelle à la fin du bail, pourvu que le bailleur accepte la substitution d'acheteur (voir p. 223). La location est donc plus souple à cet égard.

> **Louer pour 24 mois à répétition consiste à changer de voiture tous les 24 mois.**

Louer à répétition est coûteux, mais il faut nuancer, en tenant compte de la durée du bail. Louer pour 24 mois à répétition consiste à changer de voiture tous les 24 mois. Le locataire subit constamment la dépréciation des deux premières années, de loin la plus élevée. Louer pour 60 mois à répétition consiste à changer de voiture tous les 5 ans, ce qui est de toute évidence moins coûteux (malgré d'éventuels frais de réparation).

Dans le cas de la location perpétuelle il faut rechercher la mensualité la plus basse possible. Il faut surveiller de près le prix négocié de la voiture, le taux d'intérêt et la valeur résiduelle. Cette dernière influence la dépréciation assumée durant le bail et compte donc pour une bonne part de la mensualité. Soyez particulièrement vigilant à l'arrivée des nouveaux modèles. Les plus anciens peuvent vous faire profiter d'une réduction du prix négocié, mais la réduction

---

2. Nos conclusions s'appuient aussi sur d'autres scénarios, par exemple : 4 achats de 3 ans versus 4 locations de 3 ans ; 3 achats de 3 ans versus 3 locations de 3 ans ; 3 achats de 4 ans versus 3 locations de 4 ans.

3. Sauf peut-être pour certains modèles japonais très fiables et très en demande, pour lesquels la valeur résiduelle n'est pas toujours généreuse par rapport à la valeur marchande anticipée.

de leur valeur résiduelle peut être plus élevée. Souvent, il vaut mieux louer le nouveau modèle. Faites vos calculs ! La valeur résiduelle est importante aussi dans la location unique (car le locataire peut changer d'avis et retourner la voiture à la fin du bail), mais le prix négocié et le taux d'intérêt restent les facteurs cruciaux.

Le cas des voitures luxueuses et des gros 4 × 4 est particulier. Leur prix élevé les rend difficilement accessibles à l'achat – les mensualités sont énormes ! Par contre, selon l'APA, leur valeur résiduelle dans les contrats de location est en général intéressante. En raison des prix élevés, ce marché est peu actif au Canada mais, heureusement, la faiblesse de notre devise attire aux ventes à l'encan de nombreux Américains. Si vous comptez changer souvent ce type de véhicules, il est donc presque toujours préférable de les louer. Bien sûr, il serait moins coûteux de les conserver longtemps, comme pour tout autre véhicule.

Les équipements et la valeur résiduelle

La valeur de certains équipements est « résidualisable », c'est-à-dire qu'elle augmente la valeur résiduelle stipulée dans le bail (voir p. 75). Mieux encore, leur présence peut faire augmenter la valeur résiduelle de la voiture elle-même si on juge qu'ils faciliteront sa revente (par exemple, un climatiseur ou une boîte automatique).

On pourrait croire que cette réalité rend la location perpétuelle plus rentable, car elle permettrait de jouir d'un équipement sans en payer la totalité du prix durant le bail. Faux ! En fait, ce qui est vrai pour l'ensemble de la voiture est vrai aussi pour ces équipements. En louant à répétition, on assume toujours la dépréciation des premières années de l'équipement, qui est la plus élevée. Il n'y a donc aucune économie de ce côté. Ne l'oublions pas : pour consommer plus, il faut payer plus !

En conclusion, si on souhaite changer de voiture souvent

- La location perpétuelle est généralement moins coûteuse que l'achat-revente rapide. Elle présente aussi d'autres avantages (risque moindre associé à la valeur résiduelle, moins de tracas à la revente, etc.). Cependant, si l'on croit être en mesure de revendre la voiture à un prix proche de la valeur résiduelle proposée dans le contrat de location, l'achat-revente peut s'avérer plus intéressant. La valeur résiduelle est donc un élément clé de la décision.

- Bien sûr, cette conclusion suppose que les taux d'intérêt de la location et de l'emprunt sont égaux. Sinon, il s'agit d'une autre variable à considérer.

- Le coût personnel de l'argent exerce ses effets habituels (voir ch. 7, p. 50) : s'il est élevé, il est plus avantageux de répartir les paiements sur une plus longue période (location) ; s'il est faible, il faut les répartir sur une courte période (achat par emprunt).

- Il vaut mieux louer les véhicules dispendieux si on croit changer souvent.

Dans le doute, vérifiez vos calculs avec la calculette du site www.ericbrassard.com.

LA LOCATION À PAIEMENT FORFAITAIRE

Le locataire peut faire un versement unique qui couvre l'ensemble du bail – c'est la location à paiement forfaitaire, expliquée en détail dans le site www.ericbrassard.com. Cette option présente un inconvénient de taille : comme nous le mentionnons à la page 185, il faut éviter de verser un comptant lors d'une location, pour ne pas se priver de la garantie d'écart (voir p. 245). Ce type de location est donc peu souvent indiqué.

QUI DEVRAIT ÉVITER LA LOCATION ?

Rien ne justifie d'éviter à tout prix la location, pour une raison très simple : en tout temps, le locataire peut exercer son option d'achat – à la fin ou durant le bail – et se retrouver dans la même situation que s'il avait acheté la voiture dès le début. Même ceux qui modifient leur voiture ou qui se préoccupent peu de son entretien peuvent louer. Si des modifications sont nécessaires, ou si la voiture est mal entretenue, ils n'auront qu'à exercer l'option d'achat. On dit aussi qu'il faut éviter la location si on roule beaucoup. Faux, notamment parce que, si on achète la voiture à la fin du bail, on n'a pas à payer les kilomètres excédentaires (voir ch. 21).

Certes, une personne qui dispose de bonnes liquidités, qui n'a aucune dette, qui a profité de tous les abris fiscaux (REER et REEE) *et* qui ne fait que des placements *conservateurs* a probablement intérêt à éviter toute forme d'endettement (emprunt ou location), à moins que le taux d'intérêt soit presque nul (par exemple, 0 % ou 0,9 %).

Certaines personnes ne se voient pas autrement que propriétaires des biens qu'elles utilisent. Elles oublient une chose : avec un prêt auto, elles deviennent propriétaires seulement après le dernier paiement !

Bref, la majorité des consommateurs peuvent envisager la location unique. Seule la location perpétuelle est à considérer avec prudence.

Acheter la voiture durant le bail

Dans un monde idéal, il devrait être facile d'acheter la voiture durant le bail. Il suffit de payer le solde de la dette et d'ajouter les taxes (voir p. 74). Si vous prenez une telle décision, restez vigilant et surveillez les calculs.

- Le solde de la dette doit être établi avec soin, comme nous le proposons dans le cas d'une résiliation de bail (voir l'exemple de la p. 208). Selon le jugement de la Cour d'appel, la méthode actuarielle doit servir pour le calcul. Faites une vérification avec la calculette du site www.ericbrassard.com, qui permet d'établir le solde d'une dette à tout moment. N'acceptez pas qu'on vous traite avec condescendance. Vous n'êtes pas un mauvais payeur. Au contraire, vous payez intégralement le solde de la dette !

- Aucuns frais ne devraient vous être chargés à moins qu'ils ne soient clairement prévus au contrat (LPC 12). Soyez attentif car des magouilleurs experts tenteront leur chance. Le dépôt versé à la signature du contrat devrait être remboursé.

Il reste 28 mois à mon bail de location de voiture, dont la durée est de 48 mois. J'ai décidé d'acheter une roulotte. Même si la voiture a la force nécessaire, le bailleur ne veut pas m'autoriser à m'en servir pour la tirer. J'aime cette voiture et je comptais l'acheter à la fin du bail pour la conserver sept à huit ans. Je n'ai pas envie de la retourner et de payer la pénalité liée à la résiliation du bail.

CHARLES
Agent immobilier

Vous n'avez pas à retourner la voiture. Faites tout de suite ce que vous vouliez faire à la fin du bail : achetez-la ! La location est une dette et elle fonctionne comme une dette : il suffit de payer le solde après 20 mois (plus taxes) et vous serez libre de faire ce que vous voulez de votre voiture. Assurez-vous toutefois que le solde de votre dette a été correctement calculé et qu'aucuns frais supplémentaires ne sont ajoutés (voir l'encadré ci-dessus).

Vous pouvez aussi contester la décision. Si vous respectez les exigences du fabricant, le bailleur ne devrait pas vous refuser cette permission.

Un dernier point en passant : la résiliation d'un bail n'entraîne pas de pénalité (voir le ch. 26).

À SURVEILLER SI VOUS DÉCIDEZ DE LOUER

Si vous décidez de louer votre voiture, surveillez certains éléments de plus près. On pense bien sûr à tout ce qui concerne la signature du contrat. Nous vous recommandons de lire la page 204 du chapitre 25 à ce sujet. Le paragraphe intitulé «Clauses critiques» de la page 205 est particulièrement pertinent; il traite des aspects à surveiller au moment du magasinage, bien avant la signature du bail.

Dans le cas de la location perpétuelle, des aspects précis sont à surveiller de plus près:

- Les pneus: s'ils sont très usés, leur remplacement pourrait être requis en vertu de la clause d'usure normale. Pour éviter de payer pour des pneus neufs, l'APA vous suggère de faire poser avant la fin du bail des pneus d'occasion ayant une usure raisonnable. De même, au lieu de rouler toute l'année avec les pneus quatre saisons fournis, gardez-les en état pour les retourner à la fin du bail. Achetez alors des pneus d'hiver (ou d'autres pneus), que vous pourrez conserver.

- Si vous avez des incertitudes sur la question de l'usure normale, demandez une estimation des travaux d'un tiers indépendant. Vous pouvez aussi faire inspecter la voiture par le concessionnaire avant la date du retour afin de voir ses exigences. Si des réparations sont nécessaires, vous pourrez les faire effectuer ailleurs à meilleur coût. Vous risquez toutefois d'attirer l'attention… Sachez que, si vous faites affaire avec le même concessionnaire pour la prochaine voiture, il peut alléger ses exigences. Même si le bailleur est le véritable propriétaire de la voiture, le concessionnaire devient un peu votre complice.

- Demandez toujours l'autorisation au bailleur avant de modifier une voiture.

À retenir de ce chapitre

- La location peut convenir, selon les conditions, à presque tous les consommateurs. La distinction entre location unique et location perpétuelle est cruciale.

- Si l'on souhaite conserver sa voiture longtemps, on peut louer ou acheter. Le taux d'intérêt de chaque mode de financement et le coût personnel de l'argent sont les critères importants. La conclusion de la page 154 présente les autres nuances.

- Si l'on souhaite changer de voiture souvent et assumer le coût élevé de cette pratique, il apparaît que la location perpétuelle serait préférable à l'achat-revente rapide. Voir la conclusion de la page 157 pour les nuances.

- En cas de doute, il vaut mieux vérifier ses conclusions à l'aide de la méthode des coûts actualisés, en utilisant la calculette du site www.ericbrassard.com.

CHAPITRE 20

Faut-il exercer l'option d'achat?

Rédaction et collaboration étroite
Éric Brassard
Valérie Borde

Relecture et commentaires
Joan Backus
CAA - Québec
George Iny
Lorraine Lévesque
Luc Serra

De nombreuses personnes déconseillent en bloc la location unique et l'exercice de l'option d'achat à la fin d'un bail. Voilà pourquoi selon elles:

- *La location suivie de l'achat (location unique) implique plus de sorties de fonds qu'un emprunt contracté pour payer immédiatement la voiture.* Cet argument fait totalement abstraction de la valeur de l'argent dans le temps. Avec une analyse rigoureuse, il ne tient pas la route (voir ch. 17 et 19).

- *Le financement de l'option d'achat se traduit souvent par des mensualités aussi élevées que celles d'une voiture neuve. Pourquoi acheter une voiture d'occasion si je peux en avoir une neuve pour le même prix?* Mensualités égales ne signifient pas coût égal (voir ch. 8, en particulier les questions-photos des p. 55 et 62). Cet argument néglige, entre autres, le fait qu'une fois payée, la voiture d'occasion pourra être revendue. Se laisser influencer par le jeu des mensualités est une stratégie perdante à long terme.

- *Une voiture d'occasion coûte cher car, en plus de verser des mensualités, il faut payer des réparations une fois la période de garantie terminée.* Nous traitons de cet argument à la page 165 du présent chapitre.

- *Il est coûteux d'acheter la voiture à la fin du bail. Souvent, sa valeur marchande est inférieure au prix de l'option d'achat.* Ce sera le thème principal de ce chapitre.

> La différence entre la valeur marchande et le prix de l'option d'achat n'a pas grande importance, sauf dans des cas extrêmes.

La valeur marchande et l'option d'achat

En fait, la différence entre la valeur marchande et le prix de l'option d'achat n'a pas grande importance, sauf dans des cas extrêmes. Il faut plutôt se demander ceci: «Si je n'achète pas la voiture, que vais-je faire?» Souvent, le consommateur répondra qu'il va acheter ou louer une autre voiture neuve. Sous prétexte d'éviter une «perte» de 500 $ ou de 1 500 $, il est prêt à assumer des coûts bien plus élevés !

Si on considère la location pour ce qu'elle est, c'est-à-dire un mode de financement, on se pose les bonnes questions. La fin d'un bail ne doit pas influencer votre décision de conserver ou non une voiture. Si elle fonctionne bien et si elle répond encore à vos besoins, la fin du bail signifie simplement qu'il faut trouver une nouvelle source de financement pour finir de la payer.

GERMAIN
Journaliste

J'ai signé un bail qui vient à échéance sous peu et je me demande si je dois acheter la voiture. Elle fonctionne très bien et elle convient à mes besoins. L'option d'achat est à 11 000 $, mais sa valeur marchande est de 10 000 $. J'ai l'impression que je perdrai 1 000 $ si j'achète la voiture[1].

La valeur marchande de la voiture est loin d'être le critère le plus important à considérer. Cette perte de 1 000 $ est théorique. En effet, elle résulte d'une soustraction de 2 montants dont l'un, 10 000 $, est une interprétation subjective de la valeur par le marché. Par conséquent, cette valeur étant fluctuante, elle ne doit pas être au centre de la décision.

Si vous n'achetez pas la voiture, que ferez-vous ? Si vous avez toujours besoin d'une voiture, vous avez deux possibilités :

• Acheter (ou louer) une autre voiture neuve, avec les coûts qu'elle implique. En supposant que le prix de cette voiture soit de 20 000 $ et qu'elle se déprécie de 25 % la première année, elle aura déjà coûté 5 000 $ après 1 an, en plus des intérêts sur l'emprunt ou sur la location et des frais d'assurance supplémentaires. La dépréciation, les intérêts et les coûts de réparation de la voiture d'occasion obtenue grâce à l'option d'achat sont loin d'atteindre ce total. Pour éviter une soi-disant perte de 1 000 $, vous devrez engager des coûts beaucoup plus élevés.

• Acheter (ou louer) une autre voiture d'occasion. Là, tout est possible. Si vous trouvez une voiture en bon état, qui vous convient et qui vaut 4 000 $, n'hésitez pas ! Ce sera moins coûteux qu'une voiture d'occasion de 11 000 $ ou qu'une voiture neuve. À la condition, toutefois, d'avoir envie d'entreprendre les démarches liées à l'achat d'une voiture d'occasion et de prendre toutes les précautions requises (voir p. 347). Si votre voiture actuelle vous satisfait, peut-être est-elle la meilleure voiture d'occasion pour vous !

---

1. Le montant de l'option d'achat est taxable, mais il est possible de profiter d'un crédit de taxes (voir p. 100). Comme tous les montants de notre analyse sont taxables, la comparaison avant ou après taxes ne change rien aux recommandations de ce chapitre.

Valeur marchande et valeur d'usage

La valeur marchande est le prix auquel un bien peut être vendu dans le marché. En revanche, « la valeur d'usage est une appréciation de la qualité d'un bien en fonction de la satisfaction que le possesseur tire de son usage […] » (*Dictionnaire de la comptabilité*). Il est difficile de quantifier cette valeur en dollars. Elle découle plutôt de l'estimation du nombre d'années pendant lesquelles la voiture pourra encore rendre service de façon satisfaisante.

Prenons un exemple : le pantalon ou le chandail que vous portez actuellement. Quelle est sa valeur marchande ? Très faible probablement. Au contraire, sa valeur d'usage peut être très grande si vous le portez souvent. Tant qu'il répond à vos besoins, vous n'avez pas à en acheter un neuf. Supposons que le vêtement puisse être vendu 5 $ (sa valeur marchande) et que le prix de son équivalent neuf soit de 75 $. Si vous l'abîmez ou le tachez et qu'il faille le jeter, qu'avez-vous perdu ? 5 $ ou 75 $? Le fait que la valeur marchande du vêtement soit de 5 $ n'a guère d'importance – c'est le fait d'en racheter un au prix de 75 $ qui compte.

Le même raisonnement s'applique à n'importe quel bien de consommation, y compris une voiture louée que vous avez la possibilité d'acheter. Si elle fonctionne bien et qu'elle répond à vos besoins, sa valeur d'usage peut être très élevée. Si vous pouvez envisager de parcourir encore de nombreux kilomètres à un coût raisonnable, pourquoi vous préoccuper outre mesure de sa valeur marchande à la date de l'option d'achat ?

Les cas extrêmes

Nuançons maintenant notre propos. Imaginons une valeur marchande de 6 000 $ et un prix de l'option d'achat de 13 000 $. Ce peut être le cas, par exemple, si la voiture louée a été accidentée ou si le modèle a très mauvaise réputation[2]. Acheter la voiture serait probablement une mauvaise affaire. N'est-il pas exagéré de payer 13 000 $ pour une voiture qu'on ne pourra revendre, par exemple, que 4 500 $ après 2 ans ? Dans ce cas, le consommateur subirait une dépréciation de 8 500 $ (13 000 $ – 4 500 $) en 2 ans, soit autant ou presque que pour une voiture neuve ! Mieux vaudrait alors se tourner vers l'achat ou la location d'une autre voiture neuve ou d'occasion.

---

2. On constate des écarts aussi importants dans le cas de certaines voitures luxueuses et de gros 4 × 4, en raison du très petit marché pour ce type de voitures d'occasion au Québec (voir p. 157).

À partir de quel montant faut-il se préoccuper de la différence entre la valeur marchande et le prix de l'option d'achat? C'est une question de jugement. Il faut tenir compte de l'âge du véhicule, de son état et des réparations requises, de la réputation du modèle et de sa valeur totale. La zone grise se situe aux environs de 2 000 $ à 3 000 $. En dessous de 2 000 $, la différence a peu d'importance. Au-delà de 3 000 $, mieux vaut y réfléchir. Notez que ces chiffres sont discutables!

Les frais de kilométrage excédentaire et d'usure excessive

Si vous retournez la voiture, peut-être devrez-vous payer ces frais, mais pas si vous l'achetez. Il faut donc les soustraire du prix de l'option d'achat pour établir le prix net réel. Imaginons que le prix de l'option d'achat est de 11 000 $. Si vous n'exercez pas l'option, le concessionnaire réclame des frais de kilométrage excédentaire ou d'usure excessive de 1 000 $. Le prix de l'option d'achat s'établit donc en réalité à 10 000 $, puisque vous devrez payer 1 000 $ de toute façon si vous n'achetez pas la voiture. Pour devenir propriétaire, vous devrez par conséquent sortir 10 000 $ de plus de vos poches.

MARIE-CLAUDE
Gestionnaire

Si la valeur marchande de la voiture est supérieure à l'option d'achat, il y a un profit à faire. Si j'achète pour 12 000 $ ma voiture louée et que je la revends immédiatement 13 000 $, j'ai gagné 1 000 $.

N'oubliez pas que ce jeu d'achat et de revente rapide implique des taxes. Pour obtenir un profit de 1 000 $, vous devrez organiser la transaction comme il est indiqué à la page 223 du chapitre 27.

Si vous avez recours à la location perpétuelle, vous devez exploiter au maximum ce type d'opportunité. Il en est de même si vous retournez la voiture avant la fin du bail (voir p. 213).

Mais si la voiture vous convient encore et si elle fonctionne bien, ce «profit» de 1 000 $ est un cadeau empoisonné si vous achetez ensuite une autre voiture neuve. Il vous coûtera très cher! Mieux vaut profiter de la chance de payer 12 000 $ une voiture que le marché évalue à 13 000 $. Vous avez ainsi la preuve qu'elle est en demande[3]! Pourquoi ne pas la conserver? Vous pourrez la revendre à bon prix plus tard et continuer entre-temps de bénéficier d'une bonne voiture, qui se déprécie moins vite qu'un autre modèle.

On peut aussi penser que le bailleur s'est trompé en estimant la valeur résiduelle. Vous avez alors payé 1 000 $ de trop durant le bail. L'option d'achat avantageuse est donc un juste retour des choses, tout simplement.

---

3. Souvent aussi, la valeur marchande est plus élevée que la valeur résiduelle si le nombre de kilomètres à l'odomètre est nettement inférieur à celui alloué durant le bail (par exemple, 96 000 km alloués pour 48 mois, mais seulement 59 000 km ont été utilisés). Dans ce cas, il est souvent désavantageux de retourner la voiture. Mieux vaut la conserver ou trouver un acheteur (voir aussi la question-photo de la p. 291).

L'accessibilité

Dans la très grande majorité des cas, on croit à tort qu'il est plus coûteux de posséder une voiture d'occasion parce qu'il faut payer plus de frais de réparation (voir ch. 18). Toutefois, nous avons vu aux chapitres 8 et 17 qu'en plus du coût réel, il faut tenir compte de l'accessibilité dans nos décisions. En achetant la voiture d'occasion, on doit payer une mensualité parfois équivalente à celle d'une voiture neuve et, en plus, il faut faire face à des frais d'entretien plus élevés (car la voiture vieillit). Tous ces éléments peuvent entraîner des problèmes budgétaires et des fins de mois périlleuses. C'est une situation qui guette ceux dont le budget est serré, mais la solution n'est pas nécessairement d'acheter ou de louer une autre voiture neuve. Ils entreraient ainsi dans un cercle vicieux dont ils auront du mal à sortir (voir la question-photo de la p. 292). Ils ont tout intérêt à acheter ou à louer une voiture d'occasion moins chère, qui occasionnera des mensualités moins élevées et qui leur permettra d'économiser en vue d'éventuelles réparations. D'ailleurs, nous le démontrons au chapitre 18, on exagère souvent les frais d'entretien des voitures d'occasion, en particulier dans les 6 ou 7 premières années. Passé ce délai, si votre budget est très serré, assurez-vous d'avoir de petites mensualités ou pas de mensualités du tout, afin d'être en mesure de faire face à une éventuelle hausse des frais d'entretien.

Autres considérations

Inspection : même si vous connaissez la voiture, une inspection avant l'achat permettra de détecter des problèmes éventuels.

Achat d'une autre voiture d'occasion : des chroniqueurs conseillent de rechercher une voiture d'occasion de même marque et du même âge que celle que vous obtiendriez en exerçant l'option d'achat, de sorte à profiter d'une voiture semblable à un prix plus bas. C'est une bonne idée si vous êtes prêt à vivre avec l'incertitude d'une voiture inconnue. Souvent, la meilleure voiture d'occasion est celle que l'on conduit déjà.

> **Souvent, la meilleure voiture d'occasion est celle que l'on conduit déjà.**

Faible taux d'intérêt : les faibles taux d'intérêt offerts pour le financement des voitures neuves ne changent rien à nos conclusions, comme il est démontré aux questions-photos des pages 55 et 155. La raison en est simple : ces taux inférieurs s'appliquent à des montants plus élevés. De plus, la dépréciation, et non l'intérêt, reste le coût le plus important.

Achat durant le bail : la plupart des contrats permettent d'acheter la voiture à n'importe quel moment durant le bail. Le prix d'achat correspond au solde de la dette à ce moment-là. Pour prendre une décision, analysez les mêmes critères que ceux présentés dans ce chapitre (voir aussi la p. 159).

Négociation de l'option d'achat : rien ne vous empêche de négocier le prix de l'option d'achat mais, en général, les bailleurs ne sont pas très réceptifs. Toutefois, si vous êtes un bon client du concessionnaire ou si vous acceptez de le rémunérer, il pourrait consentir, une fois la voiture retournée, à tenter de la récupérer à l'encan à meilleur prix… Un petit jeu guère apprécié des bailleurs !

Frais : des frais sont parfois associés à l'option d'achat. C'est légal, à condition que le montant des frais figure au contrat. Soyez vigilant quand vous signez, surtout si vous comptez acheter la voiture.

À retenir de ce chapitre

- Si la voiture fonctionne bien et qu'elle convient aux besoins, l'exercice de l'option d'achat est le choix le moins coûteux à long terme.

- La comparaison entre la valeur marchande et le prix de l'option d'achat ne doit pas influencer la décision d'acheter ou non une voiture, sauf si les deux montants sont très différents.

CHAPITRE 21

Faut-il acheter des kilomètres supplémentaires?

Rédaction et collaboration étroite
ÉRIC BRASSARD
VALÉRIE BORDE

Relecture et commentaires
JOAN BACKUS
CAA - QUÉBEC
GEORGE INY
LORRAINE LÉVESQUE
LUC SERRA

Tout ce qui concerne le kilométrage des voitures louées est source de confusion parce que, une fois de plus, on comprend mal la vraie nature d'une location. Beaucoup ont peur des frais de kilométrage et certains ont carrément l'impression qu'ils pourraient se faire arnaquer. Pourtant, ces frais sont normaux et logiques.

Un bail de location de voiture comporte très souvent des conditions de ce type:

Prix négocié de la voiture: 20 000 $ • Valeur résiduelle: 12 000 $ • Taux d'intérêt: 7 % • Durée: 36 mois • Mensualité: 362,97 $ • Kilométrage annuel autorisé: 20 000 km (donc 60 000 km au total) • Kilométrage excédentaire: 10 ¢/km • Option d'achat de kilomètres supplémentaires à la signature du contrat: 8 ¢/km.

Comme on le voit à la page 74, il existe un lien très étroit entre kilométrage autorisé et valeur résiduelle. Ici, le montant de 12 000 $ a été établi en supposant un kilométrage de 60 000 km après 36 mois. Si les 60 000 km sont dépassés, le locataire devra payer 10 ¢ par kilomètre supplémentaire pour compenser la diminution du prix de revente subie par le bailleur. Bien sûr, si le locataire achète la voiture à la fin du bail, il n'aura pas à payer ces frais supplémentaires puisque le bailleur encaisse 12 000 $, tel que prévu.

Le locataire a aussi la possibilité d'acheter des kilomètres supplémentaires à la signature du contrat, au tarif de 8 ¢/km. La plupart des contrats prévoient le remboursement des kilomètres qui ne sont pas utilisés à la fin du bail (à vérifier au moment de la signature). Autrement dit, un locataire qui prévoit rouler 70 000 km en 36 mois peut acheter d'avance 10 000 km à 8 ¢. Il lui en coûtera 800 $ plus taxes. Après 36 mois, s'il n'a parcouru que 66 000 km, il pourra récupérer 320 $ plus taxes (4 000 km inutilisés à 8 ¢). S'il a roulé seulement 55 000 km, il récupérera la valeur des kilomètres excédentaires achetés d'avance, soit 800 $, mais aucun remboursement n'est prévu pour la partie non utilisée en deçà de 60 000 km.

> La plupart des contrats prévoient le remboursement des kilomètres qui ne sont pas utilisés à la fin du bail.

Le prix des kilomètres achetés d'avance (800 $) n'augmente pas le prix négocié de la voiture : les 800 $ sont plutôt diminués de la valeur résiduelle qui, dans notre exemple, s'établirait alors à 11 200 $. Par conséquent, l'achat de kilomètres augmente la mensualité (qui se chiffrera à 385,84 $, soit 22,87 $ de plus). Tout à fait logique car une plus grande partie de la voiture est payée durant le bail. Plus on roule, plus la voiture se déprécie. Par contre, le prix d'achat à la fin du bail diminue. Le bailleur n'empoche donc pas plus d'argent, contrairement à la croyance populaire[1].

> **Le bailleur n'empoche pas plus d'argent, contrairement à la croyance populaire.**

Les frais de kilométrage excédentaire sont-ils justifiés?

Que l'on en soit propriétaire ou locataire, plus une voiture roule, plus elle coûte cher. L'important est de payer un coût raisonnable.

Au chapitre 16, nous avons constaté que la dépréciation représente le coût le plus important d'une voiture. Ainsi, si le prix d'achat d'une voiture neuve est de 20 000 $, après 3 ans, elle aura perdu au moins 40 % de sa valeur, qui se chiffrera alors à 12 000 $. Après 4 ans, elle aura perdu 10 % de plus et vaudra 10 000 $. Durant la quatrième année, la valeur aura encore décliné de 2 000 $. En supposant un kilométrage annuel de 20 000 km, voici la dépréciation par kilomètre qu'un *propriétaire* doit assumer durant la quatrième année :

> **Tout utilisateur de voiture doit assumer ce coût, qu'il soit propriétaire ou locataire.**

$$\frac{2\,000\,\$}{20\,000\ \text{km}} \quad = \quad 10\,\text{¢/km}$$

Pourquoi s'offusquer de ce qu'on demande au *locataire* de payer 8 ¢ ou même 10 ¢ par kilomètre à la fin d'un bail de 4 ans ? Tout utilisateur de voiture doit assumer ce coût, qu'il soit propriétaire ou locataire. Dans la plupart des baux, le coût des kilomètres est intéressant – les locataires n'ont rien à envier aux propriétaires !

Attention tout de même : si le prix négocié d'une voiture sous-compacte est de 15 000 $, il serait exagéré de payer des frais de 12 ¢ par kilomètre excédentaire à l'échéance d'un bail de 60 mois. Pour en juger, il faut tenter, comme nous venons de le faire, d'établir la dépréciation assumée et le nombre de kilomètres parcourus durant la dernière année du bail afin d'établir le coût par kilomètre.

Certains fabricants imposent un coût fixe par kilomètre, sans égard au modèle de voiture ni à la durée du bail, une pratique discutable. Ils surévaluent le coût des petites voitures et ils le sous-évaluent pour les autres. À vous de juger si le plan vous convient quand même en faisant le calcul proposé précédemment.

---

1. Dans nos recherches, nous avons vu un contrat dans lequel le coût des kilomètres achetés d'avance s'ajoutait au dépôt de garantie, de sorte qu'il était payable en totalité à la signature. Les kilomètres inutilisés étaient remboursables. Cette méthode est désavantageuse pour ceux qui achètent la voiture à la fin du bail, car la valeur résiduelle (donc l'option d'achat) n'est pas réduite du montant des kilomètres utilisés.

Avant d'acheter des kilomètres d'avance, magasinez le programme de base le plus généreux à cet égard. Si vous roulez 27 000 km annuellement et que vous avez le choix entre 20 000 km ou 24 000 km par année, choisissez 24 000 km et envisagez d'acheter 3 000 km supplémentaires d'avance par année. Notez que la plupart des bailleurs ne vous permettront pas de choisir le plan de base (20 000 km, ici) et d'acheter des kilomètres supplémentaires d'avance (7 000 km, ici), remboursables s'ils ne sont pas utilisés! De toute façon, cette stratégie devient intéressante seulement si la distance réelle parcourue est sensiblement inférieure à l'estimation de départ. Sinon, elle s'avérera coûteuse. Nous constatons en effet que le coût des kilomètres de base est de beaucoup inférieur à celui des kilomètres supplémentaires achetés d'avance. Selon nos études, ils coûtent rarement plus que 6 ¢/km – nous en avons même vu à 2 ¢/km. Voici en exemple un bail de 36 mois pour une voiture de 22 000 $.

Valeur résiduelle avec 20 000 km par année (60 000 km au total)	Valeur résiduelle avec 24 000 km par année (72 000 km au total)	Différence pour 12 000 km (14 077 $ – 13 637 $)	Coût par km (440 $ ÷ 12 000 km)
14 077 $	13 637 $	440 $	3,7 ¢

En conclusion, si vous roulez beaucoup, il vaut généralement mieux signer un bail offrant le plus grand nombre de kilomètres de base.

Quels sont les critères de décision?

Si vous utilisez la location <u>unique</u>, la question des kilomètres supplémentaires a peu d'importance puisque, quand vous achèterez la voiture à la fin du bail, vous n'aurez pas à payer les kilomètres excédentaires. L'achat de kilomètres à l'avance aurait alors pour seul but de réduire la valeur résiduelle et le montant de l'option d'achat, ce qui équivaut à payer plus rapidement le capital de la dette. Si le contrat comporte une clause de garantie d'écart (voir p. 245), il n'est pas avantageux de procéder ainsi (voir p. 185 au sujet des versements comptant prévus aux contrats de location). Le taux d'intérêt de la location est aussi à considérer. S'il est bas, rien ne presse pour payer la dette.

Si vous utilisez la location <u>perpétuelle</u>, les critères de décision, comme c'est presque toujours le cas, sont l'accessibilité et le coût réel.

L'accessibilité: la contrainte budgétaire

Si votre budget ne vous permet pas des variations importantes dans les sorties de fonds, mieux vaut acheter les kilomètres au début, de façon à répartir le coût. Vous éviterez ainsi un déboursé important lorsque vous retournerez la voiture à la fin du bail.

Le coût réel : est-ce que je fais une bonne affaire ?

Acheter des kilomètres à l'avance est généralement rentable. Le tableau 21.1 donne le rendement des offres les plus fréquentes. Ainsi, payer 6 ¢/km à la signature du contrat, plutôt que 8 ¢ après 24 mois, équivaut à un rendement après impôt de 14,5 %. Comme si les 6 ¢ étaient investis dans un placement et qu'ils valaient 8 ¢ après 24 mois. Plus la différence est grande entre les prix, et plus la durée du bail est courte, meilleur sera le rendement. Si le taux de rendement donné au tableau 21.1 est supérieur au coût personnel de votre argent (voir p. 50), allez de l'avant avec l'achat.

Si le kilométrage acheté d'avance n'est pas utilisé, il vous sera remboursé. Dans ce cas, les 6 ¢ ne valent plus 8 ¢ après 24 mois, mais toujours 6 ¢. Le rendement est nul. Vous n'aurez pas fait une bonne affaire.

Notez que le risque lié à la clause de garantie d'écart existe ici aussi (voir p. 185).

En conclusion, même si la décision ne met pas en jeu des sommes importantes, il vaut mieux acheter d'avance les kilomètres dont on pense avoir vraiment besoin. Qui plus est, s'ils ne sont pas remboursables, il faut être très prudent avant d'en acheter !

TABLEAU 21.1
Taux de rendement implicite : achat de kilomètres à l'avance

Coût du kilomètre		Taux de rendement selon la durée du bail			
Acheté d'avance	Payé à la fin du bail	24 mois	36 mois	48 mois	60 mois
6 ¢	8 ¢	14,5 %	9,6 %	7,2 %	5,8 %
6 ¢	10 ¢	25,8 %	17,1 %	12,8 %	10,3 %
8 ¢	10 ¢	11,2 %	7,5 %	5,6 %	4,5 %
8 ¢	12 ¢	20,4 %	13,6 %	10,2 %	8,1 %
10 ¢	12 ¢	9,2 %	6,1 %	4,6 %	3,7 %

Autres aspects

• N'oubliez pas de vérifier l'odomètre à la signature du bail, et assurez-vous que l'on a tenu compte des kilomètres déjà parcourus.

• À la page 214, nous traitons de l'incidence d'une résiliation du bail sur les frais de kilométrage excédentaire et sur le remboursement des kilomètres payés d'avance.

- Dans certains contrats plus voraces, le bailleur peut exiger le paiement des frais de kilométrage excédentaire en tout temps, même si le bail n'est pas expiré. Ce type de contrat est à éviter ou, à tout le moins, il faut s'assurer que les frais imputés seront diminués de la valeur résiduelle (et donc de l'option d'achat).

Comme je roule en moyenne 35 000 km par année, je devrais éviter la location parce qu'elle serait trop coûteuse en frais de kilométrage.

STANLEY
Photographe

Attention aux conclusions trop rapides. C'est rouler qui est coûteux, pas louer ou acheter. Certes, une voiture qui roule 35 000 km par année se déprécie beaucoup et coûte très cher. Si vous l'achetez, sa valeur baissera rapidement. Si vous la louez, il faudra payer des frais pour les kilomètres excédentaires. Rien ne prouve que cette deuxième option sera plus coûteuse.

Sachez d'abord que la location unique peut vous convenir même si vous roulez beaucoup car, si vous achetez la voiture à la fin du bail, vous n'aurez pas à payer les frais des kilomètres excédentaires. Vous serez dans la même situation que si vous aviez acheté. La location est un mode de financement, qui n'a rien à voir avec le fait de rouler 35 000 km par année ou non. Si le taux de la location est de 2,9 %, pourquoi s'en priver ?

Même la location perpétuelle peut revenir moins cher que l'achat-revente rapide si vous roulez beaucoup. Magasinez le financement selon vos besoins, puis faites les bons calculs :

- Certains contrats de location qui allouent un kilométrage annuel élevé (jusqu'à 30 000 km) peuvent offrir un coût par kilomètre très intéressant. D'autres permettent d'acheter d'avance des kilomètres à un coût aussi bas que 6 ¢ ou 8 ¢ du kilomètre. Rouler à ce coût n'est pas cher ! Le tarif au kilomètre, notamment celui des voitures luxueuses, peut être très avantageux.

> **C'est rouler qui est coûteux, pas louer ou acheter.**

- Pour l'achat, il faut tenter d'estimer la valeur de la voiture après une durée semblable à celle d'un bail. Les guides sur la valeur des voitures d'occasion (voir p. 217) donnent les barèmes pour les voitures à haut kilométrage. On y constate que la valeur des voitures est généralement réduite de 5 ¢ à 6 ¢ par kilomètre[2] excédentaire par rapport à la normale (par exemple, la même voiture vaudra 12 000 $ si elle a parcouru 60 000 km après 3 ans, mais seulement 9 500 $ si elle a parcouru 105 000 km).

Avec ces données en main, il reste à comparer les coûts associés à l'achat ou à la location. Les calculettes disponibles dans le site www.ericbrassard.com permettent de faire un calcul facile sans oublier de variables.

Ainsi, tant la location perpétuelle que la location unique peuvent être envisagées dans votre situation (voir aussi la page 291 pour ceux qui roulent peu).

---

2. L'APA juge qu'une réduction uniforme de 5 ¢ à 6 ¢ du kilomètre dans certains guides peut provoquer la sous-évaluation du coût pour certaines strates de kilométrage, notamment entre 80 000 km et 100 000 km, et entre 100 000 km et 130 000 km.

MARYSE
Infirmière

J'ai déjà loué une voiture. La limite de kilométrage me stressait beaucoup. Chaque fois que j'envisageais un voyage un peu long, je me demandais si je pouvais me le permettre et j'avais peur de dépasser la limite. Vers la fin du bail, je n'osais même plus sortir en voiture !

Beaucoup de locataires ressentent cette «pression», même si elle est irrationnelle. Que la voiture soit louée ou achetée, le coût augmente proportionnellement à la distance parcourue. Si vous l'aviez achetée, les coûts se seraient aussi accumulés lors de longs voyages, mais de façon plus insidieuse. C'est au moment de la revente que vous auriez constaté les coûts associés à chaque kilomètre parcouru puisque la valeur marchande diminue si le kilométrage est élevé.

> **Plus une voiture roule, plus elle se déprécie.**

Le coût direct par kilomètre inscrit dans un bail a l'avantage de fournir au conducteur une meilleure idée du coût de ses déplacements. Certains propriétaires roulent beaucoup sans se méfier des conséquences sur la dépréciation de leur voiture. C'est une forme de consommation cachée. Plus une voiture roule, plus elle se déprécie. Il faut être conscient de ce coût et l'assumer de façon cohérente compte tenu de ses objectifs personnels, comme on le fait pour les sorties au restaurant ou d'autres dépenses.

À retenir de ce chapitre

Généralement, il est avantageux d'acheter d'avance des kilomètres supplémentaires (après avoir choisi le programme de kilomètres de base le plus généreux).

Cette décision compte surtout dans le cas de la location perpétuelle puisque, si la voiture est achetée à la fin du bail, les kilomètres supplémentaires n'ont pas à être payés.

Les kilomètres que l'on parcourt entraînent un coût. C'est le fait de rouler qui est coûteux, pas le fait de louer ou d'acheter la voiture. Ceux qui roulent beaucoup ne doivent donc pas rejeter d'emblée la location.

CHAPITRE 22

Comment choisir les modalités de financement?

Rédaction et collaboration étroite
Éric Brassard
George Iny
Valérie Borde

Relecture et commentaires
Joan Backus
CAA - Québec
Lorraine Lévesque
Luc Serra

Dans ce chapitre sur les modalités de financement de votre voiture, nous parlerons de durée des contrats, de taux d'intérêt, de types d'emprunts et autres sujets connexes. Le chapitre complète le chapitre 19, qui présente des conclusions relatives à la location. Les chapitres 23 et 24 abordent des thèmes liés, soit les versements comptant et les emprunts avec option de rachat.

LA DURÉE DU FINANCEMENT

Vaut-il mieux signer un contrat de 36, 48, 60 mois, ou même encore plus?

Dans le cas d'une location

Voici d'abord quelques considérations fondamentales:

• Le taux d'intérêt: si le taux d'intérêt est peu élevé ou s'il suit de près le marché, il favorise les contrats de longue durée.

• Accessibilité: plus la durée est longue, plus la mensualité est faible.

• Dépréciation: plus on conserve la voiture longtemps, plus la dépréciation diminue.

• L'absence de risque relatif à la valeur résiduelle (voir p. 91): plus la durée est longue, plus on profite longtemps de cet avantage.

• Frais de réparation: un contrat de durée égale à celle de la garantie de base peut permettre d'éviter ces frais. Voici des aspects à considérer:

  – La garantie de base s'applique selon le temps ou le kilométrage (ex.: 3 ans ou 60 000 km). La voiture peut donc ne pas être couverte durant tout le bail.

– Souvent, une garantie de 5 ans ou 100 000 km couvre les composants importants. De plus, on l'oublie souvent, la garantie légale (voir p. 272) prolonge la couverture de plusieurs composants au-delà de la garantie de base. Il est toutefois souvent difficile de faire valoir ses droits.

– Selon les conclusions du chapitre 16, les frais de réparation ne sont, en moyenne, pas aussi élevés qu'on le croit, surtout pour des voitures récentes. Il sera probablement moins coûteux de signer un bail de longue durée et d'assumer ces frais (ou d'acheter une garantie prolongée) que de signer plusieurs baux consécutifs de courte durée.

Compte tenu de tous ces éléments, quelle est la durée idéale du bail ?

- Pour la location unique, c'est simple : la durée importe peu car, puisque la voiture sera achetée à la fin du bail, il faudra inévitablement payer des frais de réparation. Si le taux d'intérêt est intéressant, signez pour la plus longue durée possible.

- Pour la location perpétuelle, on conseille habituellement une durée de location équivalente à la garantie de base. Pour les purs et durs, c'est une solution acceptable. Si on veut réduire les coûts, il faut envisager une durée plus longue, quitte à acheter une garantie prolongée ou à assumer quelques frais.

Le taux et la durée

Vous remarquerez que, en règle générale, plus la durée de l'entente est longue, plus le taux est élevé. Ici encore, les notions d'accessibilité et de coût réel se confrontent, et les nuances sont importantes. À plus longue durée sont associées des mensualités plus petites, donc plus accessibles, *parfois* au détriment du coût réel (taux plus élevé). Nous soulignons le « parfois » car, comme il est dit au chapitre 17 (p. 131 et 134), un taux d'intérêt plus élevé n'est pas forcément désavantageux, **si** la durée du prêt augmente **et si** le coût personnel de votre argent est élevé (dettes courantes coûteuses, taux de rendement futur élevé sur les placements, etc.). Autrement dit, un emprunt de 23 000 $ à un taux de 0 % sur 36 mois (mensualité de 639 $) n'est pas nécessairement plus avantageux qu'un emprunt à 2,9 % sur 48 mois ou à 3,9 % sur 60 mois (mensualité de 508 $ ou de 423 $). Tout dépend de ce que vous pouvez faire de l'argent supplémentaire dont vous disposerez tous les mois. Le même raisonnement s'applique à la location. En cas de doute, calculez le coût actualisé avec la calculette du site www.ericbrassard.com.

Dans le cas d'un emprunt

Seules les considérations relatives au coût réel (le taux) et à l'accessibilité (la mensualité) sont pertinentes dans le cas d'un emprunt. Les notions présentées dans l'encadré précédent s'appliquent donc ici. La mensualité doit convenir au budget et le taux doit être le plus bas possible.

La durée des prêts personnels négociés avec une institution financière peut atteindre 72 ou 84 mois. Il s'agit donc d'une autre façon d'obtenir de faibles mensualités. Mais ici aussi, le taux d'intérêt augmente souvent avec la durée du prêt.

Les calculs liés au financement d'une voiture d'occasion âgée doivent prévoir, outre les mensualités, d'éventuels frais de réparation importants. En effet, si la voiture de 7 ans, nouvellement financée sur 60 mois, requiert des réparations importantes, les fins de mois risquent d'être difficiles. Cela ne signifie pas qu'il vaudrait mieux vendre la voiture et en acheter une neuve. Loin de là ! Une voiture de dix ou douze ans est économique, mais encore faut-il avoir les moyens d'économiser !

> Une voiture de dix ou douze ans est économique, mais encore faut-il avoir les moyens d'économiser !

PEUT-ON NÉGOCIER LE TAUX D'INTÉRÊT ?

Oui. L'encadré de la page 176, qui traite des commissions versées aux concessionnaires, montre que le vendeur dispose d'une certaine latitude. S'il diminue le taux, il diminue aussi sa commission, mais il pourrait accepter pour ne pas perdre une vente. Il peut vous affirmer que son taux est le meilleur, en soulignant qu'il recommande de nombreux clients aux institutions financières. Ce peut être vrai, peut-être pas. De plus, il n'a peut-être pas utilisé toute sa marge de manœuvre.

Bien sûr, si le concessionnaire propose déjà un taux promotionnel, vos chances d'obtenir moins sont minces. Négociez plus serré sur le prix de la voiture et la valeur du véhicule donné en échange. Si le concessionnaire refuse de négocier le prix, son taux promotionnel n'est que de la poudre aux yeux, une façon de déguiser des intérêts pour vous attirer. Un taux promotionnel ne devrait en aucun cas influencer la négociation du prix. Utilisez la calculette du site www.ericbrassard.com pour trouver le taux d'intérêt réel dans ces cas. Certaines offres très claires vous donnent le choix entre un taux d'intérêt réduit ou une remise en argent du fabricant. Nous abordons ce sujet dans le chapitre 23.

> Un taux promotionnel ne devrait en aucun cas influencer la négociation du prix.

Le concessionnaire n'est pas le seul à offrir du financement et rien ne vous oblige à faire affaire avec lui. Vous pouvez vous informer sur les offres des institutions financières. Un écart de 0,5 % peut aboutir à des économies intéressantes après quelques années. Soyez vigilant cependant au moment de signer le contrat d'achat : comme la voiture sera payée comptant au concessionnaire, vous n'avez pas droit à un délai de deux jours pour annuler la vente (voir p. 200).

Avant de commencer à magasiner, vous pouvez demander un prêt préautorisé à une institution financière. Rien ne vous oblige à donner suite si l'offre du concessionnaire est plus intéressante. Ce moyen vous permet en outre d'obtenir un portrait plus juste de votre capacité d'emprunt avant de signer.

Vous pouvez consulter votre dossier de crédit (www.equifax.com) pour vous assurer qu'il ne contient pas d'erreurs. C'est aussi le moment de faire du ménage dans vos dettes, de réduire ou d'annuler les montants autorisés sur certaines marges de crédit et de vous débarrasser de cartes de crédit inutiles. Le livre 4 de cette série traite de la préparation d'une demande de crédit et des critères sur lesquels se basent les créanciers avant d'octroyer un prêt.

Commissions aux concessionnaires

Les concessionnaires touchent une commission chaque fois qu'ils recommandent un client à une institution financière (emprunt ou location). Tous les mois, elles informent les concessionnaires de leurs conditions, comme l'indique le tableau suivant:

Taux d'intérêt accordé	Commission selon le montant du prêt ou le taux d'intérêt		
	7 500 $ à 9 999 $	10 000 $ à 14 999 $	15 000 $ à 24 999 $
7,99 %	0 $	0 $	0 $
8,25 %	50 $	200 $	300 $
8,40 %	100 $	300 $	500 $
8,60 %	150 $	350 $	525 $
8,99 %	175 $	425 $	600 $

La commission se justifie puisque le concessionnaire négocie les conditions, recueille les renseignements et gère une bonne partie du dossier au nom du banquier. Le seul hic: plus le montant du prêt et le taux d'intérêt grimpent, plus la commission augmente. Est-il juste que la commission varie ainsi? On peut en douter fortement.

Une commission est aussi possible si le financement vient du bras financier du fabricant (Ford Crédit, etc.), sauf si le taux est en dessous du marché.

Location: un taux d'intérêt plus élevé que celui annoncé

Quand le locataire doit verser d'avance un dépôt égal à la dernière mensualité de son bail, il verse en fait un comptant. Or, dans le calcul des mensualités, on tient pour acquis que cette somme est payée à la fin du bail et non au début. Ce détail a une incidence sur le taux d'intérêt réel du bail, qui dépasse alors de 0,25 % à 0,50 % celui qui est stipulé au contrat (plus la durée du contrat est courte, plus la différence est importante). Le même raisonnement s'applique à toute forme de dépôt.

UN TAUX D'INTÉRÊT VARIABLE OU FIXE?

Les prêts personnels, et parfois les contrats de vente à tempérament, vous permettent de choisir entre un taux d'intérêt fixe ou variable. Que choisir?

• Parce que les conditions sont gelées pour une période donnée, le taux fixe protège contre la hausse des taux. S'ils baissent, vous pouvez toujours renégocier le prêt car il n'y a pas de pénalité en cas de remboursement anticipé. Il faut toutefois entreprendre des démarches, ce que la majorité ne font pas assidûment.

• La sécurité du taux fixe n'est pas gratuite. Au début du prêt, le taux variable sera plus bas que le taux fixe, mais le rapport changera au fil des mois. Théoriquement, puisque vous ne payez pas pour «protéger» le taux, le taux variable devrait être gagnant à long terme. Les analyses confirment cette hypothèse.

> Puisque vous ne payez pas pour «protéger» le taux, le taux variable devrait être gagnant à long terme.

• Le plus souvent, la mensualité demeure inchangée même si le taux varie. C'est la répartition des portions intérêts et capital de chaque mensualité qui change. Selon le comportement du taux pendant la durée du prêt, le nombre de mensualités augmentera ou diminuera par rapport à ce qui était prévu.

Si vous avez une bonne tolérance à l'incertitude, optez pour le taux variable. Le choix demeure cependant subjectif. C'est vrai aussi pour votre prêt hypothécaire.

QUEL MODE D'EMPRUNT CHOISIR?

Quand la décision d'emprunter est prise, il reste à choisir entre les différents types d'emprunts (voir ch. 9). Lequel convient le mieux?

La marge de crédit

Ce mode d'emprunt comporte plusieurs avantages, mais il appelle le plus grand soin. Comme c'est le cas de toute dette à taux variable, le risque est plus élevé (voir la discussion précédente), mais le taux en vigueur au début est inférieur à celui d'un prêt personnel ou d'un prêt auto (sauf s'il y a une promotion, bien sûr). L'absence d'obligation relative au paiement mensuel procure plus de flexibilité, mais ce peut être un inconvénient pour les personnes peu disciplinées qui utilisent l'argent à d'autres fins qui ne cadrent pas avec leurs objectifs à long terme.

La marge de crédit sert parfois de sécurité pour pallier les imprévus. L'utiliser pour financer sa voiture annule en quelque sorte cette protection. Aussi, une marge de crédit est négociable sur une base régulière (souvent annuelle). Si la situation financière d'un consommateur se détériore, il peut être tenu de rembourser la totalité ou une partie du montant dans un court délai.

La marge de crédit peut s'avérer intéressante pour les entrepreneurs parce qu'elle permet de maintenir le solde de la dette élevé, ce qui génère plus de déductions fiscales à titre d'intérêts. Certains aspects doivent cependant être considérés (voir ch. 35).

Le taux d'intérêt d'une marge de crédit est aussi négociable, contrairement à ce que l'on pense généralement. Si vous avez un bon dossier et que vous négociez serré, quitte à menacer de changer de banque, vos arguments pourraient être entendus. Le livre 4 de cette série traitera plus en détail de ce mode d'emprunt.

Un contrat de vente à tempérament ou un prêt personnel?

- Le contrat de vente à tempérament est plus simple, car vous le négociez chez le concessionnaire. Le prêt personnel exige de vous rendre à l'institution financière et de prendre des précautions particulières à la signature du contrat d'achat.

- Le taux d'intérêt est le critère décisif. Il faut magasiner!

- Certaines institutions offrent des prêts personnels sur 72 ou 84 mois. La mensualité est alors inférieure à celle d'un contrat de vente à tempérament, dont la durée ne dépasse pas 60 mois en général. Attention au taux exigé, toutefois!

- En cas de difficultés financières, la vente à tempérament offre un peu plus de protection (dans certains cas, le tribunal permet la remise de la voiture au créancier et l'annulation de la dette). À conditions égales, mieux vaut privilégier cette option.

Le prêt hypothécaire

Pour financer votre voiture, vous pouvez tout simplement l'ajouter à votre prêt hypothécaire. Cette option, qui consiste en fait à étaler le paiement de la voiture sur une longue période de temps, peut s'avérer intéressante si vous avez le plein contrôle de vos finances personnelles, ou si vous vivez des difficultés financières passagères. Le taux d'intérêt est en général avantageux et, du côté budgétaire, c'est une bonne façon de diminuer vos sorties de fonds mensuelles. En effet, l'emprunt combiné pour la maison et la voiture génère une seule mensualité, inférieure à celle que vous verseriez séparément pour un prêt hypothécaire et un prêt auto. Mais il faut être discipliné! Si la réduction des sorties de fonds mensuelles sert à toutes sortes de fins incompatibles avec vos objectifs à long terme, ne comptez pas vous enrichir!

Et le love money?

Si un proche possède de l'argent qui lui rapporte peu, il peut être intéressant qu'il vous le prête à un taux supérieur à celui de ses placements (mais inférieur ou égal à celui des autres sources dont vous disposez). Tout le monde est gagnant, pourvu que la confiance règne et que le prêteur ait peu de risques de perdre son argent.

SUJETS CONNEXES

Le dépôt supplémentaire et le taux réduit

Pour la location, on propose parfois d'abaisser le taux d'intérêt en échange d'un dépôt plus élevé, qui sera récupéré à la fin du bail. Bizarrement, cette option s'avère souvent avantageuse pour le locataire. Par exemple, si le dépôt supplémentaire exigé est de 5 000 $ et que la baisse du taux d'intérêt diminue la mensualité de 60 $, cela revient à un placement à 1,2 % par mois, soit 14,4 % par année. C'est beaucoup! Le locataire doit évaluer l'offre en comparant ce taux à son coût personnel de l'argent (voir p. 50). Il doit aussi s'assurer que c'est la seule modification au bail.

Ce type d'offre affaiblit toutefois le pouvoir de négociation du locataire. En cas de litige, par exemple sur des questions d'usure anormale ou de résiliation, il devra se battre pour récupérer le dépôt. L'offre a aussi des incidences fiscales, dont nous discutons au chapitre 35 (certaines limites sont prévues). L'augmentation du dépôt permet souvent de diminuer la mensualité à un montant légèrement inférieur au maximum déductible – c'est pourquoi on réserve souvent cette offre aux voitures luxueuses.

Pas de paiement avant 90 jours ou première mensualité gratuite

Le fabricant propose parfois de retarder le premier versement de 90 jours, sans intérêt. Le nombre et le montant des versements restent identiques. Il offre parfois aussi de payer la première mensualité (location ou achat). Ces offres sont profitables si elles n'altèrent pas les autres conditions du contrat. Il faut voir si elles s'ajoutent à d'autres promotions – par exemple, une remise en argent ou un taux d'intérêt réduit – ou si elles les remplacent. Si le concessionnaire participe financièrement à l'offre, il risque d'être plus ferme sur le prix. Dans le doute, il faut calculer le coût actualisé de chaque option (voir ch. 17 et utiliser la calculette du site www.ericbrassard.com).

L'assurance-vie et l'assurance-invalidité

À la signature d'un contrat de crédit (location, emprunt, etc.), le commerçant offre souvent une assurance-vie ou une assurance-invalidité. La première garantit le remboursement de la totalité de la dette en cas de décès et la seconde garantit, en cas d'invalidité, le paiement des mensualités pendant la période concernée.

> **Mieux vaut concentrer ses besoins en assurance-vie et en assurance-invalidité dans une seule police bien pensée.**

Faut-il acheter ces assurances? Nous le verrons en détail dans le livre 4 de cette série. Contentons-nous de dire ici que, en règle générale, mieux vaut concentrer ses besoins en assurance-vie et en assurance-invalidité dans une seule police bien pensée. Le coût total sera inférieur (et la gestion plus simple), d'autant plus que les polices vendues par les concessionnaires ou les institutions financières ont la réputation d'être coûteuses. Elles échappent aussi aux contrôles des organismes de réglementation. La *Loi sur la protection du consommateur* (art. 111 à 114) est claire: si le créancier peut exiger une telle assurance, il ne peut imposer qu'elle soit souscrite chez lui. Le client n'a donc qu'à fournir la preuve qu'il est déjà correctement couvert.

L'assurance-invalidité comporte toutes sortes de détails agaçants: exclusions, délais de carence (avant que les prestations ne soient versées), maladies préexistantes, etc. Si vous décidez d'aller de l'avant quand même avec cette assurance, n'acceptez pas de réponses floues et exigez de voir le contrat avant de signer.

Dernier petit détail: n'oubliez pas que les primes d'assurance payées d'avance sont remboursables en cas de vol du véhicule ou de remboursement anticipé du prêt.

CONCLUSION

Il n'est pas toujours facile de bien évaluer l'incidence financière réelle des décisions dont il est question dans ce chapitre. Dans le doute, n'hésitez pas à calculer le coût net de chaque option avec la calculette du site www.ericbrassard.com.

CHAPITRE 23

Faut-il verser un comptant?

Rédaction et collaboration étroite
Éric Brassard
Valérie Borde

Relecture et commentaires
Joan Backus
CAA - Québec
George Iny
Lorraine Lévesque
Luc Serra

La décision de verser ou non une somme comptant à la signature d'un contrat est capitale. Nous avons donc choisi d'y consacrer un chapitre complet.

LES DIFFÉRENTES FORMES DE COMPTANT

Habituellement, pour verser un acompte, le client signe un chèque. Mais cette somme peut être versée sous d'autres formes, tant pour une location qu'un emprunt.

La valeur de la voiture d'échange: donner une voiture en échange constitue une forme de comptant. Procéder ainsi réduit les taxes (voir p. 100), mais on peut aussi profiter de cette réduction en récupérant la valeur de la voiture en argent. Tout cela est expliqué à la page 102. La voiture doit être libre de dettes (du moins en partie) et il faut respecter les conditions de crédit du prêteur.

Les points de cartes de crédit: certaines cartes de crédit permettent d'accumuler des points en vue de l'achat d'une voiture. Généralement, on utilise ces points à titre de versement comptant, mais on peut parfois les récupérer en argent.

Les rabais pour diplômés ou personnes âgées: les rabais accordés à ces clients servent habituellement à réduire la dette, mais ils peuvent aussi les encaisser.

Valeur à neuf et garantie de remplacement: quand il subit une perte totale par suite d'un vol ou d'un accident, l'assuré reçoit une voiture neuve, mais il doit assumer le solde de sa dette à la date du sinistre. Au moment de négocier les nouvelles conditions de financement, il peut parfois récupérer en argent la différence entre la valeur de la nouvelle voiture et le solde de la dette. Voir le chapitre 30 à cet effet.

Remise en argent du fabricant: le fabricant offre parfois le choix entre un taux d'intérêt réduit ou une remise en argent (voir p. 187). Cette remise peut être versée à titre de comptant, mais elle peut parfois être encaissée.

Peu de consommateurs savent qu'ils peuvent encaisser ces formes d'acompte si les conditions de crédit sont remplies. Les concessionnaires restent discrets: comme les taux d'intérêt offerts sont souvent inférieurs à ceux du marché, ils n'ont aucun avantage à augmenter l'emprunt. Mais si le taux est celui du marché, leur commission s'accroît à mesure que l'emprunt augmente (voir p. 176) – ils seront alors plus enclins à proposer d'encaisser la somme. Ils peuvent aller plus loin. Si vous avez besoin d'argent pour payer l'assurance auto ou quoi que ce soit d'autre, ils peuvent vous verser un chèque et l'ajouter au prêt. Une règle non écrite du milieu permet de prêter ainsi jusqu'à 10 % du prix de la voiture[1].

Les incidences d'un versement comptant

- Plus le comptant est élevé, plus la **mensualité** diminue, et vice versa.

- Plus le comptant est élevé, plus les **intérêts** seront bas, et vice versa.

> L'argent a toujours un coût, même le nôtre.

- Plus le comptant est élevé, plus le **coût de renonciation** est élevé, et vice versa. En effet, il reste moins d'argent pour d'autres fins (rembourser d'autres dettes, cotiser à un REER, etc.). L'argent a toujours un coût, même le nôtre (voir ch. 7)!

ÉVELYNE
Couturière

> **Une voiture est vraiment un mauvais placement, qui se déprécie à vue d'œil. Autant lui consacrer le moins de capital possible. Ainsi, je préfère louer ou emprunter le plus possible.**

Il est vrai qu'une voiture n'est pas un placement. Mais à partir du moment où vous en voulez une, le fait d'emprunter, de louer ou de payer comptant ne change rien au capital investi. La dépréciation sera la même dans tous les cas. Ne confondez pas investissement et financement!

---

1. Les concessionnaires utilisent aussi cette technique pour le «faux comptant». Avec l'accord du client, ils gonflent le prix de la voiture de 2 000 $ et inscrivent un comptant fictif du même montant. Pour le client, c'est du pareil au même (ou presque), mais il sera avantagé pour les demandes de crédit difficiles.

LES CRITÈRES DE DÉCISION

Pour décider du montant à verser comptant, on doit tenir compte de critères non financiers et des critères financiers que sont l'accessibilité et le coût réel (voir ch. 17).

Les critères non financiers

* L'aversion pour les dettes : si vous détestez avoir des dettes, versez le plus de comptant possible.

* Discipline et projets personnels : il est alléchant d'encaisser 12 000 $ grâce à la valeur de sa voiture d'échange. Si vous craignez de consacrer ce montant à toutes sortes de dépenses qui ne cadrent pas avec vos objectifs, maximisez le comptant. S'il vous permet par contre de réaliser un projet qui vous tient à cœur (voyage, achat d'une maison, année sabbatique, etc.) et qui fait partie d'une planification globale bien pensée, pourquoi ne pas en profiter ?

L'accessibilité

Le montant de la mensualité est le premier critère financier à étudier. Si aucun comptant n'est versé, la mensualité sera plus élevée. Votre budget pourra-t-il tenir ?

* Si l'argent que l'on pourrait consacrer au versement comptant sert à rembourser une autre dette, il faut voir s'il permet de diminuer, voire d'annuler, la mensualité de cette dette, ou s'il ne fait que raccourcir la durée du prêt. Dans ce cas, le montant à verser chaque mois pour cette dette restera identique à court terme… sauf qu'il faudra en plus verser une mensualité plus élevée pour la voiture. À chacun de voir ce que son budget mensuel peut supporter.

* Si l'argent sert à cotiser à un REER, il n'apportera aucune rentrée de fonds régulière, sauf bien sûr la baisse d'impôt. Il faut voir comment sera utilisée cette économie fiscale et, encore là, si on peut faire face à la mensualité.

* Si l'argent est placé hors REER, il faut évaluer si les rentrées de fonds après impôt qui en découlent compenseront la mensualité plus élevée. Sinon, encore là, il faut voir si le budget peut tenir le coup.

La discussion de la page 127 est pertinente ici aussi.

Le coût réel

C'est le deuxième critère financier à considérer. Il faut trouver la meilleure manière d'utiliser la somme qui serait autrement versée à titre de comptant. Ici, c'est le coût personnel de l'argent qui est en jeu (voir ch. 7 et 17, p. 50 et 129).

* Avant tout, on doit examiner le taux d'intérêt des dettes déjà contractées. Logiquement, l'argent disponible doit en priorité servir à rembourser les dettes dont le taux d'intérêt est le plus élevé[2].

---

2. Si les intérêts sur une dette sont déductibles d'impôt, le taux d'intérêt réel est inférieur. Par exemple, en considérant un taux d'impôt de 40 %, le coût réel d'une dette dont le taux d'intérêt est de 8 % devient 4,8 % après avoir profité des économies d'impôt (soit 8 % - 40 %, ou 8 % × 0,6).

• Il faut ensuite analyser le rendement prévu sur les placements, sans oublier que les placements dans un REER offrent des rendements nets d'impôt[3].

Une fois ces données établies, il reste à comparer les taux : si le taux de la dette sur la voiture est supérieur à ceux des autres dettes déjà contractées et de tous les placements envisagés, il faut verser le comptant le plus élevé possible (et vice versa). Si le taux offert pour le financement de la voiture est bas (0 % ou 1,9 %, par exemple), la décision est facile : conservez votre argent.

Une question de compromis entre le coût réel et l'accessibilité

Nous l'avons analysé au chapitre 8 : l'option la moins coûteuse peut entraîner une mensualité tellement élevée qu'elle devient inaccessible. Voyons un exemple : Daniel veut acquérir une voiture dont le prix négocié est de 25 000 $ (taxes comprises). On lui propose un taux d'intérêt très attirant de 0 % sur 36 mois. Daniel a une voiture d'échange libre de dettes, valant 10 000 $. Il voudrait bien encaisser ce montant pour rembourser une partie de son prêt hypothécaire, dont le taux est de 7 %. S'il procède ainsi, la mensualité sur son prêt auto s'établirait à 694 $ (25 000 $ ÷ 36). C'est beaucoup compte tenu de son budget. S'il verse ces 10 000 $ en acompte, sa mensualité ne sera plus que de 417 $ (15 000 $ ÷ 36), ce qui lui convient davantage.

C'est dommage, mais fréquent. Daniel s'enrichirait davantage en gardant l'argent. Paradoxalement, il n'a pas les moyens de s'enrichir !

Un conseiller pourra lui proposer des solutions (voir aussi le livre 4 de cette série sur la gestion des dettes). Par exemple, Daniel pourrait utiliser une marge de crédit pour absorber la mensualité de 694 $ dans son budget. Sa marge de crédit augmenterait de 277 $ par mois (694 $ – 417 $) et il devrait payer des intérêts sur ce solde. Cependant, il diminuerait sur-le-champ son prêt hypothécaire de 10 000 $, pour une économie de quelque 700 $ d'intérêts par année. Après 36 mois, les mensualités de la voiture cesseraient et Daniel n'aurait plus qu'à rembourser sa marge de crédit, en continuant à verser 417 $ par mois. Au total, il serait gagnant. Avant de renoncer à une option peu coûteuse mais peu accessible, faites le tour des possibilités.

---

3. Le texte « Qu'est-ce qu'un placement ? », disponible sur le site www.ericbrassard.com (ou dans le chapitre 6 du livre 1 *Un chez-moi à mon coût*), explique comment tenir compte de l'impôt dans le calcul des taux de rendement des placements.

Je crois qu'il vaut mieux verser le plus de comptant possible. C'est la façon la plus économique de rouler. De toute façon, les rendements des placements ont été lamentables ces dernières années. À quoi bon s'endetter plus pour récupérer des *peanuts*?

CLARA
Dentiste

Si vous n'aimez pas les dettes et que vous investissez seulement dans des placements sûrs, alors il est vrai que vous aurez intérêt à verser le comptant le plus élevé possible. Sachez toutefois que quiconque vit bien avec le risque aura peut-être avantage à garder son comptant. Attention à ne pas confondre les critères financiers et non financiers.

Il est faux de prétendre qu'il est toujours plus économique de verser un comptant élevé. Certes, en procédant ainsi, les sorties de fonds liées à la voiture seront plus faibles, mais il faudra renoncer à d'autres avantages : remboursement d'une dette coûteuse, cotisation à un REER, etc. Il faut toujours envisager globalement sa situation avant de porter des jugements définitifs. Souvent, le prêt auto ou le contrat de location sera la dernière option à considérer pour utiliser votre comptant.

> **Il est faux de prétendre qu'il est toujours plus économique de verser un comptant élevé.**

Quant aux rendements lamentables des placements ces dernières années, c'est une autre histoire. Attention à ne pas fonder une stratégie à long terme sur une conjoncture pessimiste à court terme. Nous n'aborderons pas en détail ce vaste sujet.

LES PARTICULARITÉS DE LA LOCATION

La location étant une dette comme une autre, on pourrait croire qu'elle suit les mêmes règles pour ce qui est des versements comptant. C'est vrai, en partie. Tout ce que nous venons de dire s'applique aussi à la location. À une différence près, qui est de taille : la clause de garantie d'écart. Cette notion est expliquée en détail dans le chapitre 30, page 245. Nous vous recommandons de lire immédiatement cette section.

En résumé, disons qu'en cas de perte totale (vol ou accident), le produit de l'assurance, égal à la valeur de la voiture sinistrée, sera versé au bailleur et le bail se terminera. Le locataire n'assume pas l'écart entre le solde de la dette et le produit de l'assurance. C'est un avantage important puisque le bailleur assume cette perte.

Cette clause implique que le comptant versé à la signature d'un contrat de location n'est pas protégé en cas de perte totale. Que vous ayez versé 3 000 $ ou rien, le bail se termine et vous ne payez ni ne recevez rien.

> Nous recommandons de ne jamais verser de comptant pour une location, sous quelque forme que ce soit.

Avant de prendre une décision, commencez par vérifier si une clause de garantie d'écart est inscrite au contrat. Si c'est le cas, il devient risqué de verser un comptant. Certes, le risque de perte totale est peu élevé et il appartient à chacun de le soupeser. De notre côté, nous recommandons de ne jamais verser de comptant pour une location, sous quelque forme que ce soit (chèque, voiture d'échange, points bonis). Conservez votre argent et laissez augmenter la dette.

Bien sûr, la mensualité et les intérêts seront plus élevés, mais l'argent conservé servira ailleurs et compensera cet inconvénient (autres dettes, REER, REEE, placements hors REER, etc.). Si vous n'avez pas de dette, aucun retard dans vos REER ou vos REEE, et que vous faites des placements conservateurs, renoncez à la location… ou louez quand même, en pariant que vous ne subirez jamais une perte totale et en acceptant que vos placements habituels rapportent moins que le taux de la location.

Acheter d'avance des kilomètres est une autre façon de rembourser sa dette plus rapidement et de verser un comptant indirect (la valeur résiduelle étant plus basse, le capital payé durant le bail est plus élevé). Par contre, l'achat de kilomètres peut s'avérer intéressant pour les adeptes de la location perpétuelle (voir ch. 21). Sachez toutefois que, en cas de perte totale, une partie de la somme payée d'avance sera perdue.

Précisons que ni la protection valeur à neuf ni la garantie de remplacement (voir ch. 30) ne protègent le comptant, contrairement à la rumeur populaire. Ces protections préservent le consommateur contre la dépréciation de la voiture. Elles n'ont rien à voir avec le solde de la dette, et le versement ou non d'un comptant ne modifiera pas l'indemnité reçue. C'est une idée fausse.

La clause de garantie d'écart est avantageuse pour les locataires. Gare cependant aux erreurs liées au comptant.

> De toute façon, il est inutile de verser un comptant pour une location. Ça réduit la mensualité, mais la voiture coûte toujours aussi cher. Au total, ça revient au même.

C'est faux. Revenons au principe de base de la location qui, ne l'oublions jamais, est une forme de dette parmi d'autres (voir ch. 11). Si vous versez un comptant, la dette est moins élevée, de même que les intérêts. Si, pour un bail de 36 mois, vous versez un comptant de 3 600 $, vos mensualités ne diminueront pas seulement de 100 $. Selon le taux d'intérêt, elles pourraient être abaissées, par exemple, de 110 $ ou 115 $ par mois. Au total, cela ne revient pas au même !

THOMAS
Infographe

Cela dit, il est vrai qu'il faut éviter les acomptes pour une location, mais seulement en raison de la clause de garantie d'écart. Si vous ne versez pas de comptant, les intérêts seront plus élevés, mais l'argent pourra servir ailleurs et compenser ces frais.

REMISE EN ARGENT OU TAUX D'INTÉRÊT RÉDUIT

Le fabricant offre parfois le choix entre une remise en argent ou un taux d'intérêt réduit sur l'emprunt. Voyons l'exemple de Francis :

Prix d'achat de la voiture neuve (taxes comprises)	23 000 $
Taux d'intérêt normal	7 %
Taux d'intérêt réduit	2,9 %
Remise en argent	2 000 $
Durée du prêt	60 mois

Calculons les mensualités pour les deux options :

• Emprunt de 21 000 $ (au lieu de 23 000 $) à 7 % sur 60 mois : 415,83 $ par mois

• Taux réduit sur 23 000 $, soit 2,9 % sur 60 mois : 412,26 $ par mois

Dans ce cas, le taux réduit est plus intéressant, comme c'est souvent le cas en réalité. Le calcul est vite fait quand on compare deux prêts de durée égale. On peut procéder de la même façon dans le cas d'une location.

Cette analyse implique toutefois que, s'il choisit la remise, Francis utilisera les 2 000 $ pour réduire le solde de son prêt auto. Mais peut-être Francis pourrait-il utiliser l'argent d'une manière plus rentable (si la promotion permet d'encaisser la somme), en remboursant une autre dette ou en cotisant à un REER, par exemple. L'analyse devient alors un peu plus corsée. Calculons d'abord les mensualités de chaque option :

- Remise (l'argent est encaissé et non diminué de la dette), soit 23 000 $ à 7 % sur 60 mois : 455,42 $ par mois

- Taux réduit, soit 23 000 $ à 2,9 % sur 60 mois : 412,26 $ par mois

Pour profiter des 2 000 $, Francis doit ajouter 43,16 $ (455,42 $ – 412,26 $) à sa mensualité. Est-ce avantageux ? Pour prendre une décision, il doit soupeser les deux critères habituels :

- Accessibilité : si Francis conserve l'argent, la mensualité est plus élevée. Il doit voir s'il pourra boucler son budget.

- Coût réel : est-il rentable de renoncer à 43,16 $ par mois pendant 60 mois pour utiliser les 2 000 $ à d'autres fins tout de suite ?

Pour ce genre d'analyse, il faut appliquer la méthode des coûts actualisés (voir ch. 17). Pour simplifier les calculs, on peut commencer par la méthode des coûts bruts :

Encaissement de la remise	2 000 $
Versements supplémentaires : 60 × 43,16 $	(2 590) $
Écart	(590) $

On constate que le taux réduit est nettement plus avantageux. Cette option permet d'économiser 590 $ par rapport à un encaissement de 2 000 $. Malheureusement, la méthode des coûts bruts n'est pas rigoureuse, car elle ne tient pas compte de la valeur de l'argent dans le temps (voir ch. 17). Avant d'utiliser la méthode des coûts actualisés, suivez les astuces données à la page 134. La quatrième nous dit que, puisque la différence entre les 2 options est déjà importante (590 $ pour une somme de 2 000 $), nous pouvons présumer que le taux réduit l'emportera, même après l'actualisation. Si l'écart avait été minime, l'actualisation aurait annulé cet écart et rendu la remise en argent plus intéressante. L'analyse pourrait donc s'arrêter ici.

Pour nous en convaincre, appliquons la méthode des coûts actualisés. Comme taux d'actualisation, Francis doit utiliser le coût personnel de son argent en tenant compte de ce qu'il fera des 2 000 $ (remboursement d'une dette plus coûteuse, placements, etc. ; voir p. 50). Puisque Francis s'attend à réaliser un taux de rendement de 8 % sur ses placements[4] (ou puisque le taux d'intérêt de sa marge de crédit est de 8 %), c'est le taux d'actualisation à appliquer.

Encaissement de la remise	2 000 $
Valeur actuelle des versements supplémentaires	(2 128) $
Écart	(128) $

Pour calculer la somme de 2 128 $, on peut utiliser la calculette du site www.ericbrassard.com ou une calculatrice financière, en procédant comme suit :

---

4. Si le coût personnel de l'argent de Francis était inférieur à 7 %, il devrait utiliser les 2 000 $ pour diminuer le solde de la dette de sa voiture. L'analyse se réduira alors à comparer les mensualités, comme nous l'avons fait au début.

Données à entrer ou actions à poser	Touches à utiliser	Chiffres à entrer
Versement supplémentaire mensuel	(PMT)	–43,16$
Durée	(N)	60
Taux d'actualisation (coût personnel de l'argent)	(i)	8 ÷ 12
Calculer la valeur présente	(COMP PV)	Nil
Résultat		2 128$

En dollars d'aujourd'hui, il est plus avantageux de profiter de la réduction de mensualité de 43,16$ que de placer les 2 000$ (ou de réduire sa marge de crédit). L'écart est de 128$. Francis devrait donc opter pour le taux réduit, du fait que l'utilisation qu'il compte faire de son argent n'est pas assez intéressante. Selon un calcul rapide, il faudrait un rendement de 12% pour que l'opération soit intéressante.

Bien sûr, s'il choisit le taux réduit, il ne doit pas verser d'autre comptant, sous quelque forme, car cela aurait pour effet de diminuer l'avantage de cette option.

Finalement, une nuance concernant la location. Nous avons vu à la section précédente qu'il est préférable de ne jamais verser de comptant. Ainsi, si une telle offre concerne une location, il faut soit accepter le taux réduit, soit encaisser la remise (selon le résultat de vos calculs). Il ne faut jamais appliquer la remise en diminution de la dette.

VERSEMENT COMPTANT ET TAUX RÉDUIT

Dans certains cas, le concessionnaire offre de diminuer le taux d'intérêt si un versement comptant est fait. En général, c'est avantageux pour le client. Pour le vérifier, on doit procéder de la même manière que précédemment. Il faut actualiser la diminution des mensualités et comparer le résultat avec le comptant versé. Par exemple:

• Prêt de 23 000$ à 7% sur 48 mois: mensualité de 550,76$

• Prêt de 20 000$ (comptant de 3 000$) à 6,7% (taux réduit) sur 48 mois: mensualité de 476,15$

La mensualité est réduite de 74,61$, mais il faut renoncer à une somme de 3 000$. En actualisant, comme dans l'exemple précédent, à un taux de 8%, on obtient ceci:

Économie mensuelle	(PMT)	–74,61$
Durée	(N)	48
Taux d'actualisation (coût personnel de l'argent)	(i)	8 ÷ 12
Calculer la valeur présente	(COMP PV)	Nil
Résultat		3 056$

En dollars d'aujourd'hui, il est plus avantageux de profiter de la réduction de la mensualité de 74,61$ que de placer les 3 000$ (ou de réduire sa marge de crédit). Il vaut donc mieux verser le comptant. La calculette du site www.ericbrassard.com permet de faire ces calculs. La méthode des coûts bruts peut aussi être utilisée ici.

À retenir de ce chapitre

- Il existe plusieurs façons de verser un comptant : chèque, voiture d'échange, points de cartes de crédit, etc. Il est possible de récupérer en argent toutes les formes de comptant déguisées, en particulier la valeur de la voiture d'échange.

- L'aversion pour les dettes, la discipline et les autres projets personnels sont des considérations non financières à évaluer avant de verser un comptant.

- Accessibilité : le fait de verser ou non un comptant a une incidence sur la mensualité, et donc sur la possibilité de boucler le budget.

- Coût réel : si le taux d'intérêt du prêt est inférieur au taux des autres utilisations possibles de l'argent (autres dettes, REER, REEE, placements hors REER), il vaut mieux conserver l'argent pour ces usages.

- Il faut éviter les versements comptant dans le cas des locations, à cause de la clause de garantie d'écart.

- Lorsque le fabricant offre le choix entre une remise en argent ou un taux réduit, ou s'il propose une réduction de taux pour le versement d'un comptant, utilisez la méthode du coût actualisé pour évaluer le coût de chaque option.

- Il est parfois difficile de bien évaluer les économies ou les coûts associés au versement d'un montant comptant. Dans le doute, n'hésitez pas à vous servir des calculettes du site www.ericbrassard.com.

CHAPITRE 24

Les prêts avec option de rachat

Rédaction et collaboration étroite
Éric Brassard
Valérie Borde

Relecture et commentaires
Joan Backus
CAA - Québec
George Iny
Lorraine Lévesque
Luc Serra

Les banques ne pouvant offrir de contrats de location, elles ont perdu une part importante du marché du financement automobile. Pour compenser, certaines ont concocté un type de prêt qui ressemble à un contrat de location : le prêt avec option de rachat (POR). Au moment d'écrire ces lignes, deux banques offraient ce produit au Québec. Voici comment il fonctionne :

- Le POR est une forme d'emprunt. Après un nombre de mois préétabli (24, 36, 48, 60 mois), l'emprunteur peut, s'il le désire, revendre sa voiture à la banque au prix garanti dans le certificat joint au contrat de prêt. Tout comme pour la location, la valeur résiduelle est ainsi garantie.

- La banque, pour réduire les mensualités, doit augmenter le nombre de mois requis pour le remboursement complet du POR. À l'instar de la location, le POR s'étale donc sur 65 à 85 mois, même si le terme est de 36 ou 48 mois (nous expliquons la différence entre le terme et la période d'amortissement aux pages 81 et 82 du chapitre 11).

Prenons l'exemple de Julia, qui hésite entre la location et un POR. Dans les 2 cas, la valeur résiduelle de la voiture est de 10 000 $, et le taux d'intérêt de 7 % sur 36 mois. La voiture est vendue 20 000 $ avant taxes (23 000 $ taxes comprises). Voici, selon la méthode rapide présentée au chapitre 10, les mensualités associées à chaque option.

Prêt avec option de rachat (POR)		Location	
Dépréciation		Dépréciation	
$\dfrac{23\,000\,\$ - 10\,000\,\$}{36}$	361,11 $	$\dfrac{20\,000\,\$ - 10\,000\,\$}{36}$	277,78 $
Intérêts		Intérêts	
$(23\,000\,\$ + 10\,000\,\$) \times \dfrac{7\,\%}{24}$	96,25 $	$(20\,000\,\$ + 10\,000\,\$) \times \dfrac{7\,\%}{24}$	87,50 $
		Total partiel	365,28 $
		Taxes (15 %)	54,79 $
Mensualité	457,36 $	Mensualité	420,07 $

Comme on peut le constater, la différence découle des modalités d'application des taxes. Pour le POR, la mensualité est fonction du prix de la voiture <u>plus taxes</u>; pour la location, les taxes sont appliquées seulement après le calcul de la mensualité. Avec une calculatrice financière, on obtient une mensualité de 459,74 $ pour le POR. Par conséquent, les sorties de fonds mensuelles de la location sont inférieures de 39,67 $ à celles du POR (459,74 $ – 420,07 $), soit 1 428 $ après 36 mois.

Une différence majeure : les taxes

Si elle choisit le POR, Julia sera propriétaire de la voiture et son emprunt comprendra la totalité des taxes, comme c'est toujours le cas des achats financés par emprunt. Jusque-là, tout baigne. Toutefois, si Julia décide de retourner sa voiture à la fin du terme (la banque lui rachète sa voiture au prix établi d'avance, soit 10 000 $), sa dette s'éteint et elle aura payé les taxes sur la valeur totale de la voiture. Pourtant, elle en aura utilisé une portion seulement. Cette différence est importante. Ainsi, si à la fin du terme Julia décide de retourner sa voiture à la banque, elle aura versé 1 428 $ de plus que si elle l'avait louée. Pas très intéressant ! Que faire pour éviter cet écart ? Julia a deux solutions : conserver la voiture ou la vendre elle-même.

Si elle décide de conserver la voiture, il ne lui reste que 10 000 $ à payer sur le prêt. Si elle avait loué, elle aurait dû financer 11 500 $ pour exercer son option d'achat : au prix de 10 000 $, il faut ajouter les taxes. L'écart de 1 428 $ vient de disparaître.

Si Julia ne tient vraiment pas à conserver la voiture, elle doit éviter de la retourner à la banque, sans quoi elle perdra son crédit de taxes. Il est préférable qu'elle vende elle-même la voiture, en signant un contrat de vente d'accommodement lors de sa prochaine transaction d'achat ou de location chez un concessionnaire (voir p. 215).

- Si elle réussit à vendre sa voiture pour 9 500 $, Julia récupérera 1 425 $ de taxes (15 % × 9 500 $). Au total, la transaction lui rapportera 10 925 $ (9 500 $ + 1 425 $). Une fois qu'elle aura remboursé sa dette de 10 000 $ à la banque, il lui restera 925 $. Par rapport à une location, elle aura perdu 503 $ (1 428 $ – 925 $). L'écart s'est donc amoindri.

- Si elle réussit à la vendre 10 000 $, elle récupérera 11 500 $ (10 000 $ + taxes). Après avoir remboursé la banque, il lui restera 1 500 $. Plus la valeur de revente est élevée, plus le crédit de taxes augmente, et plus la différence avec la location s'amoindrit. Au-delà de 10 000 $, les 2 options sont équivalentes car le locataire peut aussi tirer profit de l'excédent de 10 000 $ (voir p. 223).

- Si Julia ne parvient pas à revendre sa voiture à un bon prix (supérieur à 8 696 $, soit 10 000 $ ÷ 1,15 – voir les explications plus loin), elle devra se résigner à la retourner à la banque car le crédit de taxes potentiel devient insuffisant. L'emprunteur perd donc 1 428 $ par rapport au locataire.

Lorsqu'on choisit un POR, il faut s'assurer que la valeur marchande à la fin du terme sera la plus élevée possible. Ce type d'emprunt ne procure donc pas la même tranquillité d'esprit que la location pour ce qui est de la valeur résiduelle de la voiture. Qui plus est, le POR peut s'avérer plus coûteux, même si la différence est limitée (par exemple, 1 428 $ dans le cas de Julia) !

> Ce type d'emprunt ne procure donc pas la même tranquillité d'esprit que la location pour ce qui est de la valeur résiduelle de la voiture.

Supposons que Julia ait décidé d'aller de l'avant avec le POR et que, 36 mois plus tard, elle décide de se départir de la voiture pour s'en procurer une neuve. Elle sait que, en général, il serait préférable de la vendre elle-même mais que, à partir d'un certain seuil, il vaut mieux la retourner à la banque. Comment établir ce montant minimum ?

Pour le savoir, il lui suffit de diviser la valeur résiduelle garantie dans son contrat, soit 10 000 $, par 1,15 (à cause des taxes de 15 %). Ce calcul donne 8 696 $. Si elle peut vendre à ce prix, Julia récupérera 10 000 $ après taxes (8 696 $ + 15 % de taxes), soit autant que si elle avait retourné sa voiture à la banque. C'est le point d'indifférence.

Julia a de la chance : elle pourra vendre sa voiture plus cher que le montant-seuil. Elle doit ensuite répondre à une autre question : est-il préférable de la vendre à un particulier ou de la donner en échange à son concessionnaire à l'achat de sa nouvelle voiture ? Le chapitre 27 traite de ce sujet en profondeur, qui concerne non seulement les personnes qui ont choisi un POR, mais tous les propriétaires qui veulent revendre leur voiture.

Évidemment, le plus économique pour Julia aurait été de conserver sa voiture. En effet, tant que la voiture répond à ses besoins et qu'elle fonctionne bien, l'option la moins coûteuse consiste tout simplement à la garder. Il lui faudrait alors trouver un nouveau financement pour les 10 000 $ qu'il lui reste à payer. Au chapitre 20, nous traitons de la décision d'exercer ou non l'option d'achat dans le cas d'une location. Tout ce qui est dit s'applique également à une voiture financée au moyen d'un POR.

POR ou location ?

Outre la question des taxes, voici les points de ressemblance et de différence entre le POR et la location:

- Les limites de kilométrage permis durant le terme sont moins flexibles dans le cas d'un POR: souvent, un seul programme de base est offert, par exemple 24 000 km par année; les frais pour les kilomètres excédentaires sont identiques pour tous les types de voitures et l'achat de kilomètres d'avance ne donne généralement pas droit à un rabais. La notion d'usure normale s'applique aussi dans le cas du POR.

- Le solde d'un POR est entièrement payable en tout temps, sans frais. C'est aussi le cas si le contrat de location autorise l'achat du véhicule en tout temps, sans frais.

- Nous savons que la résiliation d'un bail peut exiger une sortie de fonds importante, surtout les premiers temps après la signature (voir ch. 26). Il en est de même si le propriétaire qui a contracté un POR veut se départir de sa voiture avant l'échéance. En effet, il doit la vendre et rembourser le solde de sa dette. Si la transaction survient dans les premiers mois, l'écart à combler sera aussi considérable (voir la question-photo de la p. 211). Le POR ne présente donc pas d'avantage en cas de résiliation, contrairement à ce que l'on croit. Il est toutefois plus facile d'en calculer le solde et les risques de manipulation des chiffres sont moindres.

- Il peut arriver qu'à la fin du terme, la valeur marchande de la voiture dépasse la valeur résiduelle. Le POR, tout comme la location, permet de tirer profit de cette situation. Il suffit en effet de vendre la voiture, de payer la dette et d'empocher la différence. C'est plus complexe avec la location (voir p. 223).

- Le POR n'est jamais assorti d'une clause de garantie d'écart (voir p. 245).

- Aucuns frais ne sont exigés à la signature d'un POR, comme c'est parfois le cas pour le contrat de location. Il n'y a pas non plus de dépôt de sécurité à verser. Un POR est un emprunt comme n'importe quel autre.

> **Une institution propose des POR pour l'achat d'une voiture auprès d'un particulier.**

- Il est possible de contracter un POR pour l'achat d'une voiture d'occasion. Une institution propose des POR pour l'achat d'une voiture auprès d'un particulier.

Cela étant dit, que choisir? Le POR ou la location? Utilisons nos critères habituels:

- Coût réel: le taux d'intérêt d'un POR n'est jamais inférieur à celui du marché. Celui d'une location est parfois plus avantageux, car les fabricants offrent des promotions.

- Accessibilité: à conditions égales, la mensualité du POR est toujours supérieure en raison des taxes.

- Risque associé à la valeur résiduelle: il subsiste dans le cas d'un POR, alors qu'il est nul dans le cas de la location. Si le prix de la voiture dépasse un certain seuil, le propriétaire a tout intérêt à la vendre lui-même pour profiter de son crédit de taxes. Par contre, si le prix de vente est très bas, mieux vaut retourner la voiture à la banque. Le locataire n'a pas à s'inquiéter de telles considérations.

- Le POR présente quelques avantages: aucun dépôt à verser, il peut être intéressant dans le cas d'une voiture d'occasion achetée d'un particulier, il est plus facile de le résilier, et il ouvre moins de possibilités aux manipulations de chiffres ou aux ajouts de frais injustifiés.

Tout compte fait, par rapport à la location, le POR fait piètre figure, sauf si le taux d'intérêt du POR est sensiblement inférieur. Le POR est particulièrement déconseillé si vous changez souvent de voiture. Contrairement à la location, il n'évite pas les tracas liés à la revente.

> **Le POR est particulièrement déconseillé si vous changez souvent de voiture.**

Un POR ou une autre forme de prêt?

Si on le compare à la location, le POR est moins avantageux. Par contre, si on le compare aux autres formes de prêts, il présente des avantages intéressants. Voici les points qui le distinguent des autres types de prêts:

- La durée réelle d'amortissement d'un POR est de 65 à 85 mois, alors que celle des autres prêts dépasse rarement 60 mois. Les mensualités du POR seront par conséquent inférieures à celles des autres types de prêts.

- Les autres formes de prêts sont toutes exemptes d'une garantie de valeur résiduelle. Même si cette clause offre somme toute peu d'intérêt, elle s'avérera utile si la voiture se déprécie beaucoup, notamment si elle a subi un gros accident.

• Le taux d'intérêt varie peu d'un type de prêt à l'autre. En fait, il dépend plus du dossier personnel de l'emprunteur que du type de prêt. Il peut arriver que le taux du POR soit plus élevé pour compenser les risques de la valeur résiduelle garantie.

Alors, vaut-il mieux choisir un POR ou un autre prêt personnel?

• Accessibilité: si l'on souhaite de faibles mensualités, le POR est plus intéressant. Si l'on souhaite payer rapidement sa voiture, mieux vaut choisir un mode de paiement dont la période d'amortissement est plus courte (36 ou 48 mois).

• Coût réel: la décision sera fonction des taux d'intérêt de chaque type de prêt. S'ils sont semblables, calculez le coût actualisé de chaque option en utilisant la calculette du site www.ericbrassard.com (voir ch. 17).

Certaines institutions offrent des prêts personnels remboursables sur 72 ou 84 mois. La mensualité sera alors similaire à celle d'un POR. Lequel de ces deux modes de financement est préférable?

Le POR conserve l'avantage de la garantie de valeur résiduelle. De plus, le taux d'intérêt d'un prêt traditionnel pourra être supérieur en raison du terme plus long: le terme d'un POR n'est que de 36, 48 ou 60 mois, même si la période d'amortissement s'étale sur 65 à 85 mois.

Le prêt traditionnel a l'avantage d'offrir un taux d'intérêt fixe pour toute sa durée, alors qu'il faudra négocier un nouveau prêt au terme du POR, ce qui entraîne un peu de tracas et un risque que le taux soit plus élevé.

Que choisir entre les deux? Tout dépend si l'acheteur préfère assumer un risque associé à la valeur résiduelle ou au taux d'intérêt. Nous vous recommandons le POR, si les taux d'intérêt des deux options sont semblables.

CHAPITRE 25

La signature d'un contrat

Rédaction et collaboration étroite
MARC MIGNEAULT
GEORGE INY
ÉRIC BRASSARD
VALÉRIE BORDE

Relecture et commentaires
JOAN BACKUS
CAA - QUÉBEC
LORRAINE LÉVESQUE
LUC SERRA

> Les contrats sont complexes et nuancés et il vous sera difficile d'y voir clair, même avec un effort marqué.

Tout le monde le sait : il faut lire les contrats[1] avant de les signer. Pourtant, peu le font. Dans un scénario typique, le vendeur présente le contrat, fournit des explications sommaires, le fait signer et en remet un exemplaire au client. Idéalement, nous devrions vous conseiller de lire attentivement toutes les clauses du contrat.

Soyons plus réalistes ! Au moment de la prise de possession d'une voiture, la pression est grande et il est difficile de rester concentré. Souvent, vous serez vous-même pressé. De plus, les contrats sont complexes et nuancés et il vous sera difficile d'y voir clair, même avec un effort marqué. Pour déjouer le scénario typique décrit ci-dessus, vous avez deux choix :

• Suivre le conseil de l'APA et exiger, avant la prise de possession, un exemplaire des documents à signer. Vous pourrez alors les lire calmement ou consulter une personne compétente. Attendez-vous à des réticences de la part des commerçants. Dans certains cas, vous devrez en faire une condition à la signature du contrat.

• Vous limiter, à la prise de possession, à une lecture des clauses critiques du contrat (voir la liste à la p. 205), en réclamant des explications au besoin. Assurez-vous que les explications sont conformes à vos attentes ou aux promesses reçues. Les exemples de contrat disponibles sur le site www.eric-brassard.com pourront être utiles.

---

1. Nous ne traitons pas dans ce livre des contrats de location ouverts, selon lesquels le locataire garantit la valeur résiduelle à la fin du bail. Ce type de contrat a à toutes fins utiles disparu du marché. Nous ne traitons pas non plus des contrats de location sans option d'achat (quasi inexistants aussi). Voir les pages 72 et 83 à ce sujet.

CERTAINES NUANCES

Voici quelques précisions utiles pour bien comprendre le chapitre. Tout d'abord, il ne faut pas confondre **contrat** et **entente préalable**.

- Un **contrat** est un document qui respecte toutes les règles de la *Loi sur la protection du consommateur* (LPC) et qui contient tous les renseignements prescrits.

- Une **entente préalable** (offre, promesse ou proposition) désigne tout autre document énonçant les termes de l'entente intervenue à l'issue des négociations. Souvent, un tel document ne respecte pas les exigences de la LPC, notamment en ce qui a trait aux renseignements à divulguer. Notez que, même si elle respecte les exigences, une entente préalable demeure une entente préalable si c'est ce qui est inscrit en en-tête.

Distinguons maintenant deux étapes du processus d'achat ou de location d'une voiture:

- **La fin des négociations:** une fois l'accord conclu, les conditions sont consignées dans une entente préalable (le plus souvent) ou un contrat.

- **La prise de possession de la voiture:** il peut s'écouler entre un jour et quelques mois entre la fin des négociations et la prise de possession. Le plus souvent, c'est à ce moment que le contrat est signé.

Les ventes de voitures neuves payées comptant ne requièrent pas de contrat.

En vertu de la LPC, certains contrats doivent **obligatoirement être constatés par écrit**, d'autres pas. Les ventes de voitures neuves payées comptant (ou financées ailleurs que chez le concessionnaire et ne faisant pas l'objet d'une vente à tempérament) ne requièrent pas de contrat. Il serait en effet possible d'acheter une voiture neuve sans signer le moindre document mais, en pratique, un contrat de vente sera signé. Tous les autres types d'ententes exigent un contrat écrit (vente à tempérament, location, vente au comptant d'une voiture d'occasion).

Au moment de la signature, la **modification d'une clause du contrat** n'est pas toujours facile ou possible. S'il s'agit d'une entente signée directement avec le concessionnaire (par exemple, une entente préalable ou un contrat de vente au comptant), il faudra négocier avec le directeur des ventes. S'il accepte, assurez-vous que ses initiales apparaissent dans la marge, à côté de la modification. Si le contrat est signé avec un tiers (par exemple, un contrat de location avec un bailleur externe), le concessionnaire n'a pas le pouvoir d'en modifier des clauses. En fait, c'est un contrat d'adhésion, qui doit être accepté tel quel. Idéalement, vous devriez prendre connaissance du contenu au moment des négociations et voir s'il vous convient. Finalement, précisons quelques points sur les dépôts:

- **Dépôt payé à la fin des négociations :** entre la fin des négociations et la prise de possession, le concessionnaire doit préparer la voiture et, souvent, installer des équipements ; ces opérations entraînent des coûts. Le dépôt lui permet de se protéger contre une éventuelle volte-face du client. Il est remboursé au moment de la prise de possession (ou il est déduit des sommes à payer à ce moment). Voir la page 326 à ce sujet.

- **Dépôt lié à un contrat de location :** il est exigé à la signature du contrat de location et remboursé à la fin du bail, si le locataire a rempli toutes ses obligations.

Dans ce chapitre, nous donnons des conseils pour aider le consommateur dans ses transactions, mais il ne faut pas oublier que toutes les parties à une négociation doivent faire des concessions. Le commerçant ne peut répondre à toutes les demandes si la loi ne l'y oblige pas. Tous les clients ne sont pas de bonne foi et il est normal que les commerçants se protègent. Faites preuve de jugement au moment des négociations.

> **Tous les clients ne sont pas de bonne foi et il est normal que les commerçants se protègent.**

ANNULATION D'UN CONTRAT

Dans l'ensemble, les règles relatives à « l'annulation[2] » d'un contrat sont mal comprises. Nous ne parlons pas ici de la résiliation quelques mois après la signature (voir ch. 26), mais de l'annulation du contrat après quelques jours. Beaucoup croient à tort que tout consommateur ayant signé un contrat, quel qu'il soit, peut l'annuler dans les dix jours. C'est un mythe !

Les règles de l'encadré de la page 200 sont relativement claires, mais encore faut-il savoir ce que doit contenir tout contrat aux termes de la Loi. Pour en savoir plus sur les mentions obligatoires, reportez-vous à la LPC, aux annexes et au Règlement qui en découle (sur les sites www.ericbrassard.com ou www.publicationsduquebec.gouv.qc.ca). Voici un résumé des mentions obligatoires :

- **Contrats de location :** les mentions des articles **45.1** (location à long terme), **32** (assurances), **44 et 45** (déchéance du bénéfice du terme et réserve de propriété) du **Règlement** et celle de l'article **150.5** (option d'achat) de la **Loi**. Les mentions applicables de **l'Annexe 5** doivent aussi apparaître.

- **Contrats de vente à tempérament :** les mentions des articles **39** (contrat assorti d'un crédit), **32** (assurances) et **41** (déchéance du bénéfice du terme) du **Règlement,** et les mentions de **l'Annexe 5**.

- **Contrats de vente sans crédit** (paiement comptant ou obtention du financement ailleurs) : pour les voitures **neuves**, aucune mention n'est obligatoire puisque aucune forme particulière de contrat n'est requise. Pour les voitures **d'occasion**, les mentions de l'article **158** de la **Loi** et une étiquette (articles **156** et **157** de la **Loi**) sont requises. L'étiquette doit être annexée au contrat (voir son contenu à la p. 352).

---

2. Nous utilisons le mot *annulation* dans un sens large et non dans son sens juridique.

Annuler un contrat

Voici ce que stipule la LPC relativement aux possibilités d'annuler un contrat sans pénalité. Évidemment, ces dispositions n'empêchent pas de négocier avec le commerçant, qui pourrait accepter d'annuler un contrat sans pénalité.

Entente préalable: une entente préalable (à un contrat qui doit être constaté par écrit) n'engage pas le consommateur – il devient lié seulement quand il signe un contrat qui respecte toutes les règles de la Loi (LPC-24). Il peut donc décider de ne pas donner suite à une entente préalable. Notez que le commerçant, lui, est lié par cette entente.

Contrat de location: un contrat de location d'une voiture **neuve** ou **d'occasion** qui est conforme à la Loi ne peut pas être annulé unilatéralement. Il n'existe pas de délai légal, ni de deux jours, ni de dix jours, et la prise de possession de la voiture n'y change rien. Attention: on parle ici du contrat et non de l'entente préalable.

Contrat de vente sans crédit (la voiture est payée comptant ou le consommateur trouve lui-même le financement): ce type de contrat ne peut pas être annulé unilatéralement. Il n'y a pas de délai légal, même si la prise de possession n'a pas eu lieu. Pour les voitures **neuves**, un contrat écrit n'est même pas requis! Pour les voitures **d'occasion**, le contrat doit respecter les règles de forme énoncées plus loin.

Contrat de vente avec crédit (vente à tempérament):

- **Voiture neuve**: le consommateur dispose de deux jours à compter de la réception du double du contrat pour l'annuler sans pénalité, si la prise de possession n'a pas eu lieu. Si elle a eu lieu, il ne peut annuler le contrat sans pénalité.

- **Voiture d'occasion**: le consommateur dispose de deux jours à compter de la réception du double du contrat pour annuler le contrat sans pénalité, même s'il a pris possession de la voiture. Cependant, selon le principe jurisprudentiel de la remise en état des parties, la voiture doit être retournée dans son état initial.

Les mentions prescrites sont généralement faciles à repérer. Souvent, elles sont imprimées en plus gros caractères et elles sont précédées du titre *Mention exigée par la Loi sur la protection du consommateur*.

Les contrats conditionnels

Un contrat est dit *conditionnel* si son exécution est fonction de la satisfaction d'une condition précise. Les plus fréquentes ont trait à l'obtention du financement ou à la vente d'une voiture d'occasion. Une telle clause permet de ne pas donner suite au contrat (sans pénalité) si ladite condition n'est pas remplie.

Ces clauses conditionnelles, souvent écrites à la main au bas du contrat, sont parfois nébuleuses. Une clause relative au financement, par exemple, devrait stipuler très explicitement que «la vente est conditionnelle à ce que le client obtienne par lui-même un prêt sur 48 mois à un taux de 6 % d'intérêt ou moins». Sans cette précision, le commerçant a tout loisir de trouver un financement sur 36 mois à 28 %, en alléguant que la condition est respectée. Si la clause rend la vente conditionnelle à la vente d'une voiture, elle devrait être aussi précise que «…conditionnelle à ce que le client vende sa voiture à un prix d'au moins 10 000 $ d'ici 1 mois». Dans tous les cas, il est plus prudent de préciser la conséquence d'une condition non respectée, par exemple: «…sinon le contrat sera annulé sans frais et le dépôt sera remboursé sans condition».

> Ces clauses conditionnelles, souvent écrites à la main au bas du contrat, sont parfois nébuleuses.

Des exemples

▶ *Lorraine a signé un contrat de location d'une voiture d'occasion dont elle prend possession. Le lendemain, elle veut annuler le bail. Peut-elle le faire sans pénalité?*

Le consommateur ne peut annuler un contrat de location (sauf si le commerçant accepte). Ici, ce sont les règles de résiliation d'un bail qui s'appliquent (voir ch. 26). Si Lorraine avait signé pour une vente à tempérament, elle aurait eu deux jours à compter de la réception du double du contrat pour annuler, pourvu qu'elle retourne la voiture dans le même état.

▶ *Pierre a signé un contrat de vente pour une voiture neuve. Il décide de chercher le financement ailleurs que chez le concessionnaire. Après quelques essais infructueux, il souhaite annuler le contrat. Pourra-t-il le faire sans pénalité?*

Aucune règle ne lui permet d'annuler unilatéralement le contrat. Pour pouvoir annuler le contrat sans pénalité, Pierre aurait dû y faire inscrire une condition expresse le rendant annulable sans frais s'il ne trouve pas de financement acceptable à ses yeux.

▶ *Jacques veut louer une voiture neuve. Au terme des négociations, le vendeur lui fait plutôt signer un formulaire de contrat de vente, mais au bas, plusieurs ajouts manuscrits décrivent les conditions de location (option d'achat, mensualités, taux d'intérêt, etc.). Lorsqu'il*

prendra possession de la voiture, Jacques signera un contrat de location en bonne et due forme. Le lendemain de la signature du premier document, il veut annuler le contrat.

Il est de pratique courante de faire signer un contrat de vente avant de faire signer le contrat de location proprement dit. Un contrat de vente ne contient pas les mentions obligatoires d'un contrat de location et peut ainsi être annulé sans pénalité. Il s'agit d'une entente préalable, donc sans risque pour le consommateur. On voit toutefois des situations plus douteuses: un client qui signe un contrat de vente (en souhaitant louer la voiture) auquel les conditions de la location ne sont pas ajoutées au bas. Beau litige en vue quand on sait qu'un contrat de vente de voiture neuve ne peut être annulé unilatéralement! Ne signez jamais une telle entente.

▶ *Geneviève signe une demande de crédit et une entente préalable en vue de signer un contrat de vente à tempérament d'une voiture neuve (si son dossier de crédit est bon). Elle a donné un dépôt de 400$. Le lendemain, elle souhaite annuler le contrat. Peut-elle le faire?*

En fait, elle n'a rien à annuler car elle n'a signé aucun contrat qui la lie officiellement. Elle peut refuser de donner suite à l'entente préalable sans frais et récupérer son dépôt. Tout comme dans le cas précédent, il faut être prudent car c'est souvent un contrat de vente qui est signé (et non une entente préalable). Pour éviter d'être victime de pratiques douteuses consistant à laisser croire qu'il s'agit d'un contrat de vente sans crédit, faites inscrire au bas les conditions du financement offert.

▶ *Paul signe un contrat de vente à tempérament d'une voiture neuve. Le lendemain, il regrette son geste. Peut-il annuler le contrat sans pénalité?*

Si Paul a pris possession de la voiture, c'est impossible car il s'agit d'une voiture neuve. Sinon, il a deux jours après avoir reçu un double du contrat pour annuler sans pénalité.

La pénalité en cas d'annulation

Si un client souhaite annuler un contrat en sachant qu'il ne peut éviter les pénalités, il peut tenter de négocier le montant avec le commerçant. Cependant, s'il a versé un dépôt au moment de la signature, il a peu de chances de le récupérer…

Au verso de la plupart des contrats de vente, une clause précise qu'une pénalité de 3% à 5% du prix de vente ou un montant forfaitaire (par exemple 500$ pour la première tranche de 10 000$ du prix de la voiture, et 50$ par 1 000$ ou tranche de 1 000$ supplémentaires) sera imposée si le client ne respecte pas son engagement. C'est énorme, voire abusif, comme le souligne cet extrait de *140 lettres pour tout régler*, publié dans la collection Protégez-Vous :

« Selon l'OPC, cette pratique est illégale au sens de la LPC, bien que cette position n'ait pas toujours été retenue par les tribunaux. Toutefois, un important jugement rendu en 1993 en Cour supérieure a conclu qu'en vertu des articles 8 et 9 de la LPC, un commerçant n'a pas droit à des dommages et intérêts supérieurs à ceux qu'il a réellement subis. Il n'a donc pas droit d'emblée au montant prévu à la clause de pénalité et doit faire la preuve des dommages qu'il a subis. Pour éviter d'éventuels problèmes, faites retirer cette clause ou faites remplacer le pourcentage inscrit à la clause par 2 %. »

Au lieu de 2 %, demandez de faire inscrire 1 % ou un montant fixe (par exemple, 250 $). La modification doit être claire et le vendeur doit apposer ses initiales à côté. Attendez-vous toutefois à de fortes réticences. Pour limiter les problèmes éventuels, il vaut mieux négocier le dépôt au plus bas montant possible, soit entre 200 $ et 300 $, et jamais plus de 500 $.

Faites garantir les conditions

Compte tenu du délai possible entre la première signature et la prise de possession de la voiture, l'APA conseille de vérifier que le document signé indique clairement :

- le prix négocié de la voiture et des équipements. Faites biffer la clause qui prévoit un ajustement si le fabricant augmente le prix qu'il demande au concessionnaire. Ce n'est pas votre problème ! Attendez-vous à des réticences de la part du vendeur. L'ajustement lié à une hausse potentielle des taxes est normal ;

- la valeur accordée à la voiture d'échange (voir aussi la p. 222 à ce sujet) ;

- un taux d'intérêt garanti jusqu'à la prise de possession. Faites inscrire que, en cas de baisse du taux d'intérêt, vous pourrez en profiter ;

- dans le cas d'une location, la durée, la mensualité, la valeur résiduelle, l'option d'achat, le kilométrage accordé, le coût des kilomètres excédentaires et achetés d'avance.

Les délais de livraison

Si le concessionnaire doit commander la voiture, le délai de livraison peut être long. Les contrats prévoient une date de livraison, mais il arrive souvent qu'une clause au verso stipule qu'elle sera effectuée à cette date ou le plus tôt possible après. Cette clause laisse donc une grande latitude au concessionnaire. Tentez de la faire remplacer, par exemple, par celle-ci : « La voiture sera livrée au plus tard le [date], à défaut de quoi le commerçant sera en demeure de plein droit et le consommateur pourra déclarer le contrat nul, auquel cas le commerçant devra remettre au consommateur toute somme que ce dernier lui aura remise. » Si une telle modification n'a pas été faite et que la livraison tarde, vous pouvez engager des démarches pour faire annuler le contrat. Faites-vous aider (voir ch. 41).

Une voiture non conforme aux attentes

Il peut arriver que la voiture livrée ne corresponde pas à celle souhaitée : couleur, équipements, modèle, etc. Pour éviter les problèmes, exigez que le contrat ou l'entente préalable fasse la description détaillée des équipements et des caractéristiques convenus (modèle, cylindrée, etc.). En cas de conflit, vous obtiendrez plus facilement gain de cause si tout est écrit. Si la voiture n'est pas conforme sur un aspect important, ne signez rien et n'en prenez pas possession, car ce geste pourrait être interprété comme une acceptation tacite. Bref, inspectez la voiture avant de signer quoi que ce soit (voir ch. 39). Si le commerçant ne vous donne pas satisfaction et qu'un litige s'installe, faites-vous aider (voir ch. 41).

> **Inspectez la voiture avant de signer quoi que ce soit.**

L'immatriculation

Certains concessionnaires offrent un service d'immatriculation avant livraison, pour vous éviter les frais d'immatriculation temporaire de dix jours (un « transit » dans le jargon) et de vous rendre à la SAAQ. L'acceptation de ce service ne change rien aux règles et ne vous empêchera pas d'annuler le contrat sans pénalité, si la Loi le permet. Notez qu'une voiture louée doit être immatriculée avant livraison.

PARTICULARITÉS DE LA LOCATION

Il faut porter une attention spéciale à certains aspects à la signature d'un contrat de location. Méfiez-vous particulièrement s'il s'agit d'un contrat de location d'une voiture d'occasion, ou si vous faites affaire avec le marchand du coin ou une société moins connue.

Montants importants : la Loi exige seulement la divulgation de la mensualité et du montant de l'option d'achat mais assurez-vous que le prix négocié, la valeur résiduelle et le taux d'intérêt sont aussi indiqués et conformes aux négociations, ou du moins correctement considérés dans les calculs (voir ci-après). Le plus souvent, ces données figurent aux contrats.

Paiements : le contrat doit énoncer le montant, le calendrier et le but des paiements exigés avant ou pendant la durée du contrat (mensualités, option d'achat, coût des kilomètres excédentaires, etc.). Attardez-vous notamment aux frais d'acquisition, de manutention, d'exercice de l'option d'achat ou d'aliénation du véhicule en fin de bail.

Exactitude de la mensualité : il s'agit d'un calcul délicat, qu'il vaut mieux faire à tête reposée chez soi avant de signer un bail. Vous pouvez utiliser la calculette du site www.eric-brassard.com.

- Assurez-vous d'abord que le prix négocié est le bon, y compris les options, les garanties prolongées et toute autre protection. De même pour la valeur de la voiture d'échange, le taux d'intérêt, la valeur résiduelle et la durée du bail.

- Établissez ensuite le montant à financer (voir p. 84), en tenant compte notamment du prix négocié de la voiture, de la valeur de la voiture d'échange, du comptant versé, des frais pour le RDPRM (voir p. 69), de la taxe sur les pneus, etc. Vérifiez qu'aucuns frais non prévus ou non justifiés ne sont ajoutés (frais d'acquisition, entre autres).

- Les taxes représentent 15,025 % de la mensualité, sauf si vous donnez une voiture en échange et qu'une partie ou la totalité de sa valeur vous est retournée en argent (voir p. 103).

- En cas d'écart significatif (ne lésinez pas pour quelques dizaines de sous), ne signez pas. Ne vous laissez pas avoir par des arguments du type : «Les ordinateurs, ça ne se trompe pas !» ou «Les calculs respectent les règles du gouvernement !»

Versement exigé à la prise de possession : généralement, ce montant englobe la première mensualité, un dépôt remboursable à la fin du contrat, souvent équivalent à une mensualité, et le versement comptant en argent (plus taxes). Assurez-vous que le dépôt déjà versé au moment des négociations est soustrait des sommes dues. Il arrive que la valeur de la voiture d'échange soit considérée dans ce calcul, même s'il est entendu que cette somme n'est pas versée en argent liquide.

Kilométrage : le nombre de kilomètres alloué et le coût des kilomètres excédentaires doivent être indiqués. Vérifiez que ces frais sont exigibles seulement à la fin, sauf en cas de résiliation ou de perte totale (voir p. 214 et 267). Vérifiez que l'on tient compte des kilomètres déjà affichés à l'odomètre. Si vous achetez d'avance des kilomètres, la valeur résiduelle (et l'option d'achat) devrait être diminuée de leur coût (voir ch. 21). Vérifiez qu'ils sont remboursables s'ils sont inutilisés.

Frais pour usure anormale : au Québec, seule est valide une mention stipulant que de tels frais peuvent être exigés. Toute tentative de définir l'usure normale est sans effet. Dans le cas des voitures d'occasion, faites noter au contrat les défauts visibles pour éviter qu'on vous en impute la responsabilité à la fin du bail.

Clauses critiques : les contrats de location sont le plus souvent des contrats d'adhésion, qu'il faut prendre tels quels. N'attendez pas le moment de la signature pour discuter de la présence et de l'acceptabilité de certaines clauses – voyez-y dès le début des négociations, car elles pourraient influencer votre décision. Les voici : la garantie d'écart (p. 245) ; les frais d'administration imputés à la signature du bail ; la possibilité d'acheter la voiture en tout temps (voir p. 83 et 159), les frais afférents à l'option d'achat (à la fin ou durant le bail) et la possibilité de substitution par un autre acheteur (voir p. 223) ; les frais exigés en cas de cession de bail ou de sous-location (voir ch. 26) ; les restrictions à l'utilisation de la voiture et les exigences en matière d'assurance. Au moment de la signature du contrat, assurez-vous simplement que ces clauses sont présentes et formulées tel que convenu.

Dans le cas d'un achat, il n'y a pas autant de vérifications à faire, mais revoyez quand même tous les calculs (mensualité, taxes, versement à la prise de possession, etc.).

AUTRES ASPECTS

- Quelques règles s'appliquent aux contrats qui doivent être constatés par écrit: les modifications manuscrites doivent être initialées par les deux parties. Le commerçant signe le premier et remplit entièrement le contrat, <u>sans</u> laisser de blancs, avant que le client ne signe lui-même, après avoir pris le temps de le lire (LPC 27). Tout ajout inscrit après la signature du client n'a aucune valeur légale (LPC 28). Le commerçant ne peut ajouter une clause le dégageant de sa responsabilité à l'égard des conséquences de ses fautes (LPC 10). Il ne peut non plus imputer au client des frais, de quelque nature, dont le montant n'est pas stipulé au contrat (LPC 12). Le formulaire de contrat de vente d'une voiture d'occasion contient plus d'information. Exigez-le (voir ch. 40).

- Toute publicité ou promesse verbale lient le commerçant, mais il est plus sage de faire écrire les promesses et de conserver (ou de prendre en note) les publicités.

- Vous aurez probablement d'autres documents à signer (achat d'une garantie prolongée, voiture donnée en échange, etc.). Voir la page 341 du chapitre 39.

- En cas de litige, le chapitre 41 vous livre quelques conseils utiles.

> La feuille de route 25.1, disponible sur le site www.ericbrassard.com, fournit un résumé des principaux aspects auxquels porter attention au moment de la signature d'une entente préalable ou d'un contrat. Le site contient en outre des exemples des principales clauses d'un contrat de location. Vous pourrez de la sorte vous familiariser avec ce type de contrat *avant* de signer.

CHAPITRE 26

La résiliation d'un contrat

Rédaction et collaboration étroite
ÉRIC BRASSARD
MARC MIGNEAULT
GEORGE INY
VALÉRIE BORDE

Relecture et commentaires
JOAN BACKUS
CAA - QUÉBEC
LORRAINE LÉVESQUE
LUC SERRA

Plusieurs facteurs peuvent vous obliger à résilier un contrat de location : nouveaux besoins, difficultés financières (perte d'emploi, divorce, etc.), départ du pays, décès… ou tout simplement l'envie d'une autre voiture !

La *Loi sur la protection du consommateur* (LPC) accorde le droit de résilier en tout temps un contrat de location et elle en fixe les principales modalités. La résiliation peut toutefois occasionner des sorties de fonds importantes, surtout si elle survient au cours des premiers mois du bail. Nous verrons dans ce chapitre comment calculer ce montant.

Le chapitre traite aussi de cession de bail, de sous-location et de vente d'une voiture louée, ainsi que de la résiliation d'un contrat de vente à tempérament.

LE CALCUL DE LA SOMME À PAYER

Si le locataire résilie son contrat et retourne la voiture, le bailleur subit généralement un préjudice financier qu'il réclamera au locataire. Voici comment ce préjudice est calculé :

Solde de la dette au moment de la résiliation	xx xxx
Valeur de la voiture au moment de la résiliation	(xx xxx)
Total partiel	x xxx
(+) Taxes (15 %)	xxx
Somme à payer	x xxx

Comme on le sait, durant les premiers mois, la valeur de la voiture baisse plus rapidement que le solde de la dette. Il faut donc presque toujours s'attendre à avoir un certain montant à payer. Selon la LPC, il incombe au bailleur de faire un effort raisonnable pour le diminuer le plus possible. Les deux montants nécessaires au calcul peuvent être sujets à litige.

Dernière heure : un jugement de la Cour d'appel

Une décision rendue par la Cour d'appel du Québec le 6 mars 2002 (*GMAC c. Plante*) valide la méthode de calcul présentée dans cette section. Comme il s'agit d'une décision de la Cour d'appel, elle fait jurisprudence. On peut en prendre connaissance sur le site www.eric-brassard.com ou sur celui de la Cour d'appel.

Le solde de la dette au moment de la résiliation

Le solde de la dette peut être calculé à partir des données inscrites au contrat, comme nous l'avons montré au chapitre 11 (au moyen de la méthode actuarielle, imposée dans le jugement de la Cour d'appel). Ce n'est pas peine perdue puisqu'il semble que les abus soient courants. Le directeur financier d'un concessionnaire nous a même avoué que, peu importe le montant qu'il proposait, il était rarement contesté par le client !

Voyons un exemple. Louise loue pour 36 mois une voiture dont le prix négocié est de 20 000 $, avec un taux d'intérêt de 7 % et une valeur résiduelle de 12 000 $. Elle verse chaque mois 362,45 $ (315,18 $ avant taxes). Un an après, elle veut changer de voiture et décide de résilier le bail. Quel est alors le solde de sa dette ? Louise pense qu'il lui suffit d'additionner les montants à verser selon le contrat, à savoir les 24 mensualités et le prix d'achat à la fin du bail :

• Mensualités impayées (24 × 362,45 $)	8 698,80 $
• Valeur résiduelle (12 000 $ + 15 % de taxes)	13 800,00 $
Solde de la dette	22 498,80 $

Heureusement, Louise commet deux erreurs. Tout d'abord, dans le cas d'une location, les taxes sont imputées sur les montants réellement versés et non sur les versements à venir (voir p. 99). Ensuite, si Louise rembourse sa dette maintenant, elle n'a pas à payer les intérêts futurs. Elle a oublié le principe présenté au chapitre 7 : la valeur de l'argent dans le temps. Les 24 mensualités impayées ont été calculées initialement en partant de l'hypothèse qu'elles seraient payées graduellement, mois après mois, et qu'une portion de la somme correspondrait aux intérêts sur l'argent emprunté. Cela n'a plus sa raison d'être. Idem pour la valeur résiduelle : payer cette somme dans 24 mois n'équivaut pas à la payer sur-le-champ. Pour connaître le solde de sa dette, Louise doit actualiser les montants pour éliminer les intérêts. Le calcul précis donne 17 517,18 $, soit presque 5 000 $ de moins que ce qu'elle croyait ! Une belle marge de manœuvre pour un commerçant sans scrupules devant un consommateur peu averti !

Pour calculer le solde de la dette au moment de la résiliation, vous pouvez :

- utiliser la calculette du site www.ericbrassard.com. Elle fournit de plus le tableau d'amortissement du bail, qui permet de connaître le solde de la dette à tout moment ;

- demander l'aide d'une personne qui connaît les mathématiques financières ;

- utiliser une calculatrice financière[1] pour actualiser les sommes futures (voir aussi la p. 86 pour comprendre ce calcul). Voici les résultats dans le cas de Louise :

Données à entrer ou actions à poser	Touches à utiliser	Chiffres à entrer	Résultat
Pour les versements mensuels :			
(bien vider la mémoire d'abord)			
Paiement mensuel (avant taxes)	PMT	–315,18 $	
Période restante	N	24	
Taux d'intérêt	i	7 ÷ 12	
Paiements de début de période	BGN		
Calcul de la valeur actuelle	COMP PV		7 080,64 $
Pour la valeur résiduelle :			
Valeur résiduelle (avant taxes)	FV	–12 000 $	
Période restante	N	24	
Taux d'intérêt	i	7 ÷ 12	
Enlever la fonction			
« Paiements de début de période »	BGN		
Calcul de la valeur actuelle	COMP PV		10 436,54 $
Solde de la dette			17 517,18 $

La valeur de la voiture

Pour rembourser sa dette, le consommateur a en main une voiture ayant une certaine valeur. À la résiliation du bail, il la remet au bailleur, qui la vendra généralement à l'encan. Ce dernier a l'obligation de minimiser les dommages. Lorsque la vente a eu lieu, le locataire reçoit un avis lui indiquant la somme obtenue. La voiture étant vendue dans le marché du gros (et non au détail), la somme est quelquefois décevante. Le locataire qui veut réduire la somme

---

1. Dans le jugement de la Cour d'appel, on établit le solde de la dette en soustrayant de toutes les sorties de fonds prévues un montant d'intérêts non gagnés. Cette façon de faire, plus longue et plus lourde, aboutit exactement au même résultat que celui obtenu avec une calculatrice financière ou la calculette du site www.ericbrassard.com. Dans les trois cas, il s'agit toujours de la méthode actuarielle. Un texte expliquant les subtilités des trois calculs est disponible sur le site www.ericbrassard.com.

à payer par suite de la résiliation devrait demander au concessionnaire combien il estime pouvoir obtenir pour la vente de la voiture. Si le locataire pense faire mieux, il peut vendre lui-même la voiture (voir p. 213). L'APA a conclu des ententes avec les concessionnaires de certains fabricants grâce auxquelles ses membres obtiennent de bons prix pour leur voiture dans le cas d'une résiliation de bail.

Le calcul du montant à verser et des taxes

Une fois le montant du solde de la dette et la valeur de la voiture connus, on peut calculer le montant à verser. Dans le cas de Louise, le calcul ira comme suit :

Solde de la dette	17 517 $
Valeur de la voiture (hypothèse)	(15 000) $
Total partiel	2 517 $
Taxes (15 %)	378 $
Somme à payer	2 895 $

Louise doit 17 517 $, mais elle retourne une voiture ne valant que 15 000 $. Elle doit donc combler la différence de 2 517 $ plus taxes (dans une location, les taxes sont toujours calculées sur les sommes réellement versées par le locataire).

Louise pourrait aussi transférer ces 2 895 $ au contrat de financement de la nouvelle voiture qu'elle s'apprête à louer ou à acheter[2]. C'est souvent ce qui se produit quand un vendeur suggère à un locataire de louer une nouvelle voiture quelques mois avant la fin d'un bail – pour lui permettre de profiter d'un nouveau modèle, par exemple. Soyez très prudent et surveillez de près la somme transférée au nouveau contrat. Les possibilités d'erreurs ou de manipulations sont multiples.

---

2. Si la nouvelle voiture est louée, la somme transférée au nouveau bail sera de 2 517 $ seulement – le locataire paiera les taxes plus tard, sur les versements découlant de ce bail.

On voit bien que la location peut devenir très coûteuse si on retourne la voiture avant la fin du bail. Les pénalités sont importantes et c'est pour cela que j'évite la location.

ÉDOUARD
Chauffeur d'autobus

Dans l'exemple de Louise, le montant de 2 895 $ ne correspond pas à une pénalité, mais au coût qu'elle doit assumer pour changer de voiture après 1 an. La location n'est pas plus coûteuse en elle-même. Le problème vient de ce que Louise veut changer de voiture rapidement. Tout propriétaire qui déciderait d'en faire de même devrait lui aussi compenser la différence entre la valeur de sa voiture et le solde de son prêt auto.

Cependant, comme la location est une dette amortie sur une longue période (65 à 85 mois – voir p. 81), le solde de la dette baisse moins vite que celui d'un prêt auto étalé sur 48 ou 60 versements. Durant la première année, le locataire paie une plus petite part de la voiture que le propriétaire. S'il la remplace au bout d'un an, le propriétaire paiera un peu moins, non pas parce qu'il a fait une bonne affaire, mais parce qu'il a payé plus durant l'année.

> Si les petites mensualités vous incitent à acheter une voiture trop coûteuse, attention aux surprises désagréables si vous résiliez le bail.

Le montant versé en cas de résiliation ne constitue donc pas une raison valable pour éviter la location : que l'on soit propriétaire ou locataire, il faudra payer une somme sensiblement équivalente pour se séparer de sa voiture après un an. Une location est tout simplement un autre mode de financement, auquel on associe aussi bien des inconvénients farfelus que de fausses vertus. Par exemple, si les petites mensualités vous incitent à acheter une voiture trop coûteuse (ou qui se déprécie rapidement dans les premières années), attention aux surprises désagréables si vous résiliez le bail en cours de route.

La valeur résiduelle est-elle une dette ?

On s'étonne parfois d'avoir à tenir compte de la valeur résiduelle dans le calcul du solde de la dette. Après tout, rien n'oblige le locataire à exercer son option d'achat à la fin du bail. Encore un faux raisonnement ! Il ne faut pas confondre option d'achat et valeur résiduelle même si, dans l'immense majorité des contrats de location actuels, ces deux montants sont identiques. L'option d'achat représente un droit, alors que la valeur résiduelle est le fruit d'une obligation. Nous avons déjà expliqué cette notion à la page 81. À la fin du bail, le locataire a :

- soit l'obligation de retourner la voiture en état d'usage normal ;
- soit le droit d'acheter la voiture pour 12 000 $.

Dans les deux cas, il s'agit toujours du règlement d'une dette. Dans le premier, il paie « en ferraille » alors que, dans le second, il paie en argent (et garde la voiture).

La valeur résiduelle correspond au solde de la dette à la fin du bail. À l'évidence, ce solde fait partie intégrante du solde de la dette à tout moment durant le bail – c'est d'ailleurs la raison pour laquelle on paie des intérêts sur la valeur résiduelle !

Mais encore plus simplement, regardons la réalité : le locataire a-t-il en main une voiture neuve ? Oui. L'a-t-il payée ? Non. Donc, il a contracté une dette. A-t-il commencé à payer cette dette ? Oui, il a versé douze paiements. La dette est donc égale au prix de la voiture moins la portion capital de ces douze paiements. C'est tout ! Le locataire profite d'une voiture qu'il n'a pas fini de payer et la façon dont il s'y serait pris pour éteindre la dette n'est d'aucune importance.

LA CESSION DU BAIL OU LA SOUS-LOCATION

Si le locataire trouve un tiers disposé à reprendre le bail, il peut le lui céder. À ce sujet, voici un extrait de la brochure *Louer ou acheter une automobile ?*, publiée par l'Office de la protection du consommateur :

« Le locataire doit fournir au locateur, de préférence par écrit, les nom et adresse de la personne à laquelle le bail doit être cédé, en demandant le consentement du bailleur ; si celui-ci n'avise pas le locataire de son refus dans les 15 jours de la réception de l'avis de cession de bail, le locateur est réputé avoir accepté la cession. Il va alors de soi que les motifs de refus fournis doivent être sérieux ; en cas de contestation du locataire, le locateur aura le fardeau de démontrer au tribunal le sérieux de ces motifs.

La cession acceptée par le locateur ou, le cas échéant, validée par le tribunal dégage complètement le locataire de toute responsabilité à l'égard du bail, sauf si le bail comporte une clause maintenant la responsabilité du locataire en cas de cession de bail. À noter qu'une clause du bail interdisant la cession ou la sous-location ou ne permettant cette cession ou sous-location qu'en cas de consentement du locateur est interdite et par conséquent nulle. »

La procédure sera la même si vous optez pour une sous-location.

Est-ce un cadeau à offrir à un ami ?

La personne qui accepte de reprendre le bail ou de sous-louer la voiture ne fait pas nécessairement une bonne affaire. Elle loue une voiture d'occasion, mais elle paie les mensualités d'une voiture neuve. En effet, dans le cas d'une location :

• durant les premiers mois, le locataire paie moins que le coût réel (c'est d'ailleurs pour cela qu'il a une certaine somme à payer s'il résilie le bail) ;

• durant les derniers mois, pour tout équilibrer, il doit payer plus que le coût réel.

En fait, Louise a accumulé un déficit (2517 $) qu'elle refile à celui qui accepte d'assumer le bail ou de sous-louer. Théoriquement, ce dernier n'aurait pas avantage à accepter, à moins qu'une partie de la mensualité soit assumée par Louise. En sachant que la voiture vaut 15 000 $ et qu'il reste 24 mois avant la fin du bail, voici ce que donnent les calculs.

Dépréciation des 24 prochains mois

$$\frac{15\,000\,\$ - 12\,000\,\$}{24} \qquad = \qquad 125,00\,\$$$

Coût financier

$$\frac{(15\,000\,\$ + 12\,000\,\$) \times ,07}{24} \qquad = \qquad \underline{78,75\,\$}$$

Mensualité avant taxes	203,75 $
Taxes (15 %)	30,56 $
Mensualité	234,31 $

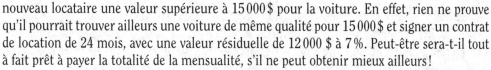

Une réduction de mensualité de 128,14 $ (362,45 $ – 234,31 $) devrait être accordée par Louise au nouveau locataire. Pour elle, ce peut être une façon de répartir sur 24 mois son coût de 2 895 $, en assumant 128,14 $ par mois. Bien sûr, ce genre d'entente est conclue entre le locataire et un tiers. Le bailleur n'intervient pas dans la transaction. Mieux vaut dans ces cas transiger avec des proches.

Les calculs précédents sont théoriques et supposent la réduction maximale de la mensualité. En pratique, la réduction peut être moindre, voire nulle. Ce sera le cas si Louise peut négocier avec le nouveau locataire une valeur supérieure à 15 000 $ pour la voiture. En effet, rien ne prouve qu'il pourrait trouver ailleurs une voiture de même qualité pour 15 000 $ et signer un contrat de location de 24 mois, avec une valeur résiduelle de 12 000 $ à 7 %. Peut-être sera-t-il tout à fait prêt à payer la totalité de la mensualité, s'il ne peut obtenir mieux ailleurs !

Notez que les bailleurs exigent souvent des frais de cession ou de sous-location. C'est permis pourvu que le montant exact soit prévu au contrat et qu'il ne soit pas abusif.

LA RECHERCHE D'UN ACHETEUR

Si Louise peut trouver une personne prête à acheter sa voiture pour un montant supérieur à 15 000 $ et à assumer les 2 taxes sur le prix convenu, elle aura moins d'argent à verser au bailleur au moment de la résiliation. Elle doit cependant s'assurer que le contrat de location permette l'achat de la voiture durant le bail et que le bailleur accepte la substitution d'acheteur (voir p. 223). En général, ces deux conditions ne posent pas de problème. Dans les rares cas où le prix convenu est supérieur au montant que Louise doit au bailleur (17 517 $), elle pourra même se faire rembourser la différence.

Lors d'une vente entre particuliers, l'acheteur paye seulement la TVQ, normalement. Ainsi, si l'acheteur potentiel de Louise est réticent à payer les 2 taxes, elle devra lui consentir un rabais équivalent à la TPS (voir la p. 104 pour des explications supplémentaires). Elle aura alors bien du mal à récupérer plus de 15 000 $. On trouve à la page 223 la procédure recommandée pour la vente d'une voiture louée. Même s'il y est question de vente à la fin du bail, ce raisonnement s'applique durant le bail.

Quelques précisions importantes

- Le bailleur doit remettre au locataire le dépôt versé à la signature du bail, de même que toute mensualité perçue d'avance (et non échue au moment de la résiliation). Il peut aussi déduire ces sommes du montant dû par le locataire.

- Le bailleur ne peut réclamer (1) les frais de nettoyage, d'entreposage ou d'assurance assumés pendant la période précédant la relocation ou la vente de la voiture ; (2) des frais de remorquage non requis par le locataire ou non convenus avec celui-ci ; (3) les frais relatifs à la vente à l'encan. Ces frais ne découlent pas de la résiliation : ils seraient de toute façon survenus à la fin du bail si le locataire avait remis la voiture. Le bailleur peut en revanche réclamer, s'il y a lieu, les coûts de réparation de la voiture (autres que ceux découlant de l'usure normale), tout comme il peut le faire à la fin du bail.

- Selon le jugement de la Cour d'appel, le bailleur pourrait réclamer des frais pour le kilométrage excédentaire. En toute déférence à l'égard du juge Rochon qui a rendu cette judicieuse décision, nous croyons qu'il a erré sur ce point. À la vente de la voiture, le prix obtenu est fonction du kilométrage réel ; or, si le prix est inférieur pour cette raison, le locataire paiera un montant plus élevé au moment de la résiliation. Le locataire paiera par conséquent ces frais en double si on lui facture les kilomètres excédentaires.

- En cas de litige à la résiliation d'un bail, consultez le chapitre 41. Notez que, si vous payez la totalité des sommes dues à la suite de la résiliation du bail, votre dossier de crédit ne devrait pas être entaché, puisque vous aurez alors payé la totalité du solde de la dette.

LA RÉSILIATION D'UN CONTRAT DE VENTE À TEMPÉRAMENT

Contrairement au locataire, le signataire d'un contrat de vente à tempérament (prêt auto) ne peut le résilier à sa discrétion. S'il veut se défaire de sa voiture, il doit la vendre lui-même (une fois l'accord du créancier reçu) et rembourser le solde de la dette.

Du point de vue financier, les deux opérations aboutissent à peu près au même résultat. Le propriétaire doit rembourser une somme équivalente au solde de sa dette, en utilisant d'abord le produit de la vente de la voiture et en comblant ensuite la différence à même son propre argent. C'est exactement ce qui se produit avec une location. Changer de voiture après un an et rembourser son contrat de financement est coûteux, peu importe que l'on soit propriétaire ou locataire. Comme il est dit dans la question-photo de la page 211 de ce chapitre, les versements après 1 an sont à peu près identiques.

La question des « défauts de paiement » – quand un propriétaire ou un locataire cesse de verser ses mensualités sans retourner la voiture – sera traitée en détail dans le livre 4 de cette série. Vous pouvez toutefois consulter un texte sur la question au site www.ericbrassard.com.

CHAPITRE 27

Vendre sa voiture d'occasion

Rédaction et collaboration étroite
ÉRIC BRASSARD
GEORGE INY
CAA - QUÉBEC
LUC SERRA
VALÉRIE BORDE

Relecture et commentaires
JOAN BACKUS
LORRAINE LÉVESQUE

Il peut être très rentable de tirer toutes les ficelles pour bien vendre sa voiture d'occasion. Pour en disposer, on peut la donner en échange chez un concessionnaire ou la vendre à un particulier, directement ou par l'entremise d'une vente d'accommodement. Dans tous les cas, on cherchera à maximiser le prix de vente et le crédit de taxes. Nous verrons aussi comment vendre une voiture louée.

À QUI VENDRE SA VOITURE D'OCCASION ?

Donner sa voiture en échange

Une première option consiste à donner sa voiture en échange au moment de l'achat ou de la location d'une nouvelle voiture, neuve ou d'occasion, chez un concessionnaire. Si vous choisissez cette option, un responsable évaluera votre voiture et vous proposera un prix. Il peut aussi demander de faire un essai routier.

La plupart du temps, le concessionnaire vous offrira un prix inférieur à celui que vous obtiendriez d'un particulier. Cela s'explique facilement : le concessionnaire devra à son tour revendre la voiture et réaliser un bénéfice. Sa marge doit être suffisante pour compenser ses coûts : retouches et réparations, frais d'exploitation, frais de garantie, etc. Notez que le concessionnaire ne revendra peut-être pas votre véhicule. Il peut être de ceux qui ne revendent que les voitures récentes en bon état. S'il ne la vend pas, il l'envoie à l'encan ou à un acheteur spécialisé (le *wholesaler* dans le jargon). Dans ces cas, le concessionnaire obtiendra un prix assez bas.

Donner sa voiture en échange est plus simple que de la vendre à un particulier. De plus, l'inspection est souvent plus sommaire, un avantage si vous doutez de votre voiture. Ce n'est pourtant pas une raison pour ne pas négocier! Échanger sa voiture, c'est la vendre. Ne l'oubliez pas ! L'échange permet aussi de bénéficier d'un crédit de TPS et de TVQ (voir la p. 100). En effet, la valeur d'échange réduit les taxes sur la prochaine voiture. Une valeur d'échange de 8 000 $ vaut donc en réalité 9 200 $ (8 000 $ + 15 %).

> **Échanger sa voiture, c'est la vendre.**

Vendre directement à un particulier

La vente à un particulier est plus payante, mais plus prenante aussi. Il faut penser à la publicité, répondre au téléphone, accueillir des inconnus chez soi, faire essayer la voiture, la faire inspecter. Si la transaction est rapide, le temps investi risque d'être très payant. On peut parfois obtenir 1 000 $ de plus en y consacrant 10 heures, parfois moins ! Gagnez-vous souvent 100 $ de l'heure après impôt? Cependant, plus la vente tarde et plus s'accumulent le temps consacré et les tracas. Ce peut être agaçant.

> **La vente à un particulier est plus payante, mais plus prenante aussi.**

Le vendeur ne bénéficie d'aucun crédit de taxes. S'il vend la voiture 8 000 $, il empoche la somme, c'est tout. L'acheteur doit payer 8 000 $ plus la TVQ (pas la TPS, voir p. 106). Il paiera donc 8 600 $.

Cette option vaut seulement si le vendeur s'apprête à acheter son nouveau véhicule à un particulier ou s'il ne veut plus de voiture. S'il compte acheter ou louer chez un concessionnaire, il doit plutôt opter pour la vente d'accommodement.

Vendre à un particulier par contrat d'accommodement

Nous expliquons les ventes d'accommodement à la page 104. Nous vous recommandons de relire ces lignes avant d'aller plus loin. La vente d'accommodement est possible uniquement si le vendeur de la voiture en achète ou en loue une autre chez un concessionnaire. Si le prix négocié est de 8 000 $, l'acheteur paiera 8 600 $, comme si la vente était directe (si le vendeur accorde une diminution du prix égale à la TPS). Le vendeur, lui, encaissera toujours 8 000 $, en plus de profiter d'un crédit de taxes de 7,5 %, soit 600 $ dans notre exemple. C'est plus que s'il avait vendu la voiture directement à un particulier.

Cette transaction apparemment complexe peut rebuter certains acheteurs potentiels. Mieux vaut bien expliquer la procédure[1]. Négociez le prix, puis expliquez la procédure, en donnant clairement les chiffres.

À qui vendre?

Quelle option retenir parmi les trois qui précèdent? Chez un concessionnaire, le prix obtenu sera généralement plus bas, mais le vendeur récupérera la TPS et la TVQ. La vente d'accommodement à un particulier donne un crédit de TVQ, alors que la vente directe ne permet de récupérer aucune taxe.

Voici un truc simple pour choisir la meilleure option. Si, en divisant par 1,07 le prix qu'offre le particulier, le montant obtenu est supérieur au prix offert par le concessionnaire, la vente d'accommodement avec le particulier est plus rentable. Par exemple, si le prix négocié avec le particulier est de 8 000 $, le calcul donne :

$$\frac{8\,000\,\$}{1,07} = 7\,476\,\$$$

Si le concessionnaire offre moins que 7 476 $, il faut transiger avec le particulier par vente d'accommodement. S'il offre plus, il faut transiger avec le concessionnaire. Dans la plupart des cas, on constate que, en dépit de la question des taxes, il est plus avantageux de vendre à un particulier.

Si la vente d'accommodement n'est pas possible, il faut diviser le prix offert par le particulier par 1,15 avant de le comparer à la valeur d'échange.

MAXIMISER LE PRIX DE VENTE

Pour obtenir le meilleur prix, il faut faire ses devoirs. Comment peut-on juger d'une offre si on ne connaît pas la valeur de son véhicule dans le marché, qu'il soit échangé chez un concessionnaire ou vendu à un particulier?

> Pour obtenir le meilleur prix, il faut faire ses devoirs.

Le marché correspond à ce qui se passe dans votre ville ou votre région au moment où vous voulez vendre. Les petites annonces et les sites Web dédiés aux ventes de voitures d'occasion (voir p. 344) donnent une idée des prix pratiqués pour les ventes entre particuliers – notez que le prix demandé n'est pas nécessairement le prix obtenu. Certains guides permettent aussi d'établir la valeur de votre voiture. Selon le guide, trois montants peuvent être fournis:

• le prix de vente entre particuliers;

• la valeur d'échange chez un concessionnaire;

---

1. Si l'acheteur est un entrepreneur, il trouvera un avantage évident à la vente d'accommodement, car il pourra profiter d'un remboursement de taxes plus élevé. Voir le chapitre 35.

À PART ÇA, MA P'TITE DAME, VOTRE SUCCESSION VA POUVOIR REVENDRE ÇA COMME... UN P'TIT POULET GRILLÉ!

• le prix qu'un concessionnaire obtiendrait en vendant lui-même la voiture (sans intérêt pour nous ici, mais utile à ceux qui magasinent une voiture d'occasion).

Ces guides ne sont pas parfaits. Souvent, les prix sont établis à l'échelle nationale (ou de l'Ontario!) et ils ne tiennent pas compte des disparités régionales. Certains ne sont publiés qu'une fois par année, d'autres tous les mois, alors que la valeur d'une voiture d'occasion fluctue continuellement. Et les guides ne donnent pas les mêmes prix pour chaque voiture. Ne les prenez donc pas comme parole d'évangile. Les sites Web des fabricants Toyota, GM et Chrysler permettent la consultation en ligne du *Black Book*, qui fournit les valeurs d'échange chez les concessionnaires. Les membres du site www.compagnonderoute.ca ont aussi accès à une version du *Black Book* qui fournit un prix pour les transactions entre particuliers. Les guides *HebdoMag*, *Édutile* et *Red Book* sont les plus populaires en version papier. Nous recommandons le premier.

N'oubliez jamais que chaque voiture d'occasion est unique et que l'état général est très important. Une voiture en excellent état vaut toujours plus cher. Lorsqu'on établit la valeur, il faut aussi tenir compte des équipements (transmission automatique, climatiseur), ainsi que du kilométrage. On considère qu'une voiture roule en moyenne 18 000 à 20 000 km par année. Au-delà, le prix de revente peut baisser (certains guides suggèrent une baisse de 5 ¢ par kilomètre supplémentaire[2]). En deçà, la valeur de la voiture peut augmenter, si elle est en bon état. Le kilométrage est important surtout pour les voitures récentes (moins de quatre à cinq ans). Pour les voitures plus âgées, l'état général est le critère déterminant.

> **Une voiture en excellent état vaut toujours plus cher.**

Une fois que vous avez déterminé une valeur, testez-la. Commencez par demander un prix que vous jugez plus élevé que la valeur (ou indiquez que le prix est ferme, non négociable). Vous verrez bien les réactions des acheteurs potentiels (nombre d'appels téléphoniques, de visites). Si le téléphone reste silencieux, c'est mauvais signe! Ajustez-vous. Si des acheteurs se montrent intéressés, gardez le cap, quitte à réduire le prix dans une négociation sérieuse avec un acheteur potentiel. Notez que le moment de l'année a une incidence importante sur le prix obtenu. Les voitures d'occasion sont très en demande au printemps.

---

2. L'APA note que la moyenne des kilomètres parcourus tend à baisser – entre 15 000 et 18 000 – après 5 ans. Toujours selon l'APA, les guides auraient tendance à sous-estimer l'effet d'un kilométrage élevé. La baisse de valeur serait plus importante que 5 ¢ par kilomètre.

Pour tester la valeur d'échange de votre voiture, vous pouvez demander une évaluation aux concessionnaires visités durant votre magasinage. Après avoir obtenu une offre, demandez un prix supérieur, en justifiant votre position. Notez la réaction. Vous aurez une bonne idée de la valeur de votre voiture et vous serez prêt pour la négociation finale avec le concessionnaire où vous souhaitez acheter votre prochaine voiture. Vous connaîtrez aussi les forces et les faiblesses du véhicule. L'exercice peut donc être utile même si vous comptez vendre votre voiture à un particulier. Vous pouvez aussi rencontrer un représentant du département des voitures d'occasion d'un concessionnaire. Il sera peut-être intéressé à votre voiture et il vous fera un prix.

Négocier le prix

Un prix se négocie, autant avec un concessionnaire qu'avec un particulier. Visez haut : il est plus facile de descendre que de monter ! Faites vos devoirs pour avancer des arguments crédibles et n'ayez pas peur de refuser des offres (voir aussi p. 345).

Soyez particulièrement sur vos gardes chez le concessionnaire. Il tentera de vous «voler l'échange», comme on dit dans le jargon. Le vendeur vous demandera d'abord le prix que vous souhaitez obtenir. Ne répondez pas. Dites que c'est à lui de faire une offre. Vous pouvez aussi suggérer un prix si élevé qu'il comprendra le message. Lorsqu'il proposera enfin un prix, vous risquez d'être déçu. Dites qu'il ne vous convient pas du tout. Votre première réaction sera déterminante : les vendeurs ont un don pour deviner ce que vous pensez réellement de leur offre. Si le prix vous surprend agréablement, jouez le jeu autant que possible. Des phrases du type «Je pensais que ma voiture valait plus. Je ne suis plus trop sûr de vouloir la changer» ou «Si c'est tout ce que vous m'offrez, je vais aller voir ailleurs» peuvent avoir un effet certain, si elles sont crédibles dans le contexte. Surtout, montrez que vous n'avez pas l'intention de vous laisser impressionner. Nous abordons ce thème aussi à la page 323.

> Soyez particulièrement sur vos gardes chez le concessionnaire. Il tentera de vous «voler l'échange», comme on dit dans le jargon.

Faut-il négocier le prix de la voiture d'échange avant ou après celui de la voiture neuve ? Tout d'abord, demandez au concessionnaire de vous faire une offre, avant même de négocier quoi que ce soit. S'il vous propose d'emblée un bon prix d'échange, il ne pourra pas reculer une fois que vous aurez négocié le prix de la voiture neuve. Si vous attendez après la négociation de la voiture neuve, alors qu'il aura constaté vos talents de négociateur, il risque de vous offrir une valeur d'échange moindre.

Avec la première offre en main, à vous de décider par où commencer. Souvent, il est préférable de s'attaquer d'abord au plus gros montant, celui de la voiture neuve. Certains concessionnaires utilisent la technique de l'épuisement ou de la diversion : ils font tout pour éviter ou retarder la négociation du prix de la voiture neuve. Ils savent que le client finit par se lasser et par couper les angles. C'est pour eux le contexte idéal pour parler de grosses sommes. Ne vous laissez pas avoir ! N'oubliez pas qu'une négociation réussie inclut le prix de la voiture neuve, le financement et la valeur d'échange.

Une technique de vente consiste à offrir plus pour la voiture d'échange, mais à demander également plus pour la voiture neuve. Les marchands peuvent jouer aussi sur d'autres variables (le taux d'intérêt, par exemple). Suivez de près l'ensemble de la transaction.

Le jeu de la banquette

Chez le concessionnaire, on essaiera probablement votre voiture pour l'évaluer. L'évaluateur ne manquera pas de jeter un coup d'œil sur vos banquettes pour y trouver un document qui indiquerait la valeur d'échange que vous ont offerte d'autres commerçants. Il nous est arrivé de retrouver un tel document sur la banquette avant alors que nous l'avions déposé à l'arrière ! Avec cette information, le vendeur pourra adapter sa stratégie et vous offrir, peut-être, 100 $ ou 200 $ de plus. Jouez le jeu. Si l'on vous a proposé un excellent prix ailleurs, n'hésitez pas à laisser une trace bien en évidence dans la voiture (par exemple, la feuille remise au client qui détaille le calcul de la mensualité). Si les prix proposés ailleurs étaient trop bas, ne les laissez pas traîner ! Usez de la même stratégie pour la voiture neuve. Si vous avez obtenu un bon prix ailleurs, ne soyez pas discret !

La valeur d'échange ne diminue ni la dépréciation ni le prix d'achat d'une voiture subséquente

Beaucoup croient que, si leur voiture d'échange vaut 5 000 $, le prix ou la dépréciation de leur future voiture neuve en sera réduit d'autant. Ils font des liens du genre : « En considérant la valeur d'échange, le prix de la voiture neuve est raisonnable » ou « Je peux me permettre d'acheter une plus grosse voiture vu la valeur d'échange élevée. »

La voiture d'échange est une façon parmi d'autres de payer le nouveau véhicule. C'est une forme de versement comptant, au même titre que l'argent liquide. Vous pouvez même encaisser cette somme au lieu de la verser. Certes, la valeur d'échange diminue la future mensualité, mais pas plus que n'importe quelle autre forme de versement comptant. Traitez la valeur d'échange et le prix de la voiture neuve séparément, en tentant de maximiser la première et de minimiser le second.

Bien sûr, si le concessionnaire a gonflé le prix de la voiture neuve parce qu'il avait gonflé la valeur d'échange, un lien peut être établi entre les deux montants. Cependant, la valeur réelle nette de la transaction reste inchangée. C'est l'effet global qui compte.

Quelques précisions

- Lavez bien la voiture avant la vente : la première impression est très importante pour un acheteur ou un évaluateur. Présentez-lui aussi vos factures d'entretien.

- Si la voiture doit subir une réparation urgente ou imminente, vous avez deux choix :

  - la faire réparer et le mentionner lors de la négociation ;

  - demander une estimation écrite des coûts (qui lie un garagiste) et en tenir compte lors de la négociation. L'acheteur appréciera cette marque d'honnêteté et, s'il peut faire exécuter les travaux à moindre coût, il y verra un avantage (si c'est un concessionnaire, c'est encore plus évident). Un risque toutefois : l'intérêt de l'acheteur peut tiédir à l'idée de porter la nouvelle voiture au garage.

Si vous choisissez la première option, il vous sera difficile de récupérer la totalité du coût en augmentant le prix de vente. Avec la deuxième, vous parviendrez peut-être à baisser le prix d'un montant moindre que le coût des réparations, mais vous risquez de rebuter certains acheteurs potentiels. Nous recommandons quand même la deuxième option, sauf si les réparations à faire peuvent donner l'impression que vous avez mal entretenu la voiture. Veillez aussi à ce que la voiture soit en état de rouler pour l'essai routier !

- Lors de l'évaluation, le concessionnaire vous demandera, parmi plusieurs questions, si votre voiture a déjà été accidentée. Mentir peut coûter cher ! D'abord, l'évaluateur peut s'en rendre compte, ce qui diminuera votre crédibilité pour le reste des négociations. Ensuite, si l'acheteur subséquent de votre voiture détecte l'accident et qu'il s'en plaint au concessionnaire, ce dernier risque de vous poursuivre. Les mêmes conséquences sont possibles pour les ventes entre particuliers.

Si vous vendez à un particulier

- L'acheteur potentiel de votre voiture sera souvent quelqu'un de votre entourage. C'est plus simple, mais il y a deux inconvénients. D'abord, vous risquez de faire un compromis sur le prix. Pas toujours facile de parler argent avec des proches ! Pas de problème si vous voulez faire un cadeau mais, si vous teniez à obtenir un bon prix, il faut parfois chercher ailleurs. Ensuite, des problèmes mécaniques peuvent survenir après la vente. Les clauses du type « Vendu tel quel » ou « À vos risques et périls » ne sont guère appropriées si vous transigez avec votre jeune nièce. Vous risquez d'avoir des remords et de vouloir participer aux frais. L'argent, l'amour et l'amitié ne font pas toujours bon ménage ! Si vous allez de l'avant, voici

> **L'argent, l'amour et l'amitié ne font pas toujours bon ménage !**

quelques conseils : faites faire une inspection complète, divulguez tout ce que vous savez et indiquez que vous faites un sacrifice sur le prix mais qu'en échange, vous ne voulez pas entendre parler des problèmes mécaniques éventuels. Que tout soit bien clair.

- Il est préférable de signer un contrat (inspirez-vous des sources fournies à la page 354). Indiquez que l'acheteur a bien inspecté la voiture et inscrivez toutes les données de base. Le contrat est essentiel si vous souhaitez limiter votre garantie (voir p. 276). Exigez que le paiement soit versé en liquide ou par chèque certifié.

- Au chapitre 40, nous suggérons une série de précautions pour l'acheteur de voitures d'occasion. Collaborez et fournissez les renseignements demandés.

Si vous échangez la voiture

- Entendez-vous sur un prix négocié qui n'englobe pas le crédit de taxes : si le concessionnaire offre 6 000 $, c'est le montant qui doit figurer au contrat, même si vous récupérerez en fait 6 900 $ (6 000 $ + 15 %). Si la nouvelle voiture est louée, vous profiterez aussi d'un crédit de taxes, mais le calcul est plus délicat (voir p. 101).

- Aux pages 102 et 181, nous insistons sur la possibilité de récupérer la valeur d'échange en argent liquide tout en profitant du crédit de taxes. C'est encore plus important pour une location (voir p. 185).

- Vérifiez toujours le calcul de la mensualité. Confirmez toutes les variables : taux d'intérêt, prix négocié, valeur résiduelle (location), valeur d'échange et durée. Par exemple, pour une voiture de 23 000 $ (taxes incluses) à 7 % sur 48 mois, la mensualité est de 551 $. Si la valeur d'échange est de 6 000 $, mais que le vendeur change, discrètement, le taux pour 8,8 % sur 48 mois, la mensualité devient 399 $. La valeur d'échange a donc beaucoup diminué la mensualité, même si le taux d'intérêt a été revu à la hausse. À un taux de 7 %, la mensualité aurait été de 385 $. Mine de rien, l'acheteur vient de perdre 672 $ (48 × 14 $).

- La période tampon : vous continuerez de rouler avec votre voiture durant la période séparant la signature de l'entente et la prise de possession de la voiture neuve. Cette période peut durer quelques semaines, mais vous devrez faire en sorte que la voiture conserve sa valeur. Essayez de la faire garantir par le concessionnaire, compte tenu d'un certain nombre de kilomètres alloué pour la période. Cependant, si des réparations s'imposent entre-temps, vous devrez les payer. Si la période tampon est vraiment longue, une nouvelle évaluation pourrait être requise. De plus, si la voiture est gravement accidentée pendant cette période, et même si elle est bien réparée, elle perd une partie de sa valeur, et le concessionnaire est en droit de revoir ses calculs. Dans ce cas, l'APA suggère de confier les réparations au concessionnaire. Ce dernier pourra en profiter pour faire les travaux qu'il comptait faire de toutes façons. Il peut faire des économies d'échelle. Bref, pendant la période tampon, vous assumez les risques.

VENDRE UNE VOITURE LOUÉE

À la fin du bail, le locataire peut retourner la voiture ou l'acheter, comme nous l'avons vu en détail dans le chapitre 10. Plus rarement, il décidera de la vendre à un tiers s'il croit en tirer un prix plus élevé que la valeur résiduelle inscrite au contrat. Deux avenues sont alors possibles.

Exercer l'option d'achat et revendre

Le locataire peut d'abord exercer l'option d'achat, puis revendre la voiture. Dans ce cas, il paie les deux taxes. Ainsi, si la valeur résiduelle est de 10 000 $, il devra payer 11 500 $ (10 000 $ plus taxes). S'il revend la voiture pour 11 000 $ directement à un particulier, il perd 500 $. Toutefois, s'il la revend par l'entremise d'un contrat de vente d'ac-commodement (voir p. 104), il devra réduire son prix à 10 280 $ (11 000 $ ÷ 1,07) ; après les crédits de taxes, il aura obtenu 11 822 $ (10 280 $ + 15 %), soit 322 $ de profit (11 822 $ – 11 500 $). Il doit toutefois louer ou acheter sa prochaine voiture chez un concession-naire pour pouvoir profiter de la vente d'accommodement (pas néces-sairement le même où il a exercé l'option d'achat).

VOUS VOULEZ ME VENDRE VOTRE VOITURE LOUÉE ??? ME PRENEZ-VOUS POUR UNE FOLLE OU QUOI ?

La substitution : l'acheteur désigné

Une autre méthode plus intéressante est aussi envisageable. Le vendeur avise le bailleur qu'il souhaite vendre la voiture à un acheteur désigné, à un prix déjà négocié. Le concessionnaire s'occupe de la transaction. Si le prix négocié est supérieur à la valeur résiduelle, il verse la différence au locataire. Dans notre exemple, l'acheteur paiera 11 000 $ plus taxes. De ce montant, 10 000 $ iront au bailleur et 1 000 $ au locataire, qui obtient donc plus que dans l'option précédente.

À noter que, si le bail ne prévoit pas la possibilité de substitution, le concessionnaire peut refuser la transaction (surtout si le locataire ne compte pas transiger chez lui pour sa nouvelle voiture). En effet, si la substitution n'est pas prévue au contrat, le concessionnaire est l'acheteur prioritaire en cas de non-exercice de l'option d'achat par le locataire. Il se peut que la voiture ne l'intéresse pas et qu'il ne veuille pas l'acheter ; même dans ce cas, rien n'oblige le concessionnaire à faire une telle transaction, qui ne lui rapporte rien ou peu. S'il y consent tout de même, il voudra prendre un profit au passage pour le temps qu'il consacre au dossier et pour tenir compte de la garantie légale qu'il doit donner à la vente d'une voiture d'occasion (voir p. 275). En effet, il ne s'agit plus d'une vente entre particuliers. C'est pourquoi il exige que le locataire fasse inspecter et réparer la voiture à ses frais avant la transaction. Si le locataire compte transiger avec le conces-sionnaire pour sa prochaine voiture, ce dernier sera bien sûr plus enclin à effectuer la tran-saction gratuitement. Il faut négocier.

> Il ne s'agit plus d'une vente entre particuliers.

Pour s'assurer la collaboration du concessionnaire, le locataire aura mieux fait de le rencontrer au préalable pour qu'il lui confirme qu'il ne veut pas acheter la voiture et qu'il acceptera de faire la transaction. Idéalement, il faut obtenir un document signé du directeur des ventes, ce qui n'est pas toujours facile !

Il peut arriver que l'acheteur ne veuille pas payer les deux taxes, ce à quoi il ne serait pas astreint si la vente était conclue entre particuliers – dans ce cas, il paierait uniquement la TVQ. Il faudra lui faire comprendre que, lorsqu'il y a substitution d'un locataire, il ne s'agit pas d'une vente entre particuliers (ni d'une vente d'accommodement), car il bénéficie de la garantie légale du concessionnaire. S'il refuse de se laisser convaincre, et qu'il faut baisser le prix convenu à 10 280 $, comme dans la situation précédente, le locataire récupérera encore 322 $, moins le profit que le concessionnaire prendra au passage. Cette option devient alors moins intéressante.

Bref, il n'est pas toujours facile de trancher. Si la possibilité de substitution n'est pas prévue ou si le concessionnaire ne collabore pas, vous devrez peut-être exercer l'option d'achat. En outre, les montants en cause doivent être assez importants pour justifier toutes ces démarches. C'est le cas notamment pour certains modèles d'occasion très en demande – tels que les modèles japonais – pour lesquels la valeur résiduelle n'est pas toujours généreuse.

CHAPITRE 28

La location
de voitures d'occasion

Rédaction et collaboration étroite
ÉRIC BRASSARD
LUC SERRA
VALÉRIE BORDE

Relecture et commentaires
JOAN BACKUS
CAA - QUÉBEC
GEORGE INY
LORRAINE LÉVESQUE

> L'inspection de la voiture par un mécanicien compétent demeure essentielle.

Comme nous l'avons vu au chapitre 18, une voiture d'occasion coûte moins cher qu'une voiture neuve, à cause de la dépréciation des premières années. Le fait de louer n'y change rien, mais certaines précautions s'imposent. Dans ce chapitre, nous analysons l'option de louer la voiture une fois que la décision de se procurer une voiture d'occasion est prise. En somme, nous parlons de financement.

Toutes les règles expliquées relativement au <u>fonctionnement</u> de la location d'une voiture neuve s'appliquent aux voitures d'occasion (limite de kilométrage, usure normale, valeur résiduelle, option d'achat, etc.).

Une mise en garde avant d'aller plus loin : le financement par location est beaucoup moins fréquent pour les voitures d'occasion et les modalités n'entraînent pas les mêmes avantages que pour les voitures neuves. En effet, les taux d'intérêt sont en général plus élevés que ceux des emprunts et les valeurs résiduelles sont peu généreuses. De plus, les risques de manipulation des chiffres et d'ajout de frais injustifiés sont plus grands.

Évidemment, l'inspection de la voiture par un mécanicien compétent et toutes les autres précautions proposées au chapitre 40 demeurent essentielles. Il faut s'assurer par ailleurs d'avoir négocié un prix convenable avant de parler de financement.

Les critères de décision

Comme pour toute décision de nature financière (voir le ch. 17), il faudra tenir compte des facteurs suivants : l'accessibilité (les mensualités) et le coût réel (le taux d'intérêt). Dans le cas de la location, la question de la valeur résiduelle est importante aussi.

Les mensualités

À taux d'intérêt égal, les mensualités seront généralement moins élevées si la voiture d'occasion est louée. Voyons un exemple :

	Achat (emprunt)	Location
Prix négocié (avant taxes)	12 000 $	12 000 $
Durée de l'emprunt ou du bail	48 mois	24 mois
Taux d'intérêt	8 %	8 %
Valeur résiduelle à la fin du bail	S.O.	7 500 $
Mensualité (après taxes)	336,97 $	291,61 $

Louer cette voiture signifie payer 45,36 $ de moins chaque mois. Sur le plan de l'accessibilité, c'est un avantage. Bien sûr, les paiements seront étalés sur une plus longue période car, à la fin du bail, il faudra financer l'option d'achat.

Le taux d'intérêt

Il faut considérer en priorité le taux d'intérêt offert. Il ne faut pas s'attendre à des promotions à 0 % ! Le taux de la location excède généralement celui d'un d'emprunt. En effet, ce type de location intéressant plus souvent les consommateurs à faible budget ou qui éprouvent des difficultés financières, les bailleurs les considèrent plus à risque et leur imposent des taux plus élevés. Si le taux est supérieur à celui d'un emprunt, il faudra probablement écarter la location.

Cela étant dit, que leur situation financière soit favorable ou non, certains consommateurs trouveront un intérêt à louer une voiture d'occasion, pour les raisons suivantes : elle réduit le risque associé à la valeur résiduelle ; elle peut procurer des avantages fiscaux – notamment pour les employés ou les actionnaires (voir ch. 34) – et elle évite les tracas liés à la revente (si on ne pense pas acheter la voiture à la fin du bail). Par ailleurs, la diminution des mensualités peut être un avantage pour ceux dont le coût personnel de l'argent est élevé (voir p. 50). Ils peuvent utiliser l'argent autrement : cotisation à un REER, remboursement de dettes coûteuses, etc. Toutefois, comme nous l'avons dit en introduction, il faut surveiller attentivement les calculs, les frais et les clauses du contrat.

En cas de doute, le calcul du coût réel des options envisagées facilitera la décision. La calculette du site www.ericbrassard.com pourra être utile (méthode des coûts actualisés – voir ch. 17).

La valeur résiduelle

La guerre des mensualités est moins féroce dans le domaine des voitures d'occasion. Pour cette raison, on propose des valeurs résiduelles moins généreuses, au détriment de ceux qui envisagent la location perpétuelle. En revanche, il devient plus aisé d'acheter la voiture à la fin du bail (location unique).

Si la voiture est un «citron» ou si elle subit un accident majeur, sa valeur résiduelle à la fin du bail est garantie. C'est un avantage qui peut convaincre certains consommateurs réticents devant les voitures d'occasion.

Frais d'entretien et garantie

Beaucoup de personnes louent à répétition une voiture neuve, donc couverte par une garantie, pour éviter les frais de réparation. Cet avantage, bien que coûteux, est réel. Bien entendu, il est assez rare qu'une voiture d'occasion louée soit couverte par une garantie pendant toute la durée du bail. Le locataire doit donc s'attendre à payer des frais de réparation un jour ou l'autre, une hérésie pour certains puisque la voiture «ne leur appartient pas». Ces personnes oublient:

- qu'il en est de même pour les frais d'immatriculation et d'assurance ;

- que l'important est de choisir le moyen le plus économique de jouir d'une voiture, compte tenu de ses préférences personnelles. Si une personne se satisfait d'une voiture d'occasion et qu'elle a établi que la location était intéressante, que lui importe de payer les frais de réparation ? Être propriétaire ou non de la voiture n'y change rien. Le seul chiffre qui compte est le coût total pour se déplacer ;

- qu'elles peuvent devenir propriétaire de la voiture, en général n'importe quand durant le bail (en surveillant de près les frais et le calcul du solde de la dette – voir l'encadré de la page 159). La location n'est qu'un mode de financement et, bien évidemment, elle n'a rien à voir avec les problèmes mécaniques ;

- qu'elles peuvent souscrire une garantie supplémentaire pour se parer en vue des défaillances de composants clés. De toute façon, que l'on soit locataire ou propriétaire, le risque existe et il faut prendre des décisions à l'égard des garanties.

Autres décisions

- Les recommandations des chapitres 20 et 21 concernant l'exercice de l'option d'achat à la fin du bail et l'achat de kilomètres supplémentaires s'appliquent ici aussi.

- Comme pour les voitures neuves, la location perpétuelle demeure plus coûteuse que la location unique, quoique les sommes en jeu soient moindres (voir ch. 19).

- Si le contrat comporte une garantie d'écart (voir p. 245), ce qui est très rare dans le cas des voitures d'occasion, il faut éviter à tout prix les versements comptant. Si la clause de garantie d'écart est absente, utilisez les critères du chapitre 23.

- Les mises en garde concernant la résiliation d'un contrat de location valent aussi pour les voitures d'occasion (voir ch. 26). Il faut toujours contre-vérifier les calculs.

- Si on compte conserver la voiture longtemps (location unique), on peut envisager l'achat d'une garantie supplémentaire (voir les critères du chapitre 31). On peut aussi acheter une garantie de remplacement pour voiture d'occasion (voir p. 250, ch. 30). Attention toutefois à tous les extra que le vendeur offrira. Si on ajoute 2 000 $ en accessoires et protections de toutes sortes alors que le prix de la voiture n'est que de 10 000 $, il n'est pas certain que ce sera une bonne affaire !

- Comme pour une voiture neuve, on peut choisir l'emprunt avec option de rachat (voir ch. 24), si le taux d'intérêt est bon. Si les mensualités sont le critère déterminant, un prêt personnel réparti sur une longue période peut aussi convenir.

Points à surveiller à la signature du contrat

Il faut exiger de voir le contrat avant la signature et s'informer dès le début des négociations au sujet des clauses critiques.

- Tous les conseils du chapitre 25 demeurent pertinents. Les conditions du bail doivent être formulées clairement (prix de la voiture et des équipements, taux d'intérêt, durée, valeur résiduelle, option d'achat, mensualité, frais pour les kilomètres additionnels, etc.). Il faut exiger de voir le contrat avant la signature et s'informer dès le début des négociations au sujet des clauses critiques (p. 205).

- Les frais, les frais, les frais ! Il faut traquer tous les frais injustifiés ou imprévus : frais d'acquisition, de manipulation, d'administration, etc. Une vérification du calcul de la mensualité est essentielle pour s'assurer de l'absence de ces frais.

- Le nombre de kilomètres permis doit tenir compte du kilométrage réel inscrit à l'odomètre. Si la voiture d'occasion présente déjà des marques ou des signes d'usure, il faut s'assurer qu'ils sont clairement indiqués dans le contrat, pour ne pas en être tenu responsable plus tard.

À retenir de ce chapitre

Le fonctionnement du contrat de location d'une voiture d'occasion est semblable à celui d'une voiture neuve. Ce sont les modalités d'application qui ne sont pas toujours aussi avantageuses (taux d'intérêt, valeur résiduelle, clauses du contrat, etc.). Si les conditions conviennent, il faut quand même rester prudent et examiner attentivement les calculs et les clauses du contrat, en particulier si le bail est signé avec un bailleur peu connu ou le marchand du coin.

Assurances :
les notions de base

Rédaction et collaboration étroite
ÉRIC BRASSARD
MARC-ANDRÉ LAVIGNE
VALÉRIE BORDE

Relecture et commentaires
JOAN BACKUS

Une assurance est un contrat par lequel l'assureur s'engage à indemniser l'assuré en cas de réalisation d'un risque qui se traduit par un préjudice financier. Ainsi, une assurance couvre les dommages corporels (blessure ou décès) ou matériels (voiture endommagée) subis par suite d'un accident ou d'un autre sinistre. La figure 29.1 présente une vue d'ensemble des aspects à considérer en matière d'assurance automobile. La location change peu de chose aux questions d'assurance, sauf en ce qui a trait à la protection valeur à neuf. Ce thème est abordé au chapitre 30.

FIGURE 29.1
Aspects de la décision en matière d'assurance

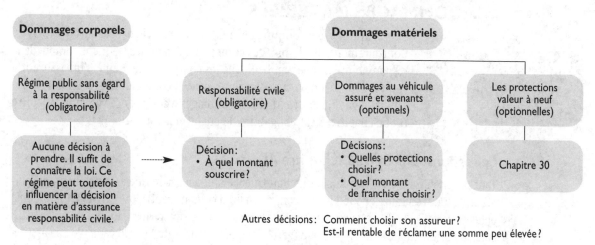

LES DOMMAGES CORPORELS

Au Québec, un régime public d'assurance sans égard à la responsabilité (*no fault* dans le jargon) indemnise les assurés en cas de dommages corporels causés par un véhicule automobile. Voici certaines caractéristiques de ce régime:

- Il est géré par la Société de l'assurance automobile du Québec (SAAQ). La SAAQ indemnise les victimes d'un accident de la route, que ces dernières soient responsables ou non. Tous les résidents du Québec sont couverts, même à l'étranger.

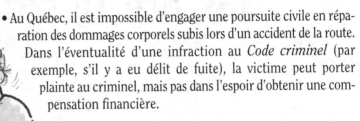

- Au Québec, il est impossible d'engager une poursuite civile en réparation des dommages corporels subis lors d'un accident de la route. Dans l'éventualité d'une infraction au *Code criminel* (par exemple, s'il y a eu délit de fuite), la victime peut porter plainte au criminel, mais pas dans l'espoir d'obtenir une compensation financière.

- Les indemnités de la SAAQ couvrent diverses éventualités: décès, perte de revenus, perte d'années d'études, séquelles permanentes, frais médicaux, etc.

- Ce régime est obligatoire. Il est financé par les automobilistes par l'entremise du permis de conduire (tous les 2 ans, entre 50$ et 400$ selon le nombre de points d'inaptitude) et du certificat d'immatriculation (117$ par an en général).

Le site www.saaq.gouv.qc.ca décrit le régime en détail. Comme vous n'avez aucune décision particulière à prendre dans ce domaine, nous n'en parlerons pas davantage.

LES DOMMAGES MATÉRIELS

> **Contrairement aux dommages corporels, les régimes tiennent compte de la responsabilité de chacun.**

La réparation des dommages matériels relève des assureurs privés. Contrairement aux dommages corporels, les régimes tiennent compte de la responsabilité de chacun. Le libellé du contrat est le même d'un assureur à l'autre: seul le montant de la prime varie. Il couvre deux volets: la responsabilité civile (chapitre A) et les dommages à son propre véhicule (chapitre B). Le chapitre A est obligatoire, le chapitre B est optionnel.

La responsabilité civile (chapitre A)

Tout propriétaire d'un véhicule circulant au Québec doit souscrire une assurance responsabilité civile (une assurance «pour autrui», comme on le dit couramment), pour un montant minimal obligatoire de 50 000$. Cette assurance couvre les dommages matériels causés à un autre véhicule, à un immeuble, à un bien public (garde-fou, lampadaire, etc.) par le véhicule de l'assuré, au Canada et aux États-Unis. Elle **ne couvre pas** les dommages au véhicule de l'assuré.

L'assurance couvre les dommages, que la voiture soit en marche ou non, ou qu'il y ait quelqu'un à bord ou non. Elle ne comporte pas de franchise. L'assuré est protégé même quand il conduit le véhicule d'une autre personne. Dans ce dernier cas, les dommages matériels causés à des tiers sont d'abord couverts par l'assurance du propriétaire du véhicule mais, si les dommages excèdent le montant de son contrat, c'est la police de l'assuré qui couvre l'excédent.

Si l'accident a lieu hors Québec, l'assurance responsabilité civile couvre aussi les dommages **corporels** (subis par un tiers), car le régime du *no fault* en vigueur au Québec n'est pas généralisé en Amérique du Nord. De plus, le montant d'assurance responsabilité s'ajuste au minimum exigé par le régime législatif du territoire visé (s'il est supérieur).

L'omission de souscrire cette assurance est passible d'amende et de suspension du permis de conduire. En cas d'accident, le fautif peut être tenu de verser un dépôt de garantie et être poursuivi au civil en dommages matériels causés à la victime.

Quel montant de responsabilité civile choisir? La couverture minimale obligatoire de 50 000 $ est nettement insuffisante. D'ailleurs, les assureurs l'offrent rarement. Le plus souvent, ils proposent une couverture de 1 000 000 $, mais il n'est pas absurde d'envisager 2 000 000 $ (moyennant 10 $ à 15 $ de plus par année), en particulier si vous vous rendez souvent aux États-Unis. Certains augmentent même leur couverture à 10 000 000 $ pour les périodes où ils y voyagent, pour se prémunir en cas de poursuite civile en dommages corporels, autorisées par plusieurs États.

Les dommages au véhicule assuré (chapitre B)

Le chapitre B du contrat d'assurance porte sur les dommages causés au véhicule de l'assuré. Il est facultatif. En cas d'accident, le propriétaire d'une voiture qui n'a pas souscrit une telle assurance **et** qui est responsable de l'accident n'est pas indemnisé pour les dommages matériels subis par son véhicule (s'il n'est pas responsable de l'accident, il est couvert). Tous les assureurs offrent les mêmes options de couverture.

1. Collision ou versement (chapitre B2)

Cette option couvre les dommages occasionnés au véhicule, à son équipement et à ses accessoires (y compris les taxes) en cas de collision ou de capotage (versement), au Canada ou aux États-Unis. Les dommages sont couverts même si le propriétaire du véhicule est victime d'un délit de fuite. Le montant de la franchise varie généralement entre 250 $ et 1 000 $. Le propriétaire doit payer ce montant seulement s'il est responsable en partie ou en totalité de l'accident[1]. Dans le cas d'une perte totale, l'assurance couvre la valeur marchande du véhicule (taxes incluses) au moment du sinistre. Pour obtenir plus, il faut ajouter une protection valeur à neuf (voir ch. 30).

---

1. Si la convention d'indemnisation directe ne s'applique pas (voir p. 234), la franchise est toujours déduite.

2. Accident sans collision ni versement (chapitre B3)

Dans le langage courant, on parle de la protection «feu, vol, vandalisme». En réalité, cette option couvre d'autres risques, notamment les dommages causés par les projectiles (bris de vitre), les objets qui tombent ou qui volent, les explosions, les tremblements de terre, les tempêtes de vent, la grêle, la foudre, la crue des eaux, les émeutes et les mouvements populaires, ainsi que les collisions avec des personnes ou des animaux. La franchise est généralement de 100 $ à 250 $, sauf pour les dommages causés par la foudre ou un incendie, pour lesquels la franchise est nulle.

3. Tous risques (chapitre B1)

Cette option combine les deux précédentes, avec une protection en plus: le vol du véhicule par une personne vivant sous le même toit que l'assuré. Cette option simple et complète présente toutefois un inconvénient: le montant de la franchise, de 500 $ la plupart du temps, est le même pour tous les genres de sinistres. C'est en général plus que la franchise qui accompagne la protection «Accident sans collision ni versement». La protection «tous risques» peut s'avérer avantageuse si l'assuré préfère une franchise élevée – s'il possède une voiture de luxe, par exemple.

4. Risques spécifiés (chapitre B4)

Cette option couvre certains risques proposés par l'option «Accident sans collision ni versement», avec la même franchise. Elle ne couvre jamais les bris de vitre et les actes malveillants. Moins coûteuse parce que moins complète, cette garantie convient notamment pour les voitures remisées.

Les options «Collision ou versement» et «Accident sans collision ni versement» sont de loin les plus populaires (chapitres B2 et B3).

Certains dommages sont toujours exclus: dommages aux pneus ou occasionnés par une panne, un bris mécanique, la rouille, la corrosion, l'usure normale ou le gel, à moins qu'ils ne coïncident avec d'autres dommages couverts par la police. De plus, les protections sont annulées si le propriétaire utilise (ou permet à quelqu'un d'utiliser) sa voiture à des fins illicites ou dans une épreuve de vitesse. La voiture ne doit pas non plus être conduite, à la connaissance de l'assuré, par une personne qui n'a pas son permis.

Les avenants

Les avenants sont des protections supplémentaires qui répondent à des besoins bien précis. Tous les assureurs offrent les mêmes.

L'avenant n° 20 extension de la garantie «privation de jouissance» : l'assurance de base couvre déjà ce risque en partie. En cas de **vol** du véhicule, le propriétaire reçoit un maximum de 25 $ par jour pour louer une voiture de remplacement, pour une période maximale de 30 jours commençant 72 heures après la déclaration du vol à la police ou à l'assureur. En cas de **collision**, si l'assuré n'en est pas responsable, une indemnité est prévue pour compenser les frais «nécessaires et raisonnables» engagés pour remplacer la voiture accidentée. Si l'assuré n'a pas besoin de sa voiture pour aller travailler, l'indemnité peut se limiter à certaines courses en taxi ou en autobus.

L'avenant n° 20 est plus complet et permet d'obtenir un remboursement des frais de location d'un véhicule après tout sinistre couvert, que l'on en soit ou non responsable. Cette garantie s'applique à compter du lendemain d'une déclaration de vol du véhicule à l'assureur ou à la police, ou à compter du moment où le véhicule ne peut plus circuler ou est confié à un garagiste. L'avenant 20A, quant à lui, rembourse les frais d'hébergement et de retour à la maison dans le cas d'un sinistre survenu au loin.

L'avenant n° 27 responsabilité civile pour dommages à des véhicules n'appartenant pas à l'assuré : cette protection couvre l'assuré, ainsi que son conjoint[2], contre les dommages causés à un véhicule qui ne lui appartient pas mais dont il a la garde ou le contrôle (même pour une courte durée). Cet avenant est utile si vous louez des voitures à court terme, puisqu'il joue le même rôle que les coûteuses assurances offertes par les entreprises de location. Il est utile aussi lorsqu'on emprunte une voiture à un ami. Il faut cependant choisir un montant suffisant pour l'avenant. Si vous êtes couvert pour 50 000 $, redoublez de vigilance quand votre ami vous prêtera sa Ferrari !

Il ne faut pas confondre cet avenant avec la couverture responsabilité civile. Cette dernière couvre les dommages matériels que vous pourriez causer aux autres victimes d'un accident, que vous conduisiez votre propre voiture ou non. L'avenant n° 27 couvre plutôt les dommages causés à un véhicule que vous conduisez mais qui ne vous appartient pas.

L'avenant n° 34 assurance individuelle : cet avenant garantit des indemnités supplémentaires à celles de la SAAQ en cas de dommages corporels. Il prévoit des indemnités en cas de décès, de mutilation ou d'incapacité totale. Avant de le choisir, vérifiez si vos assurances personnelles ne vous couvrent pas déjà suffisamment.

L'avenant n° 43 modification à l'indemnisation : il propose plusieurs types de couvertures. La plus populaire protège contre la perte de valeur du véhicule depuis son acquisition (valeur à neuf 43E). Cette question fait l'objet du chapitre 30.

Le site de l'Inspecteur général des institutions financières (www.igif.gouv.qc.ca) décrit les autres avenants. Peu d'entre eux intéressent l'automobiliste ordinaire.

---

2. Ainsi que toute autre personne désignée à l'avenant n° 2.

LE RÈGLEMENT D'UN SINISTRE

L'indemnisation accordée à l'assuré dépend des circonstances d'un accident et de l'application ou non de la convention d'indemnisation directe.

La convention d'indemnisation directe

La convention d'indemnisation directe (CID) lie tous les assureurs du Québec[3]. Pour qu'elle s'applique, trois conditions doivent être remplies :

- L'accident a eu lieu au Québec.

- Il met en cause au moins deux véhicules (ou un véhicule et le chargement d'un autre, ou un véhicule et une partie d'un autre).

- Les victimes de l'accident ont été identifiées (ce qui exclut les délits de fuite).

> La CID a établi la part de responsabilité des parties pour une série d'accidents classiques.

La CID a établi la part de responsabilité des parties pour une série d'accidents classiques. Par exemple, elle stipule que le conducteur qui entre en collision avec l'arrière du véhicule qu'il suit est entièrement responsable. La CID prévoit ainsi une quinzaine de situations de base et leurs variantes. Elle accélère et simplifie le traitement des réclamations, ainsi que le calcul des indemnités versées aux assurés[4].

> Quand la CID s'applique, on ne peut poursuivre les autres personnes en cause dans un accident.

Quand la CID s'applique, on ne peut poursuivre les autres personnes en cause dans un accident : chaque assuré sera indemnisé par son propre assureur, en fonction des clauses de sa police et selon la responsabilité qui lui est reconnue. Les assureurs ne peuvent pas non plus se poursuivre mutuellement. En revanche, la loi autorise tout assuré insatisfait du règlement obtenu aux termes de la CID à poursuivre son assureur[5].

Le règlement d'un sinistre lorsque la CID s'applique

Pierrette possède une voiture dont la valeur marchande est de 6 000 $. Par suite d'un accident survenu au Québec, sa voiture a subi des dommages de l'ordre de 2 500 $, alors que celle de l'autre conducteur a subi des dommages de 15 000 $. Dans ce cas, la CID s'applique car les trois conditions sont remplies. Le tableau 29.1 illustre comment Pierrette sera indemnisée en fonction de sa responsabilité dans l'accident (0 %, 50 % ou 100 %) et selon qu'elle a souscrit ou non la protection « Collision ou versement », dont la franchise est de 250 $. Pierrette n'a pas à s'inquiéter pour les dommages causés à l'autre voiture puisque le propriétaire sera indemnisé par son propre assureur.

---

3. Elle couvre aussi des accidents survenus dans certaines provinces canadiennes qui ont signé des ententes avec le Québec.
4. Précisons par ailleurs que la CID ne s'applique pas aux collisions entre deux véhicules appartenant au même propriétaire ou lorsqu'un conducteur frappe avec une autre voiture un véhicule qui lui appartient.
5. Pour plus d'information sur la CID, contactez le Groupement des assureurs (www.gaa.qc.ca).

TABLEAU 29.2

Indemnité d'assurance

Responsabilité de Pierrette	Souscription de la protection Collision ou versement ?			
	Oui		**Non**	
Aucune responsabilité (0 %)	Indemnité	2 500 $	Indemnité	2 500 $
	Franchise	0 $	Franchise	0 $
		2 500 $		2 500 $
Responsabilité à part égale (50 %)	Indemnité	2 500 $	Indemnité (½)	1 250 $
	Franchise (½)	125 $	Franchise	0 $
		2 375 $		1 250 $
Responsabilité totale (100 %)	Indemnité	2 500 $	Indemnité	0 $
	Franchise	250 $		
		2 250 $		

Note : il faut ajouter les taxes à tous ces montants.

Si l'assurance de Pierrette comporte une protection Collision ou versement, elle récupérera 2 500 $, moins une partie ou la totalité de la franchise selon son degré de responsabilité. Par contre, si cette protection n'est pas prévue à son contrat, elle récupérera des sommes selon son degré de responsabilité (2 500 $, 1 250 $ ou rien, selon le cas).

Le règlement d'un sinistre lorsque la CID ne s'applique pas

Si Pierrette avait percuté un immeuble, si elle avait perdu le contrôle et quitté la route, ou si l'autre conducteur s'était enfui, la CID n'aurait pas été applicable. Dans ce cas :

- Si Pierrette a souscrit la protection «Collision ou versement», elle a droit à un dédommagement de 2 250 $ (2 500 $ – 250 $), car elle doit payer la totalité de la franchise lorsque la CID ne s'applique pas.

- Si son assurance ne comporte pas cette protection, Pierrette n'obtiendra rien[6]. Toutefois, dans les rares cas où elle pourrait démontrer sa non-responsabilité, elle pourrait tenter de poursuivre le responsable (s'il est identifié).

- Si le propriétaire de l'immeuble intente une poursuite pour obtenir réparation des dommages subis, Pierrette sera couverte par son assurance responsabilité civile, jusqu'à concurrence du montant maximal souscrit (par exemple, un million de dollars).

On remarque donc que, dans les cas où la CID ne s'applique pas, les victimes d'un accident peuvent intenter des poursuites l'une contre l'autre.

6. Sauf s'il y a eu délit de fuite, auquel cas elle pourra faire appel au Fonds d'indemnisation de la SAAQ – voir l'encadré de la page 236.

Le fonds d'indemnisation de la SAAQ

Ce fonds indemnise les victimes de dommages matériels et corporels qui ne disposent d'aucune protection à cause de circonstances particulières. Si, par exemple, le conducteur d'une voiture n'est pas entièrement responsable d'un accident, s'il n'a pas souscrit une protection Collision ou versement et si les autres victimes de l'accident n'ont pas d'assurance responsabilité civile (ce qui est illégal) ou si elles demeurent introuvables (délit de fuite), il n'aurait normalement droit à aucune indemnisation de son assureur. Il pourra alors être admissible à une indemnisation de ce fonds. Le fonds verse aussi des indemnités en cas de dommages corporels subis dans des circonstances particulières.

Le montant maximal de l'indemnisation est 50 000 $, moins une franchise. Pour plus d'information sur ce fonds, adressez-vous à la SAAQ (www.saaq.gouv.qc.ca).

FAUT-IL SOUSCRIRE UNE PROTECTION COLLISION OU VERSEMENT?

Quand la voiture est âgée et que sa valeur marchande diminue, il est juste de se demander s'il est toujours avantageux de la couvrir (de l'assurer « des deux bords », comme on le dit couramment). Seule l'assurance responsabilité civile est obligatoire.

> En matière d'assurance, plusieurs ne font pas toujours des choix judicieux.

En matière d'assurance, plusieurs ne font pas toujours des choix judicieux. Est-il juste de payer 250 $ par année pour assurer une voiture qui vaut 4 000 $ contre des risques de perte, mais de négliger l'assurance-vie et l'assurance-invalidité? D'autres se disent que les assurances coûtent cher, que leur seul but est d'enrichir des assureurs déjà riches. Sur de telles bases, ils décident de « s'auto-assurer ». Cette attitude est risquée car personne ne peut prédire l'avenir : 2 accidents importants peuvent survenir en 3 mois comme rien ne peut arriver pendant 20 ans. Or, un seul accident peut entraîner des conséquences financières lourdes.

J'AI PRIS TOUT CE QU'IL Y A DE MIEUX!...

Les assureurs ont les moyens d'assumer les risques parce qu'ils répartissent les frais entre leurs nombreux clients. Ils établissent les primes de façon à couvrir leurs coûts (sinistres, frais d'exploitation et commissions aux intermédiaires) et à dégager un profit. Malheureusement, vous ne pourriez en faire autant! Ainsi, si votre voiture vieillit, ou si elle est récente et que vous envisagez de vous auto-assurer, posez-vous les questions suivantes avant de prendre une décision :

• Ai-je les moyens de faire face à la perte totale de ma voiture ou à des frais de réparation importants? Pourrais-je payer le solde de ma dette et me procurer une autre voiture (avec une marge de crédit, un autre emprunt, des économies, etc.)? Ces événements me forceront-ils à sacrifier des dépenses essentielles ou des objectifs importants (retarder ma retraite, l'achat d'une maison ou la date d'un voyage, etc.)?

- Même si j'ai les moyens d'assumer une éventuelle perte totale, ai-je envie de prendre ce risque? Vais-je être plus stressé en conduisant ma voiture ou ferai-je des mauvais rêves?

À chacun de répondre à ces questions, en fonction de sa situation financière et de son attitude à l'égard du risque. Il faut toutefois être certain d'être cohérent et de faire des choix qui concordent avec ses objectifs personnels.

Les conducteurs prudents doivent tenir compte d'un autre aspect. Même sans protection Collision ou versement, la victime d'un accident visé par la CID sera dédommagée entièrement si elle n'est pas responsable, ou à 50 % en cas de responsabilité partagée. Par conséquent, si vous vous rangez dans cette catégorie de conducteur et si vous ne quittez jamais le Québec, cette protection a peut-être moins d'intérêt pour vous.

En revanche, de nombreux conducteurs n'ont pas le choix : l'institution financière qui leur a consenti un prêt auto ou le bailleur les obligent à souscrire cette protection.

Depuis quinze ans, je paie de l'assurance auto et je n'ai jamais rien réclamé. Quel gaspillage! Si j'avais conservé l'argent, je serais plus riche de 10 000 à 15 000 $. À partir de maintenant, je m'auto-assure et je ne prends plus de protection Collision ou versement.

JÉRÔME
Architecte

Votre décision est peut-être la bonne – l'avenir le dira –, mais votre raisonnement est faux.

Vous n'avez jamais eu à réclamer d'argent à votre assureur? Estimez-vous chanceux! En règle générale, il y a plus d'inconvénients que d'avantages à subir un sinistre : personne ne souhaite avoir un accident! De là à dire que votre assurance était inutile, c'est autre chose. L'assurance vous protège contre le risque que votre voiture soit volée, accidentée ou détériorée. Ce risque est réel et quelqu'un doit l'assumer. Vous avez donc payé pour que quelqu'un d'autre, en l'occurrence votre assureur, prenne ce risque à votre place. Si vous aviez eu un grave accident avec votre voiture, vous auriez été heureux d'avoir souscrit une assurance! Cependant, vous avez aussi la possibilité d'assumer vous-même ce risque. Si cela ne trouble pas votre sommeil et si votre situation financière est optimale, pourquoi pas?

QUEL MONTANT DE FRANCHISE CHOISIR?

Plus la franchise est élevée, plus la prime baisse. Le choix du montant de la franchise est du même ordre que la décision abordée dans la section précédente, mais les chiffres en cause sont moins élevés. Encore ici, il faut tenir compte de votre capacité financière à absorber une franchise supérieure (1 000 $ au lieu de 250 $ par exemple) et du degré de stress qui peut découler de la décision. Également, du fait que la franchise est assumée seulement si l'assuré est partiellement ou totalement responsable de l'accident ou si la CID ne s'applique pas, les conducteurs prudents peuvent peut-être se permettre une franchise plus élevée.

Plus la franchise est élevée, plus la prime baisse.

Si les dégâts sont légers, la franchise n'a peut-être guère d'importance. On peut en effet se demander s'il est rentable de faire une réclamation, même quand les dommages excèdent la franchise (ex.: dommages de 450 $ alors que la franchise est de 250 $ – voir l'encadré de la p. 241). Si la réclamation fait augmenter la prime d'assurance de 30 % pendant 5 ans, mieux vaut ne rien réclamer. Quelle est l'utilité d'une petite franchise dans ces conditions? En revanche, si les dommages sont lourds, il est préférable d'avoir une petite franchise puisqu'une réclamation sera demandée à l'assureur. Il vaut mieux alors avoir une franchise de 250 $ que de 1 000 $; on économisera 750 $.

Le tableau 29.2 illustre la variation dans les primes selon la franchise pour une Honda Accord 2002 achetée par un comptable de 42 ans, habitant à Québec et ayant un bon dossier de conduite. À vous de trouver vos propres chiffres!

TABLEAU 29.2
Variation de la prime selon la franchise

Franchise	Assureur 1	Assureur 2
Collision ou versement		
500 $ par rapport à 250 $	-95 $	-72 $
1 000 $ par rapport à 250 $	-159 $	-146 $
Sans collision ni versement		
250 $ par rapport à 100 $	-28 $	-25 $

COMMENT CHOISIR SON ASSUREUR?

Les assureurs transigent avec les consommateurs de deux façons: directement (par téléphone ou sur le Web) ou par l'entremise d'un courtier. Transiger avec un courtier est un moyen efficace de magasiner. De plus, vous pourrez bénéficier de l'aide d'un professionnel en cas de sinistre dont le règlement pose des difficultés. Le courtier tire sa rémunération des commissions versées par les assureurs. En règle générale, la prime est plus élevée que si vous transigez directement avec l'assureur. Si vous désirez étendre votre magasinage, vous pouvez lui demander la liste des assureurs qu'il a consultés et en ajouter d'autres (le courtier n'a pas accès à tous les assureurs).

Le choix d'un assureur est fonction de deux critères : la **qualité du service** et la **prime**. Porter trop d'attention à la prime peut vous amener à négliger la qualité du service, pourtant si importante en cas de sinistre. Un règlement rapide et satisfaisant a peut-être plus de valeur qu'une réduction de 10 % de la prime. Si vous payez moins, il y a peut-être une raison !

Pour évaluer la **qualité du service**, il faut, si possible, se renseigner auprès d'autres assurés qui ont subi un sinistre. Encore mieux, le courtier d'assurances reste la meilleure personne à consulter car il connaît bien les assureurs. On peut aussi consulter le registre des plaintes à la Chambre de l'assurance de dommages (www.chad.qc.ca)[7].

> Porter trop d'attention à la prime peut vous amener à négliger la qualité du service, pourtant si importante en cas de sinistre.

La **prime** varie beaucoup selon les assureurs. Ne vous contentez pas de renouveler automatiquement votre police d'une année à l'autre. Magasinez ! Pour calculer leurs primes, les assureurs se fondent sur certains critères que vous avez intérêt à connaître :

La classe de conducteur : établie selon l'âge, le sexe, l'état civil et parfois l'occupation. Une ingénieure mariée de 40 ans bénéficie habituellement d'une prime plus avantageuse qu'un homme célibataire de 20 ans.

Le dossier de conduite : il recense les réclamations passées. C'est souvent le critère le plus important. Certains assureurs prennent en compte seulement les sinistres dont le conducteur a été reconnu responsable, d'autres les considèrent tous. L'assureur peut aussi tenir compte des points d'inaptitude accumulés, s'il a obtenu du conducteur l'autorisation de consulter son dossier à la SAAQ. Rien n'oblige à accepter, mais un refus peut faire grimper la prime ou parfois pousser l'assureur à refuser un client. Il est crucial de répondre franchement à ses questions. De fausses déclarations ou des réticences à donner l'information peuvent entraîner bien des problèmes.

Le type de véhicule : certains modèles sont plus souvent en cause dans des accidents ou sont une cible de choix pour les voleurs. Les assureurs ont mis sur pied le Centre d'information sur les véhicules du Canada (CIVC), qui publie un répertoire de la « sinistralité » des véhicules (disponible au 1 800 761-6703). La valeur de la voiture et le coût des réparations qu'elle exige, y compris le coût des pièces (voir p. 119), influencent aussi la prime. Il peut être pertinent de tenir compte de tous ces facteurs au moment de choisir son véhicule.

---

7. Le site www.trac.com fournit aussi des informations sur les assureurs.

Le lieu de résidence: chaque assureur divise la province en secteurs, selon le degré de risque (fréquence des vols et des accidents, densité de la circulation, état du réseau routier, etc.). Il est plus coûteux de s'assurer à Montréal qu'à la campagne.

L'utilisation: le fait d'utiliser sa voiture pour son travail fait augmenter les primes, tout comme un kilométrage annuel élevé. Ici aussi, la droiture est de mise.

Le marché cible: un assureur n'offre pas les meilleurs taux à tous les profils de clientèle. Certains ciblent les jeunes mais pas les retraités, ou des modèles de voiture précis. Magasinez bien si votre situation change (nouvelle voiture, mariage, etc.).

La location ou l'achat: les voitures louées entraînent souvent une prime plus élevée. Il semble que la clause d'usure normale pousse les locataires à faire plus de petites réclamations, alors que les propriétaires s'accommodent davantage des petits dégâts. On dit aussi que certains locataires sont moins soigneux dans l'utilisation de la voiture.

La prévention: l'installation d'un système antivol, ou de repérage par satellite, ou un cours de conduite pour les jeunes conducteurs peuvent abaisser la prime.

Les polices conjointes: choisir le même assureur pour l'assurance auto et l'assurance habitation peut faire baisser les primes.

L'adhésion à des associations: certains rabais sont accordés aux membres d'un club comme le CAA, d'une association ou d'une corporation professionnelle.

La règle d'or: magasiner, magasiner et magasiner. Les écarts sont parfois étonnants!

Les accidents dont on n'est pas responsable

Lorsqu'on renouvelle sa police d'assurance, il est décevant de voir augmenter la prime à cause d'un sinistre dont on n'est pas responsable. Pourtant, si un arbre est tombé sur votre voiture, votre assureur a dû payer pour les dommages, même si vous n'y étiez pour rien. Si vous êtes malchanceux, ce n'est pas sa faute. C'est frustrant, mais somme toute logique. Pour s'attirer des clients, certains assureurs garantissent le maintien de la prime si l'assuré soumet moins de deux réclamations pendant une période donnée, avec ou sans responsabilité. Même s'il faut souvent se résoudre à payer une prime plus élevée pour bénéficier de cet avantage, certains peuvent y trouver un intérêt.

Un assuré bénéficie parfois à son insu d'un rabais parce qu'il n'a jamais fait de réclamation. Après une première réclamation, il peut penser que sa prime a augmenté, alors que c'est le rabais qui a disparu! C'est un jeu de mots mais c'est souvent ce qui se produit.

L'important est de choisir le type de prime qui vous convient: élevée dès le début mais stable même après une réclamation, ou une prime plus basse au début et accrue après réclamation. Par ailleurs, avant de déposer une réclamation, informez-vous sur son incidence sur votre prochaine prime.

Le Fichier central des sinistres automobiles (FCSA)

Le FCSA donne la description et la date des sinistres subis par les conducteurs principaux ou les autres conducteurs impliqués dans un accident. Il recense aussi le pourcentage de responsabilité de chacun et le montant versé par l'assureur pour chaque sinistre ayant donné lieu à une indemnité. Tout assuré est tenu d'aviser son assureur s'il a subi un sinistre, même s'il ne dépose pas de réclamation. Une omission de ce type pourrait vous valoir une petite surprise lors du renouvellement de votre police si l'autre partie impliquée a fait une réclamation à son assureur (étant donné que vous êtes impliqué, l'accident apparaîtra à votre dossier, même si vous n'avez rien réclamé).

Les assureurs consultent évidemment ce fichier pour établir les primes d'assurance. Vous pouvez connaître le contenu de votre dossier auprès du Groupement des assureurs automobiles (1 800 361-5131) et le faire modifier s'il est erroné.

Est-il rentable de réclamer de faibles montants ?

Au Québec, le coût moyen des sinistres est de 2 300 $. Il pourrait s'avérer plus coûteux de réclamer un petit montant que de régler soi-même les réparations s'il s'ensuit une augmentation de prime l'année suivante. Si la réclamation risque de vous rendre « non assurable » à l'avenir, c'est encore plus évident. Comment faire le bon choix ? Il n'existe pas de réponse toute faite, car chaque assureur a sa propre politique à ce sujet.

- Souvent, une petite réclamation unique a peu d'effet, mais une série de deux ou trois réclamations peut devenir coûteuse. Des assureurs imposeront une augmentation après un certain nombre de réclamations, deux par exemple, quel que soit le montant. Mieux vaut dans ces cas éviter les petites réclamations.

- On sait que tous les accidents mettant en cause plus d'un véhicule sont inscrits au Fichier central des sinistres, et que les assurés sont tenus de les déclarer à leur assureur. On peut donc penser qu'il vaut mieux faire la réclamation puisque l'accident a été signalé de toute façon. Cependant, si le sinistre n'implique que vous (par exemple, si vous happez un poteau dans votre cour), la décision est plus ardue.

- Si la réclamation excède de peu la franchise, mieux vaut s'abstenir.

- Au moment du magasinage de la police ou si un sinistre se produit, demandez directement à l'assureur l'incidence d'une petite réclamation sur les primes futures.

La feuille de travail 29.1 disponible sur le site www.ericbrassard.com vous aidera à considérer tous les aspects pertinents lors de votre magasinage.

GARANTIE D'ÉCART ET CAS FORTUIT

Nous traitons de ces 2 notions importantes dans le chapitre 30 parce qu'il est un peu plus facile de saisir leur portée si elles sont associées au thème de la protection valeur à neuf. Si cette protection ne vous intéresse pas, nous vous recommandons chaudement de lire quand même les sections consacrées à ces deux notions.

COMPLÉMENTS

Le site www.ericbrassard.com contient des textes qui complètent ce chapitre, dont trois qui abordent les thèmes suivants: comment résilier ou annuler une police d'assurance? Quelle conséquence le remisage d'une voiture a-t-il sur l'assurance? Dans quelle mesure les biens qui se trouvent dans la voiture (vélo, skis, etc.) sont-ils protégés?

Nous avons de plus répondu à plusieurs questions: peut-on choisir le garage de son choix en cas d'accident? Peut-on récupérer l'indemnité si on ne veut pas faire réparer sa voiture ou si l'on souhaite la réparer soi-même? En cas de réparations majeures, sans qu'il y ait perte totale, peut-on obtenir l'argent et envoyer la voiture au dépotoir? À l'inverse, peut-on s'objecter si la voiture a été déclarée perte totale? Que faire si aucun assureur ne veut nous assurer? Qu'arrive-t-il si je prête ma voiture à un ami et qu'il a un accident (plusieurs scénarios envisagés)? Qu'arrive-t-il si on omet de signaler des réclamations antérieures en magasinant sa police? Comment assurer une voiture très âgée qui a une grande valeur? Quel est le rôle du constat à l'amiable? Les réponses à d'autres questions seront ajoutées régulièrement.

CHAPITRE 30

Assurances : les protections valeur à neuf

Rédaction et collaboration étroite
ÉRIC BRASSARD
MARC MIGNEAULT
VALÉRIE BORDE

Relecture et commentaires
JOAN BACKUS
MARC-ANDRÉ LAVIGNE
CAA - QUÉBEC
LORRAINE LÉVESQUE
LUC SERRA

Le principe des protections valeur à neuf (VàN) est simple : en cas de perte totale d'un véhicule (collision, vol, etc.), l'assuré reçoit un véhicule neuf en compensation. Il existe cependant différents types de protections, et cette multiplicité de même que la difficulté de les comparer rendent le choix difficile. Cette réalité nous a amenés à écrire le chapitre le plus long de ce livre !

Dans ce chapitre, nous répondrons à deux questions : faut-il acheter une protection VàN ? Si oui, laquelle ? Celle qu'offrent les assureurs, soit l'avenant 43E, ou l'un des types de garanties de remplacement que l'on trouve chez les concessionnaires ou des courtiers indépendants ? Nous expliquons comment chaque produit s'applique, nous donnons leurs caractéristiques et nous faisons ressortir les points forts et les points faibles. Nous concluons à la page 264.

Nous aborderons aussi la question des cas fortuits (ou de force majeure) et celle de la protection des pièces advenant un sinistre moins important.

EST-IL UTILE DE SOUSCRIRE UNE PROTECTION VÀN ?

En règle générale, oui. Mais comme pour toute décision liée à l'assurance, il faut tenir compte du coût et de son attitude personnelle à l'égard du risque.

La VàN, dans sa version complète, permet à l'assuré de bénéficier d'une voiture neuve si la voiture assurée subit une perte totale. C'est une façon de se prémunir contre la forte dépréciation des premières années de vie d'une voiture. En théorie, une assurance devrait permettre à l'assuré de se retrouver dans la situation qui était la sienne avant un sinistre. La VàN va à l'encontre de ce principe, puisqu'elle permet à l'assuré de bénéficier d'une voiture neuve en remplacement d'une voiture qui, elle, avait déjà servi.

> Une assurance devrait permettre à l'assuré de se retrouver dans la situation qui était la sienne avant un sinistre. La VàN va à l'encontre de ce principe.

Après 3 ans, une voiture neuve aura perdu de 40 % à 50 % de sa valeur. Par exemple, une voiture payée 25 000 $ vaudra peut-être 13 000 $ après 3 ans. Entre-temps, le prix de vente d'une même voiture aura peut-être grimpé à 28 000 $. Remplacer une telle voiture après un sinistre coûterait donc 15 000 $ (28 000 $ – 13 000 $). La protection VàN couvre cet écart, soit la dépréciation réelle de la voiture entre le moment de l'achat et le sinistre.

La protection VàN s'avère donc très utile à mesure que la voiture vieillit, et non pas seulement quand elle est neuve, contrairement à la croyance populaire. Même chose si la voiture est financée par emprunt. On sait que la valeur de la voiture diminue généralement plus vite que le solde de la dette. Sans protection VàN, en plus d'avoir à acheter une nouvelle voiture, il faudra combler la différence entre le solde de la dette et la valeur de la voiture sinistrée.

> **La protection VàN s'avère donc très utile à mesure que la voiture vieillit.**

On peut décider de ne pas souscrire la protection VàN, en prévoyant l'achat d'une voiture d'occasion semblable si un sinistre se produit, pour éviter la dépréciation des premières années. C'est tout à fait logique, sauf que les acheteurs de voitures neuves ne sont pas portés à les remplacer par des voitures d'occasion. Sinon, pourquoi ne pas avoir acheté directement une voiture d'occasion ? La protection VàN servira donc ceux qui gardent leur voiture longtemps, mais qui rebutent à acheter des voitures d'occasion.

Comme pour toute autre protection, il faut tenir compte du coût, de la capacité financière et de l'aversion pour le risque avant de prendre une décision. Il faut se poser les mêmes questions que celles présentées à la page 236 pour le choix de la protection Collision ou versement.

VICTOR
Traiteur

Je change de voiture en moyenne tous les trois ans. Il m'arrive de louer, mais parfois j'achète et je revends plus tard. Pour moi, il est important d'avoir une voiture neuve même si je sais que le coût est énorme. Pourquoi devrais-je acheter une protection VàN, qui me protège contre un coût que je suis de toute façon disposé à assumer ?

Vous avez raison. Ceux qui changent de voiture souvent (location perpétuelle ou achat-revente rapide) tirent moins d'avantages de la protection VàN. Une assurance couvre un risque, non un coût qu'il est possible de budgétiser. On assure ce que l'on peut difficilement se permettre de perdre. Bien sûr, la protection nous prémunit contre la baisse de valeur de la voiture, mais l'avantage n'est pas aussi grand que pour la personne qui conserve sa voiture longtemps.

Si vous achetez quand même la protection, optez pour l'avenant 43E des assureurs et non pour une garantie de remplacement. En effet, le coût est souvent plus bas durant les premières années (voir p. 258).

J'ai loué ma voiture. Je ne vois pas pourquoi je souscrirais une protection VàN alors que je ne suis même pas propriétaire. Je me contente de la protection Collision ou versement exigée dans le contrat de location.

SANDRA
Technicienne en radiologie

Vous vous méprenez. Le fait de louer ou d'acheter a peu de conséquences sur vos assurances. La location, comme nous l'avons répété plusieurs fois, est un mode de financement au même titre qu'un emprunt. Que la voiture soit louée ou achetée, elle se déprécie. En cas de perte totale, vous aurez à assumer de nouveau les coûts de dépréciation d'une autre voiture neuve.

Comme nous l'avons expliqué à Victor dans la question-photo qui précède, le fait de changer souvent de voiture peut justifier de ne pas souscrire cette protection, que la voiture soit louée ou achetée. Mais si vous recourez à une location unique dans le but de conserver votre voiture longtemps, la protection VàN demeure tout à fait pertinente.

Cela étant dit, un élément du contrat de location réduit le risque pour le locataire : la clause garantie d'écart (voir ci-après). Cependant, la VàN continue de couvrir le risque principal : celui d'avoir à assumer la dépréciation des premières années.

LA CLAUSE DE GARANTIE D'ÉCART

Cette clause figure dans certains contrats de location. Bien qu'elle ne soit pas directement liée à la question des assurances, il faut absolument en tenir compte dans le processus de décision entourant la VàN.

Quand un locataire subit un sinistre qui entraîne une perte totale, le contrat de location prend fin. Il doit alors faire deux calculs : l'indemnité d'assurance (qui correspond à la valeur de la voiture sinistrée) et le solde de la dette selon le contrat de location. Dans les premières années, ce dernier montant est le plus souvent supérieur, car la valeur de la voiture diminue plus rapidement que la dette. Le locataire doit donc verser la différence pour combler cet écart[1]. Si le contrat comporte une clause de garantie d'écart (Gd'É), le locataire n'a pas à assumer cette différence. Le tableau 30.1 illustre comment elle s'applique dans quatre scénarios :

---

1. Cet écart est *grosso modo* le même que celui qu'absorbe le locataire qui décide de résilier son bail (voir ch. 26). En cas de résiliation, la valeur de la voiture est établie par le concessionnaire (souvent à la suite de la vente de la voiture à l'encan, ce qui correspond à un prix de gros) tandis qu'ici, la valeur est fixée par la compagnie d'assurances (ce qui correspond davantage à un prix de détail). Le solde de la dette, lui, est le même dans les deux cas. Le locataire doit s'assurer que le calcul du solde de la dette est exact (voir ch. 26), en particulier s'il se retrouve dans la situation de Sophie ou de Valérie (voir le tableau 30.1).

TABLEAU 30.1

La garantie d'écart

	Annie	Sylvie	Sophie	Valérie
Valeur de la voiture sinistrée (montant reçu de l'assureur, + franchise le cas échéant)	15 000 $	15 000 $	15 000 $	15 000 $
Solde de la dette au contrat de location	18 000 $	16 000 $	15 000 $	13 000 $
Écart absorbé par la Gd'É	3 000 $	1 000 $	0 $	(2 000) $

Dans le cas d'Annie, l'indemnité reçue de l'assureur est inférieure au solde de la dette. Malgré cela, elle n'a rien à payer car elle est protégée par la Gd'É. Même chose pour Sylvie. Pour Sophie, la Gd'É ne s'applique pas.

Si la voiture vaut 15 000 $ et qu'une franchise de 500 $ s'applique, l'assureur versera 14 500 $ au bailleur et le locataire paiera la différence. De même, si des kilomètres excédentaires ont été parcourus, le locataire devra payer les frais selon le taux établi. Logique puisque le kilométrage excédentaire réduit la valeur de la voiture.

La Gd'É semble plutôt injuste envers ceux qui ont versé un comptant à la signature du bail. Les cas d'Annie, de Sylvie et de Sophie se distinguent par le solde de la dette du contrat de location. Sylvie et Sophie ont probablement versé un comptant pour leur location. Pourtant, dans les trois cas, le contrat s'éteint au moment du sinistre et personne ne paye ni ne reçoit quoi que ce soit du bailleur. Le fait d'avoir payé un comptant n'est pas récompensé!

- Il est vrai que le comptant a fait diminuer les mensualités jusqu'au moment du sinistre. Mais Sylvie et Sophie ont quand même payé 2 000 $ ou 3 000 $ de plus qu'Annie en capital. Pourtant, elles n'obtiendront rien de plus au moment du sinistre, tandis qu'Annie a toujours la somme en poche, en plus de voir sa dette s'éteindre.

- La Gd'É annule l'écart, peu importe l'écart! Il appartient au locataire de prendre les bonnes décisions, en tenant compte de cette clause. Il peut conserver son comptant pour éviter de le perdre. Cependant, il devra payer plus d'intérêts (mensualités plus élevées). Ce n'est pas forcément grave si l'argent conservé travaille ailleurs (remboursement d'une dette coûteuse, cotisation à un REER ou à un REEE – voir ch. 23). Il peut aussi prendre le risque de verser un comptant en pariant qu'il ne subira pas de perte totale. À lui de choisir!

Valérie a payé un comptant très élevé, au point que sa dette est inférieure à la valeur de la voiture. Cela survient très rarement. La différence étant positive, la Gd'É ne s'applique pas.

- L'écart positif de 2 000 $ devrait être remboursé à Valérie, ce qui ne sera pas chose facile. Elle devra insister – les calculs proposés au chapitre 26 lui seront fort utiles!

- Comme Sophie et Sylvie, Valérie a payé inutilement un versement comptant, qu'elle ne pourra pas récupérer.

Il est important de «protéger le comptant». C'est pourquoi nous suggérons de ne jamais verser un comptant lors d'une location (voir ch. 23). Nous verrons aussi dans ce chapitre comment tenir compte de la Gd'É avant d'opter pour une forme ou l'autre de protection VàN.

La Gd'É fait-elle partie du contrat de location?

Les contrats signés avec les bras financiers des fabricants (Ford Crédit, Honda Crédit, etc.) prévoient le plus souvent cette protection. C'était du moins le cas au moment d'écrire ces lignes. Il n'est toutefois pas toujours facile de le vérifier, car le libellé des contrats évoque souvent la garantie de manière détournée. Voici un exemple:

> *Si le véhicule est détruit, perdu ou volé et que vous avez maintenu les protections d'assurance requises, Crédit AutoMondial acceptera, en tant que règlement complet de vos obligations aux termes du présent bail, le montant du règlement d'assurance et votre paiement du montant de la franchise.*

D'autres exemples de clauses figurent dans le site www.ericbrassard.com. Pour gagner du temps, demandez au vendeur de vous indiquer où la Gd'É se trouve. S'il en est incapable, c'est peut-être qu'elle n'existe pas. Soyez particulièrement vigilant si vous signez un contrat avec le marchand du coin ou avec une compagnie de financement maison du concessionnaire.

> Il est important de «protéger le comptant». C'est pourquoi nous suggérons de ne jamais verser un comptant lors d'une location.

Garantie d'écart et garantie de remplacement

Le vocabulaire utilisé prête parfois à confusion. Il faut distinguer ces deux notions.

La clause de **garantie d'écart** apparaît dans certains baux. Elle ne concerne donc que la location. Il ne s'agit pas d'une clause de contrat d'assurance ni d'une garantie de remplacement. Cette clause prend une importance particulière lorsqu'on discute de VàN.

La **garantie de remplacement** est une forme de protection VàN applicable tant à l'achat qu'à la location. Elle est vendue par un concessionnaire ou un courtier d'assurances.

LA GARANTIE DE REMPLACEMENT

La garantie de remplacement (GdR) prévoit le remplacement d'un véhicule par le même modèle neuf en cas de perte totale (accident, vol, etc.). La durée de la protection peut s'étendre, le plus souvent, de deux à cinq ans. La GdR comporte d'autres avantages, mais aussi certains inconvénients, dont nous discutons dans le tableau 30.3.

Cette protection ne remplace pas l'assurance automobile de base. D'ailleurs, pour bénéficier de la GdR, il faut au préalable avoir souscrit les couvertures Collision ou versement et

Accident sans collision ni versement. En revanche, la GdR concurrence directement l'avenant 43E des assureurs (de même que l'avenant 20). Ce produit, offert par les concessionnaires et certains courtiers d'assurances, est distinct de la police d'assurance auto, de sorte qu'il faut le payer séparément. Le prix varie selon le nombre d'années choisi et la valeur de la voiture. Une couverture de 5 ans pour une voiture de 25 000 $ peut coûter entre 700 $ et 900 $.

Cette protection ne remplace pas l'assurance automobile de base.

GdR : application dans le cas d'un achat

Dans le cas d'une voiture **achetée**, l'assureur détermine la valeur de la voiture sinistrée puis verse l'indemnité au concessionnaire. La GdR compense ensuite la différence entre la valeur de la voiture sinistrée et le prix d'une voiture neuve équivalente. Voici un exemple :

Prix d'une voiture neuve	33 000 $
Prix d'achat initial de la voiture sinistrée (15 mois auparavant)	30 000 $
Valeur de la voiture sinistrée (indemnité reçue de l'assureur)	23 000 $

Dans ce cas, la valeur de la GdR est de 10 000 $ (plus taxes), soit la différence entre le prix d'achat d'une voiture neuve (33 000 $ plus taxes) et l'indemnité de l'assureur (23 000 $ plus taxes). Le client n'encaissera pas forcément les 10 000 $, mais il obtiendra une voiture neuve semblable.

La GdR ne protégeant pas le taux d'intérêt, la mensualité peut varier.

Tout le financement de la voiture doit être revu. Le concessionnaire utilisera les 23 000 $ reçus de l'assureur pour rembourser le solde de la dette sur la voiture sinistrée et pour payer une partie du prix de la nouvelle voiture. En fait, le solde du nouveau prêt sera identique à celui du précédent, sauf que le client aura une voiture neuve en main[2]. Cependant, la GdR ne protégeant pas le taux d'intérêt, la mensualité peut varier.

Si les parties s'entendent, et si le client remplit les conditions de crédit, la somme de 10 000 $ (ou un autre montant) peut lui être versée et être ajoutée au prêt. Cette option est à considérer si le taux d'intérêt est bas ou si le client a besoin d'argent. À l'inverse, il peut verser un comptant s'il possède des liquidités et si le nouveau taux est élevé. Il peut aussi louer sa nouvelle voiture. Le solde de son prêt est alors transféré à titre de solde de la dette dans son contrat de location (il devient le montant à financer – voir p. 84). En considérant la durée du bail, le taux d'intérêt et la valeur résiduelle de la nouvelle voiture, on pourra établir la mensualité. La transaction étant plus complexe, il faudra surveiller de près les calculs pour ne pas y perdre au change. Ici encore, le client peut encaisser les 10 000 $ pour les ajouter au solde de son contrat de location.

---

2. Peu importe le solde du prêt au moment du sinistre, le client sera toujours gagnant de 10 000 $ au total. Par exemple, si ce solde est de 27 000 $, il aura évité de payer l'écart de 4 000 $ au créancier (27 000 $ - 23 000 $) et, de plus, il possédera une voiture qui vaut 6 000 $ de plus que le solde de la dette. L'avantage est bien de 10 000 $ (4 000 $ + 6 000 $). Que le solde de la dette soit nul ou très élevé, le fait d'avoir souscrit la GdR lui donnera toujours 10 000 $ de plus.

En fait, de nombreux arrangements sont possibles : modification de la durée du prêt, achat de produits périphériques ou même d'un modèle plus haut de gamme (en assumant le coût supplémentaire). L'important est de faire un suivi serré des chiffres pour conserver l'avantage net des 10 000 $. Bref, gardez le contrôle du processus. Certaines GdR permettent de se procurer une voiture d'une autre marque. La somme de 10 000 $ serait alors considérée à titre de comptant pour la nouvelle voiture, à condition que son prix soit égal ou supérieur à 33 000 $. Sinon, le montant de l'indemnité est diminué en fonction du prix réel de la voiture.

GdR : application dans le cas d'une location

Dans le cas d'une voiture **louée**, l'application de la GdR est un peu plus complexe :

- L'assureur verse au bailleur une indemnité égale à la valeur de la voiture sinistrée.

- La Gd'É absorbe ensuite la différence entre cette indemnité et le solde de la dette au contrat de location.

- La GdR compense finalement la différence entre la valeur de la voiture sinistrée et le prix d'une voiture neuve équivalente.

Le tableau 30.2 présente 2 situations.

TABLEAU 30.2
GdR et location

	René	José
Prix de la voiture neuve	33 000 $	33 000 $
Solde de la dette au contrat de location	25 000 $	24 000 $
Valeur marchande de la voiture sinistrée	23 000 $	23 000 $
Règlement du sinistre :		
Solde de la dette	25 000 $	24 000 $
Indemnité reçue de l'assureur	23 000 $	23 000 $
Écart absorbé par la Gd'É	2 000 $	1 000 $
Valeur de la GdR (33 000 $ – 23 000 $)	10 000 $	10 000 $

Dans les 2 cas, l'assureur versera 23 000 $ au bailleur, qui encaissera la totalité de la somme (René et José doivent encore 25 000 $ et 24 000 $ respectivement). La Gd'É absorbera ensuite 2 000 $ pour René, 1 000 $ pour José. La dette envers le bailleur est éteinte. La GdR s'applique alors et les 2 locataires pourront bénéficier de 10 000 $ (33 000 $ – 23 000 $) pour une nouvelle transaction (achat ou location). Comme dans le cas précédent, les 10 000 $ peuvent être utilisés à titre de comptant ou être ajoutés au financement si les parties s'entendent.

Surveillez de près le règlement de ce type de sinistre. Assurez-vous que le solde de la dette au contrat de location est établi tel qu'expliqué au chapitre 26. Vérifiez aussi le calcul de la mensualité si vous signez un nouveau bail, pour bien profiter du montant alloué par la GdR.

La question des taxes est très complexe. Devraient-elles être ajoutées aux 10 000 $ comme ce serait le cas si la voiture sinistrée avait été achetée ? Un seul vendeur de GdR accepte de le faire. Consultez aussi l'encadré de la page 254.

GdR : application aux voitures d'occasion

On peut vous offrir une GdR si vous achetez une voiture d'occasion, généralement si elle est âgée de moins de cinq ans. Bien sûr, en cas de sinistre, vous n'obtiendrez pas une voiture neuve. C'est le prix d'achat qui est protégé, en général majoré de 5 % par année pour tenir compte de l'inflation. Voyons l'exemple de Serge, qui a payé sa voiture d'occasion 12 000 $. Trois ans plus tard, alors que la voiture ne vaut plus que 6 000 $, elle est déclarée perte totale. Voici comment le sinistre sera réglé :

Valeur garantie indexée à 5 % (non composée[3])		
Prix d'achat	12 000 $	
Indexation (5 % × 12 000 $) = 600 $ × 3 ans	1 800 $	13 800 $ (+ taxes)
Indemnité d'assurance		(6 000) $ (+ taxes)
Montant versé au titre de la GdR		7 800 $ (+ taxes)

Serge disposera d'un montant de 7 800 $ pour une nouvelle transaction. Il sera tenu de louer ou d'acheter une voiture (neuve ou d'occasion) d'une valeur supérieure à 13 800 $ chez le même concessionnaire. Il devra aussi tenir compte de sa dette sur la voiture sinistrée, tout comme nous l'avons fait pour les voitures neuves.

La protection doit être souscrite au moment de l'achat d'un véhicule d'occasion, mais il existe une autre possibilité : si le client avait déjà acheté une GdR pour une voiture neuve, il peut, avant l'échéance, acheter une nouvelle GdR pour voiture d'occasion et prolonger ainsi la protection. La valeur protégée correspondra à la valeur de la voiture d'occasion à la signature de la nouvelle GdR.

Les assureurs, sauf un au moment d'écrire ces lignes, n'offrent pas ce type de protection pour les voitures d'occasion. L'avenant 43E (ou 43D) ne s'applique qu'aux voitures neuves.

---

3. Pour certains produits, l'indexation est composée.

Concessionnaire ou courtier?

On peut se procurer une GdR chez le concessionnaire ou chez un courtier indépendant. Les modalités de base sont les mêmes, mais il existe des différences dont nous parlerons dans le tableau 30.3 et à la page 262.

LA PROTECTION VALEUR À NEUF DES ASSUREURS (L'AVENANT 43E)

La protection VàN des assureurs est un avenant du contrat d'assurance régi par la loi. Elle est identique d'un assureur à l'autre. L'avenant 43 est assorti de 5 options, que nous décrirons rapidement avant de nous concentrer sur l'avenant 43E.

43A – Indemnisation sans dépréciation en cas de perte partielle: s'applique aux pièces endommagées lors d'un sinistre. La pièce endommagée est remplacée par une pièce neuve d'origine, sans frais de dépréciation pour l'assuré.

43B – Indemnisation sans dépréciation en cas de perte partielle et d'indisponibilité de pièces d'occasion: s'applique aussi aux pièces. En cas de perte partielle et d'indisponibilité de pièces recyclées, la pièce est remplacée par une pièce neuve d'origine, sans frais de dépréciation pour l'assuré.

43C – Montant de l'indemnité convenu en cas de perte totale: en cas de perte totale, la garantie correspond à un montant convenu au moment de la signature du contrat. Ce montant est incontestable une fois établi.

43D – Indemnisation sans dépréciation en cas de perte totale: en cas de perte totale, la garantie correspond au prix payé pour la voiture (avec certaines nuances). Cette protection permet de récupérer le prix d'achat, mais non l'écart attribuable à la majoration du prix depuis l'achat. Elle couvre donc une bonne partie du risque. Elle n'est pas applicable à la location.

43E – VàN pour remplacement du véhicule en cas de perte totale: en cas de perte totale, la garantie correspond au prix d'un véhicule neuf ayant les mêmes caractéristiques, équipements et accessoires ou, en cas d'indisponibilité, d'un véhicule neuf de mêmes nature et qualité doté d'équipements et d'accessoires semblables.

Les avenants A et B s'appliquent aux pièces (voir la page 268 à cet effet). L'avenant C concerne surtout les voitures de collection ou les voitures âgées ayant une valeur plus grande que celle indiquée dans les guides. L'avenant D protège uniquement le prix d'achat. C'est donc l'avenant 43E qui correspond à la protection VàN, et c'est celui qu'il faut comparer à la GdR des courtiers ou des concessionnaires. Auparavant offert pour une période de deux ans, il arrive souvent de nos jours que cet avenant couvre quatre ans pour mieux concurrencer les GdR.

Avenant 43E : application à un véhicule acheté

Si une voiture **achetée** est déclarée perte totale, voici les modalités d'application de l'avenant 43E:

• L'assureur recherche un véhicule de remplacement neuf en négociant avec différents concessionnaires et avec l'assuré.

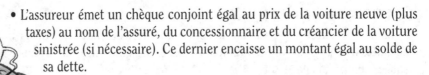

• L'assureur émet un chèque conjoint égal au prix de la voiture neuve (plus taxes) au nom de l'assuré, du concessionnaire et du créancier de la voiture sinistrée (si nécessaire). Ce dernier encaisse un montant égal au solde de sa dette.

• Le propriétaire négocie de nouvelles conditions de financement (pour la différence entre la valeur de la nouvelle voiture et le solde du chèque de l'assureur une fois payé le créancier de la voiture sinistrée). L'assureur n'a pas à connaître ces conditions. Tout comme dans le cas de la GdR, de nombreux arrangements sont possibles (durée du prêt, achat de produits supplémentaires ou d'un modèle plus haut de gamme, etc.). Si le créancier est d'accord, le propriétaire peut augmenter le solde de sa dette et encaisser une somme d'argent. Il peut aussi décider de verser un comptant. La nouvelle voiture peut également être louée.

• Le concessionnaire livre la voiture.

Bref, le processus est le même que si une GdR était appliquée à une voiture achetée (voir p. 248). Dans les deux cas, le propriétaire bénéficie d'une voiture neuve et il doit renégocier les conditions du remboursement du solde de sa dette.

Si, pour une raison quelconque, le client ne veut plus de voiture, il aura au moins droit à une indemnité égale au prix initial de sa voiture, comme s'il avait acheté l'avenant 43D.

Avenant 43E : application à un véhicule loué

Nous abordons ici le point le plus délicat de ce chapitre : le règlement des sinistres mettant en cause une voiture louée, déclarée perte totale et protégée par l'avenant 43E.

Du point de vue légal, le locataire n'est pas propriétaire de la voiture. C'est le bailleur qui détient le titre de propriété. Lors d'un sinistre, l'assureur fait un chèque conjoint à l'ordre de l'assuré et du bailleur, d'un montant égal au prix d'achat de la voiture de remplacement, comme dans le cas où la voiture sinistrée avait été achetée (voir précédemment). Il appartient à l'assuré de négocier avec le bailleur à la fois le partage du chèque et les conditions de son nouveau contrat. Un combat très inégal car le bailleur connaît toutes les ruses de l'opération, certainement mieux que le consommateur moyen. Plusieurs éléments peuvent prêter à litige :

• l'établissement du solde de la dette au contrat de location au moment du sinistre ;

• le fonctionnement de la garantie d'écart (Gd'É) ;

• le traitement des taxes ;

• la négociation du contrat de location subséquent ou de toute autre forme d'entente.

Comment s'en sortir?

Pour conserver le contrôle de la transaction, l'assuré devrait garder à l'esprit quelques grands principes:

- À la signature du bail, le bailleur n'a pas exigé que le locataire souscrive l'avenant 43E. Seules les protections du chapitre A (responsabilité civile) et des chapitres B2 et B3 (Collision ou versement et Accident sans collision ni versement) sont obligatoires, en général. Sans l'avenant 43E, le bailleur aurait encaissé un montant égal à la valeur de la voiture sinistrée. Pourquoi devrait-il obtenir plus parce que le locataire a acheté l'avenant 43E?

- La Gd'É s'applique (si elle est prévue au contrat). Ainsi, le bailleur doit absorber l'écart entre le solde de la dette au contrat de location et la valeur de la voiture sinistrée. C'est ce qui se produit en l'absence de l'avenant 43E, et rien ne justifie que ça change.

- Le solde de la dette au moment du sinistre doit être correctement établi, au moyen de la méthode actuarielle. Le chapitre 26 traite de ce point.

> Un locataire qui achète une protection VàN devrait bénéficier des mêmes avantages qu'un propriétaire.

Un locataire qui achète une protection VàN devrait bénéficier des mêmes avantages qu'un propriétaire. Puisque la protection VàN permet au propriétaire de se retrouver en meilleure position après le sinistre qu'avant, pourquoi n'en serait-il pas ainsi pour le locataire? Voici, selon nous, la meilleure façon de régler un sinistre:

Le contrat de location se termine et le bailleur encaisse une somme égale à la valeur marchande de la voiture sinistrée. Si ce montant est inférieur au solde de la dette, la Gd'É absorbe la différence[4]. Ensuite, pour tenir compte de la VàN, le locataire doit bénéficier d'un montant égal à la différence entre le prix d'achat de la voiture neuve et la valeur de la voiture sinistrée. Pour profiter de ce montant, le locataire doit acheter ou louer une voiture neuve[5] en remplacement de sa voiture sinistrée. Il pourra utiliser le montant comme comptant ou, s'il s'entend avec les créanciers, l'empocher en augmentant le solde de sa dette (emprunt ou nouveau contrat de location).

Voyons l'exemple de Kim, dont nous nous servirons tout au long de cette section:

Prix de la voiture neuve de remplacement	33 000 $
Prix initial de la voiture sinistrée	30 000 $
Solde de la dette au contrat de location	25 000 $
Valeur marchande actuelle de la voiture sinistrée	23 000 $

N'eût été de la VàN, le contrat aurait pris fin. Le bailleur aurait empoché 23 000 $ et la Gd'É aurait couvert les 2 000 $ de différence. Si Kim a souscrit la protection VàN, le bailleur ne doit pas recevoir un sou de plus. Seule Kim doit bénéficier de la différence de 10 000 $ entre la valeur

---

4. Si le montant est supérieur, le bailleur doit rembourser la différence au locataire.
5. Si le locataire ne remplace pas la voiture, il faut utiliser le prix initial de la voiture (avec certaines nuances) au lieu du prix d'une voiture neuve.

de sa voiture sinistrée et le prix de la voiture neuve qui la remplacera (33 000 $ – 23 000 $). À cela pourraient s'ajouter les taxes (voir encadré). Il est logique toutefois qu'on impose à Kim d'acheter ou de louer la voiture de 33 000 $. Elle pourra utiliser ses 10 000 $ à titre de comptant ou les empocher, si elle s'entend pour augmenter sa dette avec le créancier ou le bailleur.

Pour avoir de bonnes chances de régler correctement le sinistre, il est important de garder la maîtrise tout au long des pourparlers. Si le concessionnaire vous propose son aide, vérifiez ses calculs. Il est probablement de bonne foi, mais quand même…

Un cas vécu

Un proche de l'auteur principal de ce livre a subi la perte totale d'une voiture qu'il louait. Il avait souscrit la protection VàN. Dans les négociations avec le bailleur, les principes énoncés précédemment ont été invoqués et, avec beaucoup d'insistance, le bailleur a finalement accepté. Si cela vous arrive, faites-vous aider et ne lâchez pas.

La question des taxes

Le traitement des taxes est plus complexe si un sinistre met en cause une voiture louée. Si l'assuré avait été propriétaire de la voiture sinistrée, l'assureur aurait payé la totalité des taxes applicables à la nouvelle voiture neuve, sans égard aux taxes réellement payées par l'assuré antérieurement. Le même principe pourrait s'appliquer dans le cas d'une location. Dans l'exemple de Kim, la protection VàN lui assure un montant de 10 000 $. Les taxes à ajouter pourraient donc se chiffrer à 1 500 $ (15 % de 10 000 $). À l'heure actuelle, les assureurs refusent de verser une allocation pour les taxes.

Ce thème est complexe et il n'est pas dans notre intention d'en faire un traitement exhaustif. Dans le cas vécu décrit dans l'encadré précédent, une allocation pour les taxes a été demandée mais la question restait en suspens au moment de mettre sous presse. Le dénouement de l'affaire sera à suivre dans le site www.ericbrassard.com… Vous y trouverez aussi un extrait de la lettre envoyée à l'assureur pour justifier la position de l'assuré.

Quelques propositions courantes des bailleurs

1. *L'omission de considérer la Gd'É :* *le bailleur propose d'encaisser le solde de sa dette (25 000 $) et de laisser au locataire le reste du remboursement de l'assurance (33 000 $ - 25 000 $ = 8 000 $), qui pourra servir pour la future transaction.*

Cette offre est inacceptable. Le bailleur encaisse 2 000 $ de plus parce que le locataire a payé pour une protection supplémentaire (l'avenant 43E). Ce n'est pas normal ! Le locataire perd 2 000 $ par rapport à ce qu'il pourrait obtenir si les principes que nous défendons étaient appliqués. Le bailleur évite d'assumer la Gd'É, qu'il a pourtant accordée au locataire dans son contrat de location. Si le locataire se résigne à accepter, il devrait au moins s'assurer que le solde de sa dette, soit 25 000 $, est calculé correctement (voir ch. 26).

2. La substitution : *le bail se poursuit avec la même mensualité, la même échéance, le même solde de la dette et surtout la même option d'achat à la fin du bail. Toutefois, l'ancienne voiture est remplacée par une neuve.*

Cette option est plus intéressante. Le locataire bénéficie d'une voiture neuve, mais son bail n'est pas modifié. Quand il arrivera à échéance, le locataire pourra exercer son option d'achat pour une voiture qu'il paiera probablement beaucoup moins que sa valeur marchande (surtout si le bail en était à ses derniers mois au moment du sinistre). C'est à ce moment qu'il tirera parti de sa protection VàN, par exemple s'il peut exercer l'option d'achat à 20 000 $ pour acheter une voiture valant 26 000 $. Cette proposition protège en outre le locataire contre une éventuelle hausse du taux d'intérêt puisque les conditions de son bail restent en vigueur.

Cependant, le locataire perd encore l'avantage de la Gd'É. Il s'agit d'une façon plus subtile pour le bailleur de ne pas honorer cette clause. Le locataire dispose d'une voiture de 33 000 $, mais le solde de sa dette reste à 25 000 $, alors qu'il serait de 23 000 $ s'il avait signé un nouveau bail. Il perd encore 2 000 $.

Par contre, si les conditions de l'ancien bail sont plus avantageuses que celles d'un nouveau (par exemple, taux d'intérêt de 1,9 % au lieu de 7 %), l'offre pourrait être intéressante : une dette de 25 000 $ à 1,9 % peut être moins coûteuse qu'une dette de 23 000 $ à 7 %. Il faut donc vérifier si le taux d'intérêt et la période à écouler avant l'échéance du bail sont avantageux[6]. Autrement, refusez l'offre. Cette option élimine aussi toute possibilité d'encaisser les 10 000 $ (si les conditions de crédit sont remplies). On sait qu'il vaut toujours mieux éviter de verser toute forme de comptant pour une location (voir p. 185).

Plusieurs surestiment cette offre, en se laissant charmer par le prix alléchant de l'option d'achat à la fin du bail. Pourtant, il n'y a rien là d'extraordinaire. C'est l'objet même de la VàN de bonifier la situation du locataire après un sinistre. Ce n'est qu'une façon différente, souvent moins avantageuse, de profiter de la protection VàN. Si cette option vous sourit vraiment, proposez-la vous-même au bailleur et insistez pour l'obtenir. Il sera peut-être intéressé, selon la conjoncture du marché. Quant à eux, les concessionnaires ne sont pas portés sur la chose : pour des raisons pratiques, cette option présente moins d'intérêt pour eux. Ne comptez pas sur leur collaboration.

> Ce n'est qu'une façon différente, souvent moins avantageuse, de profiter de la protection VàN.

---

6. Pour déterminer avec certitude quelle option est la plus avantageuse, calculez le coût réel des 2 options à l'aide de la méthode des coûts actualisés (voir ch. 17) et de la calculette du site www.ericbrassard.com.

3. Le maintien de la mensualité : *le bailleur propose de résilier l'ancien bail et d'en signer un nouveau, avec la même mensualité. Le locataire n'obtient rien de plus.*

Offre totalement inacceptable ! Mensualité égale ne signifie pas coût égal (voir ch. 8). Même si la mensualité reste la même, le locataire aurait pu obtenir plus en négociant bien l'indemnisation qui lui est due au titre de la protection VàN. Cette offre revient à dire au locataire : « À toi de payer de nouveau ta voiture ! » En effet, il recommence à payer la dépréciation, qu'il avait pourtant déjà payée sur l'ancienne voiture. La seule différence : il n'a pas à assumer la hausse du prix d'une voiture neuve semblable à celle qu'il a perdue. Ainsi, Kim pourrait peut-être économiser, au gros maximum, 3 000 $, mais elle devrait recommencer à payer la dépréciation de 7 000 $ entre le prix initial de la voiture neuve et sa valeur au moment du sinistre. La protection VàN offre bien plus, et de loin.

> Mensualité égale ne signifie pas coût égal.

Pis encore, si l'ancien bail était assorti d'un taux d'intérêt de 7 %, supposons, et qu'il est possible d'obtenir un taux de 1,9 % en signant un nouveau bail, le locataire pourrait se retrouver à payer le prix total de la nouvelle voiture, même si la mensualité reste telle quelle. Quelle arnaque ! Certes, cette offre protège le locataire contre les hausses de taux d'intérêt, mais il ne peut pas profiter d'une baisse de taux. De toute façon, le principal coût d'une voiture est la dépréciation et non le coût du capital. Si le bailleur modifie la durée du bail pour laisser telle quelle la mensualité, c'est encore plus scandaleux : de cette manière, le locataire est bien parti pour payer complètement la nouvelle voiture.

En résumé, refusez à tout prix toute offre de cette nature. En aucun cas elle ne permet au locataire de tirer tous les avantages de son avenant 43E. Même les purs et durs de la location perpétuelle, qui ne se préoccupent que de mensualité, devraient prendre le temps de bien négocier le nouveau bail. Et même si le locataire a versé un gros comptant à la signature du bail pour abaisser ses mensualités – ce qu'il ne faut jamais faire, d'ailleurs –, l'offre n'est pas encore assez intéressante par rapport au potentiel de la VàN. Une partie du comptant peut en effet être récupérée dans les rares cas où il a été si élevé que le solde de la dette est inférieur à la valeur marchande de la voiture (voir le cas de Valérie à la p. 246).

L'absence de la Gd'É

Si le contrat de location ne comporte pas de clause de Gd'É, le règlement du sinistre est simplifié. Plusieurs options inacceptables deviennent alors tout à fait correctes (dans les cas 1 et 2 cités précédemment, notamment). Seule la dernière option reste inacceptable.

Le rôle de l'assureur

En réalité, l'assureur n'est pas responsable des négociations entre le locataire et le bailleur ni des tracas entraînés par le chèque conjoint. Quelle que soit l'option retenue, son coût demeure le même : il paie pour une voiture neuve. Seuls le bailleur et le concessionnaire peuvent être tentés de s'accaparer une plus grosse part du gâteau.

Les assureurs ont quand même un rôle à jouer. Ils pourraient faire des pressions pour que l'on modifie le contrat d'assurance (par exemple en créant un avenant expressément applicable à la location). L'assureur devrait pouvoir tirer un chèque au bailleur équivalant à la valeur de la voiture sinistrée, comme s'il n'y avait pas de protection VàN. Le bail prendrait fin et la Gd'É s'appliquerait. Après tout, le bailleur n'a pas à savoir que le locataire a souscrit l'avenant 43E. L'assureur préparerait ensuite un chèque couvrant la différence entre le prix de la voiture neuve et la valeur de la voiture sinistrée. Le locataire devrait acheter ou louer une nouvelle voiture pour en profiter[7]. De cette façon, les assureurs simplifieraient la vie de leurs clients.

En conclusion

Si vous louez une voiture et que vous envisagez d'acheter une protection VàN d'un assureur, essayez de vous renseigner sur la façon dont le bailleur traite les sinistres en cas de perte totale (bonne chance !). Cela influencera peut-être votre décision. Et en cas de sinistre, si vous ne parvenez pas à une entente, faites-vous aider (voir ch. 41).

COMPARAISON DES PRODUITS

Le tableau 30.3, très volumineux, met en parallèle les caractéristiques des 2 produits (les GdR et les VàN). Dans la colonne de gauche, nous faisons parfois certaines distinctions entre les GdR vendues par les concessionnaires (GdR-conc.) et celles que vendent les courtiers (GdR-courtier). Nous analysons cette distinction plus en détail dans une section distincte de la page 262. Nous décrivons la marche à suivre pour comparer les coûts à la page 262. Finalement, nous donnons notre conclusion sur l'épineuse question du choix du produit à la page 264.

TABLEAU 30.3

Parallèle entre la garantie de remplacement et l'avenant 43E

(+) = avantage (–) = inconvénient (+ +) = avantage important (– –) = inconvénient important
GdR-conc. = GdR des concessionnaires GdR-courtier = GdR des courtiers indépendants

GARANTIE DE REMPLACEMENT	L'AVENANT 43E DES ASSUREURS
Assurabilité et durée de la protection	
Admissibilité indépendante du dossier de conduite ; aucun renouvellement annuel. Le client doit toutefois être admissible chaque année à une protection Collision ou versement d'un assureur. (++)	Admisssibilité liée au dossier de conduite. Décision revue annuellement. (– –)
Durée maximale de la protection : de 4 à 6 ans en général. (+)	Durée maximale de la protection : 4 ans en général (peut aller jusqu'à 5 ans moins 1 jour) ; souvent limitée à 2 ans. (–)
Souscription à la signature du contrat ; un délai peut être accordé. Après ce délai, possibilité de souscrire une protection pour voiture d'occasion.	Souscription à la signature du contrat ou dans un délai de 3 mois. En cas de changement d'assureur, le nouveau peut accorder la protection si elle a toujours été souscrite précédemment.

---

7. Sinon, son indemnité serait réduite à celle versée avec l'avenant 43D.

GARANTIE DE REMPLACEMENT	L'AVENANT 43E DES ASSUREURS
Coût	
Coût établi pour toute la période. (+ +)	Coût revu à la hausse chaque année; attention aux surprises… (– –)
Étant donné le paiement d'avance pour toute la durée de la couverture, coût lié à l'argent (intérêts ou coût de renonciation). (–) Si le financement est intégré à celui de la voiture, taux d'intérêt parfois bas (0 %, 1,9 %, etc.).	Facturation annuelle. Souvent, paiements répartis mensuellement, avec intérêts. (+)
Financement plus aisé pour la GdR-conc. car il peut être intégré à celui de la voiture (achat ou location). Financement distinct de la GdR-courtier requis (sauf si argent obtenu avec la méthode du 110 %, voir p. 182). Financement de la prime durant quelques mois accordé par certains courtiers. Conclusion: GdR-courtier moins accessible si le budget est serré.	Souvent, coût fixé au pourcentage de la prime totale. Par exemple: • 1re année: 10 à 15 % du coût de la prime • 2e année: 20 à 24 % du coût de la prime • 3e année: 30 à 35 % du coût de la prime • 4e année: 40 à 52 % du coût de la prime Coût peu élevé la 1re année, mais peut atteindre 500 $ la 4e année. Peut dissuader le client d'acheter la protection au moment où elle est très utile. (– –) Prime nivelée sur 4 ans chez certains assureurs (par ex., 28 % du coût de la prime totale). Admissibilité quand même revue chaque année.
Taxe de 15 % (TPS et TVQ). (–) Récupération en partie ou en totalité pour les gens d'affaires (ch. 35). (+)	Taxe de 9 % (+), non récupérable. (–)
Prime totale gagnée par le vendeur à la signature (délai de 30 jours pour la GdR-courtier), non remboursable. (– –) Non transférable à un acheteur subséquent. GdR-conc.: en cas de remplacement de la voiture, protection transférable moyennant des frais et certaines limites. GdR-courtier: crédit pour la période inutilisée, moyennant l'achat d'une autre protection pour la nouvelle voiture. Allégements possibles en cas de décès.	Prime gagnée par l'assureur au fil du temps. En cas de résiliation du contrat (ou de sinistre), remboursement sans conditions pour les périodes futures inutilisées (moins les frais de résiliation). (+ +)

GARANTIE DE REMPLACEMENT	L'AVENANT 43E DES ASSUREURS
Coût égal pour tous (dépend uniquement de la valeur de la voiture).	Coût varie selon les critères habituels des assureurs (voir p. 239).

Souvent, on conclut trop rapidement que les GdR coûtent plus cher que l'avenant 43E. Voir la discussion à ce propos à la page 262.

Latitude de l'assuré quant au choix du nouveau véhicule	
GdR-conc.: obligation de transiger chez le <u>même</u> concessionnaire. Désagréable si on souhaite changer de marque, si on a déménagé ou si les relations ne sont pas harmonieuses. De plus, restriction du pouvoir de négociation pour le financement ou les produits périphériques. (– –) GdR-courtier: aucune règle quant au lieu de transaction ou au modèle de voiture (avec une limite de prix, bien sûr). Ainsi, plus de pouvoir de négociation pour le financement ou les autres produits. (+ +)	Assureur plus flexible pourvu que le coût reste le même pour lui. (+ +) 
Obligation pour l'assuré de remplacer la voiture pour toucher l'indemnité. (–) Possibilité de changer de modèle (ou d'acheter une voiture d'occasion) pourvu que le coût n'excède pas le montant accordé, auquel cas l'assuré doit payer la différence.	Non-obligation de remplacer la voiture, auquel cas l'assuré reçoit au moins le prix payé pour sa voiture (comme s'il s'agissait de l'avenant 43D). (+)
Aucun pouvoir à l'émetteur de décider si la voiture est déclarée perte totale (+). L'émetteur pourrait semble-t-il contester l'évaluation de la valeur de la voiture sinistrée établie par l'assureur (n'oublions pas que l'émetteur paie la différence entre cette valeur et celle de la voiture neuve).	Certains affirment que les assureurs sont moins enclins à déclarer une voiture perte totale si l'assuré a souscrit l'avenant 43E. Les assureurs sont toutefois soumis à des normes établies par le GAA (régi par la loi sur l'assurance auto), qui, apparemment, laissent peu de place à l'arbitraire. Par ailleurs, leur souci de donner le meilleur service et d'entretenir leur réputation les rendrait moins évasifs à cet égard. (+)

GARANTIE DE REMPLACEMENT	L'AVENANT 43E DES ASSUREURS
Qualité des produits	
Produit non uniforme d'un émetteur à l'autre (pour ce qui est des avantages, mais non des modalités de fonctionnement). (–)	Produit uniforme d'un assureur à l'autre. Quelques variantes relatives à la durée, à l'inclusion de l'avenant 43A, etc. (+)
Fonctionnement limpide, autant pour les voitures louées qu'achetées. (+)	Fonctionnement clair dans le cas d'un **achat**. Si la voiture est **louée**, l'assuré doit subir le supplice de la négociation avec le bailleur pour pouvoir profiter pleinement de sa protection (voir p. 252). (– –)
GdR-conc.: restez à l'affût des manipulations de chiffres, des frais cachés, etc., pendant les négociations.	
Aucune réglementation en vigueur sur l'élaboration des produits. (–)	Contrats d'assurance régis par l'Inspecteur général des institutions financières. (+)
Législation et protection du consommateur	
Vide juridique: l'Inspecteur général des institutions financières ne considère pas le produit comme de l'assurance; l'Office de la protection du consommateur ne le considère pas comme une garantie. (–)	Définition légale du produit très précise. (+)
GdR-conc.: produit vendu par un directeur commercial ne connaissant pas ou guère les assurances, et qui n'est soumis à aucun organisme de réglementation. (–)	Vendeur autorisé aux termes de la *Loi sur les produits et services financiers*. (+)
GdR-courtier: vendue par un courtier. (+)	
Non émis par un assureur, mais le vendeur doit souscrire une police indemnitaire auprès d'un assureur qui garantit le paiement. (–)	Émis par un assureur. (+)
GdR-conc.: tracas possibles si le concessionnaire ferme ou fait faillite.	

GARANTIE DE REMPLACEMENT	L'AVENANT 43E DES ASSUREURS
Avantages supplémentaires	
Offerte pour les voitures d'occasion. (+) Après la période de couverture de la voiture neuve, possibilité d'acheter une protection pour voiture d'occasion. (+)	Offert seulement pour les voitures neuves ou certaines voitures de démonstration. (–) Au moment d'écrire ces lignes, un assureur offrait une protection sans dépréciation pour voitures d'occasion.
En général, sauf pour certaines GdR-courtier, pièces non couvertes en cas de perte partielle. (–)	L'avenant 43A permet une protection valeur à neuf sur les pièces (voir p. 268). Parfois, vendu avec l'avenant 43E pour garantir une protection complète. (+)
En cas de perte partielle, franchise de l'assureur couverte par la GdR si les réparations sont effectuées chez le concessionnaire (jusqu'à concurrence de 250 $, par ex.). Possibilité pour l'assuré d'augmenter la franchise (par ex., à 500 $) pour diminuer sa prime (s'il souhaite assumer une partie des frais en cas de sinistre). Une bonne part des réclamations concernent cette clause. (+) Franchise assumée aussi en cas de perte totale. En cas de sinistre à l'extérieur de son territoire, possibilité pour le concessionnaire de payer le remorquage pour effectuer lui-même les travaux ou d'autoriser qu'ils soient exécutés ailleurs.	
Montant prévu pour une location à court terme si le client est privé de sa voiture (avec un maximum). Montant accordé en complément du montant prévu dans l'assurance de base (voir p. 333). (+)	Possibilité de couvrir le même risque avec l'avenant 20 (voir p. 333). (+)
Points communs aux types de protections	

Le taux d'intérêt et les mensualités ne sont pas garantis.

Dans le cas d'une location, la protection est maintenue si l'option d'achat est exercée.

Certains doutent de l'utilité de ces protections en raison des règles liées aux cas fortuits (voir p. 265); ces arguments ne sont pas justifiés (voir p. 267).

La couleur n'est pas comprise dans les caractéristiques garanties du véhicule de remplacement après un sinistre. Des conflits peuvent surgir et nécessiter des négociations.

Les litiges importants ne sont jamais agréables ni simples à régler ! C'est plus le professionnalisme et l'attitude des personnes ou des entreprises impliquées que le type de produit qui pourront faciliter les choses (voir ch. 41).

La garantie de remplacement: concessionnaire ou courtier indépendant?

Les GdR sont vendues par des concessionnaires et, depuis l'année 2000, par des courtiers indépendants. L'arrivée de ces derniers a contribué à l'amélioration du produit et à mousser la concurrence, ce qui est toujours une bonne nouvelle.

> **La GdR d'un courtier offre aussi plus de flexibilité dans le choix du véhicule, parce qu'il n'est pas obligatoire de l'acheter chez le concessionnaire d'origine.**

Il peut être avantageux de transiger avec un courtier. D'abord, les prix de leurs GdR sont souvent inférieurs à ceux des concessionnaires, et parfois de façon assez importante. La GdR d'un courtier offre aussi plus de flexibilité dans le choix du véhicule, parce qu'il n'est pas obligatoire de l'acheter chez le concessionnaire d'origine. C'est là un avantage primordial. Cette indépendance du client par rapport au concessionnaire lui confère une liberté d'action et un pouvoir de négociation très utiles pour tous les autres éléments de la transaction (financement, produits périphériques, etc.). Même chose pour le remboursement de la franchise si on n'est pas tenu de faire effectuer les travaux à un endroit particulier. Le courtier possède une formation en assurances, ce qui n'est pas le cas du directeur financier du concessionnaire. Enfin, le courtier s'occupe de votre assurance auto au complet, ce qui lui donne une meilleure vue d'ensemble.

Faire appel à un courtier comporte aussi des inconvénients. Tout d'abord, on ne peut pas intégrer le financement de la GdR à celui de la voiture[8], ce qui complique les choses. La souscription de la GdR exigera des sorties de fonds importantes, dont le client ne dispose pas toujours. Même si certains courtiers offrent des modalités de financement, le taux d'intérêt et la durée ne sont généralement pas concurrentiels avec ceux qu'offre l'intégration au financement de la voiture. Il est plus simple de tout régler chez le concessionnaire! Également, le consommateur reste lié au courtier qui lui a vendu une GdR, même s'il décide de changer de courtier par la suite. En cas de sinistre, il devra faire affaire avec lui. Par ailleurs, même si le courtier a suivi une formation en assurances, lorsqu'il vend des GdR, il n'est régi par aucun organisme de réglementation.

La comparaison des coûts des produits

Il est difficile de comparer le coût de la VàN des assureurs à celui des GdR, pour trois raisons : le montant futur des primes de la VàN n'est pas connu; la durée des protections est différente et les avantages ne sont pas les mêmes. Le concessionnaire vous parlera probablement de l'économie que vous fera réaliser la GdR sur votre assurance de base; pour la calculer, vous devrez demander à votre assureur une cotation pour les deux cas suivants:

---

8.   À moins de pouvoir profiter de la règle du 110 %. Voir page 182.

	Exemple de prime
Si votre police **comprend** la VàN (43E) et l'avenant 20, et que la franchise est de **250 $** (collision ou versement) et **50 $** (sans collision ni versement)	1 200 $
Si votre police ne **comprend pas** la VàN (43E) ni l'avenant 20, et que la franchise est de **500 $** (collision ou versement) ou **250 $** (sans collision ni versement)	1 080 $
Économie la première année	120 $

Dans cet exemple, la GdR se traduit par des économies de 120 $ la première année. Cette somme augmentera au fil des ans car le prix de l'avenant 43E représentera une somme de plus en plus importante. Le calcul est cependant un peu boiteux, car il ne tient pas compte :

- du fait que la GdR dure souvent une année ou deux de plus – si vous conservez vos voitures longtemps, elle sera encore en vigueur quand vous en aurez bien besoin ;

- de la valeur de l'argent dans le temps (la GdR est payable sur-le-champ, mais les économies sont réparties sur quatre ans). Il faudrait donc tenir compte du coût du capital en actualisant les sommes (voir ch. 7) ;

- des taxes plus élevées sur la GdR ;

- du fait que certains assureurs offrent un produit qui combine les avenants 43A et E. Son prix tient compte d'une protection VàN pour les pièces aussi. Pour comparer correctement les 2 options, il faudrait ajouter le coût de l'avenant 43A à la GdR.

Pour colmater un tant soit peu ces lacunes, il faut ajouter les taxes, estimer les coûts futurs de l'avenant 43E et actualiser les sommes. Voyons un exemple simple :

Coût de la GdR (800 $ + taxes de 15 %)	920 $
Économies futures (actualisées à un taux de 5 %)[9]	
1re année : 120 $ + taxe de 9 % = 131 $	(125) $
2e année : 160 $ + 9 % = 174 $	(158) $
3e année : 200 $ + 9 % = 218 $	(188) $
4e année : 300 $ + 9 % = 327 $	(269) $
Coût net en dollars d'aujourd'hui	180 $

Selon ce calcul, le coût net de la GdR serait supérieur de 180 $ à celui de la VàN pour une protection de 4 ans. Notez que cette conclusion ne tient plus si la protection de la GdR dure cinq ou six ans. On devrait plutôt dire qu'il en coûtera seulement 180 $ au consommateur pour être couvert durant 1 ou 2 années supplémentaires.

---

9. Pour comprendre le calcul, reportez-vous à l'exemple de la page 51. Voici les calculs : Année 1 = 131 $ ÷ 1,05 ; Année 2 = 160 $ ÷ 1,05^2 ; Année 3 = 200 $ ÷ 1,05^3 ; Année 4 = 300 $ ÷ 1,05^4.

Pour calculer l'économie réalisée entre la deuxième et la quatrième année, vous devrez demander à l'assureur une estimation des coûts futurs de la VàN pour un modèle semblable au vôtre, ce qu'il n'est pas toujours en mesure de fournir. Il vous faudra probablement vous contenter d'une estimation basée sur les exemples du tableau 30.3, à la page 258.

Beaucoup d'auteurs affirment que la GdR coûte plus cher que la VàN. Nos conclusions sont loin d'être aussi tranchées car la comparaison n'est pas simple: les durées de protection varient, les avantages aussi et le coût futur de l'avenant 43E n'est pas connu (et la protection n'est pas garantie). Sur une courte période, disons 2 ans, l'avenant 43E semble moins coûteux. Au-delà, nos analyses portent à croire que l'avantage tourne pour les GdR, d'autant plus si elles sont souscrites auprès d'un courtier. Magasinez! Ne vous limitez pas à l'offre du concessionnaire ni à des calculs valant pour une seule année.

Finalement, quelle protection choisir?

L'avenant 43E et la GdR ont tous deux des forces et des faiblesses. Pas facile de conclure.

La GdR assure une protection sur quatre à six ans et il n'est pas nécessaire de la renégocier chaque année. Donc, pas de surprise ni d'incertitude comme dans le cas de l'avenant 43E. C'est un avantage important. Malheureusement, la législation est faible dans ce domaine. Le monde de l'auto n'étant pas blanc comme neige, il n'est jamais rassurant d'acheter une protection mal réglementée. La présence des courtiers indépendants compense toutefois ce point faible, en partie.

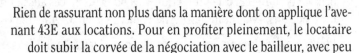

Rien de rassurant non plus dans la manière dont on applique l'avenant 43E aux locations. Pour en profiter pleinement, le locataire doit subir la corvée de la négociation avec le bailleur, avec peu de chances d'en sortir gagnant. Les assureurs devraient s'attaquer à ce problème et rendre leur produit mieux adapté à la location.

Les primes de la GdR ne sont pas remboursables en cas de vente de la voiture, contrairement à la VàN (pour la portion future inutilisée). De plus, si le client ne veut pas remplacer sa voiture, il obtient quand même une indemnité avec l'avenant 43E (équivalant à celle de l'avenant 43D), mais rien avec la GdR. La GdR rembourse toutefois une partie de la franchise, un avantage supplémentaire. Les modalités des GdR changent régulièrement. Renseignez-vous et vérifiez que nos explications restent valides (consultez la section Mise à jour du livre *Finance au volant* dans le site www.ericbrassard.com).

Bref, contrairement à plusieurs, nous ne rejetons pas la GdR. Elle est plus pratique dans le cas de la location qu'un avenant 43E, elle n'est pas aussi coûteuse qu'on le dit, elle comporte certains avantages supplémentaires et la présence des courtiers indépendants est rassurante.

Sans forcément la recommander ou la préférer à l'avenant 43E, nous vous suggérons de la considérer, y compris celle des concessionnaires.

Voici donc notre conclusion, un peu grossière avouons-le : ceux qui <u>achètent</u> leur voiture et qui veulent une protection pour une courte durée (disons 2 ans) devraient se tourner vers l'avenant 43E. Le coût est plus bas et la gestion plus simple. Pour les autres, à eux de magasiner et de choisir l'offre la plus intéressante dans leur situation.

Vous trouverez dans le site www.ericbrassard.com une feuille de route qui répertorie les questions à poser au moment de l'achat d'une GdR ou d'un avenant 43E.

> **Bref, contrairement à plusieurs, nous ne rejetons pas la GdR.**

LES CAS FORTUITS (OU CAS DE FORCE MAJEURE)

Dans l'article 150.10 (section sur la location) de la *Loi sur la protection du consommateur*, on peut lire : «Le commerçant assume les risques de perte ou de détérioration du bien par cas fortuit [...]». L'article 133 de la section sur les ventes à tempérament contient le même type d'énoncé. Nous verrons ici qu'il est important de connaître l'existence de ces articles si jamais vous subissez un tel sinistre. Nous abordons les points suivants :

- À qui faire la réclamation ? À son propre assureur, ou directement au bailleur ou au créancier ?

- En quoi ces articles influencent-ils les décisions à prendre en matière d'assurances (y compris pour ce qui est des protections VàN) ?

- Qu'arrive-t-il au bail ou au contrat de vente à tempérament si un cas fortuit entraîne une perte totale ?

Au fait, qu'entend-on par «cas fortuit» ? Selon *Le Petit Robert*, *fortuit* signifie : «Qui arrive ou semble arriver par hasard, d'une manière imprévue.» Selon la même source, la définition d'un point de vue légal serait : «Qui exclut la faute de l'auteur apparent du dommage.» Selon les ouvrages consultés[10], un cas fortuit comporte deux caractéristiques : il est imprévisible et il est irrésistible. Tentons quelques exemples de cas fortuit :

- un vol de voiture alors que le conducteur n'a commis aucune négligence (par exemple, il n'a pas laissé les clés dans la voiture) et que le lieu du vol ne présentait pas de risques particuliers ;

- la détérioration d'une voiture par suite d'une tempête de verglas ou d'autres désastres naturels (*Act of God*) ;

---

10. Entre autres, voir Les obligations, Baudouin et Jobin, éditions Yvon Blais inc.

• une collision avec une voiture alors que vous êtes arrêté à un feu rouge.

La question des accidents est quand même plus subtile. Bien sûr, le conducteur ne doit pas être responsable en tout ou en partie de l'accident, mais cet état de fait ne suffit pas pour considérer l'accident comme cas fortuit. Si la voiture qui vous suit imprudemment depuis quinze minutes percute l'arrière de votre véhicule, vous n'en serez pas tenu responsable, mais vous auriez peut-être dû ou pu prévoir l'éventualité de l'accident compte tenu du comportement de l'autre conducteur. Il en est de même si vous avez freiné rapidement pour une raison injustifiée. Les cas fortuits ne concernent pas seulement les pertes totales, mais aussi les pertes partielles.

Nous pourrions discuter longtemps de la définition des cas fortuits, mais ce n'est pas l'objet de cette section. Si vous pensez qu'une perte résulte d'un cas fortuit, certains points sont à considérer. Si l'autre partie n'accepte pas votre interprétation, faites-vous aider (voir ch. 41).

À qui réclamer les dommages ?

Puisque la loi impute la responsabilité des pertes par cas fortuit au bailleur ou au créancier, ces derniers (ou leur assureur) devraient assumer les coûts si un sinistre résultant d'un cas fortuit se réalise. Ainsi, il pourrait être intéressant pour le consommateur de leur réclamer les dommages au lieu de les réclamer à son propre assureur. Il pourrait ainsi éviter une hausse de prime. Qu'en est-il au juste ?

• Le consommateur doit aviser son assureur en cas de sinistre même s'il ne fait pas de réclamation (voir p. 241). Il n'est donc pas dit que le dossier demeurera vierge et que l'assureur ne tiendra pas compte de ce sinistre dans l'établissement des primes à venir. Pour lui, c'est le risque futur qui est important. Même si le consommateur décidait de ne pas déclarer le sinistre à son assureur (en toute illégalité), il risquerait fort probablement de se retrouver quand même au fichier central des sinistres (si un tiers fait une réclamation auprès d'un assureur).

• Si le bailleur ou le créancier est cotitulaire de la police, il peut de toute façon déposer une réclamation à l'assureur[11].

• S'il avait souscrit une VàN ou une GdR, le consommateur en perd l'avantage : dans les deux cas, il doit faire une réclamation auprès de son assureur pour en profiter.

Pour ces raisons, il n'est pas intéressant selon nous de ne pas faire de réclamation à son propre assureur.

---

11. À la limite, le consommateur pourrait toujours lui réclamer le remboursement de la partie de la prime d'assurance qui concerne les pertes par cas fortuits, au risque cependant de rendre la cause assez complexe.

Cas fortuits et décisions en matière d'assurance

La question des cas fortuits ne <u>doit pas</u> influer sur vos décisions en matière d'assurance. Les contrats de location ou de vente à tempérament précisent très clairement les couvertures à acheter (par exemple, chapitres A, B2 et B3 – voir p. 230). À la limite, si des produits d'assurance couvraient tous les sinistres sauf les cas fortuits, le consommateur pourrait demander au créancier de compléter la couverture à ses frais. Malheureusement, aucun produit de la sorte n'existe dans le marché.

Il reste ensuite la question des VàN (avenant 43E ou GdR). Certains suggèrent de ne pas souscrire ces protections, à cause des cas fortuits. C'est une erreur. Même si le sinistre survient par cas fortuit, le consommateur peut ne pas vouloir assumer à nouveau la dépréciation des premières années d'une voiture. Même si un tiers assume la perte, il n'aura pas une voiture neuve pour autant! Il n'y a donc aucun lien entre cas fortuit et VàN. Tenez-vous-en aux critères expliqués dans les sections précédentes pour prendre la décision (p. 243 en particulier).

> La question des cas fortuits ne doit pas influer sur vos décisions en matière d'assurance.

Résiliation du contrat et frais divers

Une perte totale découlant d'un cas fortuit a une autre incidence: le contrat de location ou de vente à tempérament prend fin et le créancier pourrait en profiter pour vous imputer des frais. Méfiez-vous: la pratique courante n'est pas limpide, même si la loi dit clairement que le créancier doit assumer les risques afférents aux pertes par cas fortuits. Certains traitent l'événement comme un défaut de paiement et s'amusent à faire payer des frais.

Dans le cas d'une location, le locataire ne devrait payer ni la franchise, ni l'écart entre le produit d'assurance et le solde de la dette[12], ni aucune pénalité[13]. De plus, il devrait récupérer tout dépôt de sécurité versé à la signature (mais pas le versement comptant, bien sûr). Dans les rares cas où la valeur de la voiture est supérieure au solde de la dette, la différence devrait aussi lui être remboursée. Le locataire devra être tenace! N'hésitez pas à demander de l'aide si vous vous trouvez dans ce cas.

---

12. Notez que, s'il ne s'agit pas d'un cas fortuit et que le contrat ne comporte pas de clause de garantie d'écart, le locataire devra payer la différence entre le solde de la dette au contrat de location au moment du sinistre et la valeur marchande de la voiture sinistrée (si elle est inférieure). Si le contrat comporte une garantie d'écart, le locataire est blindé dans toutes les circonstances.

13. Toute la question des frais liés au kilométrage (paiement des frais de kilométrage excédentaire au moment du sinistre et remboursement des kilomètres payés d'avance) est plus litigieuse. Tout dépend des clauses du contrat.

Le même raisonnement s'applique aux contrats de vente à tempérament. Le créancier a droit au plus petit montant entre le solde de la dette et la valeur marchande de la voiture. Il ne peut donc rien réclamer si le produit de l'assurance est inférieur au solde de la dette[14]. S'il est supérieur, il devrait lui aussi laisser la différence au consommateur. Il ne peut pas non plus exiger des frais, sous quelque forme que ce soit.

LES PIÈCES DE RECHANGE

Quand un sinistre occasionne la perte partielle d'un véhicule, les pièces endommagées seront-elles remplacées par des pièces recyclées[15] ou par des pièces neuves? Et dans ce dernier cas, utilisera-t-on des pièces neuves d'origine ou des pièces neuves similaires fabriquées par d'autres manufacturiers?

> **Peu importe la protection, si la pièce peut être réparée, elle le sera.**

Sachez d'abord que, peu importe la protection, si la pièce peut être réparée, elle le sera. C'est lorsqu'il faut changer la pièce que la question de la protection se pose.

Si l'assuré a opté pour **l'avenant 43A** (p. 251), une pièce endommagée sera toujours remplacée par une pièce neuve d'origine, et il n'aura rien à payer (aucune dépréciation).

Si l'assuré a opté pour **l'avenant 43B** (voir p. 251), la pièce sera remplacée par une pièce recyclée. Si aucune n'est disponible, on utilisera alors une pièce neuve d'origine, sans frais pour l'assuré. L'avenant 43B est donc moins intéressant que le 43A.

Si l'assuré n'a souscrit aucun de ces avenants, voici les normes habituelles des assureurs:

- Dans tous les cas, on tentera d'abord de trouver une pièce recyclée de même nature et de même qualité, ou de qualité supérieure, que la pièce d'origine (toujours en considérant qu'il est impossible de réparer la pièce endommagée).

- Pour les voitures de moins de 2 ans ou celles ayant roulé moins de 40 000 km: s'il est impossible de trouver une pièce recyclée (ce qui est fréquent pour les voitures récentes), on utilisera une pièce neuve d'origine. Dans certains cas, des frais de dépréciation seront applicables (différence entre la valeur de la pièce recyclée et celle de la pièce neuve), qui seront fonction du kilométrage, de l'état et de l'usure de la pièce, etc.

- Pour les autres voitures (âgées de plus de 2 ans et ayant roulé plus de 40 000 km)[16]: si aucune pièce recyclée n'est disponible, on utilisera une pièce neuve similaire ou, si aucune n'est

---

14. S'il ne s'agit pas d'un cas fortuit, le créancier peut exiger du consommateur la différence entre le solde de la dette et l'indemnité reçue de l'assureur.

15. Notez que pièce recyclée a le même sens que pièce d'occasion ou pièce usagée.

16. Bref, n'entrent pas dans cette catégorie, par exemple, les voitures âgées de 23 mois dont l'odomètre affiche 45 000 km, ou les voitures de 30 mois ayant roulé 38 000 km. Elles entrent dans la catégorie précédente. La voiture doit remplir les 2 conditions pour que des pièces similaires soient utilisées: être âgée de plus de 2 ans et avoir roulé plus de 40 000 km.

disponible, la pièce neuve d'origine. Des frais de dépréciation s'appliquent aussi en général (selon les mêmes critères cités précédemment).

Ces normes sont celles du Groupement des assureurs (GAA). Certains assureurs peuvent bonifier ces pratiques, en retardant le moment à partir duquel on utilisera des pièces similaires.

En se fondant sur une interprétation de la police de base (FPQ-1), qui prévoit que les pièces installées doivent être de mêmes nature et qualité que celles remplacées, Option Consommateur a intenté en octobre 2001 un recours collectif contre les trois plus importants assureurs du Québec – il demande qu'une indemnité soit versée aux assurés lorsque des pièces similaires ont été utilisées à la place des pièces d'origine. Le litige n'était pas réglé au moment d'écrire ces lignes.

Faut-il acheter l'avenant 43A afin d'éviter le remplacement des pièces endommagées par des pièces recyclées ou des pièces neuves similaires, ou le paiement de frais de dépréciation ? À vous de juger car les sommes ne sont pas très importantes. Pour ce qui est des GdR, la plupart ne prévoient rien en cas de perte partielle.

QUESTIONS SUPPLÉMENTAIRES

Vous trouverez des réponses à d'autres questions pratiques sur les VàN dans le site www.eric-brassard.com. Par exemple : les litiges entourant le choix du véhicule neuf de remplacement ; les politiques appliquées pour déclarer un véhicule perte totale et la façon de contester la décision ; le traitement appliqué aux équipements faisant partie de la voiture en cas de perte totale (ainsi qu'aux biens se trouvant dans la voiture au moment du sinistre) ; etc.

CHAPITRE 31

Les garanties

Rédaction et collaboration étroite
Éric Brassard
Marc Migneault
George Iny
Valérie Borde

Relecture et commentaires
Joan Backus
CAA-Québec
Lorraine Lévesque
Luc Serra

Ce chapitre traite des caractéristiques de différents types de garanties. Nous y verrons ce qu'englobent les **garanties légales** et **de base**, déjà comprises dans le prix d'achat d'une voiture. D'autres garanties, les **garanties prolongées** et **supplémentaires**, sont offertes en option ; nous analyserons les éléments utiles à la prise de décision en cette matière. La figure 31.1 propose une vue d'ensemble des types de garanties et des décisions associées.

FIGURE 31.1
Les garanties

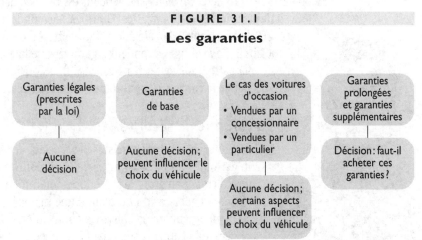

La *Loi sur la protection du consommateur* (LPC) et le *Code civil du Québec* régissent les **garanties légales**. Elles couvrent tout bien, qu'il soit **neuf ou d'occasion**, même si le fabricant ou le vendeur ne donne pas de garantie express pour ce bien.

Les **garanties de base**, pour leur part, sont prévues par le fabricant ou le commerçant (par exemple, 3 ans ou 60 000 km, pare-chocs à pare-chocs). Elles sont comprises dans le prix des voitures neuves et de certaines voitures d'occasion.

Comme leur nom l'indique, les **garanties prolongées** offertes par les fabricants prolongent les garanties de base. Il faut payer pour les obtenir. Les **garanties supplémentaires** sont similaires, mais elles sont offertes par des commerçants autres que le fabricant du véhicule.

Outre les garanties légales habituelles, les véhicules **d'occasion** sont couverts par des **garanties légales** qui leur sont propres (véhicules de classe A, B, C ou D): ce sont les **garanties «de bon fonctionnement»**. Par ailleurs, des règles précises s'appliquent aux transactions entre deux particuliers.

Le terme **garantie conventionnelle**, courant dans le domaine, englobe toutes les garanties qui font l'objet d'un document écrit, soit la **garantie de base** et les **garanties prolongées**. Pour ce qui est des **garanties supplémentaires**, nous verrons à la page 280 que leur appartenance à la catégorie des **garanties conventionnelles** n'est pas tranchée et que ce flottement a des conséquences.

LES GARANTIES LÉGALES

La garantie de propriété

Selon l'article 1716 du *Code civil*, «Le vendeur est tenu de délivrer le bien et d'en garantir le droit de propriété et la qualité. Ces garanties existent de plein droit, sans qu'il soit nécessaire de les stipuler dans le contrat de vente» (voir aussi l'article 36 de la LPC). En clair, le *Code* oblige le vendeur à garantir que la voiture lui appartient bel et bien. Cependant, pour éviter les ennuis, il faut consulter le RDPRM (voir p. 69) avant de signer le contrat d'achat d'une voiture d'occasion.

La garantie de sécurité

L'article 1469 du *Code civil* précise: «Il y a défaut de sécurité du bien lorsque, compte tenu de toutes les circonstances, le bien n'offre pas la sécurité à laquelle on est normalement en droit de s'attendre, notamment en raison d'un vice de conception ou de fabrication du bien, d'une mauvaise conservation ou présentation du bien, ou encore de l'absence d'indications suffisantes quant aux risques et dangers qu'il comporte ou quant aux moyens de s'en prémunir» (voir aussi l'article 53 de la LPC).

La garantie de qualité

Un bien qui fait l'objet d'un contrat doit être tel qu'il puisse servir à l'usage auquel il est normalement destiné, et ce, pendant une durée raisonnable, eu égard à son prix, aux dispositions du contrat et aux conditions d'utilisation du bien (LPC 37 et 38). Qui plus est, selon l'article 1726 du *Code civil :* «Le vendeur est tenu de garantir à l'acheteur que le bien et ses accessoires sont, lors de la vente, exempts de vices cachés qui le rendent impropre à l'usage auquel on le destine ou qui diminuent tellement son utilité que l'acheteur ne l'aurait pas acheté, ou n'aurait pas donné si haut prix s'il les avait connus» (voir aussi l'article 53 de la LPC).

Ces articles de loi, méconnus du grand public, recèlent pourtant une grande importance. Ils s'appliquent à tous les types de biens neufs et d'occasion.

Les garanties légales protègent l'acheteur, même en l'absence de garantie de base du commerçant ou du fabricant, et quoi qu'il en dise. En lisant la jurisprudence[1], on constate que nombre de consommateurs ont obtenu gain de cause aux yeux de la loi, pour toute sorte de biens: une cuisinière non étanche, un chien malade, une échelle dangereuse… et, bien sûr, des voitures neuves et d'occasion qui fonctionnent mal.

> Les garanties légales protègent l'acheteur, même en l'absence de garantie de base du commerçant ou du fabricant, et quoi qu'il en dise.

Si le vendeur affirme que « la voiture n'est pas garantie » ou que « la garantie est terminée », ne vous laissez pas berner. Le fabricant peut choisir la durée de la garantie de base de ses voitures, mais pas celle de la garantie légale de qualité. Cette durée est fixée par les tribunaux et varie selon les circonstances. En général, on tient compte de la moyenne de durabilité de modèles semblables. Si une voiture ou un de ses composants n'a pas fonctionné comme on serait en droit de s'attendre, un recours est possible. N'hésitez pas à consulter un avocat, l'OPC, l'APA ou le CAA.

La garantie légale est souvent invoquée pour des vices cachés, surtout pour les voitures d'occasion. Un vice caché est un problème qui existait au moment de l'achat et qui ne pouvait être décelé par un examen ordinaire. Dans une voiture, les pièces maîtresses telles que le moteur ou la transmission sont souvent en cause. L'omission de déclarer à l'acheteur qu'une voiture a été gravement accidentée ou déclarée perte totale, ou que son odomètre a été trafiqué, peut constituer un autre type de vice caché, même si le vendeur l'ignorait.

En cas de défectuosité prématurée, la loi et la jurisprudence présument que le vice existait au moment de la vente, sauf si le commerçant ou le fabricant parvient à réfuter cette présomption. Dans le cas d'un commerçant, il ne peut même pas prétendre qu'il ignorait la présence du vice. Il est réputé le connaître. Le consommateur peut, à sa guise, exercer un recours contre le commerçant ou contre le fabricant. Un acheteur subséquent (la voiture a été revendue après avoir été achetée neuve) a aussi droit de recours contre le fabricant.

> Si le vendeur affirme que « la voiture n'est pas garantie » ou que « la garantie est terminée », ne vous laissez pas berner.

---

1. Sur la question, reportez-vous notamment à l'excellent ouvrage de Claude Masse, *Loi sur la protection du consommateur: analyse et commentaires*, publié en 1999 aux éditions Y. Blais.

Si la transaction se passe entre particuliers, le *Code civil* s'applique. Si un commerçant et un consommateur sont impliqués, la LPC s'applique aussi (en plus du *Code civil*). Tous les articles de la LPC et du *Code civil* auxquels le chapitre fait référence sont reproduits intégralement dans le site www.ericbrassard.com.

- LPC : 34 à 54 (s'appliquent à tous les types de biens) ; 151 à 154 et 159 à 166 (règles propres aux voitures et aux motocyclettes) ; 167 à 181 (réparations) ; 260.6 (définition) ; 273 à 275 (prescription).

- *Code civil* : 1468, 1469, 1716, 1726 à 1729, 1732, 1733, 1736, 1738, 1739, 2925.

LES GARANTIES DE BASE

Seul le fabricant peut offrir une garantie de base. Le plus souvent, dans le cas des voitures neuves, elle couvre :

- l'ensemble du véhicule (pare-chocs à pare-chocs), pour une durée limitée ou un nombre de kilomètres limité, selon ce qui survient en premier. Par exemple, une garantie de 3 ans ou 60 000 km durera 3 ans si l'on parcourt moins de 60 000 km pendant ce temps. Si l'on a déjà parcouru cette distance après deux ans, la garantie de base s'éteint. Habituellement, elle ne s'applique pas aux freins, à la batterie ou à d'autres pièces à usure rapide. De plus, certains composants (pneus, attache-remorque, etc.) sont garantis par leur fabricant et non par celui de la voiture. L'expression « pare-chocs à pare-chocs » est donc à nuancer.

- le groupe motopropulseur (moteur, transmission et différentiel) peut faire l'objet d'une garantie plus étendue que le reste du véhicule. L'ensemble comprend dans certains cas d'autres composants importants (suspension, direction, etc.).

- le système antipollution, la corrosion (surface ou perforation – voir p. 285), les coussins gonflables et les ceintures de sécurité font l'objet de garanties particulières, de durée variable. S'y greffe fréquemment une assistance routière.

Souvent, les garanties légales couvrent déjà les éléments protégés par la garantie de base. Voilà pourquoi elles ne coûtent rien ! Même si un fabricant prétend garantir le moteur pour 40 000 km seulement, il ne pourrait échapper à la loi, de sorte que la garantie réelle serait, *grosso modo*, la même que celle des autres fabricants !

La garantie de base doit-elle influencer le choix d'un modèle de voiture ? Il est tentant de faire l'équation suivante : un constructeur qui fait confiance à son produit accordera une garantie de base plus longue. Dans la réalité, rien n'est moins sûr. Des fabricants peuvent allonger la garantie de base d'un modèle ayant mauvaise réputation et étant donc difficile à vendre. Les nouveaux constructeurs peuvent aussi augmenter la durée de la garantie de base pour attirer les clients. Finalement, les fabricants de voitures de bonne réputation n'accordent pas forcément les meilleures garanties. Évitez les conclusions trop rapides à cet égard.

Les sites Web des fabricants décrivent en détail les garanties de base de leurs modèles. Les membres de CAA-Québec ont accès à une compilation de toutes ces garanties.

LE CAS DES VOITURES D'OCCASION

Garantie légale

Outre les garanties légales habituelles (propriété, sécurité, etc.), la LPC prévoit des règles particulières pour les voitures d'occasion vendues par un commerçant: la garantie de bon fonctionnement, assortie de conditions très précises. Le tableau 31.1 présente ces conditions.

TABLEAU 31.1

Garantie de bon fonctionnement des voitures d'occasion

Catégorie de véhicule	Conditions de la garantie
A: 2 ans ou moins, maximum de 40 000 km	6 mois ou 10 000 km
B: 3 ans ou moins, maximum de 60 000 km	3 mois ou 5 000 km
C: 5 ans ou moins, maximum de 80 000 km	1 mois ou 1 700 km
D: Autres véhicules	Aucune

Une voiture âgée de 2 ans qui a roulé 70 000 km appartient à la catégorie C. L'âge du véhicule fait référence à la date de lancement du modèle au Québec[2]. Ainsi, si un modèle 2003 a été lancé en septembre 2002, le décompte commence à partir de cette dernière date, sans égard à la date d'achat. La garantie entre en vigueur à partir de la date d'achat (une voiture de catégorie C achetée le 10 mars 2003 sera garantie jusqu'au 11 avril 2003 ou jusqu'à ce qu'elle ait parcouru 1 700 km). L'étiquette qui doit être présente dans toute voiture d'occasion vendue par un commerçant (voir p. 352) doit indiquer la catégorie de la voiture et les conditions de la garantie.

Les voitures de catégorie D sont tout de même couvertes par les autres garanties légales, en particulier en ce qui a trait aux vices cachés (voir la p. 273). La voiture doit pouvoir servir à un usage normal pendant une période raisonnable compte tenu de son prix, du contrat, des conditions d'utilisation, etc. Si la transmission «saute» après 300 km, le consommateur a probablement un recours. Il en est de même pour une voiture de catégorie C qui présente ce problème après 2 000 km. Le commerçant ne peut limiter la garantie légale par une clause au contrat (exemple: achat «tel quel» ou à vos risques et périls). Ces clauses sont nulles[3].

> La voiture doit pouvoir servir à un usage normal pendant une période raisonnable.

---

2. La date de lancement est disponible auprès de l'Office de la protection du consommateur. Si un commerçant alloue par erreur une catégorie supérieure (par exemple B au lieu de C), il doit assumer son erreur.

3. Les tribunaux ont souvent interprété de telles clauses comme étant un appel à la prudence.

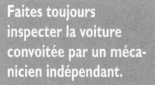

Pour les voitures des catégories A, B ou C, le commerçant peut détailler les défectuosités sur l'étiquette, avec une évaluation du coût de réparation. Le commerçant est lié par l'évaluation, mais il n'est pas tenu de garantir la défectuosité. Pour les voitures de catégorie D, il peut déclarer (dans le contrat ou l'étiquette) une défectuosité sans donner une évaluation des coûts (par exemple, «Moteur fini»).

L'article 161 de la LPC précise les exclusions de la garantie de bon fonctionnement des voitures d'occasion, telles que l'entretien normal, les garnitures intérieures ou de décoration extérieure, les dommages résultant d'un usage abusif, etc.

Garanties de base des voitures d'occasion

De plus en plus, les fabricants offrent des garanties de base pour les voitures d'occasion vendues par leurs concessionnaires. Ils veulent ainsi déjouer la peur des réparations chez les clients pour favoriser la vente de ces voitures. Une telle garantie peut notamment couvrir le groupe motopropulseur pendant 1 an ou 20 000 km. Le reste des composants ne fait pas toujours l'objet d'une garantie propre; souvent, le commerçant effectue une inspection en 100 ou 150 points et il procède aux réparations nécessaires. Tous ces détails doivent être vérifiés avec soin au moment du magasinage. Malgré cette garantie, faites toujours inspecter la voiture convoitée par un mécanicien indépendant.

> **Faites toujours inspecter la voiture convoitée par un mécanicien indépendant.**

Vente entre particuliers

C'est le *Code civil* qui régit les ventes entre particuliers (la LPC ne s'appliquant pas, les catégories A, B, C ou D n'existent pas). En plus de la garantie de propriété, la voiture est toujours garantie contre les vices cachés (voir p. 273). Toutefois, contrairement aux commerçants, le vendeur peut restreindre la portée de ces garanties au moyen d'une clause au contrat, dans laquelle l'acheteur affirme à peu près ceci: «Je renonce expressément à la garantie légale prévue à l'article 1726 du *Code civil*[4].» Ainsi, l'acheteur prend possession de la voiture à ses risques et périls[5]. Beaucoup de vendeurs ajoutent cette clause, une précaution utile pour éviter les tracas. Par ailleurs, si la voiture recèle un vice caché et que l'acheteur peut prouver que le vendeur le savait et qu'il était donc de mauvaise foi (par exemple, traces de camouflage), cette clause devient nulle car il s'agirait d'une fraude. Dans tous les cas, faites vos devoirs et prenez des précautions élémentaires si vous achetez une voiture d'occasion (voir p. 347). L'acheteur a tout avantage à faire inspecter la voiture et à prévoir un contrat en bonne et due forme. Nous traitons de ces thèmes au chapitre 40.

---

4. On voit aussi: «Vendu sans garantie contre les vices cachés» ou «Le véhicule est vendu aux risques et périls de l'acheteur par un vendeur non professionnel.»

5. Un recours contre le fabricant est toujours possible si les circonstances le justifient.

LES GARANTIES PROLONGÉES

La garantie prolongée du fabricant étend la garantie de base. Les prix varient beaucoup d'un fabricant ou d'un modèle à l'autre, en fonction de la protection choisie (par exemple : 5 ans/100 000 km ou 7 ans/150 000 km). En général, le coût se situe entre 750 $ et 2 500 $.

Critères de décision pour l'achat d'une garantie prolongée :

Tranquillité d'esprit : le coût des réparations sera sous contrôle durant les années couvertes.

Équipement : la présence d'options susceptibles de bris (climatiseur, éléments à commande électronique, transmission automatique, etc.) favorise l'achat de la garantie.

Réputation : les voitures sont de mieux en mieux construites. Si le modèle et le fabricant sont réputés fiables, les garanties prolongées sont peut-être superflues. Cependant, s'il s'agit d'un nouveau modèle, la prudence est de mise. Selon l'APA, les dépenses importantes commencent à apparaître vers la cinquième ou la sixième année pour les américaines, et à partir de la septième ou huitième année pour les marques japonaises.

Coût des pièces : si le coût des pièces et des réparations est particulièrement élevé, la garantie prolongée peut être envisagée. Voir l'étude du CAA à la page 119.

Durée de possession : si on compte garder la voiture trois ou quatre ans, la garantie prolongée sera probablement inutile. Son coût élevé ne compense pas l'éventuel avantage de revendre une voiture encore sous garantie.

Garantie actuelle : les principaux composants (groupe motopropulseur et parfois d'autres) sont souvent garantis pour 5 ans ou 100 000 km. Par conséquent, les garanties prolongées couvrent principalement les pièces et équipements souvent les moins coûteux à réparer.

Garanties légales : la durée des garanties légales peut être supérieure à celle de la garantie de base et elles peuvent couvrir de nombreux composants. Pour en bénéficier, il vous faudra parfois vous battre et même aller en cour. Aurez-vous le temps et la motivation nécessaires pour poursuivre le fabricant ou le commerçant ?

Profit du fabricant : s'il demande 1 500 $, on peut supposer que le fabricant s'attend à des coûts futurs inférieurs (encore plus si on considère la commission versée au concessionnaire et les frais d'administration). Sur le plan statistique, l'achat d'une telle garantie n'est donc probablement pas rentable. Mais rien ne prouve que les statistiques diront vrai pour vous ! Cette garantie vous assure que, même avec un « citron », le coût des réparations ne sera pas exorbitant. Certains affirment que les fabricants font peu ou pas d'argent avec ces garanties – leur objet serait de créer de l'activité chez les concessionnaires et d'éviter que les clients ne fassent réparer leur voiture ailleurs. Si tout cela est vrai, le coût réel d'une garantie prolongée n'est peut-être pas si élevé.

Coûts anticipés : le tableau 16.1 de la page 119 présente les coûts moyens d'entretien et de réparation déclarés par plus de 20 000 automobilistes consultés par le CAA. Même s'il ne distingue pas les coûts attribuables à l'entretien normal et ceux des réparations susceptibles d'être couvertes par une garantie prolongée, le tableau donne une bonne vue d'ensemble des coûts totaux en cause. Même en supposant que les garanties prolongées couvrent la moitié des coûts occasionnés par des voitures âgées de quatre à six ans, elles s'avèrent peu rentables. Toutefois, si vous faites affaire avec le concessionnaire pour l'entretien, la garantie prolongée peut être un moyen de vous protéger contre les coûts plus élevés des pièces et de la main-d'œuvre.

> Une personne qui n'achète jamais de garantie prolongée sera gagnante à long terme.

Somme toute, la décision demeure subjective et dépend de votre tolérance au risque. Sur une longue période, l'achat répété de garanties prolongées ne sera probablement pas rentable : en moyenne, les coûts de réparation couverts seront inférieurs à ceux de la protection. Sur une courte période cependant (une ou deux voitures), la garantie peut être très profitable. Ainsi, une personne qui n'achète jamais de garantie prolongée sera gagnante à long terme, mais elle pourra subir des contrecoups à court terme. Si son budget est serré, elle aurait peut-être intérêt à acheter ces garanties pour répartir les coûts sur plusieurs années au lieu de subir des variations importantes. Si vous dormez mal, n'hésitez pas : achetez la protection !

Autres considérations liées aux garanties prolongées

- Si vous recourez à la location **unique** et que vous comptez conserver votre voiture long-temps, envisagez l'achat d'une garantie prolongée. Si vous vous dites : « Et si je n'achetais pas la voiture à la fin du bail ?! », sachez qu'un propriétaire se pose une question très similaire : « Et si je décidais de vendre la voiture dans trois ou quatre ans ? »

- Ceux qui ont adopté la location **perpétuelle** pour éviter de gros coûts d'entretien et de réparation pourraient considérer l'achat d'une garantie prolongée comme solution de rechange. Elle ne les soustraira pas aux coûts de l'usure normale (freins, pneus, etc.), mais elle couvre les réparations importantes. Chose certaine, il est moins coûteux d'acheter une garantie prolongée que de recourir à la location perpétuelle.

- Si vous parcourez 30 000 km par année, la garantie de base sera probablement échue après 2 ans. Les locataires qui alignent coup sur coup des contrats de 36 mois peuvent envisager une telle garantie pour la dernière année. Soulignons tout de même que le coût serait probablement exagérément élevé au regard du risque.

- Vous n'avez pas à prendre une décision dès la prise de possession. Vous pouvez prendre quelques jours de réflexion, en demandant à ce que le prix et le délai soient garantis. Dans certains cas, vous pourrez attendre jusqu'à douze mois, mais le prix ne sera pas assuré. De plus, un tel délai complique le financement de la garantie, qui ne peut être intégré à celui de la voiture.

- Vous n'êtes pas tenu d'acheter la garantie prolongée chez le concessionnaire où vous achetez la voiture. Un argument de plus pour négocier?

- Le coût réel d'une garantie prolongée est supérieur à son prix d'achat. Puisqu'elle ne s'applique qu'après la garantie de base, le versement de l'argent à l'avance produit un coût financier. S'il a fallu emprunter, des intérêts supplémentaires ont été versés. Si la garantie a été payée comptant, le client a assumé un coût de renonciation (voir p. 47). En considérant un taux de 5 %, un délai d'application de 3 ans et un prix d'achat de 1 500 $, le coût réel de la garantie devient 1 736 $, soit 236 $ de plus.

> **Vous n'êtes pas tenu d'acheter la garantie prolongée chez le concessionnaire où vous achetez la voiture.**

- À l'échéance de la garantie de base ou de la garantie prolongée, faites inspecter la voiture chez le concessionnaire afin de savoir si des problèmes sont à prévoir. Il est votre complice dans ce travail, car il a avantage à effectuer des réparations.

- Si vous allez de l'avant, choisissez la garantie la plus complète. Toutes proportions gardées, il n'est souvent pas très coûteux d'ajouter une année ou des kilomètres.

LES GARANTIES SUPPLÉMENTAIRES

Une garantie supplémentaire est similaire à une garantie prolongée, à la différence qu'elle est vendue par un commerçant spécialisé et non par le fabricant de la voiture. Le commerçant doit être titulaire d'un permis de l'OPC. Il doit aussi déposer dans un compte de réserve une partie des primes payées en vue de garantir l'exécution des contrats, sauf s'ils font l'objet d'un cautionnement de la part d'un assureur.

Ces garanties sont vendues surtout par des marchands de voitures d'occasion. Les garanties, aussi offertes pour les voitures neuves, peuvent être achetées au moment de l'achat ou de la location du véhicule, ou en cours de route, par le propriétaire d'une voiture d'occasion. Une inspection poussée est alors bien sûr exigée.

De nombreux plans de garantie sont possibles, qui vont de 3 mois à 7 ans et de 5 000 à 240 000 km. Il est même possible de se procurer une telle garantie pour une voiture de dix ans. Parfois, un plafond des dépenses est imposé pour l'ensemble du contrat ou pour chaque réparation. Souvent, une franchise est applicable, selon des modalités qui varient d'un contrat à l'autre (applicable une seule fois, à toutes les visites, à chaque pièce, etc.). La franchise doit être stipulée clairement dans le contrat pour être valide (LPC 12). Les garanties supplémentaires ne s'appliquent qu'une fois la garantie du fabricant épuisée. Le transfert de la garantie à un acquéreur subséquent occasionne généralement des frais.

L'aspect des exclusions est sans contredit le plus agaçant et le plus obscur pour le consommateur moyen. La liste des composants non couverts est souvent longue et pénible à lire. Il est important de profiter de la complicité du garagiste quand surgissent les problèmes. C'est souvent lui qui négociera avec l'émetteur du contrat pour le convaincre de la nécessité et de l'admissibilité d'une réparation. Les contrats comportent par ailleurs diverses clauses fort irritantes qui limitent la responsabilité de l'émetteur à l'égard du travail des réparateurs.

Quelques contrats plus restrictifs excluent l'usure normale et les vices cachés. Ce dernier aspect est particulièrement ennuyeux pour un client qui se pensait couvert et qui doit entreprendre des démarches pour faire valoir ses droits. Ces garanties ne couvrent, finalement, que les bris prématurés qui ne sont pas des vices cachés !

Garantie conventionnelle ou contrat d'assurance ?

Une garantie supplémentaire est-elle un contrat d'assurance ou une garantie conventionnelle (voir p. 272) ? Le débat est loin d'être terminé. Des jugements de première instance vont dans les deux sens[6].

L'Office de la protection du consommateur considère qu'il s'agit d'un contrat d'assurance. Pour cette raison, les vendeurs doivent détenir un permis et déposer des garanties (compte de réserve ou cautionnement). De plus, en cas de vente de la voiture, de résiliation ou de cession de bail, ou encore si la voiture est déclarée perte totale à la suite d'un vol ou d'un accident, le client peut exiger le remboursement de la prime pour la période restante inutilisée (moins les frais d'administration) puisque l'objet assuré n'existe plus. Si le commerçant refuse, le consommateur peut entreprendre des démarches pour faire valoir ses droits.

En revanche, l'assimilation du contrat à une garantie conventionnelle est avantageuse du fait qu'il deviendrait assujetti aux articles 44 à 50, 151a et 152 de la LPC. Selon l'article 151a, le garant est responsable des frais raisonnables de remorquage ou de dépannage, et l'article 152 permet le transfert sans frais de la garantie à un acquéreur subséquent. Très peu de contrats de garantie supplémentaire accordent ces deux avantages.

---

6. Par exemple, à la Cour du Québec, *Procureur général du Québec c. Produits de protection efficace des composantes*, 8 décembre 2000, et *Anidjar c. Garage Beaulieu & Huntley Inc. et al.*, 16 décembre 1998.

Garantie prolongée ou garantie supplémentaire?

Pour une voiture neuve (et certaines voitures d'occasion récentes), vous avez le choix entre la garantie prolongée du fabricant ou une garantie supplémentaire. Généralement, celle du fabricant est plus coûteuse, mais elle procure de nombreux avantages. Notamment, elle contient moins d'exclusions et il est plus facile de faire accepter les réparations. L'assistance routière souvent comprise est plus complète que celle des garanties supplémentaires. De plus, en cas de vente de la voiture, elle est transférable à l'acquéreur subséquent sans frais.

Le grand avantage de la garantie prolongée vient de ce qu'elle donne un accès facile au réseau de concessionnaires du fabricant, partout en Amérique du Nord. Le travail est confié à un spécialiste qui connaît bien la voiture. Il n'y a pas non plus de limite de responsabilité de l'émetteur du contrat envers les réparateurs. Le concessionnaire devient un complice, car il a tout avantage à facturer des réparations au fabricant, même s'il subit des contrôles réguliers visant à éviter les abus. Une inspection de fin de garantie est facile à obtenir et elle est même encouragée par le concessionnaire, qui n'hésitera pas à vous téléphoner pour vous y faire penser.

Si vous avez décidé d'acheter une telle garantie et que vous avez le choix, nous vous recommandons de privilégier celle du fabricant.

Les précautions essentielles avant d'acheter une garantie supplémentaire

Les aspects à considérer avant d'acheter une garantie supplémentaire sont les mêmes que ceux présentés à la page 277 pour les garanties prolongées. Pour les voitures neuves ou d'occasion récentes, nous recommandons la garantie prolongée du fabricant (voir l'encadré précédent). Pour les autres voitures d'occasion, si vous allez de l'avant avec une garantie supplémentaire, nous suggérons les précautions suivantes :

• Demandez toujours l'identité de l'émetteur de la garantie supplémentaire; en cas de doute, vérifiez auprès de l'OPC si tout est en règle. Privilégiez les entreprises bien établies, de bonne réputation ou recommandées par une association reconnue.

> Demandez toujours l'identité de l'émetteur de la garantie supplémentaire.

• Demandez à voir le contrat qui énonce les éléments couverts et les exclusions. Ne vous limitez pas aux affirmations des vendeurs ni aux dépliants publicitaires. Demandez si les coûts de remorquage (ou de dépannage) ou d'une voiture de remplacement durant les réparations sont compris. Vérifiez si les vices cachés sont exclus ou, pis encore, l'usure normale. Étudiez bien les modalités afférentes à la franchise.

• Si le vendeur semble insister pour vous vendre une garantie supplémentaire plutôt qu'une garantie prolongée du fabricant, peut-être sa commission est-elle meilleure. Demandez des renseignements sur tous les produits offerts.

- Demandez s'il vous faudra faire réparer le véhicule là où vous avez acheté la garantie. Dans certains cas, vous ne pourrez vous présenter chez un autre concessionnaire de même bannière qui ne vend pas la garantie supplémentaire en question. Demandez si la compagnie se porte garante des actes du réparateur.

- Demandez la date exacte d'entrée en vigueur de la garantie. Il peut s'agir de la date de la signature du contrat ou de celle à laquelle la compagnie émettrice a reçu tous les documents (le formulaire, le chèque, le rapport d'inspection de la voiture, etc.) et en a vérifié l'exactitude. L'entrée en vigueur peut aussi coïncider avec l'échéance de la garantie de bon fonctionnement prescrite par la LPC (voir p. 275). Demandez si le contrat est conditionnel à l'inspection de la voiture et, si oui, le délai d'inspection.

- Méfiez-vous d'un vendeur qui affirme que, si la compagnie émettrice de la garantie accepte de couvrir la voiture, c'est qu'elle doit être en bon état : il est rare que la compagnie fasse inspecter les voitures qu'elle couvre. Le contrat peut même stipuler que la garantie est résiliable s'il est prouvé que la voiture n'a pas été vendue en bon état. Si la compagnie résilie effectivement votre garantie, vous devriez être remboursé en totalité. Si vous n'avez pas été avisé d'une telle résiliation et que vous apprenez la bonne nouvelle au moment de la première réparation, vous avez trois choix : vous faire rembourser la totalité de la prime payée, exiger que la réparation soit exécutée et que la prime vous soit remboursée au prorata pour la période restante, ou exiger le respect du contrat dans sa totalité.

- Exigez une preuve écrite de la garantie (certificat, contrat, etc.). Informez-vous sur le délai d'émission du document et vérifiez directement auprès de la compagnie émettrice en cas de retard. Il est même arrivé qu'une compagnie ne soit pas mise au courant de la vente d'une garantie... Elle attend toujours le paiement du marchand !

Magasinage et feuille de route

Pour magasiner vos garanties et optimiser les conseils de ce chapitre, utilisez la feuille de route 31.1 du site www.ericbrassard.com.

Quelques précisions importantes

- Toute garantie doit mentionner en priorité les éléments couverts. Les éléments exclus doivent ensuite figurer explicitement dans les clauses distinctes et successives. Si un représentant refuse de couvrir une réparation en alléguant une exclusion, demandez-lui où apparaît ladite exclusion. S'il en est incapable, la réparation est couverte. Même si l'exclusion est indiquée, assurez-vous qu'elle s'applique.

- Il existe ce qu'on appelle des «garanties secrètes». Elles concernent des problèmes connus du fabricant, qu'il préfère ne pas ébruiter. Le concessionnaire reçoit la directive de régler les demandes des clients au cas par cas. Les clients les plus coriaces ont le plus de chances d'obtenir la réparation gratuitement. Informez-vous à l'APA ou au CAA en cas de doute. Consultez aussi le site www.carfax.com.

- Les durées des garanties légales, des garanties conventionnelles (voir p. 272) et des garanties de bon fonctionnement des voitures d'occasion sont prolongées proportionnellement au temps requis pour réparer la voiture. Autrement dit, si la voiture doit rester au garage durant une semaine, la garantie de trois ans sera prolongée d'une semaine (pourvu que la limite de kilométrage n'ait pas été dépassée). Il est donc important que la facture indique les dates d'entrée et de sortie du garage, pour éviter les litiges dans les derniers jours de la garantie (LPC 50).

- Le consommateur doit respecter certains délais après l'apparition d'un problème pour faire valoir ses droits (prescription – voir la page 356 du chapitre 41).

- Les garanties légales, conventionnelles (voir p. 272) et de bon fonctionnement des voitures d'occasion couvrent les pièces, la main-d'œuvre et les frais raisonnables de dépannage (LPC 151). Elles ne couvrent pas les autres frais tels que les pertes de temps, les pertes d'usage, la nourriture ou le logement, sauf peut-être dans le cas d'un vice caché, pour lequel le *Code civil* ouvre la porte à une indemnité complète.

- Si la voiture a été déclarée perte totale et qu'elle a été réparée et remise sur la route (avec l'autorisation de la SAAQ), les garanties de base et prolongées du fabricant ne sont plus valides. Cela est toutefois contestable.

- La LPC exige que les réparations effectuées par un garagiste soient garanties (3 mois ou 5 000 km). Toute cette question est traitée aux articles 167 à 181.

- Presque toutes les garanties stipulent un programme d'entretien régulier. Il est important de vérifier que les exigences ne dépassent pas celles du fabricant. Conservez vos factures pour être à même de les produire au besoin (même si vous faites les réparations vous-même). Dans une garantie conventionnelle, l'article 52 de la LPC permet notamment d'exiger l'usage d'un produit d'une marque déterminée. Certaines compagnies rendent le maintien de la garantie conditionnel à la remise de coupons après chaque inspection. Cette pratique a déjà été qualifiée d'illégale.

- Si vous voyagez aux États-Unis, demandez si les concessionnaires y honorent votre garantie et, sinon, comment vous pourrez obtenir le remboursement des frais.

- Vous souhaitez acheter une voiture d'occasion provenant des États-Unis ? Communiquez avec le fabricant pour savoir si vous pouvez transférer la garantie. Sachez que les garanties ne sont pas forcément identiques d'un côté et de l'autre de la frontière. Vérifiez auprès du constructeur que la voiture n'a pas été déclarée perte totale. Faites-vous inscrire au dossier canadien afin d'être avisé en cas de rappel.

- L'application des garanties est fort propice aux litiges. Le consommateur doit respecter certains délais après l'apparition d'un problème pour faire valoir ses droits (prescription). Nous traitons de ce thème au chapitre 41.

CHAPITRE 32

Antirouille
et autres protections

Rédaction et collaboration étroite
ÉRIC BRASSARD
CAA - QUÉBEC
GEORGE INY
MARC MIGNEAULT
VALÉRIE BORDE

Relecture et commentaires
JOAN BACKUS
LORRAINE LÉVESQUE
LUC SERRA

F aut-il protéger sa voiture contre l'usure du temps, en achetant par exemple un traitement antirouille ou un pare-pierres? Nous en discutons dans ce chapitre.

TRAITEMENTS ANTIROUILLE

Les fabricants peuvent garantir la voiture contre deux types de rouille :

- La rouille de surface : comme son nom l'indique, elle apparaît à la surface de la voiture et résulte souvent d'éraflures et de marques laissées par les cailloux projetés par d'autres véhicules. Souvent, la garantie offerte par le fabricant pour la rouille de surface couvre la même période que la garantie de base de la voiture, parfois moins.

- La perforation : une perforation se produit quand la rouille se propage de l'intérieur vers l'extérieur, ce qui finit par percer un trou dans la carrosserie. Les traitements antirouille servent à protéger le véhicule contre ces perforations. Au cours des dernières années, les fabricants ont mis au point plusieurs techniques efficaces (métal galvanisé sur deux surfaces, panneaux de polymère, enduit plastifié, etc.). La majorité des garanties contre la perforation couvre des périodes de cinq à six ans, le plus souvent sans limite de kilométrage.

Les commerçants proposent parfois certains traitements antirouille supplémentaires. Méfiez-vous : ils ne sont pas toujours compatibles avec le traitement fait à l'usine ou recommandé par le fabricant. Vérifiez dans le manuel du propriétaire auquel vous avez accès avant l'achat ou consultez le CAA-Québec, qui connaît bien les garanties des fabricants. Si le produit antirouille est mal appliqué et cause des dommages, le fabricant pourrait refuser de reconnaître sa propre garantie.

> **Si le produit antirouille est mal appliqué et cause des dommages, le fabricant pourrait refuser de reconnaître sa propre garantie.**

Le traitement à base d'huile (entre 50 $ et 80 $) est efficace s'il est bien appliqué. L'huile, très fluide, recouvre la surface et les moindres recoins de la carrosserie. Cependant, l'huile finit par s'écouler et le traitement doit être recommencé chaque année. L'écoulement peut par ailleurs endommager les joints d'étanchéité des portières, salir les vêtements, endommager l'entrée de garage… et vous valoir une contravention s'il se produit alors que la voiture est stationnée dans la rue.

Les traitements permanents (de 250 $ à 500 $) sont appliqués une seule fois, idéalement lorsque le véhicule est neuf. Plusieurs produits de recouvrement (graisse, paraffine, polymère, etc.) n'entraînent aucun écoulement. Le commerçant peut exiger une visite annuelle pour que la garantie soit maintenue, et il est parfois nécessaire de répéter les applications (avec ou sans frais). La garantie associée à ces traitements couvre les perforations, sous réserve parfois que le trou soit visible de l'extérieur du véhicule sans ouvrir les portières, le capot ou le coffre. Elle ne couvre donc pas toujours le châssis et le plancher (tout comme les garanties de certains fabricants d'ailleurs).

Il existe plusieurs autres moyens de prévenir la rouille : laver régulièrement la voiture, surtout l'hiver, faire des retouches sur les égratignures, appliquer de la cire sur la carrosserie et un produit à base de silicone sur les bandes de caoutchouc des vitres, etc.

TU NE VOUDRAIS QUAND MÊME PAS QU'ELLE ROUILLE, CHÉRIE ?

Faut-il acheter une protection antirouille ?

Si vous changez de voiture souvent, ce n'est pas la peine : même si une protection antirouille peut théoriquement être un atout à la revente de la voiture, vous ne récupérerez qu'une infime partie des coûts. Seules les personnes décidées à garder longtemps leur voiture (achat ou location unique) peuvent y trouver un intérêt. Voici ce que recommandent l'APA et le CAA :

- L'APA suggère de s'attaquer à la rouille dès l'achat du véhicule, même si le fabricant a déjà fait un traitement et fournit une garantie. Elle privilégie le traitement à base de graisse, mais recommande aussi les antirouilles à l'huile. Elle recommande certains commerçants réputés pour la qualité de leurs travaux. Selon elle, le traitement rallonge la vie de la voiture et diminue les frais d'entretien. Elle conseille d'éviter la cire parce que, le plus souvent, le traitement est mal appliqué.

• Le CAA-Québec suggère d'attendre après la troisième année puisque le traitement du fabricant est suffisant au début et qu'il peut annuler la garantie si le traitement supplémentaire est mal appliqué. Le CAA privilégie les antirouilles à l'huile après cette période.

Le traitement peut être confié à une entreprise spécialisée ou au concessionnaire. Ce dernier pratique en général des tarifs plus élevés, mais il est possible de négocier. Comme la qualité de l'application est un facteur majeur de la durabilité de la protection, mieux vaut faire affaire avec un spécialiste. Aussi, toutes sortes de rumeurs circulent quant à la qualité du travail des concessionnaires… quand il est fait ! Il s'agit bien sûr d'une minorité, mais certains se limitent à appliquer le traitement aux endroits visibles, en faisant le pari que la rouille, si elle apparaît, ne se verra pas. Souvent, le traitement est délégué à une firme spécialisée, le rôle du concessionnaire se limitant à prendre une commission au passage. Mais évidemment, il est beaucoup plus simple de confier le traitement à ce dernier, avant de prendre possession de sa voiture…

L'APA et le CAA conseillent de recourir à des entreprises spécialisées.

Si vous confiez le traitement au concessionnaire, demandez d'être présent lors de l'application. Vous rencontrerez beaucoup de résistance, la majorité des concessionnaires n'aimant pas être soupçonnés de malhonnêteté à cause de quelques commerçants sans scrupule. Au minimum, vérifiez que le travail a bel et bien été effectué. Pour mettre un peu de pression, vous pouvez préciser que le travail sera inspecté par un spécialiste. Évidemment, cette attitude n'aide pas à établir un climat de confiance. Soyez diplomate !

Exigez un certificat ou un contrat qui précise clairement ce que couvre la garantie et quelles sont les conditions pour la maintenir en vigueur. Soyez ferme sur ce point. On peut même communiquer directement avec le fournisseur pour s'assurer que la garantie est en vigueur.

TRAITEMENT DES TISSUS

Ce traitement consiste à vaporiser un produit sur les sièges et les tapis pour les imperméabiliser et prolonger l'éclat de leurs couleurs. Si un liquide est renversé, il suffira d'un coup d'éponge pour faire disparaître les dégâts. Les traitements limitent aussi le développement de mauvaises odeurs. Bien appliqués, ils peuvent être très efficaces.

Les concessionnaires ont flairé la bonne affaire et offrent à leurs clients de procéder à l'application de protège-tissus. Les prix peuvent varier entre 125 $ et 250 $. Sachez que vous pouvez faire le même travail avec un produit (par exemple, Scotchguard® de 3M®) acheté dans une quincaillerie pour 12 $ environ ! L'APA comme le CAA recommandent de ne pas acheter cette protection chez le concessionnaire. Si vous y tenez, négociez et assurez-vous que le travail a été bien fait. Exigez une garantie écrite. Si vous ne voulez pas faire le traitement vous-même, vous pouvez aussi emporter votre voiture dans un « salon de beauté » pour autos !

TRAITEMENT DE LA PEINTURE

Ce traitement vise à protéger l'éclat de la peinture. Or, la peinture appliquée par les fabricants est généralement de très bonne qualité et déjà recouverte d'un vernis très résistant. Avec un minimum d'entretien, elle ne perdra pas son lustre. Il est donc superflu de la protéger par un traitement supplémentaire, qui coûtera entre 225 $ et 350 $ chez le concessionnaire! La marge de profit est énorme. Le commerçant vous affirmera peut-être qu'aucun autre traitement ne sera nécessaire avant cinq ans ou pendant la vie du véhicule. On peut en douter…

> **La peinture appliquée par les fabricants est généralement de très bonne qualité et déjà recouverte d'un vernis très résistant.**

Aucun traitement spécial n'est obligatoire, soit, mais il faut quand même entretenir régulièrement sa voiture pour éviter les égratignures ou enlever les saletés à la surface du vernis. Le mieux est d'acheter un «composé d'astiquage» (environ 8 $) et d'appliquer ensuite une cire de qualité (6 $ à 15 $). Le traitement est facile et ne requiert plus de grands efforts de polissage comme autrefois. Vous pouvez aussi avoir recours à une entreprise de beauté pour l'auto (de 75 $ à 150 $). On recommande de faire l'entretien complet au besoin et d'appliquer la cire à l'automne seulement. Les moins méticuleux peuvent se permettre de sauter une année sans trop de dommages…

LES PARE-PIERRES

Un pare-pierres protège le capot avant contre les éraflures résultant des cailloux projetés par d'autres véhicules. Il coûte de 100 $ à 250 $. La meilleure technique consiste à appliquer une bande de plastique transparent rigide, de 6 à 12 pouces de largeur, qui épouse la forme du véhicule tout en laissant passer l'eau. Ce dispositif empêche l'accumulation de saletés et d'humidité, propices à la corrosion. Toutefois, les points de contact entre la carrosserie et ce type de pare-pierres peuvent causer des vibrations qui abîment la peinture et l'apprêt. On peut aussi coller une bande de plastique transparent. Cette dernière est efficace, mais elle peut endommager la peinture si on décide de l'enlever (différence de couleur, peinture arrachée, etc.). Un autre procédé consiste à recouvrir l'avant du capot d'une housse de similicuir qui, bien qu'efficace, nécessite plus d'entretien: il faut la retirer régulièrement pour enlever la saleté et pour l'assécher, afin d'empêcher la moisissure. À éviter si on veut se simplifier la vie.

Les concessionnaires n'ont pas la réputation de vendre les pare-pierres à bon marché, mais certains sont plus raisonnables que d'autres. Magasinez! Seul avantage d'aller chez le concessionnaire: il ne pourra pas alléguer une mauvaise installation si le pare-pierres cause de la corrosion. Ceux qui circulent beaucoup sur des routes de terre et qui ont recours à la location perpétuelle ont tout avantage à investir dans un pare-pierres, pour éviter des frais liés à l'usure anormale. Pour les autres, les avis sont partagés, le produit présentant des avantages et des risques.

Il existe beaucoup d'autres types de protections: antivol, navigation par satellite, protection des pneus et des jantes, etc. Comme l'objectif de ce livre n'est pas de traiter en détail de toutes les options techniques possibles, nous n'en parlerons pas ici.

CHAPITRE 33

Types d'acheteurs et cas réels

Rédaction et collaboration étroite
ÉRIC BRASSARD
VALÉRIE BORDE

Relecture et commentaires
JOAN BACKUS
CAA - QUÉBEC
GEORGE INY
LORRAINE LÉVESQUE
LUC SERRA

Ce chapitre traite des décisions que doivent prendre différentes personnes, en fonction de leur situation. On abordera les cas de la famille monoparentale, du couple aisé sans enfant, de la personne âgée, de la petite famille, de l'étudiant, du célibataire à budget serré, etc.

On peut se sentir perdu devant toutes les décisions à prendre et se demander: «Par quoi dois-je commencer?» En fait, toute personne devrait se poser quatre questions fondamentales: ai-je besoin d'une voiture? Si oui, quel modèle choisir? S'agira-t-il d'une voiture neuve ou d'occasion? Enfin, est-il préférable de la louer ou de l'acheter? Les autres décisions peuvent être prises à la pièce, dans l'ordre de son choix. Regardez à nouveau la figure de la page 114, qui présente l'ensemble des décisions à prendre en matière d'automobile.

Dans ces exemples, nous avons décidé de ne pas insister sur les chiffres, sauf dans un cas, pour simplifier le propos. Dans la réalité, l'idéal est presque toujours de calculer le coût réel selon la méthode des coûts actualisés (voir ch. 17). Pour des exemples de calculs, consultez les 3 situations présentées au chapitre 17. Par ailleurs, le présent chapitre n'aborde pas la question fiscale.

CHARLÈNE
*Éducatrice
en garderie*

Ma voiture a subi un accident important. Elle a été réparée mais, depuis, des bobos apparaissent régulièrement, ce qui est à la fois irritant et coûteux. Je songe donc à acheter une voiture neuve. Selon les guides, ma voiture vaut 8 000 $ mais, en raison de l'accident, on ne m'offre que 5 000 $. C'est désolant! Sans cet accident, j'aurais gardé ma voiture longtemps.

Les assurances couvrent les dommages causés par un accident, mais pas la perte de valeur ni la mauvaise réputation de la voiture par la suite. Quand un véhicule a subi un accident majeur, il est souvent préférable pour l'assuré que l'assureur le déclare perte totale. Si l'avenant 43E avait été souscrit, il n'y a alors plus de doute: mieux vaut que la voiture aille au dépotoir. Cependant, les normes des assureurs ne le permettent pas toujours. Vous devez vous rendre à l'évidence: vous avez subi une perte et on ne peut rien y changer. Vous n'avez pas le choix de vous tourner vers l'avenir et de vous poser les questions suivantes: combien êtes-vous prête à payer pour mettre fin aux désagréments qu'occasionne votre voiture, et quelles sont les incidences financières de la décision?

Qui ne serait pas embêté d'aller souvent chez le garagiste, d'arriver en retard au travail ou de toujours avoir peur de tomber en panne au beau milieu de l'autoroute? Qui a besoin d'un tel stress? Une voiture sert à se déplacer, pas à saper le moral! À vous d'estimer la valeur à accorder à ces inconvénients, en fonction de votre situation. Cette valeur est subjective, mais elle a son importance.

> Il faut regarder l'ensemble de votre situation pour ne pas trop focaliser sur la voiture.

Étudiez aussi la situation d'un point de vue plus objectif, strictement financier. Il faut distinguer la valeur d'usage et la valeur marchande de votre voiture (voir p. 163). Sur le marché, elle ne vaut que 5 000 $. Par contre, si elle peut rouler longtemps, cela n'a aucune importance. N'oubliez pas qu'une voiture neuve coûte cher. Très cher! Selon des analyses, on parle de 7 000 $ à 9 000 $ par an durant les 3 premières années (voir ch. 16). Même si votre voiture actuelle tombe souvent en panne, il est très peu probable qu'elle vous coûte autant. La raison est simple: la dépréciation sera presque nulle parce que l'accident lui a déjà fait perdre une grande partie de sa valeur. Si vous la vendez dans 3 ans, disons 2 000 $, la dépréciation n'aura été que de 3 000 $ (5 000 $ – 2 000 $), soit 1 000 $ par année. C'est peu par rapport à une voiture neuve.

Supposons que vous économisiez 3 000 $ par an en gardant votre voiture et qu'elle occasionne 50 heures de tracas par année (en étant pessimiste). Si on fait un petit calcul, ces heures valent 60 $ chacune après impôt ou 90 $ avant impôt. Êtes-vous prête à payer 90 $ de l'heure pour éviter ces tracas? Vous pourriez aussi faire inspecter la voiture. Les résultats indiqueront peut-être la fin de vos tracas.

Il faut regarder l'ensemble de votre situation pour ne pas trop focaliser sur la voiture. L'achat d'une voiture neuve apporte aussi des contraintes. À quoi devrez-vous renoncer si vous roulez dans une belle voiture neuve? À un voyage? Une année sabbatique? De nouveaux vêtements?

Subjectivement, vous pencherez vers l'achat d'une voiture neuve même si, objectivement, vous devriez garder votre véhicule actuel. Il n'y a pas de bon ou de mauvais choix. À vous de trancher!

J'utilise peu ma voiture. En général, je parcours 12 000 à 13 000 km par année, surtout en ville. La conduite me stresse de plus en plus et j'aime les voitures sécuritaires et spacieuses. Par ailleurs, je déteste aller au garage et, pour éviter les tracas, je loue une nouvelle voiture tous les trois ans. Mon budget n'est pas trop serré, mais je ne peux pas faire de folies. Mes placements sont très conservateurs. Je n'ai aucune dette.

GUSTAVE
Retraité

Avec un budget limité, il est dommage de consacrer autant d'argent à une voiture qui sert si peu. Les personnes qui roulent peu ont avantage à conserver leur voiture longtemps. Bien entretenue, elle procurera de longues années de service.

La location <u>perpétuelle</u> coûte cher. Vous assumez à répétition la dépréciation des premières années. De plus, puisque les baux prévoient au moins 18 000 km par année, vous payez inutilement pour 6 000 km. Le coût par kilomètre de votre voiture est énorme. Selon le tableau 16.2 (p. 125), le coût est déjà 64,4 ¢/km pour 12 000 km par année pour une voiture plus petite que la vôtre.

La location <u>unique</u>, quant à elle, peut être envisagée. Il vous suffira d'acheter la voiture à la fin du bail (si elle convient toujours). Vous pouvez aussi emprunter pour l'acheter immédiatement. En passant, vous vous méprenez quand vous dites que vous n'avez pas de dettes : la location est une dette (voir ch. 11). Compte tenu de votre situation financière, vous devriez autant que possible éviter les dettes, dont le taux d'intérêt sera probablement supérieur au rendement de vos placements. Pour financer votre voiture, choisissez le taux le plus bas possible et la durée la plus courte possible (en tenant compte des limites de votre budget). Si vous disposez d'argent liquide, versez-le à titre de comptant (sauf si vous louez – voir p. 185).

> Les personnes qui roulent peu ont avantage à conserver leur voiture longtemps.

Il y a effectivement un stress lié aux frais de réparation, même si on surestime souvent ces dépenses (voir p. 118). Une garantie prolongée pourra réduire ce stress. Elle n'évite pas les visites au garage, mais elle réduit les coûts imprévus. Elle serait certainement moins coûteuse que la location perpétuelle. Vous pouvez aussi payer un de vos proches de confiance pour aller au garage à votre place. Même à 50 $ de l'heure, il vous en coûtera au plus 500 $ par année, soit beaucoup moins qu'une location perpétuelle… et vous ferez un heureux !

Si vous persistez à vouloir louer à répétition vos voitures, lisez les conseils de la page 160. Recherchez la plus petite mensualité possible (surveillez le taux d'intérêt, le prix négocié de la voiture et la valeur résiduelle), et demandez le plan qui alloue le moins de kilomètres, qui vous donnera la valeur résiduelle la plus élevée. N'achetez pas de garantie prolongée, de garantie de remplacement (ch. 30) ni même l'avenant 43E de votre assureur (voir la question-photo p. 244). Par ailleurs, surveillez la valeur marchande de votre voiture à la fin du bail. Avec si peu de kilométrage, elle pourrait excéder la valeur résiduelle. Plutôt que de la rendre au concessionnaire, trouvez vous-même un acheteur et profitez de la différence (voir p. 223).

ANITA
*Secrétaire
juridique*

Ma vie est une course sans fin! Je suis mère célibataire de deux jeunes enfants, je travaille à temps plein et mon travail est très stressant. Ma voiture doit fonctionner quand j'en ai besoin. Je dois faire les courses, conduire les enfants à la garderie, me rendre au travail, etc. Mon horaire ne laisse pas de place aux visites au garage. Déjà, les deux vérifications annuelles me donnent des boutons! Je parcours 18 000 km par année et mon budget est très serré. Tout est compté. Je ne peux faire face à une facture de réparation imprévue de 1 000 $. J'ai décidé de rouler avec une petite voiture fiable, que je loue par périodes de cinq ans. Je sais bien qu'il serait plus économique de garder plus longtemps chaque voiture, mais je devrais alors financer l'option d'achat. La mensualité serait semblable à celle d'une voiture neuve, mais je devrais en plus payer les réparations. Je ne vois pas comment je pourrais m'en sortir!

Vous comprenez bien comment votre situation influence le choix de votre voiture. En effet, un budget serré peut amener à choisir une option plus coûteuse. Il faut quand même nuancer deux points dans votre cas. D'abord, rouler en petite voiture réduit les frais, surtout si elle est fiable. Ensuite, louer sur 60 mois équivaut à changer de voiture tous les 5 ans. Ce n'est pas l'option la moins coûteuse, mais c'est mieux que 36 mois. Vous assumez la dépréciation des cinq premières années qui, en moyenne, est plus faible que celle des trois premières.

Vous n'êtes toutefois pas à l'abri des frais de réparation. Votre garantie couvre probablement les composants principaux pendant cinq ans, mais le reste pendant trois ans seulement. Si vous voulez minimiser les frais imprévus, achetez une garantie prolongée. Elle ne sera peut-être pas rentable, mais vous n'aurez pas de surprises. Cela sera moins coûteux que de louer sur 36 mois pour être totalement couvert.

> **Un budget serré peut amener à choisir une option plus coûteuse.**

Refusez tous les autres produits offerts par le concessionnaire (antirouille, pare-pierres, etc.). Par contre, avec de jeunes enfants, vous pouvez appliquer vous-même un traitement protège-tissu. Les assurances vie et invalidité sont importantes pour vous et vos enfants. Si vous n'êtes pas couverte par des assurances au travail, vous devriez analyser l'ensemble de vos besoins avec un spécialiste au lieu d'acheter des assurances à la pièce (voir p. 179). Pour l'assurance auto, vous pouvez acheter une protection valeur à neuf (ch. 30). Avec l'avenant 43E des assureurs, la prime sera plus faible au début et elle augmentera ensuite (à moins de bénéficier d'une prime nivelée). Une garantie de remplacement est intéressante aussi, et plus simple avec une voiture louée (voir p. 249). Elle peut être financée avec la voiture, ce qui permet de répartir le paiement sur la durée du bail. Avec un budget serré, une bonne assurance vie ou invalidité est de loin plus importante qu'une valeur à neuf pour la voiture.

À moyen terme, si vous pouvez sortir du cercle vicieux de la location perpétuelle et conserver votre voiture huit à dix ans, vous économiserez (voir les questions-photos des pages 55 et 155).

Je suis mariée et nous avons 3 enfants de 10, 12 et 14 ans. Mon conjoint gagne environ 40 000 $ par année et moi, 60 000 $. Nous ne comptons pas trop, mais l'argent s'envole facilement. En plus du prêt hypothécaire et du prêt auto, nous avons accumulé une marge de crédit de 12 000 $ qui nous coûte 10 % en intérêts. Nous sommes en retard dans les cotisations à nos **REER**, sans parler des cotisations au **REEE** que nous reportons constamment. Nous voulons vendre notre minifourgonnette actuelle. Elle vaut environ 11 000 $ selon le concessionnaire, mais nous croyons obtenir 12 500 $ si nous la vendons nous-mêmes. Il nous reste 4 300 $ à payer sur le prêt. Voici les conditions négociées de la nouvelle minifourgonnette :

SHANON
Traductrice autonome

	Achat	Location
Prix négocié (avant taxes)	28 000 $	28 000 $
Durée du prêt ou du bail	48	48
Taux d'intérêt	4 %	4,5 %
Valeur résiduelle	s/o	12 000 $
Mensualités en tenant compte d'un comptant en liquide de 8 200 $ (12 500 $ – 4 300 $)[1 et 2]	542,06 $	283,39 $

Nous préférons éviter la location, car nous gardons nos voitures longtemps. La mensualité est tentante mais, en louant, il faudra financer l'option d'achat à la fin du bail. Sur 36 mois à 8 %, la mensualité pour acheter en fin de bail sera de 432,54 $[3]. Juste l'idée de payer une telle somme pendant 36 autres mois me lève le cœur, sans compter qu'il faudrait en plus payer des réparations. Avec la location, ça coûte 3 000 $ de plus et cela confirme ce qu'on dit partout : c'est plus cher de louer !

Achat : 48 × 542,06 $ = 26 019 $
Location : (48 × 283,39) + (36 × 432,54 $) = 29 174 $

---

1. Achat : 28 000 $ + taxes = 32 207 $; moins 8 200 $ = 24 007 $; 4 % – 48 mois = 542,06 $/mois.
2. Location : 28 000 $ – 7 128 $ (8 200 $ moins les taxes) = 20 872 $; 4,5 % – 48 mois – 12 000 $ = 246,37 $ + taxes = 283,39 $.
3. 12 000 $ + taxes = 13 803 $; 8 % – 36 mois = 432,54 $.

Votre analyse est trop théorique et ne tient pas compte de votre situation financière personnelle. Le coût personnel de votre argent (voir p. 50) est très élevé, car vos dettes de consommation coûtent 10 % en intérêts par année après impôt. De plus, vous renoncez aux abris fiscaux. Tout cela pour payer rapidement un prêt qui ne coûte presque rien (4 %).

Réglons la question de la minifourgonnette d'occasion. Vous commettez deux erreurs :

- D'abord, la valeur nette de cette voiture (8 200 $, selon vos calculs) ne devrait pas servir à diminuer le montant de votre prochain prêt. Ce n'est pas parce que vous vendez une voiture que l'argent doit servir pour la suivante. Beaucoup font ce faux lien. Il faut canaliser l'argent là où il travaille le mieux : il faut plutôt rembourser une partie de la marge de crédit de 12 000 $ à 10 %[4]. Bien sûr, la mensualité sera plus élevée, mais vos versements pour le paiement de la marge de crédit diminueront, ce qui compensera. Si vous êtes trop serrés, vous pourrez toujours augmenter de nouveau votre marge de crédit un peu chaque mois. Vous aurez quand même diminué vos frais financiers durant une longue période.

> Ce n'est pas parce que vous vendez une voiture que l'argent doit servir pour la suivante. Beaucoup font ce faux lien.

- Ensuite, vous oubliez le crédit de taxes de 15 % dont vous pourriez bénéficier en donnant la voiture en échange ou en la vendant à un particulier par vente d'accommodement (voir p. 104). Décidons d'abord à qui il vaut mieux vendre, en utilisant le truc de la page 217 :

$$\frac{12\,500\,\$}{1,07} = 11\,682\,\$$$

Comme le résultat est supérieur à l'offre du concessionnaire (11 000 $), mieux vaut vendre à un particulier par vente d'accommodement. Lisez bien les particularités de cette transaction. Avant d'accepter cette option, l'acheteur exigera un rabais égal à la TPS, de sorte que vous devrez fixer le prix à 11 682 $ au lieu de 12 500 $. Vous enlevez une taxe pour profiter vous-mêmes des deux taxes ensuite. Le crédit est de 15 % (15,025 % pour être exact), ce qui représente 1 755 $ (15,025 % × 11 682 $). Vous n'encaisserez pas la somme, mais elle sera déduite des taxes sur la prochaine voiture.

La vente d'accommodement ne vous empêche pas de récupérer la valeur de la voiture en argent (voir p. 106), comme nous le suggérions précédemment. Le concessionnaire vous retournera un chèque de 7 382 $ (le prix de vente de la voiture, 11 682 $, moins les 4 300 $ du solde de votre dette). C'est 818 $ de moins que pour l'option précédente, qui vous permettait d'encaisser 8 200 $; toutefois, en tenant compte du crédit de taxes de 1 755 $, la vente d'accommodement vous procure 937 $ de plus[5]. C'est presque 1 000 $, simplement pour brasser un peu de papiers ! Vous pouvez utiliser cette stratégie même si vous louez votre prochaine voiture. Le calcul est un peu plus complexe (voir p. 103).

---

4. Vous pourriez aussi cotiser à un REER. Pour établir le taux de rendement réel après impôt d'un placement détenu dans un REER, consultez le texte « Qu'est-ce qu'un placement ? » sur le site www.ericbrassard.com ou dans le chapitre 6 du livre *Un chez-moi à mon coût*.
5. Un truc : l'économie est toujours égale à la TVQ que devrait payer l'acheteur, soit 7,5 % de 12 500 $.

Regardons maintenant le financement. À nos yeux, il est évident qu'il vaut mieux louer malgré la différence de près de 3 000 $ en faveur de l'achat, si nous nous fions à vos calculs. Pourquoi ?

Vous n'avez pas tenu compte de la valeur de l'argent dans le temps. Vous utilisez la méthode des coûts bruts (voir p. 129), avec laquelle on compare des sorties de fonds qui ne surviennent pas au même moment. C'est une grave erreur (voir ch. 7). Un montant payé tout de suite est plus coûteux qu'un montant versé dans 84 mois. La location implique plus de sorties de fonds, mais elles sont réparties sur une plus longue période. Il faut donc actualiser les sommes.

> Un montant payé tout de suite est plus coûteux qu'un montant versé dans 84 mois.

Avec vos propres chiffres, si on utilise la méthode des coûts actualisés (voir p. 129 et tout le ch. 17) et un taux d'actualisation de 10 % (votre coût personnel de l'argent), l'écart de 3 000 $ en faveur de l'achat se transforme en un écart de 1 105 $ en faveur de la location[6]. En tenant compte de nos conseils sur la vente de la minifourgonnette, nous arrivons à une mensualité de 687,57 $ pour l'achat et à 429,88 $ pour la location (et toujours 432,54 $ pour l'emprunt relatif à l'option d'achat). Avec ces chiffres on obtient :

	Location	Achat	Écart	Gagnant
Méthode des coûts bruts	36 205 $	33 003 $	3 202 $	Achat
Méthode des coûts actualisés	26 091 $	27 110 $	1 019 $	Location

Ces résultats montrent la puissance de l'actualisation. Vous avez nettement avantage à réduire vos mensualités grâce à la location. Votre marge de crédit diminuera et vous économiserez. Avec un coût personnel de l'argent élevé, il vaut mieux retarder le plus possible les paiements (voir les astuces des pages 131 et 134). Notez que ce conseil s'applique à votre cas bien précis. Si le coût de l'argent était plus bas (comme celui de Gustave à la page 291), l'achat aurait été meilleur. Il aurait été préférable aussi de verser un comptant (tout en continuant de profiter de la vente d'accommodement, bien sûr).

La valeur de revente de votre voiture, les frais d'assurance, d'entretien ou d'essence ne changent rien aux résultats, puisqu'ils seront identiques que vous louiez ou achetiez la nouvelle voiture. Vous devez aussi vous poser les autres questions habituelles :

• Avez-vous songé à acheter une voiture d'occasion ? Ou à garder quelques années de plus votre ancienne minifourgonnette ? Ce serait probablement une sage décision dans votre cas.

• Garantie prolongée, protection valeur à neuf, traitement antirouille, etc. : puisque vous gardez longtemps votre voiture, ces protections peuvent être pertinentes. Voir les chapitres 30 à 32.

• Assurances vie et invalidité : vous avez plusieurs personnes à charge et vous devez être bien couverts. Analysez l'ensemble de vos besoins et n'achetez pas les protections à la pièce.

En conclusion, il faut assainir votre situation financière. Canalisez d'abord vos liquidités vers les besoins urgents et on verra plus tard pour les dettes à 4 %. Essayez aussi de contrôler vos dépenses.

---

6. Voici les résultats précis du calcul des coûts actualisés : achat = 21 372 $ – Location = 20 267 $.

GILLES
Chimiste

Mon budget est assez serré. Je n'aime pas les voitures outre mesure – j'ai horreur de dépenser autant pour un tas de ferraille. L'important, c'est de me déplacer du point A au point B, au plus bas coût possible. Je garde longtemps mes voitures. Je parcours environ 15 000 km par année. Je veux changer ma voiture actuelle, qui vaut environ 3 000 $. Je n'ai pas de dettes, mais mes REER sont en retard.

Vous devriez envisager l'achat d'une voiture d'occasion. Bien entretenue, elle durera longtemps et réduira vos coûts. Choisissez-la avec soin en prenant toutes les précautions présentées au chapitre 40. Regardez plus l'état général de la voiture que son prix. N'hésitez pas à payer un peu plus cher pour une voiture en bon état. Visez une voiture de 4 à 5 ans, ou une voiture plus récente qui se serait beaucoup dépréciée (voir p. 144).

Tentez de tirer le maximum de votre voiture actuelle. Si vous achetez votre prochaine voiture chez un concessionnaire, bénéficiez du crédit de taxes en donnant votre voiture en échange ou en la vendant à un particulier par vente d'accommodement (voir la page 104 ou l'exemple de Sharon à la page 293). Vous avez avantage à vous servir du produit de la vente pour cotiser à votre REER plutôt que de diminuer le prêt auto, sauf si le taux d'intérêt est élevé.

Pour financer la voiture, négociez bien le taux avec votre institution financière. Si vous achetez d'un concessionnaire, il pourra aussi vous offrir un bon taux. Vous pouvez envisager un prêt avec option de rachat si le taux est intéressant, car cette option abaissera vos mensualités, tout comme un prêt personnel réparti sur une longue période (60 mois). Si vous obtenez un bon taux, empruntez sur une longue période pour conserver autant que possible votre argent. Vous devez analyser vos capacités budgétaires. Une longue période d'amortissement réduit les mensualités mais, durant certains mois, vous devrez payer des frais d'entretien. Pourrez-vous payer les deux ?

Vous pouvez aussi louer une voiture d'occasion. Dans ce cas, soyez prudent. Vérifiez le calcul de la mensualité et traquez les frais injustifiés. La location a l'avantage de réduire les mensualités et le risque de valeur résiduelle (la valeur est garantie à la fin du bail). C'est le taux d'intérêt qui sera le facteur déterminant.

Du côté assurance, la protection valeur à neuf des assureurs est rarement offerte pour les voitures d'occasion. Toutefois, vous pouvez acheter une garantie de remplacement pour voiture d'occasion (voir p. 250). En considérant que les voitures d'occasion se déprécient peu, vérifiez que le prix demandé justifie une telle protection. Ce n'est probablement pas une priorité pour vous. Vous pouvez aussi envisager l'achat d'une garantie supplémentaire afin de couvrir les composantes principales. Les critères de décision sont indiqués à la page 277 et les précautions à prendre à la page 281. Évaluez bien vos priorités. Si vous tenez à conserver la voiture longtemps, des traitements antirouille réguliers sont recommandés. Consultez les suggestions de l'APA et du CAA au chapitre 32.

Si vous achetez d'un concessionnaire ou d'un marchand indépendant, surveillez les clauses du contrat de financement, le cas échéant. Assurez-vous aussi que l'étiquette est présente et bien remplie. Lisez nos conseils du chapitre 25 et de la page 353. Si vous transigez avec un particulier, il est préférable de signer un contrat.

Je n'ai pas d'enfants et mon conjoint est ingénieur. **Notre train de vie est assez élevé. Nous nous pré-occupons peu des dépenses car nous avons des revenus importants. Nous faisons deux voyages par année et notre maison est presque payée parce que nos parents nous ont aidés. Nous n'avons pas d'autres dettes. Nos REER sont pleins et, même si nous sommes encore jeunes, nous pensons à la retraite. Je veux arrêter de travailler à 55 ans. Nos placements en ont arraché depuis juin 2000, mais nous ne nous décourageons pas car le rendement devrait revenir à 8 % ou 9 % dans les prochaines années. Nous avons chacun notre voiture. Je l'utilise seulement pour me rendre au travail, mais jamais pour le travail. Pourtant, je roule quand même 24 000 km par année. Nous utilisons ma voiture pour les loisirs car elle est plus confortable. Je change de voiture tous les trois ans, par plaisir. Je roule habituellement en Camry, en Accord ou en Passat. J'envisage d'acheter une voiture plus luxueuse.**

ÈVE
Actuaire

La location perpétuelle est tout indiquée pour vous. Vous êtes disposée à assumer un coût élevé et aimez changer de voiture souvent. Vous pouvez aussi envisager l'achat si le taux d'in-térêt est vraiment meilleur. Vous devrez toutefois vous occuper de la revendre et vous assu-merez un risque plus grand de valeur résiduelle (voir p. 91). Pour ce qui est des voitures luxueuses, si on souhaite les changer <u>souvent</u>, il est fortement recommandé de les louer car la valeur rési-duelle est habituellement généreuse (voir p. 157).

Compte tenu du coût de votre argent (estimé à 8 % ou 9 % – voir p. 50), vous n'avez pas avantage à verser un comptant (à moins que le taux d'intérêt soit supérieur à 8 %). Mieux vaut conserver l'argent pour la retraite. C'est encore plus vrai si vous louez (jamais de comptant en location). Si vous achetez, choi-sissez une durée de prêt la plus longue possible. Encore ici, vous n'avez pas avantage à payer rapidement. Si c'est possible, choisissez un taux d'intérêt variable (voir p. 177). Si vous louez, prenez un bail de 36 mois.

> Pour ce qui est des voitures luxueuses, si on souhaite les changer souvent, il est fortement recommandé de les louer.

Évitez garanties prolongées, traitements antirouille et autres produits du même type, de même que les protections valeur à neuf (voir la question-photo p. 244). Ne prenez pas les assurances vie et invalidité des concessionnaires. Si vous n'êtes pas convenablement cou-verte, évaluez vos besoins globaux (surtout pour l'assurance-invalidité, la plus importante en l'absence de personnes à charge).

SEAN
Programmeur

Je ne sais plus à quelle promotion me vouer ! Un taux d'intérêt réduit, une remise en argent, une réduction de taxes, aucune mise de fonds, la première mensualité gratuite, 90 jours sans paiement, pas de dépôt de sécurité à la location… Comment s'y retrouver ?

C'est vrai qu'il n'est pas facile de comparer les promotions ! Si les promotions se ressemblaient, on trouverait facilement la meilleure, et elles perdraient leur attrait. C'est le même principe avec les rabais d'interurbains, les forfaits de téléphone cellulaire, les frais bancaires… Un vrai casse-tête pour les comparer ! Voici quelques trucs pour s'en sortir…

Avant tout, assurez-vous d'être prêt à acheter une voiture. Ne brûlez pas les étapes pour profiter d'une promotion. Tout au plus, devancez votre achat de deux ou trois mois. Les promotions peuvent amener à choisir un véhicule de moins bonne qualité ou, au contraire, plus haut de gamme. Ne faites pas trop de compromis, et restez réaliste sur vos besoins et désirs. Les promotions peuvent aussi faire oublier d'autres variables importantes : les frais d'entretien et le coût des pièces, la consommation d'essence, les frais d'assurance et la valeur de revente de la voiture.

L'unique façon infaillible de tenir compte de toutes ces variables sans se tromper : calculer le coût réel de chaque option à l'aide de la méthode des coûts actualisés (voir p. 129) et comparer les résultats obtenus. Ce calcul ramène tous les montants en dollars d'aujourd'hui, élimine l'effet du temps et tient compte du coût de l'argent. Utilisez la calculette du site www.ericbrassard.com.

Si vous avez recours à la location <u>perpétuelle</u>, la comparaison des mensualités peut être une façon rapide de choisir parmi les promotions. Assurez-vous toutefois que la durée, la mise de fonds exigée et le nombre de kilomètres alloués sont identiques. Il restera à tenir compte d'une éventuelle première mensualité gratuite et du dépôt de sécurité exigé. Ce dernier point est moins important car il sera remboursé à la fin du bail[7]. Calculez si la mensualité gratuite est réellement intéressante : par exemple, pour un bail de 48 mois, comparez les 47 mensualités à payer avec les 48 mensualités d'une offre concurrente. Comparer les sorties de fonds brutes totales vous donnera une idée de la meilleure offre (les astuces de la page 134 seront utiles aussi).

---

7. En dollars d'aujourd'hui, un dépôt de 400 $ récupéré 36 mois plus tard vaut 335 $ compte tenu d'un taux d'actualisation de 6 %. Le coût d'un tel dépôt est donc de 65 $ (400 $ – 335 $). Si la durée du bail est de 48 mois, sa valeur diminue à 315 $.

Je suis étudiante, pour encore deux ans. Je travaille les week-ends, j'ai des prêts et bourses et mes parents m'aident aussi. Mon budget est assez serré. Je me déplace souvent en autobus, mais j'emprunte la voiture de mes parents pour certaines courses. J'aimerais acheter une voiture pour économiser du temps et avoir plus de liberté. Je pense louer une petite voiture neuve économique (une Echo par exemple).

ALEXANDRA
Étudiante

Ce n'est pas une sage décision, car une voiture neuve, même petite, coûte cher. Il faut la payer, l'entretenir, l'assurer, l'immatriculer et la faire rouler (essence). La prime d'assurance en particulier est très élevée à votre âge. Souvent, les jeunes se précipitent pour s'acheter une voiture neuve alors qu'ils devraient en priorité assurer leur autonomie financière, réduire leurs dettes d'études et accumuler une marge de sécurité, par exemple. Il est vrai qu'il leur est difficile de trouver une solution de rechange à l'achat s'ils souhaitent plus de liberté parce qu'il leur est impossible de louer une voiture à court terme avant l'âge de 21 ou 22 ans.

Si vous tenez à avoir votre propre voiture, achetez un véhicule d'occasion assez âgé, mais en bon état. Le prix d'achat peu élevé entraînera de faibles mensualités et vous pourrez faire face aux frais de réparation. Les primes d'assurance diminueront aussi substantiellement. Lancez le message à vos proches et vous pourrez peut-être trouver une voiture satisfaisante. Il est plus simple de louer une voiture neuve, mais êtes-vous vraiment à l'âge de vous casser la tête pour réduire vos tracas? Soyez patiente. Lorsque vous couvrirez vos besoins de base, vous pourrez envisager d'améliorer la qualité de vie.

D'autres types d'acheteurs

Les représentants : ces personnes utilisent leur voiture pour affaires. Elles doivent tenir compte de l'impôt (voir ch. 34 à 36). Voici quelques idées : (1) Si la voiture est fournie par un employeur, il est presque assuré qu'il vaut mieux pour l'employé qu'elle soit louée. (2) Si le représentant fournit sa voiture ou s'il travaille à son compte, on croit souvent à tort que la location entraîne plus de déductions. Or, c'est souvent l'achat qui en génère le plus à court terme. (3) Il ne faut pas exclure la location en raison du fort kilométrage (voir p. 171).

Le globe-trotter ou le «workaholique» : ne les cherchez pas, ils sont soit à l'étranger, soit au travail. Leur voiture sert peu. Leur temps est compté. Ils pourraient se déplacer en taxi ou par d'autres moyens (voir ch. 16). S'ils tiennent vraiment à avoir leur voiture, ils devraient la garder longtemps car il est coûteux de changer souvent si on roule peu. S'ils tiennent à changer souvent (pour éviter de s'occuper de l'entretien), ils devraient se tourner vers la location perpétuelle.

Les fanatiques : ce sont des passionnés de voitures. Ils veulent tout savoir sur ce qui roule (sauf peut-être sur le volet financier !). Ils aiment changer de voiture et doivent donc assumer un coût élevé (consciemment ou non). Pour eux, la location perpétuelle par périodes de 24 ou 36 mois sera avantageuse. Ils doivent suivre les conseils des pages 156 et 160. S'ils changent encore plus souvent, le coût est tout simplement exorbitant (qu'ils louent ou qu'ils achètent, même en considérant la question de la résiliation de bail – voir ch. 26).

Les bricoleurs : ce sont ceux qui bichonnent leur voiture et qui font tout eux-mêmes (cirage, réparations, etc.). Ils ont tout avantage à conserver leur voiture longtemps ou à acheter une voiture d'occasion. Ils économiseront tout en s'adonnant à leur loisir préféré !

Les écolos : à notre époque de bouleversements climatiques inquiétants, la question de la consommation d'essence est plus que jamais d'actualité. Consultez les conseils de la page 117 à ce sujet. L'achat d'une petite voiture économique ou d'un modèle hybride est à envisager. Conserver sa voiture longtemps réduit aussi la production de voitures.

Les généreux : ces gens utilisent leur voiture pour transporter famille et amis lors de grands et petits voyages. Ils transportent aussi des collègues de travail (covoiturage). Ils ne réalisent pas que les services rendus coûtent bien plus que les frais d'essence, si jamais ils se les font rembourser... La dépréciation est le coût le plus important, et plus une voiture roule, plus elle se déprécie. Les frais d'entretien grimpent aussi avec le kilométrage. Un covoiturage fréquent peut faire augmenter les frais d'assurance car il faut aviser l'assureur de cette pratique. Ils devraient se faire payer le coût réel des kilomètres parcourus (voir ch. 16 et 17).

Dans le site www.ericbrassard.com et à la page 164 du livre *Un chez-moi à mon coût*, vous trouvez aussi la question-photo suivante : « Moi, je loue ce qui se déprécie, mais j'achète ce qui s'apprécie. J'ai donc décidé de toujours louer mes voitures, mais d'être propriétaire de mon logement. » Cette opinion révèle une méconnaissance de plusieurs notions financières.

Les autres cas pratiques présentés dans le livre

Le chapitre 17 présente 3 cas pratiques comprenant des calculs précis. Plusieurs questions-photos traitent de décisions précises : conserver sa voiture longtemps ou la changer souvent (p. 55, 149 et 155) ; acheter une voiture neuve ou d'occasion (p. 62) ; exercer ou non l'option d'achat à la fin du bail (p. 162 et 164) ; acheter la voiture durant le bail (p. 159) ; acheter des kilomètres supplémentaires (p. 171 et 172) ; verser ou non un comptant (p. 185) ; choisir des assurances (p. 237, 244 et 245). Le choix entre une remise en argent et un taux d'intérêt réduit est abordé à la page 187 ; à la page 223, on étudie la vente d'une voiture louée. Cinq cas pratiques touchant la question de la signature des contrats sont présentés à la page 201. Les chapitres 34 à 36 abordent, par de nombreux cas pratiques aussi, les questions fiscales. Relisez la page 114 pour avoir une vue d'ensemble des décisions à prendre en matière d'automobile.

Partie **D** – Considérations fiscales

Rédaction et collaboration étroite
ÉRIC BRASSARD
SYLVIE CHAGNON
GUY CHABOT
VALÉRIE BORDE

Lorsqu'une voiture sert à des fins d'emploi ou d'affaires, de nombreuses règles s'appliquent au calcul de l'avantage imposable conféré à un employé ou au calcul des dépenses admises en déduction du revenu. La partie D compte 3 chapitres (34 à 36), qui traitent respectivement des avantages imposables, des déductions et de la prise de décision. Vous trouverez dans les pages 302 à 304 un résumé des notions abordées. Ce livre ne contient pas le texte intégral de ces chapitres, pour quatre bonnes raisons :

• Leur contenu n'intéresse pas tous les lecteurs.

• Il s'agit de chapitres volumineux, qui auraient augmenté sensiblement l'épaisseur du livre et son prix de vente (environ 60 à 80 pages de plus).

• Ils requièrent des mises à jour fréquentes et seraient donc devenus rapidement désuets. De plus, comme il s'agit d'un premier jet, il faudra certainement apporter de nombreuses nuances au fil des expériences et des commentaires des lecteurs. Même s'il s'agit de notions connues, peu d'auteurs en ont fait un traitement aussi exhaustif, particulièrement dans le chapitre 36.

• La rédaction et la révision de ces chapitres auraient retardé la sortie du livre de quelques mois et nous voulions le rendre disponible au public le plus vite possible.

Pour toutes ces raisons, les chapitres 34 à 36 sont accessibles gratuitement sur le site www.ericbrassard.com. Les personnes qui préfèrent lire un document relié pourront le commander à faible coût. La première version des chapitres est promise pour septembre 2003. Pour recevoir un avis au moment où les textes seront achevés, communiquez avec l'éditeur (ericbrassard@ericbrassard.com). Les résumés des pages 302 à 304 présentent les règles en vigueur en 2002. Dans les textes versés dans le site Web, nous utiliserons celles de 2003 (et des années suivantes).

Impôt :
les avantages imposables[1]

CHAPITRE 34

Ce chapitre traite du calcul des avantages imposables pour un employé bénéficiant d'une voiture fournie par l'employeur. Ce calcul établit le montant que l'employé doit ajouter à son revenu compte tenu de l'usage personnel qu'il fait de la voiture. L'avantage imposable est constitué de deux montants. Le premier représente les droits d'usage et fait référence aux coûts de la voiture elle-même (dépréciation, intérêts, location) ; le deuxième englobe tous les frais de fonctionnement (essence, entretien, etc.). La figure 34.1 résume les principales règles.

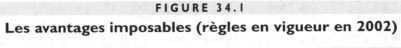

FIGURE 34.1
Les avantages imposables (règles en vigueur en 2002)

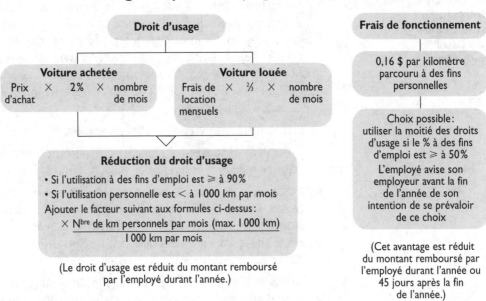

Le texte intégral disponible sur le site www.ericbrassard.com explique chacun des éléments et clarifie le sens des expressions suivantes : « mettre une voiture à la disposition de l'employé » ; « utilisation d'une voiture à des fins personnelles » ; « allocation raisonnable » ; etc. Le chapitre expose aussi ce que comprennent les frais de location et comment sont traités certains déboursés spéciaux (acompte, dépôt, etc.), la différence entre allocation imposable et allocation non imposable, et autres sujets.

---

1. Voir la page 301 pour des commentaires généraux relatifs aux chapitres 34 à 36 et pour connaître les raisons justifiant leur exclusion du livre.

CHAPITRE 35

Impôt :
les déductions[1]

Ce chapitre traite des déductions fiscales liées à une voiture. Elles s'appliquent aux travailleurs autonomes (y compris les professionnels), aux sociétés de capitaux, aux sociétés de personnes et aux employés qui fournissent une voiture pour leur emploi (selon certaines conditions). Les déductions concernent les coûts de fonctionnement (essence, entretien, etc.), les frais de location, les intérêts et la dépréciation. Pour ces trois derniers éléments, des limites sont prévues pour les voitures luxueuses. Pour les travailleurs autonomes et les employés, il faut calculer la distance parcourue à des fins d'affaires (ou d'emploi) par rapport à la distance totale parcourue durant l'année. La figure 35.1 résume les principales règles.

FIGURE 35.1

Certaines déductions (règles en vigueur en 2002)

Intérêts sur emprunt
Maximum de 10 $ par jour

Dépréciation
15 % la première année, 30 % sur le solde dégressif par la suite. Catégorie spéciale (10.1) pour les voitures dont le prix est supérieur à 30 000 $ (avant taxes). Différentes règles touchent la vente de la voiture.

Location : la déduction admise est égale au moins élevé des trois montants suivants :
1. **Les frais de location payés** durant l'année
2. **Limite cumulative :** 800 $ (+ taxes) par mois. Voici un calcul plus précis :

$$\left[26,67 \text{ \$/jour (+ taxes)} \times \begin{array}{c} \text{nombre de jours entre le début du contrat} \\ \text{et la fin de l'année courante} \end{array} \right] - \begin{array}{c} \text{Frais de location déduits} \\ \text{les années antérieures} \end{array}$$

3. **Limite annuelle :**

$$\text{Frais de location payés durant l'année} \times \frac{30\,000 \text{ \$ (+ taxes)}}{85 \text{ \% du prix de détail suggéré du fabricant}}$$
$$\text{(PDSF – minimum : 40 597 \$)}$$

Le texte intégral disponible sur le site www.ericbrassard.com explique chacun des éléments et traite des nombreuses particularités : le cas des employés à commission, le traitement d'achats spéciaux comme les garanties prolongées et les garanties de remplacement, le calcul des kilomètres parcourus à des fins d'affaires ou d'emploi, les frais relatifs aux accidents et au stationnement, le traitement des paiements afférents à une voiture louée (acompte, frais pour usure anormale, etc.), le remboursement possible de la TPS et de la TVQ, etc.

---

1. Voir la page 301 pour des commentaires généraux relatifs aux chapitres 34 à 36 et pour connaître les raisons justifiant leur exclusion du livre.

Impôt :
la prise de décision[1]

CHAPITRE 36

Dans ce chapitre, nous analysons comment les règles fiscales influencent les décisions.

Pour un employé (ou un actionnaire dirigeant d'une société)

Vaut-il mieux que l'employeur fournisse la voiture ou que le particulier la fournisse lui-même moyennant compensation ? Si la voiture est fournie par **l'employeur** : ce dernier doit-il la louer ou l'acheter ? Quand un employé devrait-il rembourser les frais de fonctionnement ou les frais de droit d'usage pour la partie qui concerne l'usage personnel ? Quand utiliser la méthode alternative pour calculer l'avantage relatif aux frais de fonctionnement ? Si la voiture est fournie par le **particulier** : devrait-il la louer ou l'acheter ? Comment l'employeur devrait-il le dédommager pour l'utilisation à des fins d'emploi : au moyen d'une allocation fixe ? D'une allocation selon les kilomètres parcourus ? En lui remboursant les frais engagés ? Ou une combinaison de ces options est-elle préférable ?

Pour l'actionnaire dirigeant d'une société, il faut tenir compte de nombreux autres facteurs. Le fait que la société lui appartient lui permet de retenir l'option offrant le plus d'avantages globaux. Il faut tenir compte : du taux d'impôt de la société et de l'actionnaire ; du versement d'un salaire ou d'un dividende ; du nombre de kilomètres parcourus pour affaires par rapport au nombre total de kilomètres parcourus ; des taxes sur la masse salariale (comme la cotisation au RRQ) ; des avantages imposables et des déductions ; des remboursements de taxes ; etc. Nous proposons plusieurs scénarios et avenues de réponse.

Pour un travailleur autonome ou un employé qui fournit sa voiture

Pour optimiser les déductions fiscales, vaut-il mieux louer ou acheter la voiture ? Comment tenir compte des limites aux déductions (30 000 $ pour la dépréciation, et limites cumulative et annuelle pour la location) ? Comment tirer le meilleur profit des règles sur le remboursement de la TPS et de la TVQ ? Comment tenir compte du coût personnel de l'argent et de la valeur de l'argent dans le temps ? Comment fournir une voiture au conjoint en toute légalité ?

Le texte intégral disponible sur le site www.ericbrassard.com sera mis à jour et augmenté régulièrement.

---

1. Voir la page 301 pour des commentaires généraux relatifs aux chapitres 34 à 36 et pour connaître les raisons justifiant leur exclusion du livre.

Partie **E** – Le magasinage

Cette partie traite du magasinage d'une voiture, neuve ou d'occasion. Elle fait suite au chapitre 3, L'ABC du magasinage. Elle compte cinq chapitres.

Bien qu'il ne traite pas exclusivement de magasinage, nous avons quand même inséré le chapitre 41 dans cette partie.

CHAPITRE 37

Relations avec le vendeur et processus de vente

Rédaction et collaboration étroite
Luc Serra
Éric Brassard
Valérie Borde

Relecture et commentaires
Joan Backus
CAA-Québec
George Iny
Lorraine Lévesque

Un acheteur a tout avantage à connaître le rôle du vendeur et les stratégies qu'il utilise. Ainsi informé, l'acheteur pourra mieux apprécier et utiliser le travail du vendeur à son avantage au lieu de le considérer comme un adversaire.

LE RÔLE ET LES LIMITES DU VENDEUR

Il est (ou devrait être) un spécialiste du produit qu'il vend : le vendeur doit fournir toute l'information exacte au sujet des voitures qu'il vend. Il doit aussi connaître ses concurrents et leurs modèles, même si l'on ne peut exiger son objectivité, bien évidemment !

Il est (ou devrait être) une source d'information sur les produits financiers : il doit fournir toute l'information exacte sur le financement (taux, terme, etc.), les promotions, les garanties et les autres éléments financiers.

Il n'est pas un ami : l'humain est un être sociable, qui souhaite que toute rencontre soit cordiale. La relation avec un vendeur ne fait pas exception à la règle. Toutefois, une relation trop amicale peut nuire à la bonne marche de la négociation. Si vous sentez que le lien créé vous met mal à l'aise, il est temps d'arrêter le processus. Les vendeurs habiles, qui ont beaucoup d'entregent et d'humour, peuvent tirer partie de ce lien trop étroit.

Il n'est pas un conseiller : les concessionnaires aiment bien donner le titre de « conseiller » à leurs vendeurs. Cependant, un vrai conseiller est par définition objectif – par exemple, un vendeur de chez Honda sera un conseiller le jour où il pourra dire qu'une Subaru vous conviendrait mieux ! Les rares vendeurs qui ne touchent pas de commission tenteront de vous faire croire

> Les représentants sont des vendeurs et il n'y a rien de mal à cela !

à leur objectivité, mais ne vous y laissez pas prendre. Imaginez la tête de leur patron s'ils envoyaient la plupart de leurs clients chez des compétiteurs! Les représentants sont des vendeurs et il n'y a rien de mal à cela!

Il n'est pas un conseiller financier: la grande majorité des vendeurs n'ont pas la formation ou l'expérience pour donner des conseils financiers. Certains disent de véritables âneries. Vous pouvez leur demander leur point de vue, mais vérifiez auprès de personnes compétentes. Ils ne sont pas non plus des spécialistes de l'assurance, des garanties, du *Code civil* ou de la *Loi sur la protection du consommateur*. Il faut dire, à la décharge des vendeurs, que les cours qui leur sont donnés leur inculquent certaines incongruités.

LE CONTRÔLE DE LA NÉGOCIATION

Négocier une entente fait toujours naître un rapport de force, et celui qui prend le contrôle en ressort souvent gagnant. Ce vaste thème fait l'objet de nombreuses formations dispensées aux professionnels de la vente. Pour avoir le contrôle:

- Il faut savoir dire NON.

- Il faut diriger les opérations et la discussion. Suivez les étapes que vous avez établies, à votre rythme. Le vendeur suit un processus de vente, mais votre processus d'achat (ch. 3) doit dominer. Ne vous laissez pas brusquer et refusez les pressions: ne faites pas d'essais routiers qui ne vous tentent pas, ne vous laissez pas parler d'un modèle, d'un équipement ou d'un produit qui ne vous intéresse pas, ne vous laissez pas parler de mensualité, ne cédez à aucune pression pour signer des documents ou fixer une nouvelle rencontre. Soyez cordial et franc.

- Il faut connaître son affaire et rester crédible. Soyez en mesure de poser de bonnes questions et de juger de la réponse. Faites preuve de scepticisme constructif: demandez des preuves de ce que le vendeur avance et n'hésitez pas à contester ses arguments. Faites-lui sentir que vous ne goberez aucune affirmation gratuite.

Ne vous laissez pas avoir par le chantage affectif: «Pourquoi tant de questions, vous ne nous faites pas confiance?»; «Vous savez, nous sommes des professionnels, nous n'oserions pas donner de fausses informations!» Vous avez le droit de prendre vos affaires en main et de poser toutes les questions pertinentes. Certains vendeurs préfèrent les clients faciles et se sentent offusqués dans leur intégrité professionnelle (ou font semblant de l'être) quand on les met à l'épreuve. Or, le vendeur ne vient pas avec un certificat d'honnêteté et de compétence : vous n'avez pas à lui faire aveuglément confiance. Évidemment, les vendeurs ont raison la plupart du temps, ce qui ne les empêche pas de se tromper de bonne foi, de faire parfois des affirmations avec mollesse ou même de mentir. Un vendeur compétent et sûr de lui ne se sent pas offensé par un client exigeant.

Si le vendeur est compétent et que vous faites preuve d'un peu de diplomatie, votre relation sera harmonieuse. Mais si cela devient nécessaire, sachez être clair et ferme.

En suivant les étapes du chapitre 3 et en maîtrisant le plus possible les notions des autres chapitres, vous aurez déjà une bonne longueur d'avance sur la majorité des consommateurs, et donc de bonnes chances de prendre le contrôle du processus d'achat.

LE PROCESSUS DE VENTE

Les vendeurs sont formés par les fabricants, et les plus jeunes détiennent souvent un diplôme d'études collégiales en vente d'automobiles. Soyez assuré que le bon vendeur suit aussi un processus de vente. Il ne se limite pas à son talent naturel. Ce processus de vente passe généralement par les étapes suivantes :

- Étape 1 – Accueil et préqualification du client

- Étape 2 – Construction du prix : présentation du produit et essai routier

- Étape 3 – Négociation des conditions

- Étape 4 – Signature du contrat (ou de l'entente préalable – voir ch. 25)

- Étape 5 – Rencontre avec le directeur commercial

- Étape 6 – Prise de possession du véhicule (ch. 39)

Dans ce chapitre, nous expliquerons les étapes 1, 2, 3 et 5.

Étape 1 – Accueil et préqualification du client

L'accueil est un moment important pour faire bonne impression. Il faut sourire, donner une poignée de main (y compris aux enfants !) et réciter le mot de bienvenue. Rien n'est improvisé ! Cela est normal, il faut bien se dire bonjour ! La préqualification consiste à accumuler de l'information pour dresser un tableau de la situation du client. Le bon vendeur voudra connaître la composition de la famille, les habitudes de conduite (voiture actuelle, besoins et désirs liés à la nouvelle voiture, etc.), le type d'emploi (revenus potentiels et besoins particuliers), etc. Avec ces renseignements, le vendeur évitera de parler de modèles qui ne conviennent pas. Cela est tout à l'avantage du client, qui pourra ainsi optimiser son achat.

C'est aussi une bonne façon pour lui de déceler un bon vendeur. Le vendeur jugera aussi de l'avancement du client dans le processus (est-il prêt à acheter ou seulement au stade du repérage?). Cette collecte d'informations se poursuit parfois à l'étape de la présentation des voitures, car le vendeur doit se garder de donner l'impression de faire un interrogatoire en règle. Aussi, s'il ne connaît pas bien le client, le vendeur sera handicapé lors des négociations, car il ne pourra s'appuyer sur ses besoins et désirs pour argumenter et justifier son prix.

Étape 2 – Construction du prix : présentation du produit et essai routier

Pas facile d'annoncer à un client qu'il devra payer 25 000 $ pour une voiture. Une bonne présentation et un essai routier aideront le vendeur à justifier son prix, quand viendra le moment. Le rêve de tout vendeur est d'entendre le client lui dire: «Pas plus que ça?»

Présentation du produit

Quand il présente la voiture, le vendeur vante ses mérites et il démontre comment elle répond aux besoins et aux désirs du client. S'il ne le sait pas déjà, le vendeur tente de savoir quel véhicule et quelles options le client recherche, tout en répondant habilement à ses questions. Souvent, c'est le client qui guide le vendeur à cette étape. Ainsi, quand il demande si la voiture est équipée de coussins gonflables, le vendeur en profitera pour parler d'autres équipements de sécurité (freins ABS, poutres latérales, etc.). On ne parle pas d'apparence à une personne qui se préoccupe de sécurité ! De cette façon, le vendeur crée peu à peu un lien émotif entre le client et le produit, et il conserve son attention. Sécurité, performance, fiabilité, économie d'essence, apparence, espace… toutes vos questions pousseront le vendeur à vous parler en priorité de ce qui vous intéresse, sans négliger les autres atouts de la voiture.

> Le rêve de tout vendeur est d'entendre le client lui dire: «Pas plus que ça?»

Mine de rien, le vendeur tente aussi de connaître le budget du client, de savoir s'il veut louer ou acheter. Est-il sensible aux mensualités, dispose-t-il d'une voiture d'échange, d'un montant comptant ? Le bon vendeur restera cependant en marge des questions financières tant qu'il n'a pas fini de présenter la voiture, pour ne pas amener le client à parler d'argent plutôt que du véhicule. Il risquerait ainsi de passer le contrôle au client.

Essai routier

L'essai routier est un moment important pour un bon vendeur. C'est là qu'il voit si l'émotion passe entre le client et la voiture. Il s'assurera qu'il est bien assis, il lui montrera les accessoires utiles pour l'essai (essuie-glaces, clignotant, etc.) et insistera pour que le conjoint monte à bord. Il peut même proposer d'aller le chercher s'il est absent ! Pendant l'essai, le bon vendeur devrait être discret, ou du moins ne pas trop parler. Il interviendra si le conducteur a un problème – par exemple, d'ajustement du siège – qui risquerait de nuire à son évaluation, pour répondre aux questions ou pour renchérir sur les commentaires positifs («Oui, c'est vrai qu'elle roule bien, les gens n'en reviennent pas!»).

Même s'il reste silencieux, le vendeur est attentif. Le client a-t-il l'air heureux et confortable? Un point semble-t-il l'incommoder? Le vendeur cherche à comprendre, à trouver, à corriger. Il doit vérifier que le modèle convient, sans quoi toute négociation sera inutile. Il mémorisera les commentaires positifs pour les resserver au cours de la négociation. Il faut donc savoir rester le plus neutre possible pour conserver le pouvoir de négociation. Nous traitons aussi de l'essai routier à la page 24, mais du point de vue de l'acheteur.

Étape 3 – Négociation des conditions

Objectif numéro un: faire signer le client (le *closer*, dans le jargon). Un bon vendeur récapitulera les avantages de la voiture par rapport aux attentes du client et il insistera sur sa satisfaction lors de l'essai routier, avant d'annoncer un prix. Sans le heurter, il décèlera ce qui empêche le client de signer et tentera de réfuter les objections, subtilement, les unes après les autres. Nous traitons à la page 315 de cette étape et d'autres techniques de vente. Nous traitons de la négociation du prix et des conditions au chapitre 38.

Étape 5 – Rencontre avec le directeur commercial

Une fois que vous vous êtes entendu avec le vendeur et que vous avez signé un contrat ou une entente préalable (étape 4, voir ch. 25), vous devez rencontrer le directeur commercial. Au cours de cette rencontre, il préparera votre demande de crédit pour l'emprunt ou la location et vous demandera les renseignements habituels (revenus, dettes actuelles, etc.). Il vous offrira en outre une panoplie de produits: assurance-vie et assurance-invalidité (ch. 22), garantie de remplacement (ch. 30), garanties prolongées (ch. 31), traitement anti-rouille, traitement de peinture et de tissu, pare-pierres, protection contre le vol (ch. 32), etc.

> Le directeur commercial est avant tout un vendeur.

Le directeur commercial est avant tout un vendeur, qui tire la majeure partie de ses revenus des commissions sur ces produits (une commission est aussi versée au vendeur de la voiture). Ce n'est certainement pas un spécialiste de la finance engagé uniquement pour vous aider à trouver de l'argent pour payer la voiture! Avant d'occuper ce poste, il était d'ailleurs souvent vendeur de voitures. Il doit avant tout rentabiliser son département.

Il ne connaît pas toujours bien les produits qu'il vend et certains affirment des faussetés, notamment à propos des assurances[1]. Restez vigilant. De nombreuses personnes se battent pour faire baisser le prix de la voiture de 200 $ ou 300 $ avec le vendeur, puis elles sortent du bureau du directeur commercial avec une facture supplémentaire de 2 000 $!

---

1. Nous connaissons des cas, par exemple, où des assurances-invalidité ont été vendues à des personnes qui n'étaient pas admissibles! On entend aussi toutes sortes de choses concernant les garanties de remplacement (ch. 30) et l'assurance auto (ch. 29).

Vous venez d'acheter une nouvelle voiture. Quel meilleur moment pour vous séduire et vous vendre toutes les protections pour qu'elle reste belle et neuve longtemps ?! Ne vous laissez pas embarquer par les bons sentiments. Sachez <u>avant</u> d'entrer dans son bureau quels produits vous intéressent, et à quel prix. Au cours de l'étape 3 du processus d'achat, accumulez l'information et notez les prix. On sait que, souvent, les prix offerts par les concessionnaires pour ces produits sont supérieurs à ceux pratiqués ailleurs. Vous serez ainsi mieux en mesure de négocier les prix avec lui. Ce n'est pas toujours facile : la voiture est déjà achetée et vous avez moins de pouvoir de négociation, en particulier pour les garanties prolongées parce que les produits des concurrents sont moins intéressants pour les voitures neuves. Rien n'empêche d'essayer ! Vous pouvez même envisager d'inclure l'achat d'un produit auquel vous tenez dans la négociation de la voiture (avant de signer quoi que ce soit). Rien ne vous empêche non plus d'acheter une garantie prolongée à un autre concessionnaire que celui qui vous a vendu la voiture ! Les membres de l'APA peuvent d'ailleurs obtenir un rabais sur ce produit.

> **Sachez avant d'entrer dans son bureau quels produits vous intéressent, et à quel prix.**

Dans tous les cas, vous n'êtes pas obligé de décider immédiatement quels produits vous souhaitez acheter. Vous pouvez noter l'information (sur la feuille de route 3.3) et décider plus tard, après avoir réfléchi et magasiné (en particulier pour les garanties de remplacement). Dans ce cas, demandez au directeur commercial s'il peut obtenir un montant de crédit plus élevé, pour éviter de devoir recommencer la demande si vous décidez d'acheter un produit.

LES TYPES DE VENDEURS

Savoir à qui on a affaire permet d'adapter sa façon de négocier. Le roulement de personnel est assez important chez les concessionnaires. On dit souvent qu'un vendeur de voitures n'était pas vendeur il y a six mois et qu'il ne le sera plus dans six mois !

Le vendeur débutant

En règle générale, le vendeur débutant respecte religieusement les recettes de vente. Il est cordial, disponible, attentionné... bref, il en fait beaucoup pour ses clients. Il est motivé et son ardeur compense son manque de connaissance. Il se comporte souvent plus en ami qu'en vendeur. Ne baissez pas la garde, d'autant plus qu'il est parfois étroitement épié par le directeur des ventes et que, malgré les apparences, c'est peut-être quelqu'un de plus expérimenté qui mène le bal. Son manque d'expérience peut même devenir un outil de vente : le client aura tendance à lui faciliter la vie. Ses patrons lui proposent même de demeurer nouveau longtemps ! Tous ceux qui ont débuté dans un emploi savent qu'il est agréable de profiter de l'indulgence des premiers clients. Ne vous laissez pas trop attendrir : avec un tel vendeur, pensez surtout à vérifier tout ce qu'il dit.

> **Avec un tel vendeur, pensez surtout à vérifier tout ce qu'il dit.**

Malgré sa bonne volonté, un vendeur débutant risque en effet de ne pas vous donner de l'information fiable. Il se trompe ou invente pour cacher ses lacunes, malgré l'avertissement de ses patrons de se renseigner plutôt que de dire n'importe quoi. Il risque aussi de ne pas connaître parfaitement les promotions en cours.

Un vendeur débutant n'est pas rodé aux subtilités de la négociation. Il ne maîtrise pas les outils de fermeture (p. 315) ni les façons de répondre aux contre-arguments. Souvent, le directeur des ventes interviendra, sous prétexte de vous saluer. Il prendra la place du débutant, qui se formera en assistant à la conversation.

Le vendeur classique

La majorité des vendeurs pratiquent ce métier depuis quelques années et ne sont ni bons ni mauvais. Ils connaissent les outils de vente, mais les utilisent peu. Ils perçoivent souvent les sessions de formation comme une perte de temps. Ce type de vendeur répondra généralement bien à vos questions, car il connaît assez bien les modèles, sauf s'il travaille depuis peu pour un concessionnaire de cette marque (auquel cas mieux vaut le considérer comme un débutant sur ce point).

Avec le temps, il a tendance à vouloir brûler les étapes de la vente, par exemple en négligeant l'accueil courtois, en tentant d'éviter l'essai routier et en hâtant le début des négociations. Il se croit prêt pour clore la vente sans suivre le processus. À long terme, son impatience nuit à ses résultats. Le vendeur classique est souvent trop blasé pour faire signer les clients difficiles, car il n'a pas pris la peine de bien préparer le terrain.

Si le vendeur n'est pas parfaitement structuré, il est habituellement plus facile de prendre le contrôle du processus. Les longs silences et une attitude dégagée (du style «pas trop pressé de signer») le dérangeront et le pousseront à vous séduire par des chiffres. Sa nonchalance ou son manque de collaboration peut devenir agaçant. Il est le spécialiste des «peut-être», «on verra», «ça devrait».

Le supervendeur (le «closeur»)

Il se distingue clairement du vendeur ordinaire. Vous le constaterez tout de suite. C'est un pro. Il vous recevra de manière impeccable et vous présentera les voitures de façon originale. Il sait faire preuve de souplesse et saisit rapidement ce que vous désirez entendre. Le supervendeur ne manque pas une occasion de s'améliorer. C'est un travailleur infatigable, prêt à tout pour vendre une automobile. Discuter avec lui est fort agréable. Il connaît les réponses à vos questions, mais il est aussi sympathique et attentionné qu'un débutant.

Le supervendeur n'est pas pressé de passer aux négociations. Il est hors de question pour lui de vous emmener dans son bureau tant qu'il ne maîtrise pas tous les éléments nécessaires. Il prendra donc le temps de s'asseoir avec vous dans l'automobile, de discuter de choses et d'autres, pour emmagasiner en douce quantité de renseignements.

C'est un expert de la négociation. Jamais vous n'aurez l'impression qu'il vous force la main. Il choisit ses mots pour exercer une «pression douce mais constante» (*gentle pressure*) et vous amener à signer. Il sait vous faire oublier les visites chez d'autres concessionnaires, les prix de ses concurrents, les autres modèles de voiture… et ses arguments vous semblent tout à fait fondés! Devant un tel phénomène, vous vous direz que vous avez trouvé LA perle rare, que vous avez choisi exactement la voiture qu'il vous faut et que le vendeur a répondu à toutes vos questions, comme personne n'avait su le faire avant lui… et vous signez!

> Il sait vous faire oublier les visites chez d'autres concessionnaires, les prix de ses concurrents, les autres modèles de voiture…

Un acheteur sûr de lui, qui suit à la lettre un processus d'achat clair, ne verra aucun inconvénient à transiger avec un tel vendeur, bien au contraire. Les acheteurs peu structurés, eux, devraient rester plus méfiants. Une façon simple de s'en sortir: prenez la décision de ne rien signer, coûte que coûte (à moins d'avoir atteint vos objectifs de négociation). Profitez du fait que vous apprendrez beaucoup sur le modèle, et affirmez que vous voulez réfléchir à tête reposée. Évidemment, le supervendeur a aussi réponse à cet argument! Une chose est certaine: il ne peut vous obliger à signer!

Si, en poursuivant vos recherches, vous trouvez un meilleur prix, retournez le voir et demandez-lui d'offrir mieux. Si c'est possible, il le fera. Il négociera avec son patron pour vous garder. Il a toutes les chances de réussir, car il rapporte beaucoup!

Les autres vendeurs

Les **vendeurs de dernière ligne** (les **deskmans**) sont des supervendeurs moins sympathiques. Leur rôle: se substituer aux vendeurs qui ne parviennent pas à conclure une vente. Ils entrent en jeu pour mettre la pression maximale, en rejetant tous les arguments. Ne vous laissez pas influencer et sortez si l'un d'entre eux dépasse les limites.

Le **vidangeur** est spécialisé dans les voitures, neuves ou d'occasion, dont personne ne veut, en raison de la couleur ou du modèle. Il est particulièrement efficace avec les voitures de démonstration (voir p. 148). Reprenez le contrôle et mettez les choses au clair.

Le **touriste** n'aime pas vendre des voitures; il est là par inadvertance, parce qu'il n'a pas d'autre emploi. Il est peu motivé et il connaît mal les modèles. N'hésitez pas à demander un autre vendeur ou à changer de concessionnaire.

TECHNIQUES DE VENTE

Un bon vendeur fait tout ce qu'il peut pour s'attirer votre sympathie. Il s'adapte à votre personnalité et joue le jeu. Il aime les mêmes choses que vous, il est d'accord sur tout et n'importe quoi… c'est presque un ami! Une fois qu'il aura gagné votre confiance, vous lui dévoilerez tout ce qu'il doit savoir pour vous «mettre sous contrat».

Avec les clients qui veulent «dominer», le bon vendeur jouera la carte de la soumission, tout en gardant subtilement le contrôle. Il a de nombreuses cordes à son arc: se comporter en ami, faire croire au client qu'il possède le contrôle, jouer à celui qui n'a rien à cacher en démontrant, preuve à l'appui, tout ce qu'il avance, faire deux ou trois extras pour démontrer sa disponibilité, répondre «Je ne le sais pas» même quand il sait pour prouver son honnêteté… Toutes ces stratégies marchent! Pour ne pas vous laisser emberlificoter, une seule technique: suivez votre plan de match et restez sur vos gardes.

L'élimination des obstacles à la vente

Les vendeurs sont habitués à entendre toutes les raisons des clients de ne pas acheter. Savoir éliminer ces obstacles fait partie intégrante de leur art. La plupart des techniques reposent sur la «*gentle pressure*» dont nous parlions précédemment. Il s'agit de démolir les objections, en donnant l'impression de rendre service. Voici des exemples:

Je dois en discuter avec mon conjoint: un grand classique! «Aucun problème! Donnez-moi un dépôt pour réserver le véhicule et, si votre conjoint refuse, nous vous le remettrons et le contrat sera annulé.» Le vendeur tente ainsi d'attacher le client: l'expérience montre qu'un client qui accepte une telle entente ne changera pas d'avis. Chez lui, il deviendra «le meilleur vendeur» auprès de son conjoint. Si le conjoint refuse, le vendeur est sûr de revoir son client pour lui faire valoir d'autres arguments ou tenter de lui vendre une autre voiture. Il pourrait aussi proposer d'aller montrer le véhicule au conjoint immédiatement. Le vendeur sait très bien qu'une fois à la maison, le client se chargera de vendre la voiture. Il n'aura qu'à l'aider si le conjoint est récalcitrant!

Je veux voir d'autres modèles: «Je peux peut-être vous aider. Quels modèles avez-vous l'intention d'essayer?» Une fois qu'il possède cette information, le vendeur n'aura plus qu'à présenter les études qu'il possède, qui évidemment donnent l'avantage à sa marque (pas trop tout de même). Pourquoi aller voir ailleurs? Il pourra vous aider aussi à décortiquer une annonce publicitaire d'un concurrent afin d'y trouver les failles (voir l'encadré de la p. 322). Si vous résistez, il vous proposera peut-être de signer un contrat conditionnel, ce qui est mieux que rien pour lui. Rappelez-vous qu'il doit trouver une manière de vous attacher!

Je veux visiter au moins deux de vos concurrents : «Laissez-moi vous expliquer : tous les concessionnaires paient le même prix pour leurs véhicules (vrai) et il n'y a aucune raison pour que ce soit moins cher ailleurs (faux).» «Les concessionnaires se rencontrent toutes les semaines et se sont entendus pour vendre les voitures au même prix.» Peut-être vrai, souvent faux, mais en tout cas illégal. «Je suis un vendeur réputé pour vendre un gros volume sans faire un gros profit! J'aime mieux vendre beaucoup d'unités et avoir la chance d'avoir plusieurs références que de vendre peu de voitures et me tourner les pouces. Vous ne trouverez pas meilleur prix ailleurs.» À vous de vérifier. «Signez le contrat ce soir et prenez quelques jours pour allez voir les autres concessionnaires. Si quelqu'un vous offre un meilleur prix, je m'engage à le battre par 200 $.» Cette technique est peu utilisée mais elle fonctionne parfois, quand les clients n'ont plus le courage d'aller voir ailleurs. Assurez-vous que tout est bien clair sur le contrat.

Les contrats de vente conditionnelle

Les vendeurs proposent souvent un contrat de vente conditionnelle, pour lier le client. Une fois ce contrat signé, il reste un travail important pour le vendeur : faire lever les conditions afin de convertir sa vente conditionnelle en vente ferme. Par exemple, si la condition porte sur la recherche d'un meilleur prix ailleurs, il rappellera après quelques jours et, comme plusieurs clients ne font pas leurs devoirs, il est probable qu'ils finiront par signer. Pour se montrer plus convaincant, le vendeur peut bonifier son offre, en proposant par exemple un meilleur taux d'intérêt sous un prétexte quelconque (la banque offre un bon taux au concessionnaire compte tenu du volume de vente récent).

Évitez ce type de contrat à moins d'être certain d'avoir obtenu un prix que vous ne pourrez plus jamais obtenir. Assurez-vous que les conditions sont très claires (voir p. 201).

Je vends ma voiture actuelle à mon neveu et il ne peut faire la transaction avant un mois : «Aucun problème. Nous allons faire le contrat, laissez-moi un petit dépôt et vous viendrez chercher votre nouvelle voiture quand vous serez prêt!» Et si le vendeur pressent que le client craint que son neveu change d'avis, il ajoutera : «Nous allons préciser que la vente est conditionnelle à la vente de votre voiture.»

Je ne sais pas si ma demande de crédit sera acceptée : du bonbon pour le vendeur! «Signons le contrat et faisons faire l'enquête de crédit dès ce soir.»

Je manque de temps pour faire évaluer ma voiture d'échange : «Signons le contrat et indiquons un prix conditionnel pour votre voiture. Combien en espérez-vous ? 4 000 $. Inscrivons ce chiffre, conditionnel à ce que notre évaluateur l'accepte. Sinon je vous rembourse votre dépôt et on oublie tout ça.»

J'ai oublié mon sac à main. Je ne peux pas vous laisser un dépôt : «Pourriez-vous téléphoner chez vous pour obtenir votre numéro de carte de crédit ? Je peux aussi vous accompagner chez vous.» À la limite, le vendeur peut accepter un contrat sans dépôt ou demander au client de lui fournir plus tard l'information.

Les vendeurs ont réponse à presque toutes les raisons. Un seul argument est irréfutable : «Je ne suis pas prêt à acheter, un point c'est tout.» N'ayez pas peur d'être franc.

AUTRES CONSIDÉRATIONS

Exigez le respect : en aucun cas vous ne devriez sentir une attitude condescendante de la part du vendeur. Le monde de l'auto a bien des choses à se faire pardonner sur ce point, notamment dans la façon dont il traite les femmes. Deux reportages d'Yves Therrien, dans le journal *Le Soleil* (10 juin 2002 et 17 juin 2002), montrent que tutoiement rapide, mauvaises blagues ou non-respect du choix du véhicule sont encore au rendez-vous. Tout cela est inacceptable, comme toute hausse de ton ou démonstration d'impatience. L'APA, pour sa part, note quand même une bonne amélioration sur ce point.

Faites preuve de respect : tout comme vous, le vendeur a droit au respect. Il va de soi qu'il sera lui aussi plus ouvert envers des personnes sympathiques. Ne lui faites pas perdre son temps, respectez votre parole, même si vous n'êtes pas obligé de tout révéler ! «Qui est plus menteur qu'un vendeur de voitures ? Un acheteur de voiture !» dit-on dans le milieu. Les vendeurs font un métier difficile et n'ont pas envie de travailler inutilement. Ils sont souvent pris entre le client, le patron et la porte ! Respecter un vendeur ne doit toutefois pas vous pousser à signer si vous n'en avez pas envie. Un vendeur doit forcément consacrer du temps à des clients avec qui il ne transigera pas.

> Qui est plus menteur qu'un vendeur de voitures ? Un acheteur de voiture !

Quel est votre budget ? : dans les premiers moments, il est probable que le vendeur vous demandera quel est votre budget, ce qui le guidera vers les modèles de voiture que vous pouvez vous permettre et la mensualité que vous souhaitez payer. Dites que vous verrez plus tard. Mentionnez-lui les modèles qui vous intéressent ou, si vous souhaitez obtenir son aide sur ce point, parlez-lui de vos besoins ou désirs sans parler de chiffres (je cherche une petite voiture économique, une voiture sport performante ou une minifourgonnette pratique, etc.).

Un modèle trop vanté : si un vendeur ne cesse de vanter un modèle, sans égard à vos préférences, demandez-lui donc pourquoi il insiste tant. S'agit-il d'un modèle difficile à vendre ? Sa marge de profit est-elle plus grande ? Bénéficiera-t-il d'un boni s'il en débarrasse la concession ? Cela devrait calmer ses ardeurs… Mais restez courtois.

Inconvénients : que vous achetiez un matelas ou une voiture, amusez-vous à poser cette question : « Quels sont les inconvénients de votre produit ? » Souvent, il sera surpris et un peu mal à l'aise. Ce sera l'occasion pour vous de le tester : certains ont une réponse toute faite, plus ou moins claire et franche… Le bon vendeur fera bonne figure.

Ne soyez pas trop fidèle : si vous êtes fidèle au même vendeur et que vous ne lui faites pas sentir qu'il a des concurrents, vous risquez de payer plus cher. Négocier ne se résume pas à dire : « Tu me fais un bon prix, n'est-ce pas ? »

L'important, c'est la voiture : certaines personnes exagèrent l'importance de la relation avec le vendeur. Il est clair qu'il est agréable de transiger avec quelqu'un de compétent et de respectueux, mais pas au point de laisser tomber une entente vraiment intéressante ailleurs. Vous n'achetez pas un vendeur, vous achetez une voiture !

À retenir de ce chapitre

- Un vendeur joue un rôle important et utile lors de l'achat d'une voiture. Il représente une source d'information et une personne-ressource indispensable. Il faut simplement se rappeler qu'il est avant tout un vendeur et non un conseiller objectif.

- L'acheteur doit garder le contrôle de la transaction. Son processus d'achat doit avoir priorité sur le processus de vente du vendeur.

- L'acheteur a droit au respect, mais il ne doit pas oublier qu'il visite un concessionnaire et que les vendeurs ont un travail à faire. Eux aussi ont droit au respect.

CHAPITRE 38

Négociation du prix et des conditions

Rédaction et collaboration étroite
Éric Brassard
Luc Serra
George Iny
Valérie Borde

Relecture et commentaires
Joan Backus
CAA-Québec
Lorraine Lévesque

Vous avez franchi les trois premières étapes du processus d'achat (ch. 3). En lisant les chapitres de la partie C, vous avez compris comment faire les calculs financiers et prendre quelques décisions. L'étape 4 du processus s'achève : il vous reste à négocier une bonne entente.

Dans ce chapitre, nous parlerons surtout de prix. La négociation du financement est abordée au chapitre 22 et à la page 328, tandis que la question de la voiture d'échange est traitée au chapitre 27 et à la page 324. La feuille de route 38.1, disponible sur le site www.ericbrassard.com, résume les points importants.

Cordialité et confrontation

Selon nous, il est tout à fait possible de rendre réelles les suggestions de ce chapitre tout en maintenant une relation agréable avec le vendeur. Malgré la prudence qui est de mise, malgré l'inévitable jeu du chat et de la souris, malgré une certaine confrontation propre à toute forme de négociation, et malgré des illustrations un peu provocatrices (d'accord, les comptables veulent prendre leur revanche!), nous persistons à dire que cordialité et bonne humeur peuvent être au rendez-vous.

SOYEZ PRÊT POUR LA NÉGOCIATION

Avant de commencer à négocier, assurez-vous d'être prêt:

Faites vos devoirs: disposer d'une bonne quantité d'informations est essentiel pour être crédible et juger des arguments du vendeur. Comment savoir si une offre est bonne si vous n'avez aucune idée des prix pratiqués? Tentez de connaître le marché en visitant d'autres concessionnaires et en magasinant par téléphone ou par Internet (voir p. 334). Récoltez aussi des informations sur le prix coûtant de la voiture (voir p. 321).

Montrez vos intentions: dès le début de la discussion, indiquez clairement vos intentions au vendeur. Dites-lui notamment que:

- vous en êtes aux dernières étapes du processus d'achat et que plusieurs décisions sont prises (modèle, couleur, équipement, etc.);

- vous signerez un contrat bientôt, voire aujourd'hui, si vous atteignez vos objectifs;

- vous recherchez le meilleur prix et que vous êtes prêt à continuer si nécessaire;

- le financement fera partie intégrante de la négociation et que vous ne signerez rien avant que tout soit fixé.

Incluez tout: avant de signer, assurez-vous d'avoir négocié toutes les composantes de la transaction: le prix (y compris les équipements), le financement, la valeur de la voiture d'échange et même les produits périphériques auxquels vous tenez (garantie prolongée, garantie de remplacement, etc.). Tant que vous n'avez rien signé, vous conservez votre pouvoir de négociation. Cela implique d'avoir obtenu tous les renseignements utiles auparavant.

Nombre de modèles à négocier: à ce stade, il ne devrait plus rester qu'un ou deux modèles sur votre liste (voir ch. 3). Si ce n'est pas le cas et que seules des conditions ardemment négociées pour chaque voiture pourraient vous aider à trancher, alors vous pourrez négocier pour plusieurs modèles… à condition d'aimer ça!

Personnes à rencontrer: à l'étape 3, vous avez déjà rencontré plusieurs vendeurs. Pour la négociation, retenez ceux qui vous ont proposé un bon prix préliminaire, qui vous ont bien accueilli ou qui vous ont fait sentir qu'il y aurait place à la négociation. Prévoyez de visiter au moins deux concessionnaires pour chaque modèle encore sur votre liste.

Voiture en stock ou délai de livraison: savoir dès le début si la voiture que vous recherchez est en stock (y compris équipement et <u>couleur</u> recherchés) peut influencer le cours de la négociation. Si elle est disponible, demandez à la voir. Sinon, demandez s'il est possible de faire un échange avec un concessionnaire voisin (les concessionnaires se rendent souvent ce petit service). Dans la négative, informez-vous du délai de livraison du fabricant.

Soyez conscient de vos aptitudes: si vous êtes mauvais négociateur ou mal à l'aise avec les questions mécaniques ou financières, faites-vous accompagner ou achetez autrement (voir p. 334). Avoir le contrôle du processus implique de s'affirmer face à des personnes habiles, dans un contexte plutôt stressant. Cependant, en suivant un processus d'achat structuré, vous éviterez le jeu des vendeurs et la négociation pourra être courte, efficace et même agréable. Les vendeurs n'aiment pas les «accompagnants», surtout s'ils sont compétents. Veillez à ce que les échanges restent sereins.

Votre meilleur outil de négociation: n'importe quand, si la discussion vous met mal à l'aise, si vous n'avez plus confiance ou si quelque chose vous échappe, partez, avec tout votre argent avec vous! Les spéciaux seront encore là demain. Vos jambes sont votre meilleur outil de négociation. Les concessionnaires sont nombreux et ils ont plus besoin de vous que vous d'eux. Ils vous accueilleront toujours à bras ouverts!

À PROPOS DU PRIX ET DU COÛT

Le **PDSF** (le prix de détail suggéré par le fabricant) est celui que le fabricant annonce dans les revues et sur le Web. C'est le premier prix qu'on vous offrira et c'est le prix qu'il ne faut généralement pas accepter! Le **prix négocié** est celui sur lequel vous vous entendrez. Il devrait être identique, que vous ayez décidé de louer ou d'acheter.

Quel est le **coût** de la voiture pour le concessionnaire? Comme il ne veut pas vendre à perte, vous pouvez considérer ce coût comme la limite inférieure aux fins de la négociation. Le coût n'est pas toujours facile à connaître car il change en cours de route:

• Le concessionnaire paie d'abord une facture de base pour chaque voiture.

• À tout moment, le fabricant peut accorder un rabais directement aux consommateurs (annoncé dans les médias). Il peut aussi, plus discrètement, offrir un rabais aux concessionnaires, qui s'en serviront pour améliorer leurs profits ou pour réduire le prix. Ce rabais n'est pas forcément rendu public – seuls les initiés le connaissent.

• À la fin de l'année, le concessionnaire bénéficie d'un crédit basé sur le nombre de voitures vendues (le *hold back* dans le jargon), qui correspond à un montant fixe (300 $ à 400 $, par exemple) ou à un pourcentage du coût (1 % à 2 %).

Pour connaître le prix coûtant, vous pouvez consulter les sources suivantes:

• L'APA fournit à ses membres le coût des voitures (les non-membres peuvent aussi, moyennant des frais, obtenir ce renseignement). Elle donne aussi le nom d'un concessionnaire de la région de Montréal avec lequel elle a déjà négocié un prix pour ses membres seulement (voir p. 335). Ces données serviront de point de référence utile pour la négociation, même si vous demeurez loin de la région de Montréal (voir la p. 325 à ce sujet).

• Moyennant des frais, les sites suivants fournissent les coûts, y compris ceux des équipements, et les rabais accordés directement aux concessionnaires : www.compagnonderoute.ca • www.carcostcanada.com • www.edmunds.com (site américain : attention au taux de change et aux différences de coûts. Privilégiez une source canadienne).

Nous vous recommandons fortement d'obtenir l'information sur les coûts.

La force de l'adversaire

Les adeptes du karaté savent utiliser la force de leur adversaire. Faites de même avec les vendeurs. Selon l'APA, les propositions suivantes ont fait leurs preuves :

• Discutez avec le vendeur au sujet des modèles concurrents qui vous intéressent aussi. Il pourrait vous faire des révélations que l'autre vendeur a préféré garder pour lui. Ses propos ne seront peut-être pas objectifs, mais ils vous donneront des pistes intéressantes.

• Apportez les annonces publicitaires des voitures rivales et demandez-lui de les commenter. Il pourra vous indiquer les pièges ou les subtilités qu'elles recèlent. S'il s'agit de l'annonce d'un concessionnaire (et non du fabricant), les concessionnaires rivaux (de la même marque) seront bien placés pour la critiquer.

• À l'inverse, lorsque vous négociez le prix ou les conditions, mentionnez, même si ce n'est pas vrai, que vous êtes tenté par un modèle de la même catégorie mais d'une autre marque ayant une excellente réputation (comme une Echo dans les petites voitures). Le vendeur ne pourra pas vraiment contester votre choix. Ses dernières armes seront de présenter un bon prix ou des bonnes conditions pour son modèle.

LA NÉGOCIATION DU PRIX

Une bonne négociation peut faire économiser de l'argent. En acceptant le prix d'un premier vendeur dont la courtoisie et les connaissances nous ont impressionné, on peut lui laisser une marge de profit de, par exemple, 2 800 $ (selon les modèles, bien sûr). Passer quelques coups de téléphone ou visiter un autre concessionnaire peut suffire pour diminuer le profit à 1 800 $ sans même négocier serré ! Enfin, une bonne négociation peut vous donner une réduction supplémentaire de 1 000 $.

Les appels téléphoniques

Rejoindre un vendeur par téléphone peut être utile. Il vous donnera une série de renseignements sur la voiture (prix, garantie, taux de financement, etc.), et vous dira si le modèle est en stock. Vous pourrez en profiter pour repérer un vendeur qui semble vous convenir : les bons vendeurs sont polis et patients, les autres font tout pour clore la discussion.

Vous pourrez même commencer à négocier au téléphone. Les avis sont partagés sur l'utilité de la stratégie. Plusieurs affirment que le vendeur n'a pas intérêt à vous donner un bon prix. Il sait que vous n'avez qu'à téléphoner au suivant pour obtenir mieux. Il cherchera surtout à vous attirer chez le concessionnaire, en vous disant, par exemple: «Mon prix est le plus bas. Si vous ne venez pas me rencontrer, vous ne saurez jamais combien vous auriez pu économiser.» D'autres proposent d'insister, pour que le vendeur fasse un petit effort pour vous encourager à vous déplacer. Dites que vous irez voir celui qui fournira le prix le plus intéressant au premier abord. Une fois ce prix en main, appelez un rival et dites-lui que vous pouvez obtenir tel prix ailleurs (bien inférieur à celui que le premier vendeur vous a proposé!) et notez sa réaction. Recommencez jusqu'à ce que vous sentiez que vous avez obtenu un prix raisonnable, et rendez-vous chez ce concessionnaire pour de vraies négociations. Cette méthode ne fonctionne pas toujours et suscite de nombreuses réticences chez les vendeurs.

Le face-à-face

Vous y êtes! Vous avez fait vos devoirs et il est temps de parler du prix. En principe, le premier prix viendra du vendeur, qui proposera en gros le PDSF plus le prix des équipements ajoutés. Faites mine de réfléchir et refusez. Le vendeur vous demandera de proposer un prix à votre tour. Faites une offre très basse, près du prix coûtant ou, si vous l'ignorez, inférieure d'environ 1 500 $ à 2 000 $ (selon le modèle) à celui qui vous a été soumis. L'offre sera presque assurément refusée, mais vous faites comprendre au vendeur que vous négocierez serré!

Si vous avez fait vos devoirs, vous ne serez pas surpris par la réponse du vendeur. Si le modèle se vend très bien et que le concessionnaire a de la difficulté à garder des unités en stock, il refusera de baisser son prix, ou le baissera très peu. Si le modèle n'est guère en vogue, vous saurez que ses arguments ont peu de valeur et vous pourrez insister.

Pendant la discussion, n'hésitez pas à parler des prix obtenus ailleurs ou de la possibilité d'accéder à un prix intéressant d'une autre source (s'il s'agit d'un prix obtenu par le service d'achat de l'APA – voir p. 335 –, ne mentionnez pas la source pour ne pas alimenter la pression que subissent les concessionnaires associés à l'APA). Ne mentionnez pas ces prix au début (laissez le vendeur se compromettre), mais utilisez-les comme argument par la suite.

Se taire peut aussi être utile. Si on vous demande, par exemple, «Qu'en pensez-vous?» ou «Vous ne vous attendiez pas à un si bon prix?», ne répondez pas trop vite. Le vendeur sera peut-être mal à l'aise et certains peuvent proposer un meilleur

prix! Le fait de montrer une attitude dégagée, qui laisse supposer que vous n'êtes pas pressé de signer, peut aussi aider (laissez quand même savoir que vous allez acheter une voiture rapidement).

Après quelques allers-retours, le prix du vendeur et le vôtre se rapprocheront. À un moment, le vendeur laissera entendre qu'il est possible que l'offre soit acceptée et il ira rencontrer le directeur des ventes. Il reviendra probablement avec une réponse négative, ce qui peut être la vérité ou simplement parce qu'il veut continuer de négocier, et il vous fera une contre-offre. À vous de voir si vous êtes disposé à accepter ce prix.

En tout temps, vous pouvez arrêter le processus en menaçant subtilement d'aller voir ailleurs ou de réfléchir. Tant que vous n'avez pas atteint votre objectif (réaliste), n'acceptez rien. Un vendeur déteste voir partir un client : si vos arguments sont justifiés compte tenu du marché, il avertira son patron, qui viendra peut-être vous rencontrer. Si le vendeur ne vous retient pas, c'est peut-être le signe que vos objectifs ne sont pas réalistes.

> **En tout temps, vous pouvez arrêter le processus en menaçant subtilement d'aller voir ailleurs ou de réfléchir.**

Une fois le prix obtenu, assurez-vous que tout est bien inscrit au contrat. Les vendeurs ont plus d'un tour dans leur sac, surtout en location (lisez les conseils du ch. 25, p. 204).

À quel moment négocier la valeur de votre voiture d'échange ?

Demandez à ce qu'on évalue dès le début votre voiture. Ce sera à vous ensuite de décider du moment où vous discuterez de sa valeur (voir p. 219). Parfois, le vendeur offre d'emblée une valeur avantageuse pour charmer le client. Si vous attendez à la fin, alors que vos talents de négociateur seront connus, le prix risque d'être moins bon !

> **Le vendeur ne travaillera pas de la même façon selon que le client offre ou non sa voiture en échange.**

Le vendeur ne travaillera pas de la même façon selon que le client offre ou non sa voiture en échange. Si la voiture est donnée en échange, c'est plus facile pour ce qui est de la mensualité, car plusieurs s'en servent comme comptant (ce qui n'est pas forcément une bonne idée – voir ch. 23). Par contre, il sait qu'il faudra s'entendre sur la valeur d'échange et beaucoup de ventes achoppent sur ce point. Il sera votre complice auprès des patrons pour ne pas perdre la vente. Si la différence entre le prix offert et ce que vous demandez est trop élevée, il ne pourra rien faire d'autre que de vous recommander de la vendre vous-même. Le vendeur préfère souvent commencer par ce point pour distiller l'incertitude. À vous de voir si cet ordre vous convient.

Diversion, épuisement et ruses

Certains vendeurs comptent sur le temps pour les aider à faire signer des contrats. Le client se fatigue, il est pressé et, au bout d'un moment, il relâche son attention pour en finir. Pour étirer la conversation, le vendeur lui parle longuement de sa voiture d'échange, des options de financement avec les 1001 possibilités de mensualité, etc. Pour éviter ce jeu, abordez rapidement la question du prix de la voiture neuve. Dans tous les cas, assurez-vous d'avoir du temps devant vous lorsque vous magasinez. N'emmenez pas de jeunes enfants. Pour éviter d'être saturé quand viendra le temps d'être vigilant, visitez une première fois le concessionnaire pour discuter de la voiture et prendre l'information (étape 3, voir p. 21), et revenez un autre jour pour négocier.

COMBIEN ELLE COÛTE ?

ELLE COÛTE DANS LES CINQ CHIFFRES. OH! PARLANT DE CINQ : AVEZ-VOUS VU L'ATTAQUE À CINQ DU CANADIEN ?

Le spectre du mauvais service

Plusieurs vendeurs tenteront de vous convaincre qu'en faisant affaire avec un concessionnaire loin de chez vous, quitte à confier l'entretien à un autre plus près, vous recevrez un mauvais service. Avec ce raisonnement, une personne qui achèterait à Montréal et qui déménagerait à Chicoutimi serait condamnée à du mauvais service toute sa vie ! Pourquoi un concessionnaire refuserait-il un client, surtout quand on connaît la bonne rentabilité du département de service ? De plus, il est tenu d'honorer la garantie du fabricant et il serait rappelé à l'ordre si jamais un client se plaignait[1]. L'achat et l'entretien de la voiture sont deux choses différentes, pour lesquelles rien ne vous oblige à recourir au même concessionnaire. Il est vrai toutefois que dans les régions où il n'y a qu'un seul concessionnaire, cette pratique peut entraîner des ragots dans les chaumières.

> L'achat et l'entretien de la voiture sont deux choses différentes, pour lesquelles rien ne vous oblige à recourir au même concessionnaire.

Cependant, si des ajustements s'avèrent nécessaires après la prise de possession, vous devrez probablement retourner chez le concessionnaire qui vous a vendu la voiture (notez qu'un autre concessionnaire pourrait accepter de faire le travail pour gagner un client). Il est peut-être aussi plus facile d'obtenir une voiture de courtoisie si on a acheté chez le concessionnaire. À vous de juger si un prix plus bas compense la perte possible de ces avantages.

---

1. Si vous ne faites pas faire l'entretien régulier chez le concessionnaire, n'attendez quand même pas d'avoir une facture importante couverte par la garantie avant de vous y présenter une première fois. Usez de stratégie et faites faire quelques légers travaux de temps à autre.

L'utilisation des tampons dans les mensualités

En calculant la mensualité, certains vendeurs ajoutent subtilement une certaine somme au montant obtenu, que l'on nomme tampon (dans le jargon, on dit *padder*), pour préparer la suite des négociations. Prenons l'exemple de Nicolas. Quand il lui demande quelle mensualité il devra payer pour la voiture qu'il convoite, le vendeur annonce 548 $, alors qu'il vient de calculer 525 $. Par la suite, il pourra tirer profit de ce tampon de 23 $ de plusieurs manières. Il pourra vendre un nouveau produit (un pare-pierres par exemple), en faisant croire qu'il est déjà inclus. N'oubliez pas qu'il gagne une commission sur tout ce qu'il vend. Il pourra aussi diminuer le prix si la négociation se corse. Il aura l'air d'accorder un rabais important. Si aucune occasion de justifier la mensualité ne se présente, il pourra tout simplement augmenter le prix de vente de la voiture ou le taux d'intérêt du financement.

Cette technique marche surtout avec les clients qui négocient les mensualités plutôt que le prix de la voiture, quoique les autres doivent s'en méfier aussi. En tout temps, vérifiez les chiffres annoncés et assurez-vous que les conditions écrites au contrat (prix, taux, durée, etc.) sont bien celles négociées. N'acceptez jamais qu'un produit soit ajouté sans l'avoir demandé. Montrez que vous connaissez la pratique en disant à la blague au vendeur : «J'espère que vous ne vous êtes pas *paddé* avec cette mensualité!» Si c'est le cas, il va devoir trouver un moyen de s'en sortir! Si vous constatez la stratégie, montrez votre mécontentement et, éventuellement, allez voir ailleurs. Sachez que, de bonne ou de mauvaise foi, le vendeur pourra toujours dire qu'il est «désolé de s'être trompé en entrant les données dans la calculatrice»!

Le dépôt

Une fois les conditions négociées, le vendeur exigera un dépôt pour officialiser la transaction (à ne pas confondre avec le dépôt exigé à la signature d'un bail – voir p. 199). C'est une pro-

cédure normale et il ne faut pas s'en offusquer. Le concessionnaire veut se protéger parce qu'il doit préparer la voiture et installer des équipements. Ce n'est pas une raison pour accepter n'importe quel montant. Plus le dépôt sera élevé, plus vous serez à la merci du concessionnaire. Imaginons que vous avez versé 500 $, un chiffre magique pour les vendeurs, et que vous constatez le lendemain que vous n'auriez pas dû signer (en considérant qu'il sera possible de reculer – voir p. 200). Si un litige survient, vous risquez d'avoir de la difficulté à récupérer la somme qui, entre-temps, manquera au budget.

Il faut donc négocier le dépôt. Visez 250 $ à 300 $. Si le concessionnaire continue d'exiger 500 $, à vous de décider de les verser ou de quitter avec tout votre argent. Il est probable qu'il ne perdra pas une vente pour ça, quitte à attendre le résultat de l'enquête de crédit avant de préparer la voiture. Sachez aussi choisir vos chevaux de bataille. Si la question du dépôt ne vous crée pas de problèmes, n'insistez pas.

Certains vendeurs utilisent encore une vieille méthode de «fermeture de vente», qui consiste à demander un dépôt avant que votre offre ne soit présentée au directeur des ventes, afin de montrer votre sérieux. Refusez net et montrez votre mécontentement: si vous versez un dépôt à ce stade, vous pouvez être certain que votre offre ne sera pas acceptée. Vous serez lié et vous aurez perdu votre meilleur outil de négociation: vos deux jambes! Évitez aussi de laisser votre permis de conduire ou un certificat d'immatriculation. Le vendeur peut également vous demander de confirmer votre offre en signant un simple bout de papier, pour vous faire croire que vous vous êtes engagé. En réalité, ni le dépôt ni votre signature n'ont de valeur légale, quoi qu'en dise le vendeur. Seule la signature d'un contrat qui contient toutes les mentions exigées par la loi vous engage, à certaines conditions (voir le ch. 25). Si vous décidez malgré tout de signer, pour éviter des problèmes éventuels, faites ajouter: «... conditionnel à ce que toutes les autres conditions de l'entente me satisfassent pleinement».

Les frais de transport et de préparation

La belle affaire! Séparer ces frais n'est qu'une ruse pour faire baisser en apparence le prix des voitures. Les mêmes frais sont imputés à tous les clients, que la voiture soit livrée à Chibougamau ou au coin de la rue! Pourquoi ne pas ajouter des frais pour les roues, le volant ou le toit à ce compte-là? Ils devraient être inclus dans le prix de base de la voiture. Mais il y a pire. Certains concessionnaires en profitent pour imposer des frais de transport et de préparation supérieurs à ceux que leur alloue le fabricant! D'où l'importance de connaître le prix coûtant du concessionnaire.

Acheter directement du directeur des ventes

Certaines personnes pensent qu'en négociant avec le directeur des ventes pour passer outre à la commission du vendeur, elles obtiendront un meilleur prix. Dans la réalité, ce n'est pas si simple. D'abord, le directeur des ventes pourrait bien tenir compte d'une commission qu'il offrira par la suite à un de ses vendeurs pour encourager son équipe. Un directeur habile pourra aussi vous prendre à votre propre jeu. En manipulant calculettes et chiffres, il laissera entendre que vous économisez, alors que le prix est tout à fait normal, voire plus élevé.

Il ne faut pas confondre la situation précédente avec celle où le directeur des ventes intervient dans la négociation et remplace le vendeur. C'est souvent le signe que vous avez fait votre travail et que le vendeur a besoin d'aide. L'intervention permet souvent d'aboutir à des résultats concrets.

Les prix affichés non négociables

Quelques fabricants ont pour politique de ne pas négocier les prix affichés (par exemple Saturn et Toyota). Plusieurs consommateurs préfèrent ne pas avoir à négocier, mais il ne faut pas croire qu'ils en tirent un avantage financier. Saturn et Toyota n'ont pas la réputation d'avoir les plus faibles marges de profit sur leurs ventes de voitures ! Bien au contraire !

Il existe des façons de contourner cette politique : obtenir une valeur d'échange plus élevée pour votre voiture d'occasion (pas toujours possible), ajouter des équipements gratuitement sans les mentionner au contrat ou considérer un faux comptant (qui réduit artificiellement le prix à payer). Ces offres ne sont pas toujours les bienvenues !

NÉGOCIER LE FINANCEMENT

Comme nous l'avons expliqué à la page 175, il ne faut pas magasiner le financement uniquement chez le concessionnaire. En visitant diverses institutions financières, vous aurez une idée des taux du marché. Vous pourrez aussi obtenir un prêt préautorisé.

> **Mieux vaut donc négocier le financement avant de signer quoi que ce soit.**

Chez le concessionnaire, le financement est abordé avec le directeur commercial (voir p. 311), une fois que vous vous êtes entendu avec le vendeur pour la voiture. Comme vous vous êtes déjà compromis, votre pouvoir de négociation est diminué. Mieux vaut donc négocier le financement avant de signer quoi que ce soit. Il doit faire partie intégrante de la négociation initiale. Bien sûr, si le taux est en promotion, inutile de négocier.

JE NE VOUDRAIS PAS LUI VENDRE UNE VOITURE À CELUI-LÀ !

Le vendeur peut vous proposer un taux à l'intérieur d'une certaine fourchette (voir p. 176). S'il peut offrir de 5 % à 7 %, il commencera par le plus élevé et testera votre réaction. Si vous négociez serré, il pourrait réduire le taux à 5 %, quitte à ce que sa commission sur le prêt diminue. Si vous avez visité des concessionnaires de la même marque, vous serez plus à l'aise pour négocier, car vous connaîtrez les pratiques ailleurs. Le directeur commercial vous dira peut-être que son taux est le meilleur parce qu'il réfère de nombreux clients aux banques. C'est peut-être vrai, peut-être pas. De plus, il n'a peut-être pas utilisé toute sa marge de manœuvre.

Si votre dossier de crédit n'est pas blanc comme neige, méfiez-vous. Imaginez qu'on vous propose un taux de 7,5 %. Le lendemain, le vendeur vous appelle pour vous dire que, pour vous rendre admissible, on a dû faire des compromis et accepter un taux de 8,5 % ou des assurances, ou que vous versiez un comptant. C'est possible, mais ce n'est peut-être qu'un moyen de vous faire payer plus. Vérifiez de votre côté. Si vous avez magasiné le financement auprès de différentes institutions avant, vous saurez à quoi vous en tenir.

Ne négociez pas la mensualité !

Négocier le montant des mensualités plutôt que le prix de la voiture (achetée ou louée) est un bon moyen de payer cher. Au chapitre 8, nous avons expliqué les risques d'utiliser la mensualité comme base de décision.

Antoine trouve que le montant de 475 $ qu'on lui propose pour son prochain bail est trop élevé. Il le fait remarquer au vendeur, qui lui répond ceci : « Après une longue discussion avec mon patron, je peux vous offrir 385 $. » Antoine est ravi. Pourtant, il vient de se faire avoir. Le vendeur a considéré une durée de 60 mois au lieu de 48 mois et, au passage, il a augmenté le taux d'intérêt de 7 % à 9 %. Et comme il a vu qu'Antoine ne s'intéresse pas au prix de la voiture, il l'a augmenté de 1 000 $. La mensualité a certes baissé, mais le coût réel de la voiture vient de bondir ! Si Antoine lui dit qu'il est prêt à verser 3 000 $ pour réduire la mensualité, le vendeur a la vie encore plus facile : il pourra augmenter le taux d'intérêt ou le prix, sans même changer la durée du bail !

Ne négociez pas la mensualité. Si le prix de la voiture et le taux d'intérêt sont bien négociés, la mensualité sera forcément intéressante. Les adeptes de la location perpétuelle devraient en plus considérer la valeur résiduelle, qui influence la mensualité et qui peut varier d'un bailleur à un autre, pour un même modèle (voir le dernier paragraphe de la réponse à la question-photo de la page 298 qui aborde directement ce thème).

> Si le prix de la voiture et le taux d'intérêt sont bien négociés, la mensualité sera forcément intéressante.

Tout cela n'empêche pas de tenir compte de la mensualité dans votre décision, comme on le dit clairement au chapitre 17. Ce n'est toutefois que la moitié du chemin.

Ceci dit, si vous sentez que vous contrôlez la négociation et que vous surveillez tous les paramètres de l'entente (prix, taux, durée, etc.), rien ne vous empêche de jouer le jeu et de lancer : « J'espérais une mensualité plus faible. Ça n'entrera pas dans le budget. » Si le vendeur la réduit, demandez-lui quels paramètres ont été modifiés et discutez-en. Soyez prudent pour ne pas vous faire avoir à ce sport.

NÉGOCIATION ET LOCATION

Le fait de louer la voiture ne doit pas influencer la façon de négocier le <u>prix</u>. À ce moment, il ne doit pas être question de financement. Ne dites pas au vendeur que vous avez décidé de louer. Vous pouvez noter tous les détails (taux, valeur résiduelle, etc.), mais faites-lui savoir que vous n'avez pas pris votre décision.

Contrairement à ce qu'on croit, le concessionnaire tire le même profit s'il vend ou s'il loue une voiture. Dans le premier cas, le client achète lui-même la voiture ; dans le second, c'est le bailleur qui achète en vue de louer la voiture au client (voir la figure de la p. 72).

Négocier un bail suppose de discuter de tous les paramètres : prix, taux, durée, valeur résiduelle et versement comptant (argent ou voiture d'échange). La mensualité est la résultante de ces paramètres. À toutes les étapes du processus, concentrez-vous sur ces paramètres et, ensuite, vérifiez la mensualité. N'oubliez pas cette double vérification.

Louer ou acheter, c'est le même prix!

On entend souvent: «Le prix d'une voiture louée est plus élevé»; «Pour offrir de si petites mensualités, ils doivent se reprendre quelque part.» Ces affirmations révèlent une incompréhension de la vraie nature d'une location. La mensualité est petite parce que la période d'amortissement réelle est élevée (entre 65 à 85 mois – voir ch. 11).

Le prix d'une voiture louée n'est pas plus élevé que si on l'achète. Il peut même parfois être inférieur. En effet, les concessionnaires doivent dans certains cas fixer un prix plus bas pour la location si les promotions les forcent à fixer un prix précis pour atteindre le niveau de la mensualité annoncée (179$ par mois, par exemple). À l'inverse, un fabricant peut exiger de ses concessionnaires qu'ils financent en partie une promotion, ce qui les incitera à garder des prix élevés. Il est vrai toutefois que la location est plus propice à la manipulation des chiffres et à l'inclusion de frais injustifiés. Il faut rester sur ses gardes.

> Une bonne offre sur le financement ne devrait pas influencer le prix.

Si le prix que l'on vous propose est différent selon que vous louiez ou que vous achetiez, demandez pourquoi. Si on vous dit que c'est parce que le taux d'intérêt est en promotion, vous risquez de vous faire avoir: la majoration de prix que vous subirez correspond à de l'intérêt déguisé. Une bonne offre sur le financement ne devrait pas influencer le prix. Une calculette du site www.ericbrassard.com permet de trouver le taux d'intérêt réel compte tenu de la hausse du prix. Pour le calculer, vous devez connaître le prix de la voiture à l'achat.

Négocier le taux d'intérêt et les autres conditions

Tout comme un emprunt, le taux d'intérêt d'une location est négociable. Malheureusement, seuls les bras financiers des fabricants et certaines sociétés privées offrent la location. Cette faible concurrence ne favorise pas la négociation! Essayez toujours, sauf si le taux est en promotion.

Généralement, plus la durée du bail est longue, plus le taux est élevé. Pour réduire la mensualité, il faut donc assumer un coût réel plus élevé. C'est l'éternel compromis entre accessibilité et coût (voir ch. 17 et p. 174).

Exigez qu'on vous présente tous les plans disponibles (pour chacun, la durée, le nombre de kilomètres alloué, le taux d'intérêt, la valeur résiduelle, l'institution prêteuse, etc.). Il n'est pas certain qu'on vous offrira le meilleur plan si vous ne posez pas de questions!

Les frais pour les kilomètres excédentaires ou achetés d'avance ne sont pas négociables. Il en est de même pour la valeur résiduelle. Elle correspond à un pourcentage du PDSF et ne dépend pas du prix négocié de la voiture. Les bailleurs la modifient au fil des mois (voir p. 74).

LE MEILLEUR TEMPS POUR ACHETER

Vaut-il mieux acheter au début du mois ou en fin de mois? En hiver ou en été? Au début ou à la fin d'une année-modèle?

Le meilleur moment est certainement celui où vous êtes prêt. Si vous magasinez et si vous négociez bien, vous obtiendrez un prix intéressant. Ceci dit, restez à l'affût:

- Si vous avez fixé une date d'achat, commencez à surveiller les promotions cinq à six semaines d'avance pour être prêt à agir rapidement. Les promotions sont tellement fréquentes toute l'année que votre patience ne sera guère mise à l'épreuve.

- Dans les dernières années, plusieurs promotions ont été offertes en décembre: les fabricants attirent les clients en leur proposant «Aucun paiement avant 90 jours». Ainsi, l'achat de la voiture ne les empêche pas de payer leurs comptes en janvier et février.

- Pouvoir se vanter de vendre le modèle le plus vendu de sa catégorie est un gros atout marketing pour les fabricants. Pour doubler leurs concurrents ou maintenir leur avance, ils sont parfois tentés d'offrir des promotions en fin d'année.

- Le concessionnaire doit atteindre des objectifs de vente fixés pour chaque mois et pour l'année civile. Vers la fin du mois, les prix peuvent baisser si le volume de vente est insatisfaisant. De même, les fabricants exigent parfois que les concessionnaires vendent un certain nombre de modèles peu populaires avant de les réapprovisionner en modèles très vendus. Par conséquent, en fin de mois, il sera peut-être plus facile de négocier le prix de certains modèles.

- Les vendeurs ont aussi leurs propres objectifs de vente à respecter (par exemple, pour gagner un boni), même si ce ne sont pas eux qui fixent les prix. C'est le directeur des ventes qui donne l'ordre de baisser les prix. Si un vendeur vous affirme qu'il vous fait un bon prix pour atteindre son objectif de ventes, ne le croyez pas: ce n'est pas lui qui décide du prix! De plus, il a peut-être atteint cet objectif il y a trois jours!

> Vers la fin du mois, les prix peuvent baisser si le volume de vente est insatisfaisant.

- Certains diront qu'il vaut mieux acheter en hiver parce qu'à cette période, la fréquentation des concessionnaires est en chute libre par rapport au printemps ou à l'automne. Il est vrai que les promotions surviennent principalement en hiver!

- Si vous recherchez un modèle populaire, difficile à maintenir en stock, vous devrez probablement payer le gros prix, comme ce fut le cas lors du lancement des Ford Focus, des Toyota Matrix, des PT Cruiser ou des New Beetles.

- Généralement, les nouveaux modèles sont vendus à partir du mois d'octobre. Juste avant, les modèles de l'année précédente sont souvent en promotion. Ils peuvent donc être intéressants, sous certaines réserves :

  - Les personnes qui utilisent la location <u>perpétuelle</u> devraient savoir que la valeur résiduelle des modèles de l'année précédente est inférieure à celle de l'année à venir, ce qui peut donc faire augmenter la mensualité, même si son prix est plus bas. Peut-être vaut-il mieux choisir un modèle de l'année.

  - Une voiture du modèle de l'année précédente sera considérée comme une voiture d'un an après seulement un mois ou deux. Ceux qui comptent la revendre rapidement (d'ici trois ou quatre ans par exemple) bénéficieront d'une valeur de revente moins importante qu'avec un modèle de l'année. Les personnes décidées à garder longtemps leur voiture n'ont pas à se soucier de l'année du modèle et ont avantage à profiter de la baisse de prix.

  > **Le meilleur moment est celui où vous êtes prêt à transiger, où les promotions foisonnent, préférablement vers la fin du mois, durant l'hiver, surtout en décembre !**

  - À l'inverse, si vous possédez depuis déjà 18 mois ou plus un modèle 2004, les acheteurs risquent d'être surpris par le kilométrage plus élevé de votre voiture par rapport aux modèles de la même année achetés plus tard.

  Dans tous les cas, vérifiez bien que les modèles de l'année précédente sont réellement moins chers que ceux de l'année à venir : très facile de se faire avoir quand on croit bénéficier automatiquement d'une aubaine !

Hum ! pas facile de conclure ! Tentons ceci : le meilleur moment est celui où vous êtes prêt à transiger, où les promotions foisonnent, préférablement vers la fin du mois, durant l'hiver, surtout en décembre !

LES ANNONCES PUBLICITAIRES ET LES PROMOTIONS

Les journaux et revues regorgent de publicités sur les voitures. Les fabricants connaissent le point sensible des consommateurs : la mensualité. Ils ne se gênent pas pour afficher en gros caractères un montant très bas, qui gonfle rapidement si on lit bien les petites lignes… Les messages télévisés sont encore plus aguicheurs : en plus du baratin d'usage, on voit la voiture en pleine action, souvent accompagnée d'une personnalité appréciée du public. Les petits caractères illisibles défilent à la vitesse de la lumière. Ne vous laissez pas impressionner, même si c'est parfois impressionnant !

Dans le chapitre 8, nous avons expliqué en détail toutes les manipulations possibles de la mensualité. Si une annonce vous semble alléchante, regardez bien les conditions réelles inscrites en petits caractères. Vous verrez que, très souvent :

- Le montant annoncé n'inclut pas les taxes.

- Le transport et/ou la préparation ne sont pas compris.

- Un versement comptant est exigé. Là, tout est possible! On peut louer une voiture de 30 000 $ à 199 $ par mois, si on exige la bagatelle de 10 000 $ comptant.

- L'offre s'applique uniquement à certains codes de modèles, qu'il n'est pas toujours évident de distinguer. Sans parler du risque de se faire dire que tous les modèles en promotion ont été vendus, mais que d'autres voitures très intéressantes sont disponibles! Ceci dit, il est normal que la promotion se limite à certains modèles puisque souvent le but est de vider les stocks et non d'obliger le marchand à placer de nouvelles commandes!

Les astuces sont tout aussi nombreuses quand les promotions touchent les taux de financement. S'appliquent-ils à la location ou à l'achat? Pour quel terme sont-ils disponibles? Un taux à 0 % sur 36 mois peut être intéressant mais, s'il s'applique à une voiture de 30 000 $, la mensualité est inaccessible pour la plupart des acheteurs.

Les promotions du type «90 jours sans intérêts» ou «Nous payons la première mensualité» ne réservent quant à elles aucune mauvaise surprise, en général, si les modèles concernés sont disponibles. On peut toutefois avoir plus de difficulté à négocier le prix si le concessionnaire participe financièrement.

Si le vendeur vous annonce que le prix de la voiture est non négociable parce que le taux de financement est très bas, c'est signe que le prix a été fixé pour compenser cette baisse de taux. Nous sommes loin d'une offre promotionnelle! Pour savoir ce qu'il en est vraiment, négociez le prix avant le financement. Une vraie promotion bonifie le prix ou le taux que l'on aurait obtenu de toute façon.

Ceci dit, les promotions, même annoncées d'une manière trompeuse, sont souvent intéressantes, même si elles visent surtout à vous attirer chez les concessionnaires. Pour ne pas vous faire avoir à leur jeu, téléphonez et demandez de faire un essai routier du modèle annoncé. Vous verrez bien s'il est disponible et vous pourrez vous faire confirmer les autres conditions de l'offre. Donnez aussi beaucoup d'importance aux stratégies de l'encadré de la page 322.

Il arrive par ailleurs que les concessionnaires mettent eux-mêmes certains modèles en promotion. Soyez sur vos gardes: leurs annonces peuvent être encore plus subtiles que celles des fabricants et elles souffrent parfois d'un manque de rigueur. Téléphonez pour vérifier.

La *Loi sur la protection du consommateur* est incontournable: un commerçant doit respecter les offres qu'il annonce dans ses publicités (article 41). Si vous avez repéré une promotion, amenez l'annonce chez le concessionnaire car, selon l'APA, les vendeurs ne connaissent pas toujours bien les promotions en cours.

Les promotions ne doivent pas vous faire sauter d'étapes dans votre processus d'achat. Dans tous les cas, vous devez considérer plusieurs modèles et tenir compte de tous les coûts associés (assurances, pièces, dépréciation, etc.), pas seulement du prix d'achat ou du taux de financement. Ne vous laissez pas impressionner par les dates d'expiration des promotions, souvent prolongées. Mieux vaut pas de contrat qu'un mauvais contrat.

La question-photo de la page 298 (Sean) aborde directement le thème des promotions et soulève d'autres considérations que nous ne répéterons pas ici.

D'AUTRES FAÇONS DE MAGASINER

Vous n'aimez pas magasiner ou négocier le prix ? D'autres méthodes existent. Elles ne garantissent pas d'obtenir le meilleur prix aux meilleures conditions, mais elles peuvent convenir à plusieurs.

Soumission par télécopie ou par courrier électronique

Vous pouvez demander une soumission par télécopieur ou courrier électronique. Faites parvenir à des concessionnaires une liste précise des caractéristiques de la voiture recherchée, indiquez que vous prendrez une décision rapide et que vous choisirez celui qui offrira le meilleur prix. Envoyez la demande au directeur des ventes et exigez une réponse hâtive.

Vérifiez ensuite par téléphone les conditions de la soumission et demandez si le modèle est en stock (si vous ne souhaitez pas de délai). Vous pouvez aussi demander qu'on vous garantisse les conditions de financement et le coût des produits périphériques. Vous pourrez toujours tenter de négocier ensuite sur place, mais ce sera difficile. Si vous sentez que le concessionnaire tente de développer ses affaires par Internet (publicité, site étoffé, etc.), envoyez un courriel plutôt qu'une télécopie. La qualité du service par Internet est très variable d'un concessionnaire à l'autre et vous risquez d'attendre longtemps parfois. Notez que cette méthode d'achat ne vous évitera pas de négocier la valeur de votre voiture d'échange.

Magasiner sur Internet

Le réseau Internet regorge d'information. Vous trouverez aux pages 22 et 344 les adresses de sites à consulter. Le site www.ericbrassard.com présente une analyse approfondie des sites dédiés à l'automobile.

On peut aussi négocier le prix et même acheter la voiture par Internet. Aux États-Unis, des sites offrent des services tels que visite chez le client pour lui faire signer les documents et même livraison à domicile de la voiture. Il y a toutefois une bonne marge entre la réalité et les services proposés. Si certains concessionnaires développent ce service en y mettant des ressources importantes et en faisant un suivi serré des courriels, d'autres sont très mal structurés et vous pourrez attendre longtemps avant d'avoir une réponse. Les concessionnaires sérieux offrent parfois de très bons prix par Internet afin d'attirer cette clientèle. À surveiller!

> La qualité du service par Internet est très variable d'un concessionnaire à l'autre et vous risquez d'attendre longtemps parfois.

Recours à un service d'achat

Certains regroupements permettent à leurs membres de bénéficier de prix avantageux négociés d'avance. Les membres se rendent chez un concessionnaire désigné et signent, tout simplement, si leur demande de crédit est acceptée. Ce type de service est plus développé dans le reste du Canada et aux États-Unis qu'au Québec.

L'APA offre un tel service à ses membres (à Montréal seulement). On vous donne le prix coûtant du concessionnaire et le profit négocié. Vous n'avez qu'à rencontrer la personne désignée et tout se passe rondement. Des frais de service s'appliquent (environ 85 $). Les concessionnaires participants ont signé un code déontologique et acceptent un processus d'arbitrage en cas de litige entourant la vente. Selon les marques, on peut vous désigner un courtier qui prend en charge le dossier. (Voir aussi la discussion à la page 321; plus d'information sur le site www.apa.ca.)

Courtiers et autres intermédiaires

Vous pouvez confier à un courtier la charge de rechercher la voiture qui vous convient, au meilleur prix. Plusieurs travailleurs autonomes tentent par ce moyen de se constituer une clientèle fidèle. Ils sont souvent bien intentionnés et professionnels. D'autres entreprises fonctionnent sur une plus vaste échelle. Le service est moins personnalisé, mais d'aussi bonne qualité souvent. Il est difficile de donner des conseils à cet égard, car la qualité et le type de services offerts varient beaucoup d'une entreprise à l'autre. Voici quelques commentaires:

- N'importe qui peut s'improviser courtier en achat d'automobiles. Il n'y a pas de formation à suivre ni de permis à obtenir (sauf dans le cas des voitures d'occasion).

- Ils sont rémunérés par des commissions versées par les concessionnaires ou par des honoraires demandés à leurs clients ou inclus dans le prix de la voiture.

- À moins d'être convaincu qu'il s'agit d'une personne de confiance, ne versez pas directement de dépôt au courtier. Faites le paiement au concessionnaire.

- Le courtier ne devrait pas travailler seulement sur le prix. Il devrait aussi négocier la valeur d'échange de la voiture d'occasion, le financement et les produits périphériques. Il devrait vous aider à comprendre les calculs et les chiffres en cause. Sans remplacer le vendeur, il devrait être présent à toutes les étapes.

- Ne vous en remettez pas complètement à lui : informez-vous et magasinez un peu, le minimum, pour rester critique envers ce qu'il vous propose. L'important, c'est que le courtier travaille vraiment pour vous et qu'il tente effectivement de trouver les meilleures conditions. Le concessionnaire ne doit pas devenir plus important à ses yeux que le client ! Il existe toujours un risque de conflit d'intérêts. Il doit pouvoir rester neutre lorsqu'il conseille le choix d'un modèle.

- Le bouche à oreille constitue le meilleur moyen de trouver un courtier. Le site www.eric-brassard.com propose une liste des sites Internet de courtiers indépendants, dont nous ne nous portons pas garants.

> La feuille de travail 38.1 proposée sur le site www.ericbrassard.com contient, sous forme de tableau, un résumé des aspects à surveiller lors des négociations.

CHAPITRE 39

La prise de possession de la voiture

Rédaction et collaboration étroite
ÉRIC BRASSARD
LUC SERRA
GEORGE INY
VALÉRIE BORDE

Relecture et commentaires
JOAN BACKUS
CAA-QUÉBEC
MARC MIGNEAULT
LORRAINE LÉVESQUE

Avant de sabler le champagne, attendez d'avoir pris possession de votre voiture! Bien entendu, vous êtes excité à cette idée et, à votre arrivée chez le concessionnaire, les employés vous feront une ovation debout. Ne vous laissez pas gagner par l'euphorie, qui n'est guère propice à une prise de possession réussie.

Gérard rêvait d'un climatiseur pour l'été. Lorsqu'il est allé chercher sa voiture, il s'est aperçu que le climatiseur fonctionnait mal, mais il est quand même reparti avec la promesse que son auto serait réparée une semaine après. À la fin de l'été, après plusieurs visites et réparations manquées, le climatiseur ne fonctionnait toujours pas. Après deux jours, Léo, lui, a remarqué une «poque» sur sa voiture, même s'il ne l'avait pas encore sortie de son garage intérieur. Le concessionnaire n'a jamais voulu reconnaître que l'enfoncement existait à la prise de possession. Quant à Georges, il s'est aperçu après 1 mois que le taux d'intérêt inscrit sur son contrat était 8 % alors qu'il avait négocié 4 %. Trop tard, tout est signé! Nos nouveaux propriétaires auraient pu éviter ces ennuis s'ils avaient pris soin de suivre un processus structuré à la prise de possession de leur véhicule. Cette étape implique deux tâches, à accomplir consciencieusement:

- l'inspection physique de la voiture et, si on le souhaite, un essai routier;
- la signature des documents, dont le contrat de financement ou de location (ce thème est traité en détail dans le chapitre 25).

Les étapes habituelles et le rôle du vendeur

Si vous les laissez faire, certains vendeurs vous feront signer tous les documents et ensuite ils vous expliqueront le fonctionnement de la voiture. C'est ridicule. On ne paie pas une paire de bottes avant de l'avoir examinée!

Pourquoi en serait-il autrement pour un joujou de 25 000 $? Quel recours aurez-vous si la voiture présente des défauts?

Pour qu'une voiture soit vendue, et que le vendeur empoche sa commission, le client doit en prendre possession et signer une attestation de livraison. Le vendeur a la responsabilité de s'occuper de cette étape. Il doit entre autres expliquer le fonctionnement des accessoires de la voiture, passer en revue le manuel du propriétaire, le calendrier d'entretien et la garantie offerte, et bien d'autres aspects. En général, le vendeur n'aime pas cette étape et souhaitera la raccourcir autant que possible. Pendant qu'il s'occupe de vous, il ne rencontre pas un autre client. Pour lui rendre service, allez chercher votre voiture à un moment qui lui convient. Dans tous les cas, prévenez-le de la façon dont vous procéderez à la prise de possession. Il pourra ainsi prévoir le temps voulu.

Certains constructeurs font un suivi (par téléphone ou par écrit) et s'assurent que la prise de possession s'est faite dans les règles de l'art. Des bonis sont parfois accordés aux vendeurs dont les évaluations sont excellentes. Ne vous étonnez pas si le vendeur vous en fait part pour vous inviter à lui donner une bonne note.

La préparation de la voiture

Entre le moment où vous vous entendez avec un vendeur et la prise de possession, le concessionnaire doit préparer la voiture. *Grosso modo*, voici ce qu'il doit faire :

- Si la voiture a été livrée récemment par le fabricant, elle doit être «déballée», ajustée et certaines pièces doivent être installées.

- Un mécanicien inspecte la voiture, puis remplit et signe le «PDI» (*Pre-delivery inspection*). Ce document du fabricant contient une liste des aspects à considérer à cette étape. Il devrait être remis au client, mais c'est rarement le cas. Exigez qu'il vous soit envoyé par télécopie avant la prise de possession ou, au moins, donné en mains propres le jour même. Ce document devrait théoriquement vous permettre de voir si des problèmes mineurs ou majeurs ont été détectés et s'ils ont été résolus ou laissés en suspens pour une éventuelle visite au département de service. Dans la pratique, toutefois, les problèmes n'apparaîtront probablement pas sur le document. Il vous permettra cependant de savoir qui l'a rempli (sinon, il peut être intéressant de le demander) et quand l'inspection a été faite.

- Le mécanicien doit faire un essai routier.

- On doit installer les équipements optionnels (non installés en usine) et faire les traitements demandés (antirouille, etc.).

- Les responsables de l'esthétique doivent nettoyer la voiture. Si la carrosserie a des imperfections, il peut s'avérer nécessaire de faire de petits ou de gros travaux (ex. : repeindre la voiture), aux frais du fabricant. Il y a toutefois de forts risques que vous n'en soyez pas averti.

Ces étapes sont généralement respectées, sauf par certains concessionnaires qui arrondissent les angles. L'essai routier n'est pas toujours effectué. Le «PDI» n'est pas toujours rempli ou signé, il ne contient pas toujours toute l'information relative au travail effectué sur la voiture. Pourtant, selon la loi, aucun commerçant ne devrait passer sous silence un fait important dans une représentation qu'il fait à un consommateur (article 228). Pis encore, dans les périodes de pointe, c'est parfois un responsable de l'esthétique qui s'occupe de la vérification mécanique!

Accepter ou refuser la voiture à la prise de possession?

Sans être paranoïaque, restez sur vos gardes au moment de prendre possession de votre voiture. Voici les aspects à considérer:

- Tant que vous n'aurez rien signé, vous avez un pouvoir de négociation et les concessionnaires s'empresseront de régler le problème. Il est vrai que, même si tous les documents sont signés, la majorité d'entre eux feront tout pour vous satisfaire rapidement (surtout s'ils souhaitent vous voir au département de service), mais d'autres…

- Retarder la prise de possession vous permet de demander conseil et de prendre peut-être une décision plus éclairée.

- Refuser la voiture entraîne toutes sortes d'inconvénients. Vous devrez retourner chez vous à pied ou avec votre voiture actuelle, différer les couvertures d'assurance, retarder la vente de votre voiture d'occasion (avec les contrariétés que cela entraîne, particulièrement si une vente d'accommodement était prévue et que vous risquez de perdre l'acheteur), sans parler de la détérioration de la relation avec le concessionnaire et du risque de litige s'il refuse de vous donner satisfaction. Vous vivrez aussi une amère déception personnelle.

- Si vous acceptez la livraison et que des aspects demeurent en suspens, l'APA recommande de faire inscrire les problèmes clairement sur le contrat et de fixer un rendez-vous pour régler le tout.

Voici une série de situations qui peuvent être problématiques:

- La voiture présente de légers défauts (ajustements mineurs, petites égratignures, etc.). La plupart seront réglés sur-le-champ, d'autres devront attendre. Si vous acceptez la voiture, vous devez revenir quelques jours plus tard pour les réparations.

- La voiture proposée ne correspond pas à ce que vous aviez demandé (couleur, équipement, modèle, etc.). Mieux vaut refuser une telle voiture, même temporairement, car cela pourrait être interprété comme une acceptation tacite de votre part.

- La voiture présente des défauts plus importants, tels qu'une égratignure profonde, une bosse, une peinture défraîchie, des bruits suspects, des vibrations ou des problèmes d'ordre électrique. Mieux vaut refuser ou retarder la prise de possession. Faites-vous aider (voir ch. 41).

- Finalement, il peut y avoir mésentente sur une clause du contrat.

Mieux vaut retarder d'un jour que de signer un mauvais contrat.

Vaut-il mieux accepter la voiture et revenir plus tard, ou la refuser ? Tout est question de jugement mais, si vous vous sentez mal à l'aise, si vous croyez que quelque chose ne tourne pas rond ou si vous avez l'impression de perdre le contrôle (même après avoir discuté avec le patron), partez sans la voiture et demandez conseil. Mieux vaut retarder d'un jour que de signer un mauvais contrat.

L'inspection de la voiture et l'essai routier

À cette étape, les voitures fonctionnent presque toutes bien et l'inspection ne permet pas de détecter les « citrons ». Elle peut toutefois vous éviter des ennuis ou des frais.

- Vérifiez que vous avez la bonne voiture, avec tous les équipements choisis. Les erreurs sont rares mais toujours possibles, que ce soit pour la couleur, les équipements fournis ou même le modèle. Vérifiez que tous les équipements que vous aviez choisis sont bien présents, et que le contrat indique les bonnes caractéristiques de base (type de moteur, de transmission, de freins, etc.). Si au moment de la négociation vous vous étiez entendus sur une voiture précise, assurez-vous que le contrat porte le bon NIV (numéro de série dans le jargon – voir p. 348).

- Inspectez l'extérieur de la voiture. Examinez la carrosserie et surveillez les anomalies (bosses, égratignures, défaut de peinture, éléments décoratifs mal installés, etc.). Ouvrez les portières, le capot et le coffre, et vérifiez qu'ils fonctionnent bien, ainsi que toutes les lampes (habitacle, coffre à gants, coffre, etc.).

JE N'EN VEUX PLUS, FINALEMENT...

- Inspectez l'intérieur. Vérifiez tous les instruments électriques (lève-vitres, essuie-glaces, climatiseur, clignotant, radio, klaxon, etc.). Apportez un disque compact et essayez le lecteur. Assurez-vous que les sièges ne sont pas abîmés et que tous les tapis sont présents. Assurez-vous qu'il y a suffisamment d'essence.

- Faites un court essai routier. Vous avez probablement déjà essayé une voiture semblable (parfois la même voiture) au moment du magasinage. Lors de ce nouvel essai, vous devrez simplement vérifier que tout fonctionne bien. Testez l'accélération, les freins, la transmission et certains appareils électriques, comme le régulateur de vitesse. Soyez à l'affût des bruits suspects et des vibrations. Les vendeurs ne sont pas habitués à ce que le client essaie la voiture à cette étape. Vous rencontrerez donc quelques résistances, mais sachez que cette exigence est tout à fait raisonnable. Chez certains fabricants, un essai routier avec le client est même prévu. D'un autre côté, il faut être conscient qu'il est très rare que des problèmes soient trouvés à cette étape. Les problèmes les plus fréquents à la prise de possession peuvent être décelés alors que la voiture est immobilisée. À vous de juger si vous tenez à cet essai. Il faut aussi considérer les risques d'un accident qui pourrait entraîner toutes sortes d'inconvénients. Si un tel événement survenait, ne signez rien et faites-vous aider (voir ch. 41).

La feuille de route 39.1 du site www.ericbrassard.com fournit une liste complète des aspects à considérer lors de l'inspection et de l'essai de la voiture.

Les documents à signer

Une fois la voiture inspectée, plusieurs documents doivent être signés. Le chapitre 25 traite déjà en profondeur de la signature du contrat de location ou de vente à tempérament. En plus de ces contrats, vous devrez signer d'autres documents :

- Les papiers relatifs au transfert de la voiture donnée en échange. N'oubliez pas d'apporter le certificat d'immatriculation.

- L'attestation, qui énonce que «vous êtes satisfait du processus de livraison de la voiture» (certains concessionnaires n'hésitent pas à faire signer ce papier avant l'inspection du véhicule !). Selon le fabricant, ce document peut aussi être signé par le vendeur, le directeur des ventes, le mécanicien et le responsable de l'esthétique. Si le document va trop loin et vous demande d'attester que «...la voiture fonctionne bien», l'APA suggère de biffer cette partie car il est impossible de faire une telle affirmation à ce stade.

- Les documents relatifs aux prélèvements bancaires automatiques.

- Le document relatif à l'immatriculation temporaire (le transit dans le jargon) ou les immatriculations de la voiture neuve si vous avez utilisé le service offert par le concessionnaire. Soit dit en passant, le recours à ce service ne vous empêche pas de refuser la prise de possession (voir p. 204).

- La preuve que la voiture est assurée (exigée dans le cas d'une location ou d'une vente à tempérament).

- Les documents relatifs aux protections que vous avez achetées : garantie prolongée, garantie de remplacement, traitement antirouille, assurances, etc.

Sans faire preuve de méfiance exagérée, exigez de connaître l'objet de chaque document. Encore une fois, il est recommandé de les lire avant de signer.

D'autres conseils

- La prise de possession doit se faire de jour, pour inspecter correctement la voiture. Si c'est impossible, demandez que la voiture soit placée à l'intérieur ou dans un endroit bien éclairé à l'extérieur. Faites-vous accompagner si cela vous rassure.

- Si un traitement antirouille ou une protection de tissu ou de peinture a été demandé, il est suggéré de s'assurer que tout a bien été fait, mais c'est presque impossible pour un néophyte (voir p. 287). Assurez-vous au moins d'obtenir les certificats prouvant que le travail a été effectué et que la garantie court.

- Prévoyez entre 90 et 120 minutes pour prendre possession de la voiture. Pour éviter la pression indue, assurez-vous de ne pas avoir impérativement besoin de la voiture dans les heures suivantes (par exemple, pour partir en vacances). Ne vous faites pas accompagner par de jeunes enfants.

- Si vous vendez votre voiture d'occasion à un particulier par l'entremise d'un contrat d'accommodement (voir p. 104), demandez-lui d'arriver environ 45 à 60 minutes après vous pour éviter la pression au moment de l'inspection. Si vous refusez la prise de possession, la vente d'accommodement devra aussi être reportée.

- Soyez particulièrement méticuleux si le concessionnaire est loin de chez vous. Seul le concessionnaire qui vend la voiture (il reçoit l'allocation du fabricant pour la préparation du véhicule) peut procéder sans frais aux ajustements après la prise de possession, qui ne sont pas couverts par la garantie. Notez qu'un autre concessionnaire pourrait accepter de faire le travail pour gagner un client à son service d'entretien…

- Lorsque vous prenez possession de la voiture, le kilométrage ne devrait pas excéder 25 à 30 km, justifiés par les essais routiers du mécanicien. Si le nombre excède 100 km, demandez des explications. La voiture a-t-elle servi pour dépanner un vendeur ou pour des essais routiers de clients ? A-t-elle fait l'objet d'un transfert entre concessionnaires ?

À retenir de ce chapitre

- Ne signez rien avant d'avoir inspecté la voiture. Exigez de voir le « PDI ».

- Faites une inspection physique à l'aide de la feuille de travail 39.1. Assurez-vous que le vendeur vous explique le fonctionnement de certaines composantes de la voiture.

- En cas de problèmes à la livraison, voyez à ce qu'ils soient réglés immédiatement de préférence. Si cela est impossible, vous devez décider si vous acceptez quand même la voiture, quitte à revenir plus tard pour régler les problèmes, ou si vous la refusez. Tout est affaire de jugement (voir les conseils à la page 339).

- À tout moment, si vous sentez que quelque chose ne tourne pas rond et vous met mal à l'aise, partez de chez le concessionnaire et faites-vous aider.

CHAPITRE 40

Magasiner une voiture d'occasion

Rédaction et collaboration étroite
ÉRIC BRASSARD
CAA-QUÉBEC
GEORGE INY
MARC MIGNEAULT
LUC SERRA
VALÉRIE BORDE

Relecture et commentaires
JOAN BACKUS
LORRAINE LÉVESQUE

Après avoir lu le chapitre 18, vous avez peut-être décidé d'opter pour une voiture d'occasion. Dans le présent chapitre, vous verrez comment trouver la perle rare, établir sa valeur et négocier les conditions. Nous passerons aussi en revue toutes les précautions entourant l'achat d'une telle voiture.

CHOISIR SA VOITURE D'OCCASION

Le processus d'achat

Dans le chapitre 3, nous avons exposé en détail le processus d'achat d'une voiture neuve. Le même principe s'applique à un véhicule d'occasion. C'est souvent à l'étape 1, **Objectifs personnels à long terme**, que s'impose la décision de se tourner vers une voiture d'occasion. À l'étape 2, **Liste de modèles potentiels : besoins, désirs et contraintes**, le choix est vaste : une Mercedes de un an et une Lada de seize ans sont toutes deux des voitures d'occasion ! Dans le présent chapitre, vous trouverez toute l'information pour mener à bien l'étape 3, **Recherche d'information et essais routiers**. Les outils de calcul nécessaires à l'exécution de l'étape 4, **Négociation et prise de décision**, sont les mêmes pour une voiture neuve ou d'occasion. La plupart du temps, vous devez vendre ou échanger votre voiture actuelle, puis trouver du financement (ch. 22, 23, 24, 27 et 28). À l'étape 5, vous choisirez entre différents produits de protection offerts (voir ch. 29 à 32). Notez que la prise de possession d'une voiture d'occasion est un peu plus simple (voir p. 351).

Le marché des voitures d'occasion

Le marché des voitures d'occasion est plus vaste que celui des voitures neuves. En plus des concessionnaires, il comprend des marchands indépendants et de nombreux particuliers. Pour trouver la perle rare, il existe plusieurs stratégies :

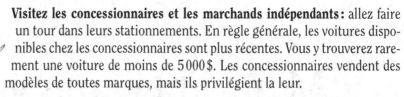

Visitez les concessionnaires et les marchands indépendants : allez faire un tour dans leurs stationnements. En règle générale, les voitures disponibles chez les concessionnaires sont plus récentes. Vous y trouverez rarement une voiture de moins de 5 000 $. Les concessionnaires vendent des modèles de toutes marques, mais ils privilégient la leur.

Magasinez dans Internet : voici les sites Web les plus complets pour trouver une voiture d'occasion : www.occasion.ca • www.caaquebec.com • www.teleannonces.com • www.autonet.qc.ca • www.lespac.com • www.autos.qc.ca • www.lesclassees.com • www.hebdo.net. Le site www.ericbrassard.com donne une description complète de ces sites (qualité de l'information fournie, photos disponibles ou non, etc.). Nous vous y suggérons aussi d'autres sites.

Consultez journaux et magazines : votre quotidien préféré contient sûrement une bonne rubrique de petites annonces, mais vous pouvez aussi consulter d'autres publications. Par exemple, la revue *AutoHebdo* présente un vaste choix de voitures d'occasion offertes principalement par des commerçants, mais aussi par des particuliers. Le site www.ericbrassard.com propose une description des revues à consulter.

Consultez des spécialistes : plusieurs publications évaluent les voitures d'occasion même si, bien sûr, chacune est unique. Les critiques portent donc sur l'ensemble des voitures d'un modèle d'une année précise. Les publications présentées au chapitre 3, page 22 (*Guide de l'auto*, *Protégez-Vous*, etc.), comportent une section sur les voitures récentes. Elles ne se gênent pas pour identifier les citrons ! Pour les voitures plus âgées, consultez les éditions antérieures de ces publications.

Certains sites Web présentent aussi des critiques d'anciens modèles : www.auto123.com • www.canadiandriver.com • www.guideauto.com • www.caranddriver.com • www.carreview.com. De plus, certains forums de discussion vous donneront l'opinion de propriétaires de la voiture que vous convoitez. Ils sont peut-être la plus fiable des ressources : www.epinion.com • www.forumauto.net • www.lizt.com. Ces sites et forums sont décrits en détail dans le site www.ericbrassard.com.

Acheter d'un particulier ou d'un commerçant ?

La meilleure voiture d'occasion est celle qui vous convient, peu importe que vous la trouviez chez un particulier ou chez un commerçant ! Sachez tout de même que ce dernier vous demandera généralement un prix plus élevé. Vous devrez de plus payer les deux taxes au lieu d'une seule. Les commerçants sont aussi de meilleurs négociateurs… et certains sont plus doués dans l'art du maquillage !

Cela étant dit, il est plus simple de transiger avec un commerçant (vaste choix, financement, etc.), et vous pourrez bénéficier d'une garantie légale,

> Transiger avec un commerçant permet aussi de profiter d'un crédit de taxes sur la voiture que vous possédez actuellement.

parfois même d'une garantie de base. Transiger avec un commerçant permet aussi de profiter d'un crédit de taxes sur la voiture que vous possédez actuellement (en la donnant en échange ou en utilisant un contrat de vente d'accommodement – voir p. 104 et 215). Certains commerçants sont assujettis au code d'éthique de leur association et tenus d'accepter une médiation en cas de litige.

D'autres suggestions pour bien choisir une voiture d'occasion

- Comme pour une voiture neuve, recueillez des renseignements sur la consommation d'essence (voir ch. 16, p. 117), la «sinistralité» (p. 119) et le coût des pièces (p. 119). Voir aussi l'encadré de la page 120.

- N'oubliez pas de prendre les précautions énumérées à la page 347 (inspection, information sur l'usage précédent, etc.) avant de choisir une voiture.

- Avant d'acheter la voiture d'un ami ou d'un proche, consultez la page 221.

- Certains commerçants offrent des voitures accidentées (consultez par exemple la revue *Hebdonet*). Souvent, l'accident n'était pas grave et la voiture est offerte à bon prix. Pour les accidents graves, on distingue deux types de «pertes totales»:

  – Voiture gravement accidentée: la voiture peut être réparée. Pour la retourner sur la route, il faut une autorisation de la SAAQ. La mention «gravement accidentée» apparaît sur le certificat d'immatriculation.

  – Voiture irréparable: la voiture ne peut plus retourner sur la route.

  De nombreux vendeurs sont honnêtes, mais d'autres s'adonnent à la fraude (voitures volées, contrebande, mauvaise information sur la nature de l'accident, etc.). Seuls les connaisseurs devraient s'aventurer dans ce marché.

NÉGOCIER LE PRIX ET LES CONDITIONS DE FINANCEMENT

Le premier critère à observer avant de choisir une voiture d'occasion est son état. Trop de consommateurs se concentrent sur le prix et refusent de payer un peu plus pour une bonne voiture. Attention bien entendu de ne pas payer pour n'importe quoi, notamment si la voiture est récente (voir l'encadré p. 144). Il faut toujours négocier.

> Le premier critère à observer avant de choisir une voiture d'occasion est son état.

Faire ses devoirs pour mieux négocier

- Pour être crédible et avancer des arguments sensés, il faut avoir une idée de la valeur de la voiture. Pour cela, relisez les pages 217 et 218.

- Si la voiture exige des réparations, le prix doit être établi en conséquence. Une inspection mécanique minutieuse s'impose.

- Ce que vous savez de la réputation du modèle (rappels, opinion des spécialistes, etc.) vous suggérera peut-être de bons arguments.

Négocier le prix avec un particulier

- La personne la moins pressée a l'avantage. Si le vendeur a tout son temps, il ne baissera pas son prix. De votre côté, si rien ne presse, attendez une occasion plus intéressante.

- La popularité de la voiture joue sur son prix. Si le vendeur reçoit deux appels pendant que vous discutez avec lui, c'est mal barré pour vous!

- Les bons négociateurs sont avantagés. Si vous n'êtes pas habile, confiez cette tâche à un proche plus à l'aise. Assurez-vous qu'il ne surestime pas ses talents ou ses compétences, notamment en matière de mécanique. Il ne doit pas vous faire perdre une bonne occasion. C'est facile pour un Ti-Jos-Connaissant de dire «C'est trop cher.»

- Osez faire une contre-offre. Vous en saurez plus sur la psychologie du vendeur. Certains n'oseront pas refuser ou proposeront de couper la poire en deux.

Négocier le prix avec un commerçant

La plupart des suggestions des chapitres 37 et 38 s'appliquent ici. La seule différence: chaque voiture d'occasion étant unique, vous avez moins de pouvoir de négociation.

- Comme il n'est pas facile de trouver une voiture semblable ailleurs, vous avez moins de points de comparaison. Le commerçant sait que ses «bonnes voitures» trouveront preneur et il sera peu enclin à négocier. Il n'a pas 20 voitures semblables à liquider. Vos chances sont meilleures avec des voitures moins en vogue.

- L'acheteur a plus de difficulté à obtenir le coût de la voiture pour le commerçant. Ce dernier est par contre tenu de vous donner le nom et le numéro de téléphone du propriétaire précédent. Appelez-le. Vous en saurez plus sur la voiture. Vous pourrez aussi demander combien le commerçant a payé. Vous verrez que les clients qui donnent leur voiture en échange négocient peu. N'oubliez pas cependant que le commerçant a probablement engagé des frais avant de mettre la voiture en vente (réparations, pneus, etc.).

> Chaque voiture d'occasion étant unique, vous avez moins de pouvoir de négociation.

Pour ces raisons, la marge de profit des commerçants est plus élevée sur les voitures d'occasion que sur les neuves. Une autre raison de négocier, si vous disposez d'arguments crédibles !

Les conditions du financement

Les explications et conseils sur les conditions de financement, présentés dans les chapitres 19, 22, 23, 24 et 28, s'appliquent ici aussi, à quelques nuances près.

- Les promotions sur les taux d'intérêt sont très rares pour les voitures d'occasion (sauf peut-être pour des modèles de luxe), mais elles sont possibles. Soyez sur vos gardes : si le taux est trop alléchant, vérifiez que le prix n'a pas été gonflé et négociez-le quand même.

- Négociez le taux d'intérêt. À la page 176, nous avons vu que le marchand reçoit une commission proportionnelle au taux d'intérêt consenti quand il recommande un client à une banque. Sa première offre n'est donc pas toujours la meilleure.

- Vérifiez les taux d'intérêt de plusieurs institutions financières et demandez un prêt préautorisé. Vous pourrez ainsi forcer le commerçant à vous offrir son meilleur taux. Demandez-lui de 0,50 % à 1 % de moins. Souvent, le taux du commerçant sera le meilleur disponible, s'il est bien négocié.

- Méfiez-vous des offres du marchand du coin. Certains sont passés maîtres dans l'art de camoufler des frais, d'ajouter des frais injustifiés (frais d'administration, de transport et de préparation) ou de manipuler les chiffres. Vérifiez toujours le calcul de la mensualité. Les taux d'intérêt offerts sont souvent exorbitants.

- Le choix des conditions de financement détermine la mensualité, mais n'oubliez pas de tenir compte aussi des frais d'entretien. Prévoyez une marge de sécurité si votre budget est serré.

Faites des calculs

Souvent, parce que l'on est certain d'économiser, on néglige de calculer les coûts associés à une voiture d'occasion. On se concentre sur le prix d'achat, mais on oublie les frais de fonctionnement et la valeur de revente future de la voiture. Relisez les suggestions des chapitres 16 et 18. Si vous hésitez entre 2 voitures ou 2 modes de financement, les calculs du coût actualisé proposés au chapitre 17 et dans le site www.ericbrassard.com vous seront utiles.

PRENDRE DES PRÉCAUTIONS

Guillaume était tout heureux d'acheter une Ford « qui avait appartenu à un curé » et, ô miracle ! à bon marché. Après trois semaines, une panne le force à rendre visite à son garagiste. Celui-ci trouve tellement de problèmes que, à son avis, la belle Ford venue du ciel était tout juste bonne pour le dépotoir ! Le beau-frère de Guillaume, Georges, apprend pour sa part que sa voiture a déjà été déclarée « perte totale », qu'elle a deux NIV (numéros de série) et qu'il s'agit en fait d'un « zipper », c'est-à-dire d'une voiture dont l'avant a été soudé à l'arrière d'une autre !

Les histoires d'horreur sont monnaie courante quand on parle de voitures d'occasion. Heureusement, le *Code civil* régit l'ensemble des transactions liées aux ventes de voitures et la *Loi sur la protection du consommateur* protège plus spécifiquement les transactions entre commerçant et particulier. Cependant, pour éviter les ennuis et les démarches interminables, mieux vaut prendre des précautions élémentaires, telle l'inspection mécanique au moment de l'achat.

Conseils généraux (achat auprès d'un commerçant ou d'un particulier)

Véhicule grevé d'une charge ou donné en garantie : le RDPRM (voir p. 69) vous indiquera si un véhicule a été donné en garantie ou s'il est affecté d'une charge[1]. Il n'est pas agréable de constater après un certain temps qu'on a payé pour une voiture qui appartient en fait à une tierce partie ! **(www.rdprm.gouv.qc.ca).**

Le numéro d'identification d'un véhicule routier

Le numéro d'identification d'un véhicule routier (NIV ou «numéro de série» dans le jargon) compte 17 caractères. Il nous renseigne notamment sur le pays d'origine, le constructeur, la marque, l'année et le modèle du véhicule (voir le site www.ericbrassard.com pour le détail). Vous le trouverez sur une plaque de métal fixée au tableau de bord ou sur l'autocollant apposé sur le caisson de la portière du conducteur.

Véhicule volé ou ayant subi de graves dommages : la Division des services d'enquête du Bureau d'assurance du Canada (BAC) permet de vérifier si un véhicule a été volé ou gravement accidenté, simplement en donnant son NIV. Ce service était suspendu au moment d'écrire ces lignes, mais il devait être remis en fonction dans un proche avenir (**www.icpb.ca**). Le Centre d'information de la police canadienne (GRC) permet d'effectuer gratuitement, à l'aide du NIV ou du numéro de plaque d'immatriculation, une recherche par Internet sur les véhicules volés (**www.snp.ca**). Si vous achetez un véhicule volé, vous risquez de vous le faire saisir, même si vous êtes de bonne foi. Vous devrez alors poursuivre le vendeur, en assumant tous les tracas, les coûts et les risques d'insuccès possibles.

---

1. Il est recommandé de faire une recherche par NIV et par nom du commerçant. Si cette dernière conduit à un véhicule semblable à celui convoité mais ne portant pas le même NIV, assurez-vous qu'il ne s'agit pas d'une erreur survenue au moment de l'inscription et demandez si cette autre voiture existe vraiment. Dans un arrêté récent, le juge a avantagé le créancier et non le consommateur dans une telle circonstance.

Historique de la voiture : un appel à la SAAQ ou une visite dans un de ses centres de service permet de connaître le nombre de personnes ou d'entreprises auxquelles le véhicule a déjà appartenu. Si la voiture a changé de main sept fois en huit ans, méfiez-vous ! Vous pourrez connaître le nom des entreprises propriétaires, mais pas celui des particuliers (**www.saaq.gouv.qc.ca ou 1 800 361-7620**). Vous pourrez ainsi tracer un historique des usages passés de la voiture. Si la mention «gravement accidentée» ou «irréparable» apparaît, sans doute vaut-il mieux renoncer. Vous pouvez obtenir les mêmes renseignements auprès de Carfax (**www.carfax.com**).

Examen minutieux : avant de faire inspecter le véhicule par un spécialiste, faites vous-même un examen minutieux. La feuille de route 40.1, fournie dans le site www.ericbrassard.com, énumère les principaux points à vérifier (carrosserie, sièges, fonctionnement des accessoires, fuite d'huile apparente, pénétration d'eau, pneus, etc.). Faites ensuite un essai routier, en portant une attention particulière à votre confort, aux bruits suspects et aux vibrations. Inspirez-vous de la feuille de route 40.2 pour ne rien oublier. Le mieux est d'être accompagné par quelqu'un de votre entourage qui s'y connaît.

Inspection par un spécialiste : si le véhicule vous intéresse toujours, faites-le inspecter par un mécanicien expérimenté, <u>indépendant</u> du vendeur. Cette étape essentielle est trop souvent négligée. Arrêtez les négociations si le vendeur refuse, que ce soit un particulier ou un commerçant. En plus de la vérification mécanique complète, le mécanicien devrait effectuer un essai routier et fournir un rapport écrit.

> **Si le véhicule vous intéresse, faites-le inspecter par un mécanicien expérimenté, indépendant du vendeur.**

Certains concessionnaires soutiennent que leurs voitures ont déjà subi une inspection en 100 ou 150 points, et que les réparations nécessaires ont été effectuées. Ils donnent même parfois une garantie plus longue que la garantie légale pour certains composants. Faites quand même inspecter la voiture par un mécanicien indépendant. Les enquêtes de l'APA montrent que c'est fort utile.

Un service d'inspection mobile recommandé par l'APA (incluant un examen de la carrosserie, de la mécanique et de l'odomètre) est offert dans la grande région de Montréal (**www.apa.ca ou (514) 751-0871**). Les Centres de vérification technique de CAA-Québec proposent un service d'inspection partout au Québec (**www.caaquebec.com ou 1 800 686-9243**). Un garagiste de confiance fera aussi du très bon travail.

Si des réparations sont nécessaires, insistez pour qu'elles soient exécutées avant la prise de possession. Si c'est impossible, demandez que leur coût soit déduit du prix de vente. Un commerçant est lié par l'estimation de ces coûts pour les voitures de catégorie A, B, ou C. Faites vérifier cette estimation.

Les odomètres trafiqués

Un vendeur peu scrupuleux qui recule un odomètre de 50 000 km peut gagner quelques milliers de dollars! Malheureusement, il n'existe aucun moyen de garantir à 100 % que l'odomètre d'une voiture n'a pas été trafiqué. Heureusement, ce problème devrait s'atténuer puisque, depuis septembre 2001, la SAAQ consigne le nombre de kilomètres au compteur à chaque nouvelle immatriculation. L'information est donnée dans l'historique du véhicule (voir p. 349). Cette mesure n'empêchera pas de trafiquer les odomètres – les fraudeurs sont rusés –, mais la marge de manœuvre s'amincit!

D'emblée, si le kilométrage affiché vous semble bas par rapport à l'âge du véhicule, méfiez-vous. Une moyenne de 12 000 km par année, quoique possible, est plutôt rare. Appuyez-vous sur le kilométrage indiqué sur les factures d'entretien. Si la voiture n'a parcouru que 8 000 km depuis le dernier entretien daté d'il y a 1 an, c'est louche!

La vérification d'un odomètre est du ressort d'un spécialiste. Par exemple, il déterminera si le nombre de kilomètres concorde avec les marques d'usure des sièges, du caoutchouc des pédales de frein et d'accélération, du volant, de la portière côté conducteur, ainsi qu'avec la présence de bulles dans le pare-brise. L'APA, grâce à son service d'inspection mobile, peut aider les résidents de la grande région de Montréal.

> **La vérification d'un odomètre est du ressort d'un spécialiste.**

Aucune méthode n'étant infaillible, accordez plus d'importance à l'état général du véhicule qu'à son kilométrage.

Manuel du propriétaire et factures d'entretien: demandez au vendeur de vous remettre ces documents, fort utiles pour l'entretien futur du véhicule. Les factures permettront de constater le travail déjà fait (entretien régulier selon les exigences du constructeur, pièces remplacées, problèmes antérieurs, etc.) et de juger de la vraisemblance de la lecture de l'odomètre. Elles vous indiqueront en outre la durée d'immobilisation de la voiture pour réparations, et donc le prolongement correspondant des garanties (voir p. 283). Ces factures vous serviront aussi lorsque vous revendrez la voiture.

Rappels, dossiers techniques et transfert des garanties: avant d'acquérir la voiture, vérifiez si elle a été sujette à des rappels ou à des prolongations de garantie du fabricant, auprès des concessionnaires locaux ou en consultant le site de Transports Canada (**www.tc.gc.ca**), celui de l'APA (**www.apa.ca**) ou le magazine *Protégez-Vous*. Assurez-vous que la voiture a bel et bien été réparée après le rappel. Vous pouvez aussi consulter le dossier technique du modèle sur les sites américains **www.alldata.com** ou **www.nhtsa.org**. Il énonce les problèmes décelés qui n'ont pas fait l'objet d'un rappel. Notez que les garanties de base ou prolongées sont transférables sans frais ni conditions. Certains fabricants peuvent illégalement essayer de vous imputer de tels frais. Après l'achat, avisez un concessionnaire ou le service à la clientèle du constructeur que vous êtes le nouveau propriétaire, afin qu'il puisse vous joindre en cas de rappel.

Prise de possession de la voiture: elle est généralement un peu plus simple que dans le cas d'une voiture neuve, car vous l'avez déjà essayée et examinée. Assurez-vous simplement qu'elle est toujours dans le même état. Si des réparations sont nécessaires, vérifiez que tout est conforme à l'entente. Un court essai routier et un examen rapide de la voiture sont recommandés avant la signature du document.

Conseils pour l'achat d'un véhicule d'occasion chez un commerçant

Établissement reconnu: le commerçant doit détenir une licence valide de vente de voitures d'occasion, conforme au *Code de la sécurité routière*, et l'afficher dans son commerce. Pour obtenir cette licence, il a dû fournir un cautionnement visant à indemniser, dans certains cas précis, les consommateurs lésés. Vérifiez que l'adresse inscrite correspond au lieu d'affaires du commerçant (**www.saaq.gouv.qc.ca ou 1 800 361-7620**). Les membres de l'Association des marchands de véhicules d'occasion du Québec (**AMVOQ – www.amvoq.ca**) se conforment à un code d'éthique – du moins, c'est ce qu'ils affirment dans leur site Web.

Vous pouvez consulter le *Profil du commerçant* dans le site de l'Office de la protection du consommateur (**www.opc.gouv.qc.ca**). Vous verrez alors s'il a fait l'objet de plaintes fondées ou s'il a été condamné pour des infractions à la loi au cours des cinq dernières années. Toutefois, le registre comporte des limites, bien indiquées sur le site de l'OPC. Ainsi, seules les plaintes dûment signées par les consommateurs et dont le commerçant a reçu copie sont consignées au registre. Les conflits dans lesquels l'OPC n'est pas intervenu ne sont pas indiqués (les poursuites judiciaires par exemple). De même, une plainte ne fait pas forcément du commerçant un mauvais parti, alors que l'absence de plainte ne doit pas être interprétée comme une appréciation de l'OPC quant à l'honnêteté ou la compétence du commerçant.

Coordonnées de l'ancien propriétaire: le commerçant doit, à votre demande, vous fournir le nom et le numéro de téléphone du propriétaire précédent de la voiture, que vous pourrez joindre vous-même, directement, sans l'aide du commerçant.

L'étiquette

La loi oblige le commerçant à apposer une étiquette, visible de l'extérieur du véhicule, sur chaque voiture d'occasion qu'il offre à la vente. Cette étiquette doit comporter des renseignements utiles à la prise de décision :

- le prix demandé (même si la voiture est louée) ;
- la description du véhicule : marque, modèle, année, cylindrée du moteur et NIV ;
- le nombre de kilomètres à l'odomètre et, s'il est différent, le kilométrage réellement parcouru ;
- les utilisations particulières de la voiture : taxi, école de conduite, police, ambulance, location, prêt ou démonstration, ainsi que l'identification de tout commerce ou organisme public qui en a été propriétaire ou locataire à long terme ;
- la liste des réparations effectuées depuis que le commerçant possède le véhicule ;
- la catégorie, soit A, B, C ou D, qui détermine si la garantie de bon fonctionnement s'applique (voir la p. 275 du ch. 31) ;
- la description de la garantie du commerçant, le cas échéant ;
- les défectuosités, le cas échéant, et une évaluation du coût de réparation (le commerçant est lié par cette évaluation pour les voitures de catégorie A, B ou C).

Vérifiez que le NIV correspond exactement à celui qui figure sur le contrat et sur le certificat d'immatriculation. L'étiquette doit être annexée au contrat. Tout son contenu fait partie intégrante du contrat, sauf le prix du véhicule et les caractéristiques de la garantie, deux éléments négociables.

> **Nombre de commerçants ne respectent pas les règles relatives aux étiquettes.**

Malheureusement, nombre de commerçants ne respectent pas les règles relatives aux étiquettes, qui sont souvent incomplètes ou inexactes. Faites compléter l'étiquette s'il le faut. En cas de litige, mieux vaut une étiquette mal remplie que pas d'étiquette du tout.

Garanties : le chapitre 31 traite des garanties légales que doit donner un vendeur de voitures d'occasion (voir p. 275). Pour les voitures de catégorie A, B ou C, il ne peut exclure les défectuosités du véhicule à moins de les avoir précisées sur l'étiquette, avec une évaluation du coût de réparation (toutefois, pour les voitures de catégorie D, il pourrait inscrire, par exemple, « moteur fini » sur le contrat). Les clauses du type « Vendue telle que vue » ou « Sans aucune garantie » sont interdites et sans effet. Si le commerçant offre sa propre garantie, assurez-vous qu'elle est correctement inscrite dans votre contrat. S'il vous offre une garantie supplémentaire, passez en revue les critères de décision présentés au chapitre 31 et prenez toutes les précautions qu'on y propose.

Signature du contrat : suivez les suggestions du chapitre 25 (délai d'annulation, contenu, précautions supplémentaires relatives aux contrats de location, etc.). Assurez-vous d'obtenir un double du contrat, avec l'étiquette jointe, et exigez que toutes les déclarations du vendeur figurent sur l'un ou l'autre de ces documents. Vérifiez que tous les exemplaires du contrat sont identiques, clause après clause.

Évitez les litiges : certains marchands du coin ne sont pas très coopératifs en cas de litige. Ils ne sont pas friands du dialogue et des médiations. Pour vous clore le bec, ils seront prompts à vous lancer : «Poursuis-moi !» Ils savent très bien que personne n'aime aller au tribunal. Prenez toutes vos précautions avant de transiger avec eux.

Conseils sur l'achat d'un véhicule d'occasion auprès d'un particulier

Les faux particuliers : certains vendeurs de véhicules d'occasion se font passer pour des particuliers pour éviter de se conformer aux lois. Ils n'ont ni permis, ni caution déposée à la SAAQ, ni mécanicien à leur service. Pour les repérer, l'APA fait quelques suggestions : assurez-vous que le nom et l'adresse inscrits sur l'immatriculation et la preuve d'assurance du véhicule sont bien ceux du vendeur. Méfiez-vous de ceux qui disent vendre la voiture d'un proche. S'ils vous donnent rendez-vous dans la cour d'une église ou le stationnement d'un centre commercial, c'est encore plus louche. Lorsque vous téléphonez à un vendeur, demandez «des renseignements sur la voiture». S'il vous répond «Laquelle ?», ce n'est probablement pas un particulier ! En faisant affaire avec ces fraudeurs, vous risquez toutes sortes de problèmes (voiture volée, accidentée ou encore grevée de liens financiers, etc.). Méfiez-vous aussi de ces vendeurs qui vous proposent un contrat bidon, soi-disant pour vous faire économiser la taxe, ou qui vous offrent de faire immatriculer la voiture à votre place.

Titre de propriété et lien : vérifiez l'identité du propriétaire de la voiture sur le certificat d'immatriculation ou l'attestation d'assurance. Consultez le RDPRM (voir p. 69).

Historique de la voiture : faites-vous expliquer l'historique de la voiture – accidentée ou non, usage précédent (taxi, livraison, véhicule de démonstration, etc.), réparations majeures effectuées, problèmes récurrents, dettes impayées, etc. Le concessionnaire avec lequel le vendeur fait affaire peut aussi vous en apprendre plus. Les concessionnaires de certains fabricants (Ford, entre autres) ont tous accès au dossier d'entretien des voitures de la marque. Consultez l'historique de la SAAQ (voir p. 349).

Signature d'un contrat : le vendeur et l'acheteur devraient se prémunir contre d'éventuels litiges en consignant dans un contrat en bonne et due forme toutes les conditions de la vente. Le magazine *Protégez-Vous* propose, à coût minime, un contrat type de vente de voiture d'occasion entre particuliers (**1 800 667-4444**). Le CAA-Québec et l'APA proposent à leurs membres un exemple de contrat (**www.caaquebec.com** et **www.apa.ca**). Le contrat fait en sorte que les déclarations du vendeur sont couchées par écrit (voiture accidentée, utilisation précédente, etc.) et que les conditions de paiement sont claires. À la page 276, nous traitons de la clause « À vos risques et périls », souvent utilisée entre particuliers.

Les dépôts : évitez de faire un dépôt important non remboursable en cas de désistement de votre part, à moins que ce ne soit à un tiers digne de confiance (ex. : notaire). Vous risquez en effet de courir après votre argent si le vendeur disparaît ou vend la voiture à quelqu'un d'autre entretemps. Faites un chèque ou, au moins, exigez un reçu si le dépôt est versé comptant.

Vente d'accommodement : si le vendeur veut procéder à une vente d'accommodement, collaborez mais surveillez bien la question des taxes (voir p. 104).

Transfert de propriété du véhicule : une fois l'entente conclue, effectuez le plus rapidement possible le transfert de propriété du véhicule. Si la transaction se déroule chez un concessionnaire, tout pourra se faire sur place. Sinon, il faudra passer à un bureau de la SAAQ avec le vendeur.

Toutes les précautions dont il est question ici ne devraient pas remettre en question votre décision d'acheter une voiture d'occasion. Même s'il est difficile de se soustraire à toute possibilité d'ennui mécanique, vous pouvez éviter la plupart des autres problèmes.

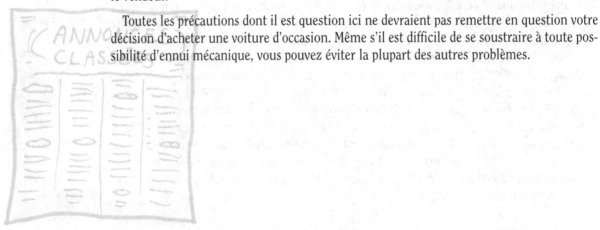

CHAPITRE 41

Litiges et protection du consommateur

Rédaction et collaboration étroite
MARC MIGNEAULT
ÉRIC BRASSARD
CAA-QUÉBEC
VALÉRIE BORDE

Relecture et commentaires
JOAN BACKUS
LORRAINE LÉVESQUE
LUC SERRA

BON, ET MAINTENANT, J'APPELLE LE CONCESSIONNAIRE!

Les voitures sont le principal objet des litiges portés à l'attention des organismes de protection des consommateurs. Si on y pense bien, cette première place au palmarès n'a rien d'étonnant: la voiture est un bien très coûteux, dont on se sert quotidiennement ou presque, de structure complexe (elle contient plus de 30 000 pièces!), qu'il faut garantir, assurer et financer, qui est susceptible de provoquer des accidents ou d'en être victime. De plus, des clients parfois négligents ou de mauvaise foi l'achètent chez des commerçants au code d'éthique pour le moins flou dans certains cas... Tous ces facteurs sont propices à générer des conflits entre consommateurs, concessionnaires, sociétés de crédit, garagistes, vendeurs de garanties, assureurs, et qui encore! Nous proposons dans ce chapitre des façons de gérer ces conflits et des moyens pour obtenir de l'aide.

Pour éviter les litiges

- Réfléchissez avant, agissez après. Magasinez avant, achetez après. Consultez avant, procédez après. Lisez les contrats avant, signez après.
- Usez de «scepticisme constructif». Sans remettre en cause les paroles du commerçant, demandez-lui des preuves écrites de ce qu'il avance (dépliant, contrat, etc.). S'il s'engage à quoi que ce soit, il doit le faire par écrit. Ne vous fiez pas aux promesses verbales.
- Conservez tous les documents: factures, modes d'emploi, garanties, contrats, etc.
- Avant de faire affaire avec un commerçant, consultez le répertoire du site de l'Office de la protection du consommateur (www.opc.gouv.qc.ca) pour vérifier s'il a fait l'objet de plaintes. Ce répertoire a toutefois des limites (voir p. 351). Demandez surtout des références dans votre entourage.

LE RÈGLEMENT D'UN LITIGE

Les conseils suivants vous aideront à régler efficacement les litiges.

- En premier lieu, faites-vous aider par des professionnels compétents (voir p. 358).

- Agissez dès que vous vous trouvez au cœur d'une situation litigieuse.

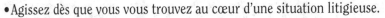

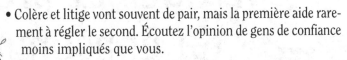

- Colère et litige vont souvent de pair, mais la première aide rarement à régler le second. Écoutez l'opinion de gens de confiance moins impliqués que vous.

- Cernez bien le problème et retracez son historique : écrivez ce qui s'est passé par ordre chronologique et regroupez tous les documents pertinents.

- Précisez clairement vos demandes (remboursement, échange, etc.). Évaluez vos chances de gain. Prévoyez vos arguments et ceux de l'autre partie.

- Restez ferme dans les discussions. De préférence, faites-vous accompagner pour avoir un témoin. Si vous recevez une offre, prenez le temps d'y réfléchir avant de répondre.

> Demandez à parler à des interlocuteurs qui ont un réel pouvoir de décision. N'hésitez pas à franchir rapidement la hiérarchie.

- Demandez à parler à des interlocuteurs qui ont un réel pouvoir de décision. N'hésitez pas à franchir rapidement la hiérarchie. Si le litige concerne le fabricant, parlez d'abord avec des représentants du concessionnaire puis, si nécessaire, contactez directement le fabricant (voir les coordonnées dans le site www.ericbrassard.com).

- Si votre interlocuteur s'engage à quoi que ce soit, demandez-lui de le faire par écrit. S'il refuse ou si le contexte ne s'y prête pas, envoyez-lui une lettre par courrier recommandé, dans laquelle vous donnez la date et un résumé de la discussion. Vous aurez ainsi une preuve écrite et vous forcerez la partie adverse à réagir si elle conteste le contenu. Pour cela, faites-vous aider.

- Ne laissez pas traîner les choses. Après un certain délai (la prescription), vous ne pourrez plus défendre votre cause devant les tribunaux :

  – La prescription générale de la *Loi sur la protection du consommateur* (LPC) et du *Code civil* est de trois ans. Pour les questions de vice caché, la LPC prescrit un délai de un an et le *Code civil* prévoit trois ans.

  – Pour les garanties de bon fonctionnement des voitures d'occasion (catégorie A, B ou C – voir p. 275) et pour la garantie relative aux réparations (LPC-176), la prescription est de trois mois seulement à compter de la découverte de la défectuosité. Comme c'est très court, il ne faut pas perdre de temps avant d'entamer une action en justice.

Payer ou non?

Souvent, les litiges mettront en cause une somme que le commerçant vous demande de payer (résiliation d'un contrat de location, réparation impayée, annulation d'un contrat, etc.). Vous avez alors deux choix:

- Payer la somme et, par la suite, entreprendre des démarches pour la récupérer;

- Ne rien payer et attendre les procédures judiciaires.

Si vous payez, vous risquez de ne plus revoir l'argent. Si vous ne payez pas, vous risquez notamment d'entacher votre dossier de crédit et de nuire ainsi à une éventuelle demande de crédit. Dans un tel cas, même si vous obtenez gain de cause, vous devrez entreprendre des démarches pour «détacher» votre dossier, sans garantie de succès immédiat.

Que faire alors? Pour décider, considérez les éléments suivants:

- Le sérieux et l'attitude du commerçant. Ses demandes sont-elles farfelues?

- Le montant en cause et les risques de problèmes financiers à court terme si vous payez la somme demandée sur-le-champ.

- La solvabilité du commerçant. Si vous gagnez en cour, pourra-t-il vous rembourser?

- Si le litige porte sur des réparations chez un garagiste, celui-ci peut refuser de vous remettre les clés de votre voiture tant que la facture reste impayée. Selon l'article 179 de la LPC, il est en droit de le faire, sauf dans trois cas précis d'absence ou de dépassement de l'évaluation écrite qu'il doit fournir avant d'exécuter les travaux.

> Sur tout document ou chèque que vous signez, inscrivez «sous protêt» pour indiquer que vous vous réservez le droit d'exercer un recours.

Sur tout document ou chèque que vous signez, inscrivez «sous protêt» pour indiquer que vous vous réservez le droit d'exercer un recours. Encore ici, faites-vous conseiller!

Le litige peut porter aussi sur une somme que l'on vous doit (par exemple, des indemnités d'assurance). L'encaissement d'une partie de cette somme pourrait être interprété comme une acceptation de votre part du règlement du litige. Il faut faire attention. Faites-vous aider.

- Si vos propres démarches ne portent pas fruit, vous pouvez recourir à des services de médiation ou d'arbitrage (voir p. 358). Assurez-vous toutefois d'être traité d'égal à égal, sans quoi le processus sera biaisé.

- Si vous n'avez pas réussi à vous entendre à l'amiable, envoyez une lettre de mise en demeure par courrier recommandé, en prenant soin de l'adresser à la bonne personne. Dans cette lettre, vous devrez d'abord décrire le litige. Indiquez ensuite au destinataire que vous exigez qu'il corrige la situation, selon vos attentes, dans un délai raisonnable (dix jours le plus souvent), sans quoi vous entreprendrez des poursuites judiciaires. Joignez une copie de tous les documents pertinents (conservez les originaux). Le ton que vous employez dans cette lettre doit être ferme mais poli (évitez les écarts de langage qui pourraient vous être préjudiciables en cour). Le recueil *140 lettres pour tout régler,* publié par le magazine *Protégez-Vous*, fournit des exemples de lettres. Plus que jamais, faites-vous aider !

Assurez-vous de poursuivre la bonne entité juridique.

• Si l'autre partie n'a pas réagi avant le délai accordé, vous devrez décider si vous entreprenez ou non des démarches en justice. Si vous le faites, assurez-vous de poursuivre la bonne entité juridique. Il n'est pas toujours évident de discriminer qui est qui entre le concessionnaire, le fabricant, la compagnie de financement, l'assureur, le commerçant de garanties supplémentaires, etc. Faites-vous aider.

LES RESSOURCES ET LES SERVICES DE MÉDIATION

• Office de la protection du consommateur (OPC) : cet organisme aide les consommateurs dans les cas de litiges avec des commerçants. Le service des plaintes vous aide à franchir toutes les étapes (www.opc.gouv.qc.ca). L'ouvrage *140 lettres pour tout régler* est aussi très utile.

• Association pour la protection des automobilistes (APA) : cette association de consommateurs spécialisée dans les questions d'automobile vous aidera dans vos démarches. L'OPC dirige souvent les consommateurs vers l'APA (www.apa.ca).

• Associations de consommateurs : il existe plusieurs associations vouées à la défense des consommateurs, notamment les Associations coopératives d'économie familiale (ACEF). Option consommateurs, dans la région de Montréal, est aussi très bien structurée. Le site www.consommateur.qc.ca fournit les coordonnées de 25 de ces associations. La section Carrefour du consommateur du site www.strategis.ic.gc.ca contient plusieurs renseignements utiles et permet d'écrire en ligne une lettre de mise en demeure.

• CAA-Québec : les membres peuvent obtenir une aide précieuse des services-conseils du club (www.caaquebec.com).

• Juristes : bien sûr, un avocat pourra aussi vous guider dans vos démarches. Si vous possédez une assurance juridique, elle peut couvrir les frais.

Le PAVAC

Le Programme d'arbitrage pour les véhicules automobiles du Canada (PAVAC) est un programme volontaire de règlement des litiges entre consommateurs et constructeurs d'automobiles (BMW n'y adhère pas). Seul le consommateur peut entreprendre un recours et le constructeur ne peut refuser l'arbitrage. Les litiges sont soumis à des arbitres dont la décision lie les deux parties (le consommateur ne peut poursuivre le constructeur s'il n'est pas satisfait du verdict). Le litige doit porter sur un véhicule acheté ou loué pour plus de 12 mois, âgé de moins de 5 ans, pesant au plus 4 536 kg et qui affiche moins de 160 000 km à l'odomètre. Le PAVAC intervient uniquement en cas de défauts de fabrication ou de non-respect de la garantie. L'arbitre peut donner raison au constructeur ou rendre trois types de décisions en faveur du consommateur :

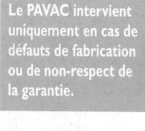

Le PAVAC intervient uniquement en cas de défauts de fabrication ou de non-respect de la garantie.

- La réparation sans frais du véhicule ou le remboursement des frais de réparation.

- Le rachat du véhicule, uniquement pour des véhicules de moins de 3 ans et de moins de 60 000 km (environ 1 décision sur 10 impose un rachat).

- Octroi d'un montant (500 $ au maximum) couvrant des dépenses engagées par le consommateur, notamment les frais de location de voiture ou d'inspection par un expert (rarement accordé).

Le PAVAC présente deux avantages. Tout d'abord, le service est gratuit, bien que les frais de préparation ne soient pas nécessairement remboursés, même en cas de gain (par exemple, les frais d'expertise). De plus, le traitement des dossiers est rapide : on garantit un délai maximal de 70 jours, ce qui est nettement plus court que la majorité des procédures judiciaires, même aux petites créances. Cependant, la décision rendue pourrait être moins avantageuse qu'un règlement en cour. La limite de 500 $ pour les frais connexes est peu élevée, d'autant qu'elle ne s'applique qu'à des types de déboursés précis. Qui plus est, il ne faut rien attendre pour les frais exemplaires ou le temps perdu et les tracas. Pour savoir s'il peut être intéressant dans votre cas de recourir au PAVAC, faites-vous aider. Pour plus d'information : 1 800 207-0685 ou www.camvap.ca.

Programme conjoint de CAA-Québec et de la CCAQ

Ce service gratuit est offert aux membres de CAA-Québec aux prises avec un différend mettant en cause un concessionnaire membre de la Corporation des concessionnaires d'automobiles du Québec (CCAQ) qui participe au programme. Seules sont acceptées les plaintes portant sur des véhicules utilisés essentiellement à des fins personnelles.

Le consommateur doit d'abord soumettre une demande de conciliation auprès de CAA-Québec. Si elle est recevable, un conseiller communiquera avec le responsable de la CCAQ pour qu'il intervienne auprès du concessionnaire concerné.

Si aucune entente n'est possible à ce stade, le consommateur pourra faire appel au comité de médiation composé de représentants de la CCAQ et de CAA-Québec. Après étude, le comité émettra des recommandations, qui prendront effet si le consommateur les accepte (il peut refuser et entreprendre d'autres démarches). Dans ce cas, le concessionnaire est obligé de s'exécuter.

Ce service peut faire économiser temps et argent. Puisque la décision ne lie pas le consommateur, celui-ci pourra évaluer, en consultant d'autres personnes au besoin, si l'offre est intéressante.

Autres mécanismes de médiation

Les chapitres 29 et 30 traitent des litiges en matière d'assurances (voir notamment les questions supplémentaires, p. 242 et 269). Dans certaines circonstances, des mécanismes de médiation ou d'arbitrage sont offerts. Rejoignez le Groupement des assureurs automobiles (www.gaa.qc.ca), qui évaluera votre situation.

En janvier 2003, le service de médiation gratuit offert par la Division des petites créances de la Cour du Québec devrait être rétabli. Chacune des parties y expose son point de vue et un médiateur aide à trouver une solution. Si aucune entente n'intervient, le dossier est soumis à un juge.

Les garagistes font souvent partie de regroupements qui offrent des services de médiation (par exemple, les garages recommandés par CAA-Québec).

Autres conseils

- Si le litige concerne une réparation que le commerçant refuse d'exécuter, il peut être de mise de faire réparer la voiture ailleurs. Faites-vous aider car il faut du doigté (délai, constatation des dommages par l'autre partie, rapport d'expertise et témoignage en cour, respect des normes du constructeur, etc.).

- Les affirmations du représentant d'un commerçant (un vendeur, par exemple) lient le commerçant même si elles sont verbales (LPC-42). Reste à en faire la preuve. Il en est de même de toute publicité du commerçant (LPC 41). Conservez toute annonce d'intérêt pour votre cause.

- L'installation chez un commerçant autre que le concessionnaire d'une pièce d'équipement (par exemple, un démarreur à distance, un système d'alarme, un système de son, etc.) qui interagit avec le système électrique ou électronique peut aussi être source de litige. En effet, si d'autres composants de la voiture en sont affectés (ex. : des phares qui ne fonctionnent plus après l'installation d'un système d'alarme), le concessionnaire peut prétendre que la nouvelle pièce d'équipement est la cause des problèmes. Les deux commerçants peuvent alors se relancer la balle et le client aura bien du mal à faire valoir sa garantie.

À retenir de ce chapitre

- En cas de litige, restez calme, conservez tous les documents, agissez rapidement et faites-vous aider par des professionnels compétents. Voilà !

La conclusion... et la suite

Rédaction
Éric Brassard

LES VRAIES DÉCISIONS

Lorsque nous parlons de décisions en matière d'automobile, nous obtenons souvent la même réaction : «Et puis, vaut-il mieux louer ou acheter?» En réalité, ce n'est pas la première question à poser. La décision de se procurer une voiture doit enclencher un processus qui englobe des aspects plus larges tels que les objectifs personnels, les besoins, les désirs et les contraintes (ch. 3). En fait, quatre décisions fondamentales influencent l'ensemble du processus : est-ce que je me procure une voiture ou non? Si oui, quel modèle choisir? S'agira-t-il d'une voiture neuve ou d'occasion? Est-il préférable de la louer ou de l'acheter? Les autres décisions plus particulières peuvent être prises à la pièce, dans l'ordre de son choix. La figure de la page 114 dresse le sommaire des décisions à prendre. Les chapitres 3, 16 à 19 et 33 traitent des aspects plus globaux.

Nous avons tenté de fournir les outils nécessaires à la prise de décisions éclairées. Notre objectif était de produire des textes de qualité et de présenter les critères de décision pertinents. Nous nous sommes particulièrement efforcés de rendre le contenu le plus simple possible, en évitant qu'il soit trop simpliste ou trop général. Les décisions à prendre sont complexes et les situations personnelles très variées – il n'est pas possible de proposer des trucs miracles qui s'appliquent à tous.

Nous avons particulièrement insisté sur la différence entre l'accessibilité et le coût réel (ch. 8 et 17). Dans les textes sur l'automobile, on se limite généralement à l'accessibilité, en faisant graviter toutes les décisions autour des mensualités. Ce n'est pourtant que la moitié du chemin! On peut avoir les moyens d'acheter une BMW, mais rouler quand même en Kia. Nous avons été audacieux en abordant la notion de coût réel, qui nécessite d'expliquer la notion d'actualisation (ch. 7). Peu d'auteurs qui s'adressent au grand public ont franchi ce pas, pourtant essentiel pour prendre une décision éclairée.

> **Il n'est pas possible de proposer des trucs miracles qui s'appliquent à tous.**

> **On peut avoir les moyens d'acheter une BMW, mais rouler quand même en Kia.**

Notre objectif était aussi de faire échec aux raisonnements faux et aux mythes financiers véhiculés par la sagesse populaire, en particulier ceux qui touchent la location, les voitures d'occasion et les mensualités. La plupart des questions-photos et, plus précisément, les chapitres 8, 11, 13, 15, 18, 20, 21 et 26, s'attaquent à ces mythes.

Nous souhaitions aussi aider les lecteurs à saisir les bases d'une planification financière personnelle. Les chapitres 4 à 8 et 17 abordent plus directement ce sujet. Le transport occupe une place importante dans nos vies et les choix doivent être faits en considérant l'ensemble des objectifs financiers à long terme. Il faut décoller le nez de la voiture !

Nous sommes conscients que le contenu est imposant et qu'il demande un effort important pour maîtriser les concepts. À notre avis, l'effort est justifié. Les montants en cause sont énormes et les notions acquises permettront de mieux comprendre la réalité de notre monde financier. Elles seront utiles aussi pour les autres décisions à caractère financier que vous avez à prendre. Par ailleurs, on ne se procure pas une seule voiture dans une vie ! Ce livre vous sera donc utile longtemps… Nous espérons aussi qu'il aidera les spécialistes à conseiller leurs clients ou les consommateurs en général.

Le site www.ericbrassard.com propose des compléments au livre et d'autres outils utiles à la prise de décision et au magasinage :

- Des calculettes conviviales, rigoureuses et inédites, qui faciliteront vos calculs et vous éviteront de manipuler des formules mathématiques.
- Des feuilles de route qui présentent, sous forme d'aide-mémoire, les aspects à considérer avant de prendre des décisions (magasinage, assurances, garanties, etc.).
- Un texte qui décrit les sites Web et les publications dédiés à l'automobile.
- Des compléments aux chapitres qui approfondissent certains sujets pointus.
- Une mise à jour régulière des textes, pour rendre compte de l'évolution du marché.

Des questions ou des commentaires ?

Vous avez des questions ? Vous voulez nous faire part d'un fait particulier ? Vous travaillez dans le domaine de l'automobile et vous voudriez nous faire profiter de votre expérience ? Envoyez-nous un courriel (ericbrassard@ericbrassard.com). Nous ferons des mises à jour périodiques dans le site www.ericbrassard.com, pour lesquelles nous serons à l'affût des commentaires de spécialistes et des questions des lecteurs.

LA SÉRIE *LOUER ACHETER EMPRUNTER*

À l'origine, notre projet devait aboutir à un seul livre. De fil en aiguille, nous avons finalement décidé de publier une série de cinq livres distincts, que nous avons baptisée *Louer Acheter Emprunter*. Le site www.ericbrassard.com fournit toute l'information sur cette série. Voici une description des autres livres qu'elle contient.

Livre 1 – Habitation : **Un chez-moi à mon coût**

Vous avez aimé le livre 2 sur les voitures ? Vous adorerez le livre 1 sur l'habitation ! Vous y trouverez la même rigueur et le même effort de simplification des textes. Que vous soyez locataire ou propriétaire, que vous envisagiez d'acheter une première ou une nouvelle maison, ou encore de redevenir locataire, ce livre s'avérera un outil précieux ! Il vous donnera un éclairage tout à fait nouveau en matière d'habitation. Faites maison nette des fausses idées telles que : «En étant propriétaire, on peut récupérer quelque chose à la fin, on ne paie pas dans le vide toute sa vie comme un locataire» ou «Quand ma maison sera payée, il ne m'en coûtera presque rien pour me loger.»

En fait, le but du livre 1 est double : s'attaquer à de faux raisonnements et proposer des méthodes pour établir le coût réel de la propriété. Vous y trouverez 17 chapitres traitant de tous les sujets pertinents : les notions de base, les critères non financiers de décision, l'incidence de la démographie et de l'inflation, le lien entre maison et placement, le détail de tous les coûts liés à une propriété (frais d'acquisition, frais courants d'occupation, frais de réfection, frais de vente, etc.), les questions fiscales et toutes les méthodes de calcul du coût réel. La *méthode simple et rapide* et sa dérivée, la *méthode du pifomètre*, permettent d'aboutir à un résultat précis, très rapidement. Ces méthodes sont encore plus simples que celles utilisées pour les voitures. Consultez le site www.ericbrassard.com pour d'autres détails.

J'ai lu le livre intitulé *Un chez-moi à mon coût*, qui traite de l'habitation. Dans ce livre, vous privilégiez la location. Je note que, dans le présent livre, vous donnez aussi souvent préséance à la location. Pourquoi ce parti pris en faveur de la location ?

JEAN-PIERRE
Représentant

Vos propos manquent de nuance. Dans aucun des deux livres nous ne privilégions la location. Voici un extrait de la page 259 du livre 1 : «Nous n'affirmons nulle part dans le livre qu'il vaut mieux louer qu'acheter. Acheter quoi ? Louer quoi ? En dehors d'un contexte bien précis, la question "Louer ou acheter ?" n'a aucun sens. Comment pourrions-nous affirmer par exemple qu'il est moins coûteux de louer alors qu'il existe des milliers de logements à louer plus coûteux que des milliers de logements à vendre, et vice versa ? [...] La location ou l'achat sont simplement deux façons différentes de supporter le coût du logement, et rien ne prouve qu'une façon est toujours moins coûteuse que l'autre.» Si beaucoup de personnes croient que nous privilégions la location, c'est parce que nous nous sommes attaqués à des mythes bien ancrés. Voici la suite de l'extrait : «Nous avons tenté de détruire les fausses théories financières [...], non pas parce que nous sommes contre la propriété – ce qui serait aussi absurde que d'être contre la crème glacée [...] –, mais plutôt parce que la décision liée au logement est beaucoup trop importante [...] pour que les consommateurs s'en tiennent à des analyses superficielles [...].» Notez que la crise du logement et la hausse des prix des maisons depuis 1998 ne changent rien aux conclusions du livre. Il faut simplement en tenir compte dans les calculs proposés! Pour ce qui est du livre 2 sur les voitures, en aucun endroit nous ne privilégions la location. Relisez les chapitres 13 et 19.

Livre 3 – Ordinateurs et autres biens

Ce livre traite des sources de financement, dont la location, pour les ordinateurs, l'ameublement et autres biens durables (motocyclette, motoneige, etc.). À vrai dire, tout ce qui se loue y passe. Il donne aussi des conseils sur la façon d'améliorer nos habitudes de consommation dans certains domaines (voyages, frais bancaires, etc.).

Livre 4 – Dettes et budget

Ce livre décrit les types de dettes qu'un consommateur peut contracter (prêts hypothécaires, marges de crédit, achats par carte de crédit, etc.). Des conseils pour gérer les dettes seront formulés. Les critères utilisés par les créanciers pour octroyer des prêts seront dévoilés. Le thème du budget sera abordé dans ses moindres détails. Nous parlerons en outre des difficultés financières (faillite personnelle, consolidation, proposition de consommateur, etc.). D'autres sujets liés aux dettes seront traités: est-il préférable de cotiser à un REER ou de payer son prêt hypothécaire? Comment évaluer le prix de la maison que j'ai les moyens de payer? Le prêt hypothécaire inversé est-il un produit intéressant? Quelles sont les bonnes et les mauvaises dettes? Faut-il utiliser le RAP? Comment classer les documents? Et bien d'autres questions...

Livre 5 – Rapport à l'argent

Parler de finances personnelles est loin d'être une question d'arithmétique. Améliorer notre rapport à l'argent n'est pas une mince affaire. Un examen de notre entourage révèle qu'il y a plusieurs façons d'entrer en relation avec l'argent. De l'avare au dépensier, en passant par l'altruiste, l'irresponsable, le brasseur d'affaires et le fraudeur, il existe toute une panoplie de comportements. Certaines relations sont épanouissantes, d'autres étouffantes. À partir de cas vécus, nous tenterons de définir des types de personnalités et de fournir des conseils pour les aider à mieux vivre avec l'argent.

Bibliographie

Cette bibliographie donne les sources citées dans le livre (en plus de quelques volumes consultés, mais non cités). Une très copieuse liste de références – des centaines – figure dans le site www.ericbrassard.com.

APA. *New Car Buyer's Guide Lemon-Aid,* 2002, 80 p.

BAUDOUIN, Jean-Louis et Pierre-Gabriel JOBIN. *Les obligations,* 5e, Cowansville, Éditions Yvon Blais, 1998, 1255 p.

BRASSARD, Éric et al. *Un chez-moi à mon coût,* série Louer Acheter Emprunter 1 Habitation, Québec, Éric Brassard Éditeur, 2000, 288 p.

BRASSARD, Éric. «L'automobile : un monde de mythes», *Les Affaires,* 28 octobre 2000, p. 5.

CAA. *Autopinion, Car Buyer's Annual,* 2002, 136 p.

CAA-Québec. *Coût d'utilisation d'une automobile,* brochure, 2002, 4 p.

CAA-Québec. *Garanties des véhicules neufs,* tableau, 2002, 2 p.

CAA-Québec. *Le sondage 2002 du CAA auprès des propriétaires de véhicules,* questionnaire, 2002, 4 p.

CCAM et CCAQ. *Canadian Black Book,* 15 août 2001, 246 p.

Centre d'information en assurances du Canada. *Choix d'un véhicule,* brochure, 2001, 60 p.

CHARETTE, Benoît. *L'annuel de l'automobile 2003,* Dorval, L'annuel Inc., 2002, 560 p.

Divers auteurs. *Autos 2002, Protégez-Vous,* avril 2002, 85 p.

DURAND, Michel, CAA-Québec. *Vous et votre automobile. Tout, tout, tout sur l'auto !,* coll. Vous et, Montréal, Édibec, 1994, 301 p.

DUVAL, Jacques et Denis DUQUET. *Le guide de l'auto,* Montréal, Les Éditions de l'homme, 2002, 589 p.

FROMENT, Dominique. «Acheter une auto neuve peut être plus économique», *Les Affaires,* 7 avril 2001, p. 3.

GAA. *Convention d'indemnisation directe,* Montréal, 2001, 24 p.

GENEST, Françoise. *140 lettres pour tout régler,* Montréal, Magazine Protégez-Vous, 1997, 280 p. (Existe aussi sous forme de cédérom).

Guide complet de prix. Autos, fourgonnettes et camions usagés, 12e, Notre-Dame-de-l'Île-Perrot, Édutile inc., 2002, 277 p.

Guide d'évaluation hebdo : automobiles et camions légers, périodique, Montréal, Hebdo Mag.

INY, George et al., APA. *Auto Retailing Audit. Retailing Practices of New Car Dealers in Canada,* rapport, Montréal et Toronto, 2001, 125 p.

KRANITZ, Michael Scott. *Look Before You Lease,* 2e, Concord, Buy-Rite Holdings inc., 1998, 220 p.

LACHAPELLE, Marc. «Rouler», *Affaires Plus,* chronique mensuelle.

MASSE, Claude. *Loi sur la protection du consommateur : analyse et commentaires,* Cowansville, Éditions Yvon Blais, 1999, 1545 p.

MASSOL, Georges et Gilles DAOUST, Commission des services juridiques. *Loi sur la protection du consommateur, texte annoté,* 5e, Montréal, SOQUIJ, 1993, 481 p.

MÉNARD, Louis. *Dictionnaire de la comptabilité,* ICCA, Montréal, 1994, 994 p.

MONGEAU, Serge. *La simplicité volontaire,* Montréal, Québec-Amérique, 1985, 151p.

NERAD, Jack. *The Complete Idiot's Guide to Buying or Leasing a Car,* New York, Macmillan Spectrum/Alpha, 1996, 239 p.

Office de l'efficacité énergétique. *Énerguide,* guide pratique, Ottawa, 2001, 60 p.

OPC. *Louer ou acheter une automobile ?,* dépliant, Québec, juin 1999.

Protégez-Vous, Guide d'achat d'un véhicule d'occasion, brochure, avril 2001, 15 p.

SUTTON, Remar. *Don't Get Taken Every Time,* New York, Penguin Group, 1997.

THERRIEN, Yves. «Il était une fois... une fille à la recherche d'une auto», *Le Soleil,* 10 juin 2002, p. C3-4.

THERRIEN, Yves. «Il était une fois... une fille à la recherche d'une auto (la suite)», *Le Soleil,* 17 juin 2002, p. C8.

VAILLES, Francis. «Comment votre consommation influence l'âge de votre retraite», *Les Affaires,* 21 avril 2001, p. 4.

VAILLES, Francis. «Surconsommer retarde l'âge d'une retraite confortable», *Les Affaires,* 21 avril 2001, p. 3.

VALLERAND, Nathalie, OPC. *Guide pratique de l'automobiliste. L'auto dépanneur,* coll. Protégez-Vous, Montréal, 1999, 175 p.

Consultez la suite de la bibliographie sur le site www.ericbrassard.com.

Index